हिन्दी काव्य चिन्तन के मूलाधार

हिन्दी काव्य चिन्तन के मूलाधार

(आदिकाल से आधुनिक काल तक)

योगेन्द्र प्रताप सिंह
पूर्व प्रोफेसर एवं अध्यक्ष
हिन्दी विभाग, इलाहाबाद विश्वविद्यालय

लोकभारती प्रकाशन
पहली मंजिल, दरबारी बिल्डिंग, महात्मा गाँधी मार्ग, इलाहाबाद-1

लोकभारती प्रकाशन
पहली मंजिल, दरबारी बिल्डिंग, महात्मा गांधी मार्ग
इलाहाबाद-211 001
वेबसाइट : www.lokbharatiprakashan.com
ईमेल : info@lokbharatiprakashan.com

शाखाएँ : 1-बी, नेताजी सुभाष मार्ग, दरियागंज
नई दिल्ली-110 002
अशोक राजपथ, साइंस कॉलेज के सामने
पटना-800 006 (बिहार)
36-ए, शेक्सपियर सरणी
कोलकाता-700 017

मूल्य : ₹ 500

प्रथम संस्करण : 2016

इण्डियन प्रेस
इलाहाबाद द्वारा मुद्रित

HINDI KAVYA CHINTAN KE MOOLADHAR
by Dr. Yogendra Pratap Singh

ISBN : 978-93-5221-163-0

नितान्त आत्मीयता के साथ
अयोध्या शोध संस्थान
तुलसी स्मारक भवन अयोध्या
फैजाबाद के निदेशक
डॉ. योगेन्द्र प्रताप सिंह
के लिए मंगलकामनाओं के साथ–

आत्मकथ्य

यदि फोर्ट विलियम कालेज की स्थापना का काल सन् 1800 स्वीकार किया जाय तो खड़ीबोली के हिन्दी साहित्य का विकास दो सौ वर्षों से अधिक नहीं रहा है। यदि हिन्दी साहित्य के आधुनिक काल के पूर्व स्थित हिन्दी की गौरवमयी परम्परा का स्मरण करने लगें तो वह आठवीं शती से निरन्तर अपने विविध स्वरूपों तथा साहित्यिक विधाओं की अभिव्यक्त करती आज तक चली आ रही है और इस प्रकार हम बारह सौ वर्षों से समृद्ध इस साहित्य का व्यवस्थित एवं क्रमबद्ध अध्ययन करते चले आ रहे हैं। साहित्य के इतिहास में आदिकाल, भक्तिकाल एवं रीतिकाल की साहित्यिक धाराएँ अपनी समृद्ध काव्यपरम्परा के साथ न केवल इतिहास के अतीत से जुड़ी हैं—अपितु उनका एक समृद्ध साहित्यिक परिदृश्य भी है। इनकी साहित्यिक व्यवस्था का एक क्रमबद्ध स्वरूप है तथा अपने देश, काल तथा समाज की विशिष्ट परम्पराओं को सम्बद्ध किये हुए ये काव्यधाराएँ भारतीय जन समाज को अतीत तथा वर्तमान से अपने को जोड़े हुए दिखायी पड़ती हैं। इन तीनों कालखण्डों का साहित्यिक परिदृश्य कविता का रहा है और 'भारतीय कविताधारा' की एक परम्परागत पृष्ठभूमि इसके साथ सम्बद्ध रही है। क्या आदिकाल, भक्तिकाल एवं रीतिकाल भारतीय अतीत की साहित्यिक परम्परा की धरोहर हैं? यदि हम हिन्दी के इन तीनों कालखण्डों का विश्लेषण करना चाहें तो हमें इनके लिए किन मानकों की आवश्यकता पड़ेगी, यह एक विचारणीय समस्या है। आधुनिक हिन्दी साहित्य के अन्तर्गत समीक्षात्मक मानदण्डों की स्थापना तथा विश्लेषण के साथ-साथ ये प्रश्न बीसवीं शती के उत्तरार्द्ध से उठने शुरू हो गये थे कि हम हिन्दी साहित्य का विश्लेषण किन मानकों के आधार पर करें?

हिन्दी कविता तथा उसके रचनात्मक साहित्य के विश्लेषण के लिए अपने निजी मानकों की तलाश का प्रश्न सर्वप्रथम भारतीय हिन्दी परिषद्, प्रयाग की राष्ट्रीय गोष्ठियों में दो बार उठाया गया था। डॉ. धीरेन्द्र वर्मा एवं डॉ. नगेन्द्र ने इस विषय पर पर्याप्त चर्चा की कि हिन्दी का अपना निजी काव्यशास्त्र आज हिन्दी साहित्य की आवश्यकता है और हम हिन्दी कविता का विश्लेषण आज किन मानकों के आधार पर करें। हिन्दी विभाग, दिल्ली विश्वविद्यालय तथा इलाहाबाद विश्वविद्यालय में इस प्रकार के प्रश्न उठे

और इस प्रश्न ने अन्य विश्वविद्यालयों के हिन्दी विभागों के चिन्तक मनीषियों को भी आकर्षिक किया। इस प्रश्न से जूझते हुए हिन्दी काव्यशास्त्र के श्रेष्ठ चिन्तक डॉ. भगीरथ मिश्र अपनी कृति 'नया काव्यशास्त्र' की भूमिका में इसे इस प्रकार स्पष्ट करते हैं—

"पाश्चात्य और भारतीय काव्यशास्त्र का आधार लेकर 'हिन्दी काव्यशास्त्र का इतिहास' लिखते समय मुझे यह अनुभव हुआ कि हिन्दी काव्यशास्त्रीय ग्रन्थों में प्राचीन ग्रन्थ संस्कृत साहित्य का आधार लेकर लिखे गये और आधुनिक ग्रन्थ प्रायः पाश्चात्य विचारणाओं को ही हिन्दी में उतारते रहे। ऐसी दशा में मेरे मन में यह विचार बार-बार आया कि हिन्दी का अपना निजी काव्यशास्त्र होना चाहिए। इस विषय को लेकर हिन्दी परिषद् के मंच से कुछ गोष्ठियाँ भी आयोजित की गयीं पर बात वहीं-की-वहीं रह गयी।"

यहाँ डॉ. भगीरथ मिश्र की चिन्ता का सम्बन्ध, भारतीय हिन्दी परिषद्, प्रयाग के अधिवेशनों में उठायी गयी चिन्ता से है और उन्होंने हिन्दी के अपने काव्यशास्त्र के लिखे जाने की चिन्ता स्वयं के द्वारा लिखे जा रहे शोध-प्रबन्ध में भी की थी। डॉ. भगीरथ मिश्र ने स्वयं बताया है कि उन्हें शोध के लिए विषय अंग्रेजी माध्यम से मिला था और उसका विषय था—'हिस्ट्री ऑफ हिन्दी पोएटिक्स' जिसको उन्होंने हिन्दी में प्रस्तुत किया—शीर्षक है—'हिन्दी काव्यशास्त्र का इतिहास'। इस शोध ग्रन्थ को सन् 1947 में लखनऊ विश्वविद्यालय ने स्वीकृत किया और इस विश्वविद्यालय के हिन्दी विभाग के विद्वान यदि यह कहते हों कि यह हिन्दी के अपने काव्यशास्त्र की शुरुआत का प्रथम ग्रन्थ है तो यह अवधारणा भ्रमपूर्ण है क्योंकि यह पूर्व तथा पश्चिम के सैद्धान्तिक काव्य सिद्धान्तों का एक समन्वित शोध प्रबन्ध है। डॉ. भगीरथ मिश्र के पूर्व, वैसे हिन्दी विभाग के अन्तर्गत डॉ. रमाशंकर शुक्ल 'रसाल' सन् 1936 में 'हिन्दी काव्यशास्त्र का विकास' शीर्षक शोध-प्रबन्ध इलाहाबाद विश्वविद्यालय से प्रस्तुत कर चुके थे।

हिन्दी के अपने काव्यशास्त्र की दिशा में डॉ. नगेन्द्र के निर्देशन में सर्वप्रथम कार्य दिल्ली विश्वविद्यालय के अन्तर्गत डॉ. सुरेशचन्द्र गुप्त द्वारा किया गया। 'आधुनिक कवियों के काव्य सिद्धान्त' उनका पी-एच.डी. का शोध प्रबन्ध था। इसके बाद उन्होंने भक्तिकाल तथा आदिकालीन हिन्दी कविता के काव्यशास्त्रीय चिन्तन के सन्दर्भों पर लेखन कार्य पूरा किया। डॉ. गुप्त के कार्य में सबसे बड़ी विसंगति यह थी कि उन्होंने संस्कृत काव्यशास्त्र के मानकों के आधार पर हिन्दी काव्य की आत्मा, हिन्दी काव्य रचना के हेतु, हिन्दी काव्य की परिभाषा, हिन्दी कविता के प्रयोजन जैसे सन्दर्भों की खोज प्रारम्भ की। इस सन्दर्भ में कतिपय सूत्र तो उनके हाथ में आये किन्तु उनको उन्होंने परम्परा की सांस्कृतिक विश्लेषण पद्धति तथा व्यवस्था से संयुक्त करके समसामयिक समीक्षा के परिवेश में विश्लेषित करने की चेष्टा नहीं की। इसी दिशा में प्रस्तुत लेखक ने भी डॉ. धीरेन्द्र वर्मा तथा डॉ. ब्रजेश्वर वर्मा की प्रेरणा से भक्तिकाल

के निजी काव्यचिन्तन पर कार्य किया और शोध प्रबन्ध का विषय था—'हिन्दी वैष्णव भक्तिकाव्य में निहित काव्यादर्श एवं काव्यशास्त्रीय सिद्धान्त।' मुझे इस दिशा में कितनी सफलता मिली, इसका आकलन तो अध्येता विद्वान् ही कर सकते हैं। दिल्ली विश्वविद्यालय से डॉ. नगेन्द्र ने हिन्दी के अपने काव्यशास्त्र जैसे चिन्तन की एक व्यापक पृष्ठभूमि निर्मित की थी। उन्होंने भारतीय काव्यशास्त्र के शीर्ष ग्रन्थों का न केवल हिन्दी में रूपान्तरण कराया है, अपितु विषय से सम्बद्ध परम्परा को भी पूरी तरह से स्पष्ट किया है। उनकी दो महत्त्वपूर्ण कृतियाँ इस दिशा में विशेष उल्लेखनीय हैं। प्रथम है, भारतीय काव्यशास्त्र की परम्परा और द्वितीय है—भारतीय काव्यशास्त्र की भूमिका। चिन्तन क्रम की एकसूत्रता को पिरोते हुए उन्होंने आचार्य भरत से प्रारम्भ करके अपने युग के मूर्द्धन्य चिन्तकों तक मान्य काव्य विषयक मान्यताओं एवं चिन्तनों का क्रमिक साक्ष्य रखा-जिनसे उनकी दृष्टि का स्पष्ट आकलन किया जा सकता है।

हिन्दी काव्यशास्त्र की दिशा में आचार्य पण्डित रामचन्द्र शुक्ल के प्रयासों की चर्चा अपरिहार्य है। उन्होंने पश्चिमी समीक्षा के मानदण्डों के काव्यास्वादन (आनन्दवाद) और मूल्यवाद के प्रकाश में हिन्दी विशेषकर भक्ति साहित्य में व्याप्त 'लोकमंगलवाद' तथा साहित्य में अभिव्यक्त रसास्वादन (आनन्द) की व्याख्या की है। उनके द्वारा लिखित 'रस मीमांसा' की विश्लेषण दृष्टि-वर्तमान साहित्य में प्रचलित कहानी, उपन्यास, एकांकी, नाटक, कविता आदि की सर्जनात्मक विधाओं के विश्लेषण का मार्ग प्रशस्त करती है। 'शील निरूपण' एवं 'चरित्र-चित्रण' की सर्जनात्मक भावात्मकता से वे रस को जोड़कर उसे एक व्यापक परिदृश्य देना चाहते हैं।

हिन्दी काव्यचिन्तन को स्पष्ट करने की दिशा में एक प्रयास हिन्दी कवियों द्वारा भी किया गया—जिसकी शुरुआत पं. सुमित्रानन्दन पन्त ने 'पल्लव की भूमिका' तथा पं. सूर्यकान्त त्रिपाठी 'निराला' ने प्रबन्ध प्रतिमा के कतिपय निबन्धों के माध्यम से किया था। छायावादी एवं उत्तर द्विवेदीयुगीन या उत्तरछायावादी तथा बाद में चलकर कतिपय नयी कविता के कवियों की 'स्वकाव्य चिन्तन' की शृंखला क्रमबद्ध रूप से हिन्दी साहित्य सम्मेलन ने 'आधुनिक कवि' के रूप में प्रकाशित की। यह शृंखला लम्बी है और इस विषय पर विस्तारपूर्वक चर्चा इस कृति के दूसरे खण्ड में की जायेगी।

इसी दिशा में एक और भी महत्त्वपूर्ण प्रयास हुआ, लखनऊ विश्वविद्यालय के हिन्दी विभाग से, सन् 1997 में। पुस्तक का नाम है—'हिन्दी का अपना काव्यशास्त्र', सम्पादक हैं—प्रो. सूर्यप्रसाद दीक्षित एवं डॉ. सत्यदेव मिश्र। यह कृति हिन्दी साहित्य के गण्यमान्य विशेषज्ञों के निबन्ध-संकलनों से सम्बद्ध है और इसके अन्तर्गत प्राथमिक स्तर पर हिन्दी के अपने काव्यशास्त्र की स्थापना के लिए गहरी चिन्ता प्रकट की गयी है तथा दूसरे स्तर पर सुझाव है कि हिन्दी का काव्यशास्त्र कैसे निर्मित हो? तीसरी चिन्ता है, उन सूत्रों के निर्देश की-जो विविध सन्दर्भों में हिन्दी काव्यचिन्तन की

वैचारिकता के सन्दर्भो को प्रशस्त करते हैं। इस कृति की मूल उपादेयता है—हिन्दी के स्वायत्त काव्यचिन्तन की पृष्ठभूमि की रचना।

प्रकृति की दृष्टि से हिन्दी कविता दो भागों में विभक्त है। प्रथम है, आधुनिक साहित्य का रचनात्मक संसार तथा दूसरा है—आधुनिक कालेतर हिन्दी कविता का सृजन पक्ष। इन दोनों को एक साथ मिलाया नहीं जा सकता। आधुनिक कालेतर हिन्दी कविता तीन भागों में विभक्त है। प्रथम, आदिकालीन हिन्दी कविता—जिसका अपना भिन्न वैचारिक केन्द्रीय सूत्र है, द्वितीय है, भक्तिकालीन कविता जिसका सम्बन्ध लोकहितवाद से है तथा तीसरी काव्यधारा रीतिकाल की है—जिसकी केन्द्रीय चिन्ताधारा कविता द्वारा कलात्मक विलक्षणता तथा प्रेम-श्रृंगार की अभिव्यक्ति से सम्बद्ध है। हिन्दी की तीनों धाराएँ अपनी भिन्न-भिन्न काव्य एवं सामाजिकता की भिन्न परिपाटियों से जुड़ी हैं। कविता अपनी पूर्ण व्याप्ति के बाद ज्यों-ज्यों समापन की ओर बढ़ती है—उसकी मौलिक उद्भावनाओं की पुनरावृत्तियाँ इतनी अधिक हो उठती हैं कि कलात्मक प्रतिवादों से नये संवादों का जन्म होने लगता है। यही नहीं, उनकी इस क्षीणता के कारण परम्परा से चली आती हुई अनेक मान्यताएँ उन पर हावी होकर अपना नया इतिहास गढ़ने लगती हैं और इसलिए आदिकाल, भक्तिकाल एवं रीतिकालीन काव्यचिन्तन की परम्पराएँ एक सीमा के बाद नवता का त्याग करके पुनरावृत्तियों की स्थापना में तत्पर हो उठी हैं और उनका सीमांकन भी ठीक उसी बिन्दु पर समाप्त हो उठता है।

यहाँ हिन्दी की स्वायत्त या अपने काव्यशास्त्र का अर्थ है, अतीत एवं वर्तमान तथा समसामयिकता से सम्बद्ध हिन्दी की कविता धारा के उन बिन्दुओं की तलाश की जा सके जो इस कविता की रचनात्मक सैद्धान्तिकता के लिए आधार हैं और इस दृष्टि से हिन्दी खड़ीबोली की काव्यधारा की विविध समस्याएँ इस सन्दर्भ में हमारे सामने हैं, साहित्यिक धाराओं में उन बिन्दुओं की तलाश, जो काव्य के सामाजिक मूल्यबोध, संरचनात्मक सिद्धान्तों एवं आस्वादनधर्मिता से जुड़े पक्षों को स्पष्ट कर सकें।

इस कार्य के सम्बन्ध में मेरा निवेदन मात्र इतना ही है कि इसे 'हिन्दी का सम्पूर्ण काव्यशास्त्र' न समझा जाय—यह तो हिन्दी काव्यशास्त्र के मूलाधार की तलाश का एक साक्ष्य मात्र है—

'आपरितोषाद्विदुषां न मन्ये साधु प्रयोगविज्ञानम्।'

महाशिवरात्रि
सोमवार : 2016

योगेन्द्र प्रताप सिंह
सम्पर्क सूत्र : 15/6, स्टैनली रोड
सिविल लाइन्स, इलाहाबाद-1

विषय-सूची

षष्टम खण्ड

हिन्दी काव्य चिन्तन के मूलाधार

प्रथम खण्ड

हिन्दी के अपने काव्यशास्त्रीय चिन्तन की पूर्व परम्परा : उद्भव और विकास

हिन्दी साहित्य के अन्तर्गत रीतिकालीन कवियों तथा लक्षण ग्रन्थकारों के पश्चात् फिर से काव्यचिन्तन की शुरुआत आधुनिक काल से हुई और सर्वप्रथम शोध के माध्यम से यह प्रक्रिया सामने आयी। सन् 1936 में डॉ. रामशंकर शुक्ल 'रसाल' ने इस विषय पर हिन्दी विभाग, इलाहाबाद विश्वविद्यालय के अन्तर्गत अपना शोध प्रबन्ध प्रस्तुत किया–जिसका शीर्षक था–**हिन्दी काव्यशास्त्र का विकास**। इस ग्रन्थ के अन्तर्गत रीतिकालीन लक्षणग्रन्थकारों की मान्यताओं को परम्परित क्रम से निर्दिष्ट करने का प्रयास किया गया है। सन् 1947 में, ठीक इसी शोध प्रबन्ध के समानान्तर लखनऊ विश्वविद्यालय से 'हिन्दी काव्यशास्त्र का इतिहास' शीर्षक प्रबन्ध डॉ. भगीरथ मिश्र द्वारा पी-एच.डी. की उपाधि के लिए प्रस्तुत किया गया। बाद में, यह हिन्दी काव्यशास्त्र के नाम से प्रकाशित हुआ। डॉ. रामशंकर शुक्ल 'रसाल' तथा डॉ. भगीरथ मिश्र की मान्यताओं में सिद्धान्ततः कोई अन्तर नहीं दिखायी पड़ता। इन दोनों ग्रन्थों के बाद भारतीय काव्यशास्त्र के विविध विषयों पर अनेक ग्रन्थ लिखे गये जिनकी तालिका इस प्रकार है–

1. हिन्दी काव्यशास्त्र–डॉ. जानकीनाथ सिंह 'मनोज', इलाहाबाद विश्वविद्यालय, 1947
2. ध्वनि सिद्धान्त के विस्तार–डॉ. भोलाशंकर व्यास
3. आधुनिक मनोविज्ञान के प्रकाश में रसशास्त्र का अध्ययन, डॉ. छैलबिहारी गुप्त राकेश, इलाहाबाद विश्वविद्यालय, 1943

4. हिन्दी साहित्य में अलंकार–डॉ. ओमप्रकाश कुलश्रेष्ठ, आगरा विश्वविद्यालय, 1957
5. आधुनिक हिन्दी काव्य में छन्दयोजना–डॉ. पुत्तूलाल शुक्ल, लखनऊ विश्वविद्यालय, 1953

इसी प्रकार भारतीय काव्यशास्त्र के प्रकाश में हिन्दी साहित्य में विवेचित अलंकार, रस, रीति, गुण, ध्वनि, वक्रोक्ति, छन्द आदि के विवेचन का प्रारम्भ इस युग में हुआ।

भारतीय हिन्दी परिषद् के विविध अधिवेशनों के अन्तर्गत डॉ. धीरेन्द्र वर्मा तथा डॉ. नगेन्द्र द्वारा हिन्दी के काव्यशास्त्र के लेखन की दिशा में प्रस्ताव रखे गये और हिन्दी कविता को केन्द्र में रखकर परम्परा से भिन्न हटकर काव्य-रचना की प्रकृति के अनुक्रम में हिन्दी काव्यशास्त्र तथा काव्यचिन्तन के कार्य का भी श्रीगणेश कराया गया। इस दिशा में सर्वप्रथम कार्य डॉ. सुरेशचन्द्र गुप्त द्वारा दिल्ली विश्वविद्यालय से शुरू किया गया और 'आधुनिक कवियों के काव्यसिद्धान्त' शीर्षक उनका पी-एच.डी. का शोध प्रबन्ध प्रकाश में आया।

इस शोध प्रबन्ध की दृष्टि में आधुनिकता तो है, किन्तु मूल्यों के प्रश्न पर वही प्राचीन भारतीय काव्यशास्त्रीय प्रश्न सम्बद्ध हैं–जिनकी चर्चा हजारों वर्षों से होती चली आ रही है। काव्य की आत्मा, काव्य के हेतु, काव्य का प्रयोजन, काव्य के लक्षण तथा परिभाषाएँ आदि पुराने शीर्षकों के माध्यम से समस्याएँ रखी गयी हैं। उन्हीं पुराने मूल्यों के चौखटे में नयी चिन्तन दृष्टि को रखने में यहाँ वह उन्मुक्तता नहीं दिखायी पड़ी–जो हिन्दी काव्यशास्त्र के सन्दर्भ में आज अपेक्षित हैं किन्तु उनका यह प्रयास सराहनीय है–इस दिशा में यह प्रथम ऐतिहासिक कार्य है। इसके बाद उन्होंने आदिकाल तथा भक्तिकाल के काव्यशास्त्रीय चिन्तन पर भी कार्य प्रस्तुत किया, किन्तु लेखन क्रम वही है।

डॉ. धीरेन्द्र वर्मा जी की प्रेरणा से प्रस्तुत लेखक ने भी भक्तिकालीन काव्यशास्त्रीय चिन्तन को प्रकाश में लाने की चेष्टा की है। शोध-प्रबन्ध डी.फिल्. के लिए प्रस्तुत किया गया था, इलाहाबाद विश्वविद्यालय से सन् 1964 में उपाधि मिली, विषय है–

'हिन्दी वैष्णव भक्तिकाव्य में निहित काव्यादर्श तथा काव्यशास्त्रीय सिद्धान्त' और इसके माध्यम से यह चेष्टा की गयी है कि हिन्दी भक्ति कविता के नये काव्यशास्त्रीय मानकों का निरूपण एवं उनकी प्रस्तुति की जाये। वैसे, भारतेन्दु हरिश्चन्द्र ने भारतीय तथा पश्चिमी नाटकों के चिन्तन पर विचार करते हुए अपने युग से जुड़े नाट्य सिद्धान्तों के वैशिष्ट्यों की चर्चा अवश्य की है–किन्तु इस सिद्धान्त दृष्टि का आगे चलकर विकास नहीं हो पाया। डॉ. नगेन्द्र ने हिन्दी काव्यशास्त्रीय चिन्तन को प्रोत्साहित करने के लिए **'भारतीय काव्यशास्त्र की भूमिका'** एवं **'भारतीय काव्यशास्त्र की परम्परा'** शीर्षक दो महात्त्वपूर्ण पुस्तकों की प्रस्तुति की है–जो इस

दिशा में मार्ग दर्शन का कार्य करती हैं। लखनऊ विश्वविद्यालय से डॉ. सूर्यप्रसाद दीक्षित ने 'हिन्दी के विविध विद्वानों के सहयोग से पहली बार **हिन्दी का अपना काव्यशास्त्र** शीर्षक ग्रन्थ प्रस्तुत किया था, किन्तु लेखों की विविधता के कारण काव्यशास्त्रीय सन्दर्भों में व्याख्यापरक बिखराव सर्वत्र दिखायी पड़ता है।

इसी सन्दर्भ में एक और विशिष्ट प्रयास का स्मरण करना आवश्यक है। आचार्य रामचन्द्र शुक्ल की आलोचनात्मक पद्धति के सैद्धान्तिक विवेचन को देखते हुए यह लगता है कि उनके मन में सैद्धान्तिक समीक्षा के हिन्दी साहित्य के अपने मनदण्डों की तलाश और प्रतिष्ठा की उत्कट आकांक्षा वर्तमान रही है और इसी सन्दर्भ में वे गोस्वामी तुलसीदास एवं सूरदास की व्यावहारिक समीक्षा के लिए उन नये सैद्धान्तिक मानदण्डों की तलाश करते हैं, जो वर्तमान समीक्षा के लिए मानक का कार्य कर सकें। उनके काव्यचिन्तन के तीन सन्दर्भ हैं–

(1) मूल्यवादी दृष्टि और लोकमंगलवाद

(2) लोकधर्मिता जो सम्पूर्ण लोकजीवन की रचनात्मक संरचना के रूप में अभिव्यक्त हैं।

(3) रसवादी परम्परित भारतीय काव्य चिन्तनदृष्टि

आचार्य रामचन्द्र शुक्ल **आई. ए. रिचर्ड्स** के मूल्यवाद से भारतीय नैतिक हितवाद का सामंजस्य करके उसे लोकमंगल के रूप में प्रस्तुत करते हैं तथा अपने परम्परित शास्त्रवादी मूल्य रसवाद का विवेचन इस प्रकार करते हैं कि वह मानव स्वभाव की रागात्मिका वृत्ति से सम्बद्ध होकर परम्परित शास्त्रवाद से मुक्त हो सके। रस, कला तथा कविता के आस्वादनधर्मी स्वभाव के रूप में साहित्य का एक सनातन तत्त्व है। आचार्य शुक्ल मानव जाति की भावात्मक वृत्ति को ही कविता तथा कला-जगत् के आधार के रूप में चुनते हैं और उसे मानव सभ्यता एवं संस्कृति से सम्बद्ध करके कर्मसौन्दर्य से जोड़ने का प्रयास करते हैं। रस का सम्बन्ध यदि वासनाओं से है तो वे वासनाओं का उदात्तीकरण करके रस की एक आदर्शमयी भावभूमि तैयार करते हैं और 'शील निरूपण' के द्वारा रसात्मकता को लोकादर्श की भावभूमि पर प्रतिष्ठित करते हैं। इसी तरह उन्होंने डण्टन की साहित्यशास्त्रीय अवधारणा 'आनन्द के लिए कविता' को भी मनोरंजन तथा कलात्मक आनन्द से मिलनेवाली तृप्ति से ऊपर उठाकर कृष्णभक्ति काव्य की लीलाभूमि से सम्बद्ध करते हैं और शील निरूपण सम्बन्ध उन्होंने गोस्वामी तुलसीदासकृत रामचरितमानस में अभिव्यक्त चारित्रिक उदात्तता से जोड़कर साहित्य और मांगलिकता की व्याख्या की है। और दूसरे का सम्बन्ध लीलानन्द की भावभूमि से जोड़ा है।

इस सन्दर्भ में यह नितान्त स्पष्ट है कि आचार्य रामचन्द्र शुक्ल ने हिन्दी भक्ति-साहित्य के सन्दर्भ के लिए काव्यशास्त्रीय (काव्य सैद्धान्तिक) आधार निर्मित किया है और यह आधार यूरोपीय काव्य सिद्धान्त मूल्यवाद के साथ भारतीय 'रसवाद'

के समन्वय का परिणाम है। यह सिद्धान्त समन्वयवाद के रूप में नहीं स्वीकार किया जाना चाहिए वरन् हिन्दी की भक्तिकालीन कविता की व्याख्या के लिए एक स्वचिन्तित सैद्धान्तिक आलोचनात्मक मानदण्ड के रूप में स्वीकार करने योग्य है। खेद का विषय है कि आचार्य रामचन्द्र शुक्ल के इस काव्यचिन्तन को थोड़ा और भी आगे ले आया जाता तो आधुनिक कविता के सैद्धान्तिक एवं शास्त्रीय मूल्यों की स्थापना का रूप निश्चित ही प्रशस्त होता। इसके साथ ही, आचार्य शुक्ल की इन मान्यताओं के सन्दर्भ में हमें यह न सोचना चाहिए कि लोकरुचियों एवं जन समाज के सांस्कारिक परिवर्तनों से उत्पन्न होनेवाली साहित्यिक अवधारणाओं के परिवर्तनों के कारण हमें किसी अनिवार्य अवधारणा की स्थिरता की सहमति नहीं देनी चाहिए और दूसरी ओर कोई भी चिन्तक किसी शाश्वत काव्य सिद्धान्त की स्थापना या व्यवस्था की बात भी नहीं कर सकता फिर भी, इतना तो सत्य ही है कि हिन्दी काव्य चिन्तन के बिखराव की जो स्थिति आज दिखायी पड़ती है, वह आचार्य शुक्ल के सैद्धान्तिक चिन्तन के व्यवस्थित विकास के बाद न होती।

आचार्य शुक्ल के इस शील निरूपण से लोकमंगलवाद तक वर्तमान संवाद की जो समन्वित सूत्रबद्धता निर्मित हुई है, उससे भक्तिकाल का हम पूरी तरह से विश्लेषण नहीं कर सकते। कारण स्पष्ट है, आचार्य शुक्ल हिन्दी भक्ति काव्य के लीलापक्ष की पूर्णतः उपेक्षा कर देते हैं। वे भक्ति की परिभाषा धर्म से जोड़कर करते हैं—उनके अनुसार **'धर्म की रसात्मक अनुभूति का नाम ही भक्ति है'**—यह भक्ति की अनिवार्य अवधारणा लीला की उपेक्षा करती है।

निर्गुण भक्ति पर भी लीला के प्रभाव के दर्शन होते हैं। इसी वासनामय रूप से भक्तिरस की निष्पत्ति हुई है और कबीर जैसे निर्गुण मतावलम्बी ब्रह्म के नाम, गुण एवं लीला की बात बराबर संसक्तिपूर्वक करते हैं। ब्रह्म को पिय (पति : प्रियतम) मानकर उनके द्वारा की गयी आत्ममयी उपासना निर्गुण में गुणत्व का संकेत है और इस लीला भक्ति की सम्पूर्ण भारत में व्याप्त भक्ति साहित्य को न तो साहित्य में भिन्न शास्त्र तथा साधना की श्रेणी में रखा जा सकता है और न शब्दार्थ के माध्यम से अभिव्यक्त इस साहित्य की कलामयता की व्याख्या आचार्य शुक्ल द्वारा स्वीकृत डण्टन के अनास्थावाद की मान्यताओं के आधार पर ही की जा सकती है। पश्चिमी कविता से जुड़ा आनन्दवाद भक्तिरस के आनन्द की दिशा से भिन्न है और हमारे भक्ताचार्यों ने इसीलिए लौकिक काव्य के नवों रसों को भक्तिरस के सहायक रूप (अंगरूप) में स्वीकार करते हुए भक्तिरस के अंग रूप में होने की मान्यता स्थापित की है। लोक के साहित्य का आनन्द (डण्टन और शुक्ल मत) लौकिक है, और भक्तिरस इस प्रकृत लोकवासनात्मक काव्यानन्द से भिन्न आध्यात्मिक व्यवस्था से सम्बद्ध है। इस काव्य व्यवस्था का आस्वाद यद्यपि है तो काव्य रसमूलक किन्तु वह नवों रसों से सर्वथा भिन्न है।

इस प्रकार मूल्यवाद एवं रसवाद के समन्वय से सिद्ध आचार्य शुक्ल का लोकमंगलवादी रूप (शील निरूपणवादी) सिद्धान्त अधूरा है। द्विवेदी-युग की समाप्ति के बाद हिन्दी साहित्य में पश्चिम से प्रभावित छायावादी काव्य रूपों का अवतरण हुआ और इस नयी प्रकृति की हिन्दी काव्यधारा का श्रीगणेश भारतीय परम्परा से मुक्त काव्यचिन्तन के काव्य-पाठ और उसके आस्वाद विश्लेषण के लिए भारतीय परम्परा के शास्त्रीय सिद्धान्त पूर्णतः अक्षम थे। इसका परिणाम यह हुआ कि हिन्दी के काव्यशास्त्रीय चिन्तन क्षेत्र में एक नये संक्रमण के युग का प्रारम्भ हुआ और अपनी हिन्दी की कविता के सैद्धान्तिक चिन्तन को स्पष्ट करने के लिए स्वयं सर्जकगण ही उठ खड़े हुए। सर्वप्रथम छायावादी कविता के प्रथम कवि जयशंकर प्रसाद जी ने प्रकारान्तर भाव से अपनी कविता की व्याख्या के लिए **काव्य कला तथा अन्य निबन्ध** जैसी रचना रखी जो न पश्चिम के मूल्यवाद से सम्बद्ध है और न भारतीय काव्यशास्त्रीय चिन्तन की परम्परा से। इसी परम्परा में पं. सुमित्रानन्दन पन्त ने पल्लव की **भूमिका** लिखकर अपनी कविता के सर्जनात्मक स्वरूप की व्याख्या की तथा बाद में हिन्दी साहित्य सम्मेलन से प्रकाशित 'आधुनिक कवि' की शृंखला की भूमिका के अन्तर्गत इन आधुनिक कवियों ने अपने काव्यचिन्तन को स्पष्ट किया। यही स्थिति महादेवी वर्मा की भी रही है। उन्होंने अपनी कृतियों में **'संकल्पिता'** तथा **'साहित्यकार की आस्था' तथा अन्य निबन्ध** के अन्तर्गत छायावादी कविता के रचनाविधान पर विशेष रूप से चर्चा की है। इसी सन्दर्भ में, पं. सूर्यकान्त त्रिपाठी 'निराला' की भी चर्चा अपरिहार्य है। उन्होंने अपनी कृति **परिमल की भूमिका** तथा **प्रबन्ध प्रतिमा** तथा **प्रबन्ध पद्य** निबन्ध संकलनों के अन्तर्गत भारतीय परम्परा के काव्यशास्त्रीय चिन्तन तथा काव्यविषयक सिद्धान्तों से मुक्ति की चर्चा करते हुए अपनी कविता के सर्जनात्मक पक्षों की बात शुरू की।

छायावादी कविता एक प्रकार से रोमाण्टिक कविता धारा के रूप में है, जो शास्त्रीय परम्परावाद की मुक्ति के सिद्धान्त पर अडिग है। शास्त्रवाद या क्लैसिकी की पूर्व-निर्धारित परम्परा के ठीक विरुद्ध यह कविता की रोमानियत अर्थात् अतिशय वैयक्तिकता, अतिशय स्वच्छन्दता, प्रेमवाद की उन्मुक्तता तथा कल्पनातिशयता के मानकों पर खड़ी हुई है और इस चिन्तन ने हिन्दी की काव्यात्मक सर्जना के क्षेत्र में परम्परावाद तथा शास्त्रवाद को प्रायः समाप्त-सा कर दिया।

इस कविता ने अपने शास्त्रवाद की तलाश अपने इस अभिव्यक्त किये गये काव्य-रूपों में ही किया है, यह कुछ पश्चिमी साहित्य की रोमानियत के आधार पर है और कुछ स्वयं इन काव्यों में अभिव्यक्त तथा कवियों द्वारा विवेचित मान्यताओं के आधार पर। इस प्रकार का छायावादी काव्यचिन्तन भारतीय शास्त्रवाद से मुक्ति का काव्यचिन्तन है। डॉ. सुरेशचन्द्र गुप्त ने इन नये कवियों के काव्यचिन्तन को अपने शोध प्रबन्ध नये

कवियों के काव्यचिन्तन (1959) के माध्यम से स्पष्ट करने की चेष्टा की है किन्तु डॉ. गुप्त द्वारा अपनाये गये विश्लेषण के मानक भारतीय काव्यशास्त्र के हैं–जिनके द्वारा अनेक तथ्य स्पष्ट नहीं हो पाते। पुराने साँचे में नयी सामग्री को पूरी तरह से ढालने का यह प्रयास परवर्ती छायावादी अलोचकों को स्वीकार्य नहीं हुआ।

छायावादी कविता के ह्रासकाल के ठीक बाद प्रयोगवाद तथा नयी कविता का युग हिन्दी साहित्य में प्रारम्भ हुआ। इसी के थोड़े दिनों बाद समानान्तर भाव से प्रगतिवादी काव्यधारा भी चली। तारसप्तक-एक में अज्ञेय जी ने इन प्रगतिवादी कवियों को भी प्रयोगवादी तथा नयी कविताधारा से जोड़ने की चेष्टा की किन्तु उसके बाद के अंकों में यह समन्वय नहीं चल सका। नयी कविता तथा प्रगतिवादी काव्यधाराओं के विकास के फलस्वरूप हिन्दी काव्य जगत् में कविता के समय, विस्तार तथा गहनता के प्रति बोधगम्यता, साथ-ही साथ, कविता चिन्तन के सर्वथा नये रूपों एवं प्रतिबद्धताओं की त्वरित अभिव्यक्तियों पर विचार-विमर्श का क्षेत्र व्यापक हुआ और इस युग की दोनों धाराओं के कवियों तथा आलोचकों का समूहबद्ध वर्ग इस दिशा में तत्पर रहा किन्तु सन् 1975 के बाद नयी कविता की परम्परा क्षीण-सी हो उठी और प्रगतिवादी काव्यधारा अभी भी वेगपूर्वक चल रही है। इस प्रगतिवादी काव्यधारा में आज प्रच्छन्न रूप से संविधानवाद या संविधानवादी काव्यधारा भी (या लोकतान्त्रिक भारतीय अवधारणाएँ) प्रविष्ट हो चुकी है और आशा है–भारत का प्रगतिवादी साहित्य भविष्य में जनतान्त्रिक मान्यताओं में खो उठेगा।

प्रयोगवाद, नयी कविता, प्रगतिवादी तथा समसामयिक काव्यधारा के समर्थकों के काव्यचिन्तन विषयक सैद्धान्तिक आलोचनात्मक ग्रन्थ इस प्रकार हैं–

प्रयोगवाद तथा नयी कविता की काव्यधारा से सम्बद्ध सैद्धान्तिक समीक्षक एवं उनकी कृतियाँ यूरोपीय विचारधाराओं से सम्बद्ध है। इस दिशा में अज्ञेय, लक्ष्मीकान्त वर्मा, गजानन माधव मुक्तिबोध, डॉ. जगदीश गुप्त, डॉ. रामस्वरूप चतुर्वेदी, डॉ. रघुवंश, डॉ. विजयदेव नारायण साही के कार्य जिस सैद्धान्तिक चिन्तन की युगीन काव्य-सापेक्षता का विवेचन करते हैं, उनकी चर्चा बाद में होगी लेकिन इतना तो सत्य ही है कि इन सबने प्रायः परम्परा के भारतीय शास्त्रवाद से हिन्दी कविता को मुक्ति दिलायी है और उसका अपना नया शास्त्रवाद सामने रखा है।

हिन्दी में प्रगतिवादी काव्यचिन्तन की शुरुआत शिवदानसिंह चौहान ने किया और उनकी पहली पुस्तक 'प्रगतिवाद' नाम से छपी। इस परम्परा में प्रकाशचन्द्र गुप्त का भी नामोल्लेख आवश्यक है और उनकी दो कृतियाँ **हिन्दी साहित्य की प्रगतिवादी परम्परा** के अन्तर्गत मानक के रूप में हैं–ये हैं–**हिन्दी साहित्य की जनवादी परम्परा तथा साहित्य धारा**। हिन्दी में प्रगतिवादी साहित्यिक परम्परा की स्थापना के बाद सैद्धान्तिक स्तर पर लेखन कार्य शुरू हुआ और रांगेय राघव की कृति–प्रगतिशील साहित्य के मानदण्ड, धर्मवीर भारती कृत **प्रगतिवादी साहित्यिक चिन्तन** आदि प्रकाश

में आयी, जिनमें नैतिक हितवाद तथा लोकमंगलवाद के आगे भौतिक समतावाद के सिद्धान्त को मानदण्ड के रूप में मान्यता दी गयी है।

इसी प्रकार, हिन्दी में संरचनावादी तथा नवसंरचनावादी काव्यचिन्तन का दौर सन् 1872 के आसपास से शुरू हुआ। शैलीविज्ञानवाद तथा काव्यभाषावाद इसकी दो महत्त्वपूर्ण मान्यताएँ हिन्दी में आयी। इस प्रकरण में बिम्बवाद, प्रतीकवाद तथा मिथकीय मान्यताओं के शास्त्रीय विश्लेषण हिन्दी में रखे गये 'नवसंरचनावाद' के अन्तर्गत विखण्डनवाद तथा अर्थ के अर्थान्तर विश्लेषण की प्रक्रियाओं को उत्तर संरचनावाद के रूप में सन् 1980 के दशक के बाद हिन्दी में उतारा गया।

सैद्धान्तिक काव्यमान्यताओं के प्रकाश में सौन्दर्यशास्त्र का भी नयी आलोचना व्यवस्था के रूप में इसी समय (1960 के आसपास) हिन्दी साहित्य में प्रवेश हुआ। डॉ. सुरेन्द्रनाथ दास गुप्त के **भारतीय सौन्दर्यशास्त्र की परम्परा** के हिन्दी अनुवाद से इसकी शुरुआत हुई। मराठी साहित्य के अनुवादों ने भी इस धारा को प्रोत्साहित किया। डॉ. नगेन्द्र, चन्द्रकान्त वान्दीवडेकर, डॉ. निर्मला जैन, डॉ. रामलखन शुक्ल, डॉ. हेमन्त शेष, डॉ. गोविन्दचन्द्र पाण्डेय आदि इस परम्परा के प्रसिद्ध सैद्धान्तिक शास्त्रचिन्तक हैं।

इसी सन्दर्भ में परम्परावादी काव्यशास्त्रीय चिन्तन के पुनर्विवेचनों का भी यहाँ उल्लेख आवश्यक है। डॉ. नगेन्द्र द्वारा रस सिद्धान्त, डॉ. निर्मला जैन द्वारा रस सिद्धान्त और सौन्दर्यसिद्धान्त, डॉ. राममूर्ति त्रिपाठी द्वारा रस विमर्श, काव्यतत्त्व विमर्श, सहृदय और साधारणीकरण तथा प्रस्तुत लेखक की कृतियाँ **सर्जन और रसास्वादन (भारतीय पक्ष), अलंकार रचना तथा काव्यभाषा की समस्याएँ, लीला और भक्तिरस** आदि महत्त्वपूर्ण हैं।

कुल मिलाकर, पश्चिमी कव्यचिन्तन की दृष्टि समसामयिकता के सापेक्ष्य में इस समय अतिशत विस्तार पा रही है और इसी के प्रकाश में भारतीय काव्यशास्त्रीय चिन्तन के अन्तर्गत जो आज उपादेय एवं अनिवार्य तत्त्व हैं, उनका भी पुनर्विवेचन प्रारम्भ हो चुका है। इस विषय पर आधुनिक काल के अन्तर्गत विस्तारपूर्वक विचार किया जायेगा।

प्राचीन भारतीय काव्यचिन्तन : काव्यशास्त्र तथा कविशिक्षा की समानान्तर परम्पराएँ

काव्यशास्त्र

भारतीय काव्यशास्त्र की परम्परा कितनी प्राचीन है, इसके विषय में सहज ही अनुमान लगाया जा सकता है कि आचार्य भरत (ई. की प्रथम शती) के पूर्व अर्थात् उनके नाट्यशास्त्र के रचनाकाल से पर्याप्त पहले इसका प्रारम्भ कब से हुआ था? यह कितना प्राचीन है? इस विषय में अन्तिम रूप से कुछ भी कहना सम्भव नहीं है। आचार्य भरत कृत नाट्यशास्त्र एक विवादित कृति है। इस सन्दर्भ में कई मत हैं—कोई कहता है कि यह भरत नामक नट जाति के आचार्यों का संकलन है और किसी का यह भी अभिमत है कि आचार्य भरत ने अपने पूर्ववर्ती मतों का उपलब्ध संकलन इस नाट्यशास्त्र कृति के रूप में किया है। इसके साक्ष्य नाट्यशास्त्र में अनेक रूपों में मिलते हैं। विविध सिद्धान्तों के विवेचन के पूर्व **ऋषयः ऊचुः (ऐसा ऋषियों ने बताया है), भवन्ति चात्र श्लोकाः (इस प्रकार पूर्वकाल में श्लोक कहे गये हैं), आनुवंश्य श्लोकाः (परम्परासम्मत श्लोक या छन्द)** आदि प्रयोग इस तथ्य के प्रमाण के रूप में रखे जा सकते हैं।

आचार्य भरत के नाट्यशास्त्र के साक्ष्य के आधार पर निम्नलिखित काव्यसिद्धान्तों के सन्दर्भ मिलते हैं—

1. रससिद्धान्त
2. अलंकारसिद्धान्त
3. काव्यगुणसिद्धान्त
4. नाट्य या अभिनयसिद्धान्त

इन सिद्धान्तों के साथ-साथ आचार्य भरत के नाट्यशास्त्र के अन्तर्गत कविता के प्रायोगिक सिद्धान्तों का भी उल्लेख मिलता है। इस प्रायोगिक सिद्धान्त का नाम है, काव्यलक्षणसिद्धान्त और अर्थ हैं, कविता के रचनात्मक व्यवहार के सन्दर्भ में रचनाप्रक्रिया

के समय कवियों को किन बातों को ध्यान में रखना चाहिए। आचार्य भरत इस सन्दर्भ में काव्य के 36 लक्षणों का उल्लेख करते हैं—जिनकी विस्तारपूर्वक चर्चा आगे की जायेगी। यही नहीं, वह अलंकार तथा गुण सिद्धान्त की चर्चा करते समय कहते हैं कि कविता रचना के समय गुणों तथा अलंकारों द्वारा अनेक रूपों में सजायी जाती है। निश्चितरूप से, काव्य रचना का यह प्रसंग राजस्तुति, देवस्तुति, कथासन्दर्भों की प्रस्तुति आदि प्रकरणों से विशेष रूप से सम्बद्ध है। वाल्मीकि रामायण में उल्लेख मिलता है कि रामकथा के विशारद कुशीलव नामक चारण जातियाँ घूम-घूमकर रामकथाएँ कहती थीं। आचार्य भरत के साक्ष्य से ऐसा ज्ञात होता है कि इस कालखण्ड के पूर्व कविता की मौखिक भाषिक रचनाप्रक्रिया या प्रणाली (पद्धति) को स्वीकृत मिल चुकी थी—और राजाश्रय या पर्वोत्सव इसके लिए मुख्य प्रस्तुति के साधन थे। आचार्य भरत ने नाट्यप्रस्तुति में कविता की आवश्यकता को स्वीकार किया है और नाट्यशास्त्र के अन्तर्गत काव्य की अनिवार्यता सिद्ध की है। आचार्य भरत कृत नान्दीपाठ स्तुति तथा शुभारम्भ से सम्बद्ध रहा है और इस प्रकार, सम्पूर्ण नाटकों में प्रयुक्त कविताएँ सिद्धान्तों से न जुड़कर घटनाव्यापार की व्यंजकता से सम्बद्ध रही हैं। कालिदास जब प्रथम बार शकुन्तला के सौन्दर्य का चित्रण करते हैं तो वहाँ वे काव्यशास्त्रीय सिद्धान्तों से मुक्ति का प्रश्न व्यंग्यभाव से उठाते हैं—

सरसिजमनुविद्धं शैवलेनापि रम्यं
मलिनमपि हिमांशोर्लक्ष्म लक्ष्मीं तनोति
इयमधिकमनोज्ञा वल्कलेनापि तन्वी
किमिव हि मधुराणां मण्डनं नाकृतीनाम्।।

यदि नैसर्गिक माधुर्य है तो, अलंकरण की क्या आवश्यकता है? यह वाक्य काव्य सर्जना पर भी लागू होता है।

आज की रोमाण्टिक कविता से संगति स्थापित करता हुआ कालिदास के अभिज्ञान शाकुन्तलम् का एक दूसरा वाक्य भी द्रष्टव्य है—

रम्याणि वीक्ष्य मधुरांश्च निशम्य शब्दान्
पर्युत्सुको भवति यत् सुखितोऽपि जन्तुः।।
तत्चेतसा स्मरति नूनमबोधपूर्वं,
भावस्थिराणि जननान्तरसौहृदानि।।

"अभिव्यक्ति की सहज नैसर्गिकता, रमणीक दर्शन एवं मधुर शब्द श्रवण मानव की अन्तश्चेतना चेतना से सम्बद्ध है और उनके साहचर्य के ऐसे क्षणों में जन्म-जन्मान्तरों से संचित मानव वासना की अग्नि हृदय में धधककर अभिव्यक्त हो उठती है।"

इस वाक्य की तुलना उस छायावादी काव्य-परिभाषा से कर सकते हैं जहाँ सौन्दर्यबोध के उच्चतम संवेगात्मक क्षणों की सुन्दरतम वाणी को ही कविता कहा गया है।

इन सन्दर्भों को देखकर ऐसा प्रतीत होता है कि आचार्य भरत से कालिदास तक कव्यरचना की तीन परिपाटियाँ रही हैं।

(1) काव्य की सैद्धान्तिक या शास्त्रीय परम्परा

(2) काव्य लेखन की व्यावहारिक लक्षणरचना अर्थात् कविशिक्षा, काव्यसमय, कविसमय, काव्यलक्षण तथा प्रौढ़ि की परम्परा

(3) विषयवस्तु की प्रतीत करानेवाली नैसर्गिक अभिव्यक्ति विषयवस्तु की नैसर्गिक प्रातीतिक सन्दर्भ के बिना कविता में सहज आनन्द तथा आस्वादन का प्रश्न ही नहीं उठता। इनमें से प्रथम तथा द्वितीय परम्पराओं का उल्लेख भारतीय काव्यशास्त्र में अधिक हुआ है।

काव्य की शास्त्रीय परम्परा

भारतीय काव्यसिद्धान्त या शास्त्र रचना का क्रम काव्यभाषा से प्रारम्भ होकर क्रमशः अर्थ के सौन्दर्यविधान, वक्रताविधान, अर्थव्यंजकता एवं रसास्वादन से सम्बन्धित शास्त्र के रूप में सामने आता है। ये सिद्धान्त काव्यरचना की मूल केन्द्रीय धुरी की तलाश बहुत दिनों तक करते रहे हैं, किन्तु अन्त में, इनकी दृष्टि समन्वयवादी या औचित्यवादी बन उठी थी। प्रारम्भिक आचार्य दण्डी, भामह, वामन, अभिनवगुप्त, आचार्य कुन्तक आदि कविता रचना की मूलात्मा या केन्द्रीय संवेदना बिन्दु की तलाश करते रहे किन्तु अप्पय दीक्षित के औचित्यमत के बाद आचार्य मम्मट, विश्वनाथ, पण्डितराज जगन्नाथ ये सब समन्वयवादी आचार्य बनकर सामने आये और सर्वाङ्गनिरूपण को काव्यशास्त्र का मानक निश्चित किया, फिर भी, इस सर्वाङ्गनिरूपण के सन्दर्भ में ये आचार्यगण कविता की केन्द्रीय धुरी या मूलात्मा की बात भी करते रहे हैं। संक्षेप में, भारतीय काव्यचिन्तन के मानक आधारों से सम्बद्ध शास्त्रीय सिद्धान्त इस प्रकार हैं–

1. काव्यभाषा सिद्धान्त
2. काव्यार्थरचना से सम्बद्ध सिद्धान्त जो निम्नलिखित रूपों में हैं–
    क. काव्यार्थ से सम्बद्ध अलंकरण सिद्धान्त
    ख. काव्यरचना की शैली या रीति सन्दर्भ
    ग. अर्थव्यंजकता अर्थात् ध्वनि सिद्धान्त
    घ. अर्थवक्रता अर्थात् वक्रोक्ति सिद्धान्त
3. रसात्मक अभिव्यक्ति तथा काव्यास्वादन से सम्बद्ध रस सिद्धान्त

1. काव्यभाषा सिद्धान्त :

यह सिद्धान्त स्वीकार करता है–कि भाषा की सौन्दर्यमयी सहज रचना ही काव्य है। इस सिद्धान्त के विवेचक आचार्य कविता को गुणमयी भाषा के नाम से पुकारते हैं और गुण को परिभाषित करते हुए कहते हैं कि–**"काव्यशोभायाः कर्त्तारौ धर्मा गुणाः।"**

कविता में स्थापित उसकी सौन्दर्यविधायक प्रतीति करानेवाली भाषा ही कविता है। कविता की प्रतीति भाषा के माध्यम से होती है–यदि भाषा न हो तो कविता प्रतीतिगम्य ही नहीं हो सकती। कविता की पहचान ही भाषा है और काव्य की भाषा लोकव्यवहार

की भाषा से इसलिए अलग है क्योंकि वह भाषा सौन्दर्यविधायिनी होती है–जबकि लोक की भाषा ज्ञानात्मक एवं लोकव्यवहार से सम्बद्ध है। काव्यभाषा अपने विशिष्ट तत्त्वों के माध्यम द्वारा भाषिक सौन्दर्यविधान करके कविता बनाती है–आचार्य वामन कहते हैं कि–श्लेष, प्रसाद, समता, समाधि, माधुर्य, ओज, पदसुकुमारता अर्थव्यक्ति उदारता तथा कान्तिविषयक सभी नैसर्गिक भाषिक गुण हैं जो इसी अर्थ को सार्थकता प्रदान करते हैं।

इन गुणों के दो रूप हैं–

(1) नैसर्गिक सौन्दर्याभिव्यक्ति की भाषा

(2) कलात्मक विलक्षणता की निर्मिति से सम्बद्ध भाषा

प्रथम के अन्तर्गत प्रसाद, समता, समाधि, माधुर्य-ओज तथा पद-सुकुमारता आदि भाषा के गुण आते हैं तथा दूसरे के अन्तर्गत श्लेष, उदारता, अर्थव्यक्ति एवं कान्तिगुण से निर्मित भाषा आती है।

काव्य भाषा विवेचक यह स्वीकार करते हैं कि काव्यात्मक संरचना प्रथमतः शब्द सापेक्ष्य ही है और जब उसे अर्थ सापेक्ष्य करते हैं तो वस्तु सत्ता का प्रादुर्भाव अवश्यमेव हो उठता है। इस प्रकार भाषा, अर्थविधान एवं वस्तुविधान नैसर्गिकताओं से ही सम्बद्ध है और भाषा द्वारा उसकी ध्वनि संरचना एवं बलाघात, पुनरावृत्ति एवं उच्चारण अवयवों की सापेक्ष्यता में नैसर्गिक एवं भादात्मक आवर्तों की प्रकृत दशा का बोध कराना, कविता का धर्म है। भाषा की गुणात्मक संरचना भावबोध तथा अर्थबोध से वस्तुबोध तक ले जानेवाली काव्यात्मक प्रक्रिया है और जैसे-जैसे काव्य में अर्थव्यवस्था का प्राधान्य होता जाता है–भाषा का गुणात्मक स्वरूप सिकुड़ता जाता है। भारतीय काव्यशास्त्र के रचनात्मक कालखण्ड में आकर काव्य के दस गुण भावान्विति से जुड़कर ओज, प्रसाद एवं माधुर्य के रूप में परिणत हो उठे थे। तेरहवीं-चौदहवीं तक पहुँचते-पहुँचते अर्थविलास, वक्रता, चमत्कारविधान तथा ध्वनि सिद्धान्तों के प्रकाश में इसकी चर्चा न के बराबर रह गयी।

•

काव्यार्थ रचना से सम्बद्ध सिद्धान्त

गुणविधान की स्थिति के बाद शब्द तथा अर्थ दोनों विधानों की व्यवस्था ने सम्पूर्ण कविता को समेट लिया और इसे इस रूप में समेटने का प्रारम्भ अलंकार सिद्धान्तों ने किया था। गुण में जहाँ शब्दोच्चारण के साथ अर्थविधान और फिर काव्यवस्तुविधान की नैसर्गिक भावात्मक प्रक्रिया चलती थी, अलंकारवादियों ने इसे संक्षिप्त बना दिया। यहाँ शब्दार्थ पृथक्-पृथक् एक-दूसरे के सापेक्षिक होकर, जुड़कर या समन्वित रूप से वस्तुरचना के लिए चमत्कार या वक्रता की तलाश करने लगे और वस्तु का नैसर्गिक रूप कृत्रिम बनने लगा। सादृश्यमूलक, अतिशयमूलक, आरोप्यमूलक, उत्प्रेक्षा या कल्पनाविधानमूलक, क्रममूलक तथा तर्कन्यायमूलकशब्दार्थ सभी मिलकर एक ऐसे वस्तुबोध से जुड़े जो अपनी नैसर्गिकता से भिन्न कृत्रिम रूपाकार के लिए संस्कृत साहित्य में प्रसिद्ध हैं। नारी उपमान के विविध शब्दार्थ वस्तुबोध के स्वरूप को सहज बनाकर विविध मुद्राओं एवं भंगिमाओं से जोड़ते हैं—और उन भंगिमाओं को व्यंजित करनेवाला शब्दार्थबोध वस्तुभंगिमा पर आश्रित दिखायी पड़ता है। संरचनाविधान के तीन तत्त्वों की यहाँ प्रधानता रही है—सादृश्यविधान, रूपकविधान एवं कल्पनाविधान, शेष अन्य विधानतन्त्र सामान्य हैं। आधुनिक समीक्षा में सादृश्यविधान सहज रूपविधान से सम्बद्ध है, रूपकविधान का विकास प्रतीतविधान के रूप में हुआ और उत्प्रेक्षाविधान कल्पना से जुड़कर आज बिम्बविधान के रूप में दिखायी पड़ता है। **अलंकारों का सम्बन्ध काव्य निर्मिति** के स्थापत्यविधान से है और यह स्थापत्यविधान काव्य के कलात्मक तन्त्र का साधक या साधन तत्त्व दोनों रूपों में दिखायी पड़ता है।

(क) अलंकार सिद्धान्त

भारतीय कविता में अलंकारविधान की चर्चा आधुनिक युग तक होती रही है किन्तु आधुनिक साहित्यिक परिवेश में उसकी पुनर्व्याख्या अपेक्षित है—कारण स्पष्ट है—एक सर्जक अपनी काव्यरचना के अन्तर्गत वस्तुबोध की अनुभूति के लिए जिस काव्यभाषा का प्रयोग करता है, वह सारी-की-सारी भाषा प्रतीकात्मक एवं कृत्रिम है—क्योंकि भाषा का स्वभाव है, ज्ञानबोध को सहजगम्य बनाना। भावबोध की प्रक्रिया में कवि

भाषाव्यापार द्वारा अपने चित्त में भावार्थ की अनुभूति करता है और उसे सम्प्रेषण के माध्यम से पाठक या श्रोता की अनुभूति का विषय बनाता है क्योंकि कविता का सम्बन्ध ज्ञानात्मक तादात्म्य से न होकर भावात्मक तादात्म्य से है और अलंकारविधान भावात्मक भाषा की जटिलता को अपने विधानों द्वारा भावगम्य बनाता है। भारतीय आलंकारिकों ने इस भावात्मक भाषा की जटिलता के लिए सादृश्य, रूपक, प्रतीक, कल्पनाविधान आदि सन्दर्भो को माध्यम के रूप में स्वीकार करके उसका विस्तार किया है और इस सिद्धान्त की पुनरावृत्ति आचार्य भरत से लेकर आज तक ज्यों-की-त्यों चलती दिख रही है। भावात्मक भाषा के अर्थविधानमूलक इन उपादानों की आज के सापेक्ष में पुनर्व्याख्या होनी चाहिए थी—किन्तु पाश्चात्य समीक्षा के हिन्दी-जगत् में प्रवेश के कारण यह सन्दर्भ हमारी शास्त्रीय या रूपवादी समीक्षा से दूर-सा हो गया है। अलंकार रचना के इस पक्ष पर पुनः विचार अपेक्षित है। कविता की भावात्मक व्यंजना एवं भावबोध की पाठक या श्रोता के चित्त तक वस्तुबोध करनेवाली, यह टेकनिक (अलंकारविधान) वैसे, आज अप्रासंगिक नहीं है।

(ख) काव्यरचनाशैली (रीतिविधान) :

भारतीय सन्दर्भ में रीति को वर्तमान शैलीविज्ञान से अधिक महत्त्व प्राप्त था। आचार्य वामन रीति के स्वरूप द्वारा ही काव्य के अस्तित्व में आने, कविता बनने तथा उसकी वास्तविकता की पहचान का आधार निर्मित करते हैं। अपने मन्तव्य को स्पष्ट करते हुए वे कहते हैं कि—

"एतासु तिसृषु रीतिषु रेखास्विव चित्रं काव्यं प्रतिष्ठितमिति"

अर्थात् "कोई भी चित्र अपनी रेखाओं के बाहर नहीं जा सकता और उसका सम्पूर्ण चित्रत्व ही रेखा के अन्तर्गत निर्मित एवं प्रतीतिक वस्तु की रचना का बोध कराता है—ठीक उसी प्रकार कविता की प्रतीति का हेतु रीति तत्त्व है। रीति से बाहर कोई कविता नहीं जा सकती है।"

आज का शैलीविज्ञान भी इसी तथ्य को स्वीकार करता है। साहित्य की निर्मिति में वैयक्तिकता तथा परम्परावाद दोनों मिलकर रचना की एक शैली निर्मित करते हैं और यह शैली ही काव्य के स्वरूप की पहचान का कारण बनती है। शैली तथा भाषारचना ये दो तत्त्व कविता के लिए अनिवार्य हैं और लगभग रीतिविधान का यही काव्यतत्त्व रचना प्रकृति के सन्दर्भ में भारतीय रीतिशास्त्र के अन्तर्गत स्वीकार किया गया। रीतितत्त्व रस, गुण, अलंकार जैसे महत्त्वपूर्ण सिद्धान्तों को अपने में पचाकर रीति को ही कविता की एकमात्र पहचान बताता है और आचार्य वामन ने गौडीया, वैदर्भी तथा पांचाली रीतियों के अन्तर्गत सम्पूर्ण संस्कृत कविता को समाविष्ट कर लिया था। आचार्य वामन ने रीति सिद्धान्त को सर्वोत्कृष्टता प्रदान करते हुए यह निर्दिष्ट किया है कि—रचना रीति ही कविता का नियामक तत्त्व है—और एक ओर यह काव्य संरचना-प्रक्रिया से सम्बद्ध है तो दूसरी ओर आस्वादनप्रक्रिया से।

रीतितत्त्व गुण तथा अलंकार में भेद करके काव्य के भाषिक रचना सौन्दर्य को काव्य का मूल हेतु बताता है। काव्य में रीति का धर्म है–भाषिक सौन्दर्यविधान की नैसर्गिक प्रकृति की पहचान कराना तथा प्रतीति के आधार पर काव्य रचना के वैशिष्ट्य का अलगाव करना। यह अलगाव अलंकारविधान से सम्भव नहीं है क्योंकि अलंकार कविता के नैसर्गिक सौन्दर्यविधान से सम्बद्ध न होकर नैसर्गिक भाषिक सौन्दर्य में अतिशयता की वृद्धि के लिए प्रयुक्त होता है। कान्तिगुण का भाषिक स्वभाव इतना, रमणीक है कि सम्पूर्ण रस तथा आस्वादन तत्त्व उसमें समाविष्ट हो उठते हैं। यही नहीं, आचार्य वामन सहज भाषिक अर्थ को चमत्कारपूर्ण अर्थविधान से अधिक महत्त्वपूर्ण बताते हैं। आचार्य वामन इसीलिए इन भाषिक गुणों के साथ नैसर्गिक अर्थ सन्दर्भों की प्रतीति कराने के लिए दस अर्थगुण की व्याख्या करते हैं। ये दसों अर्थगुण परम्परा की वक्रताविधानवादी दृष्टि से सर्वथा भिन्न हैं।

इस प्रकार, आचार्य वामन कविता की भावात्मक भाषा के नैसर्गिक स्वरूप एवं उनसे सम्बद्ध सहज, सुन्दर तथा वक्रताविहीन नैसर्गिक अर्थवत्ता की भी चर्चा करते हैं।

(ग) अर्थव्यंजकता का सन्दर्भ :

भारतीय कविता के अन्तर्गत अर्थतत्त्व की विशिष्टता को स्थापित करने का श्रेय ध्वनि सिद्धान्त को है। आई. ए. रिचर्ड्स ने अपनी पुस्तक 'मीनिंग ऑव मीनिंग' में उन अर्थतत्त्वों की ओर संकेत किया है, जो शब्दार्थ के सामान्य प्रचलन का विखण्डन करते हैं। काव्यादि के द्वारा निकलनेवाला शब्दार्थ जहाँ कवि के मन्तव्य को स्पष्ट न कर सकने के कारण असमर्थ होकर चुप हो जाता है, वहाँ कोश के स्थान पर अर्थ की वास्तविकता की विवेचना के लिए पाठक या भावक को कोश से भिन्न अपनी प्रतिभा तथा अन्य अर्थसन्दर्भों का उपयोग करना पड़ता है–ऐसी काव्यार्थ व्याख्या की टेकनिक को भारतीय साहित्यशास्त्र में ध्वनि का नाम दिया गया है। शब्दशक्ति के अन्तर्गत इस व्यवस्था को व्यंजनाव्यापार के रूप में रखा गया है। सामान्य प्रक्रिया द्वारा अर्थबोध की असफलता के बाद अभीष्ट अर्थ के ज्ञान के कई साधनों का इस सन्दर्भ में उल्लेख किया गया है और आज के पुनर्पाठवाद के अन्तर्गत ये काव्यभाषा के विखण्डन के आधार हैं। पश्चिम में इस विखण्डनवाद पर इतनी तर्कसंगत व्याख्या नहीं हुई है। विखण्डन के ये आधार इस प्रकार हैं–

वक्तृबोधव्यकाकूनां वाक्यवाच्यान्यसन्निधेः।
प्रस्तावदेशकालादेः वैशिष्ट्य प्रतिभाजुषाम्।

ये माध्यम सामान्यतः प्रतीत अर्थ को निरर्थक या गौण सिद्ध करते हुए इस निरर्थकता के ऊपर सार्थक विधान तन्त्र की स्थापना करते हैं–

वक्ता, सम्बोध्य, काकु, वाच्य, वाक्य, अन्यसन्निधि, प्रस्ताव, देश, काल आदि कोशादि के अर्थ को निरर्थक या गौण सिद्ध करके उस विशिष्ट अर्थ को व्यंजित करते

हैं–जिसे हम अर्थबोध का भी अर्थबोध (Meaning of Meaning) कह सकते हैं। इसे एकाध उदाहरण द्वारा स्पष्ट किया जा सकता है–

बाउ कृपा मूरति अनुकूला। बोलत बचन झरत जनु फूला।।

'शब्दकोश' में यहाँ फूल का अर्थ पुष्प है किन्तु फूल का प्रसंगतः अर्थ यहाँ काँटा (कण्टक) है। आपकी वाणी हृदय में काँटे की तरह चुभ रही है। फूल का कोशगत अर्थ पूरी तरह से यहाँ विखण्डित हो उठता है।

ऐसे प्रयोगों के अर्थविधान को कोश के आधार पर नहीं, कवि के अभिप्राय के अनुसार तय किया जाता है और कवि के अभिप्राय को व्यंजित करनेवाले तत्त्व काव्य प्रसंग तथा वक्तृ, बोधव्य, काकु आदि के आधार पर तय होते हैं, नयी समीक्षा के अन्तर्गत आई. ए. रिचर्ड्स ने काव्य के इन अर्थों के विवेचन की एक नयी समीक्षात्मक व्यवस्था दी है। पश्चिमी रूपवादी चिन्तन के अन्तर्गत संरचनावाद तथा उत्तरसंरचनावाद के प्रकरण में पाठ विखण्डन का सन्दर्भ इससे जुड़ता है। इस प्रकरण में अर्थप्रक्रिया के दो रूप व्यंजक तथा व्यंग्य जिन्हें विखण्डनवादी क्रमशः सिग्नीफायर या सिग्नीफाइड कहते हैं, उनकी चर्चा हजारों वर्ष पूर्व व्यंजना तथा ध्वनि सिद्धान्त हमारे यहाँ कर चुके हैं। भारतीय काव्यशास्त्र के अन्तर्गत इस प्रकार की स्थिति लगभग छठीं तथा सातवीं शती से ही चली आ रही है। कविता में शब्द तथा अर्थरचना के विविध सन्दर्भों तथा लाक्षणिक एवं व्यंग्य प्रयोगों से निर्मित रूपतत्त्व की विलक्षणता के व्यवस्थित क्रम का शास्त्रीय विवेचन भारतीय काव्यचिन्तन में विशेष रूप से किया गया है। कविता क्या है–क्या वह शब्द है? एक सीमा के बाद वह शब्द से ऊपर उठकर उससे पृथक् हो उठती है–फिर कविता का क्या अर्थ है? कवि की कुशलता के कारण कविता पुनः वाच्यार्थ से भी पृथक् हो उठती है–फिर कविता की सत्ता कहाँ है? इसका उत्तर है, कविता अभिप्राय या तात्पर्य से सम्बद्ध हो जाती है–शब्दार्थ तथा तात्पर्य के प्रकाश में आ जाने के कारण आलोचक कविता के पाठ अर्थात् शब्द तथा अर्थ की पुनर्व्याख्या करने लगता है–और तब वह शब्द और अर्थ की पुनर्व्याख्या अर्थात् शब्द और अर्थ की विनिर्मित (विखण्डन) अर्थात् वर्तमान पाठ में एक नये पाठ की खोज के लिए विवश है। पश्चिमी पाठवादी समीक्षा के समीक्षक सस्यूर तथा देरिदा आदि का विखण्डनवाद भारतीय सन्दर्भ में हमें व्यंजना या ध्वनि सिद्धान्त के सन्दर्भ को देखने के लिए विवश करता है। यह ध्वनि सिद्धान्त इस प्रकार वर्तमान पश्चिमी व्यंजनावादी तथा पाठवादी सैद्धान्तिक समीक्षा के लिए आधारभूत का कार्य करती है।

(घ) अर्थवक्रता का सिद्धान्त :

कविता के अन्तश्चमत्कारवाद से सम्बद्ध सिद्धान्त भारतीय काव्यशास्त्र के सन्दर्भ में वक्रोक्ति के रूप में स्वीकार किया जाता है और यह वक्रोक्ति 'काव्यवस्तु' एवं उसके लिए भाषिक प्रस्तुति की विलक्षणता इन दोनों से सम्बद्ध होकर सामने आती है। कवि अपनी रचना में मन्तव्य के रूप में जिस वस्तु (Subject matter या Content) को रखना

चाहता है, ये वक्रोक्तिवादी उसे अलंकार्य कहते हैं—और उस विषयवस्तु के प्रभाव की व्यंजना के लिए जिस शब्दार्थ का प्रयोग किया जाता है—ये उसे अलंकार का नाम देते हैं। इसे एक उदाहरण द्वारा स्पष्ट किया जा सकता है—भरे समाज में बैठी हुई नायिका एक दूती को देखकर अपने प्रिय नायक का कुशल-क्षेम पूछना चाहती है। वह कहती है कि—

भयो अपत कै कोप युत कै बौरो इहिं काल।
मालिनि आज कहै न क्यों वा रसाल को हाल।।

यहाँ श्रोता दो हैं—नायिका के परिजनों का समाज तथा उन्हीं के साथ बैठी हुई दूती—परिवारजनों के लिए अर्थ इस प्रकार निकल रहा है—

क्या वह आम का वृक्ष, इस वसन्त काल में पत्रविहीन (अपत) हो गया है, क्या उसमें बौर (बौरो) लग गये हैं—हे दूती (मालिनी)! उस आम के वृक्ष (रसाल) का समाचार बताओ (जो तुम्हारे घर के सामने है)।

सन्देश देनेवाली दूती के सन्दर्भ में इसका अर्थ इस प्रकार है—

मेरे वियोग में वह नायक क्या मर्यादाविहीन (अपत) तो नहीं हो गया है, क्या पागल (बौरो) तो नहीं हो गया है। हे मालिनी (दूती)! संकेत द्वारा तुम इन परिजनों के बीच मेरे उस प्रिय रसिक (रसाल) नायक का समाचार बताओ?

यहाँ मुख्य मन्तव्य या 'वस्तुतत्त्व' या अलंकार्य है—भरे परिवारजनों के बीच संकेत द्वारा अपने प्रिय का समाचार जानना और पूरी कविता इसी मन्तव्य के लिए रची गयी है और माध्यम है—श्लेष अलंकार। इस प्रकार पूरी कविता—अलंकार तथा अलंकार्य के संयोग से बनती है, इस प्रकार कविता 'कथ्य एवं वाणी' विधान की समन्विति है। कवि का अभिप्राय और उस अभिप्राय के लिए भाषिक-निर्मित की सम्पृक्ति का नाम कविता है—ये दोनों परस्पर कविता में इस प्रकार मिल जाते हैं कि उन्हें परस्पर पृथक् नहीं किया जा सकता और अलंकार्य की दृष्टि से देखें तो तत्त्व अलंकार्य बन जाते हैं और अलंकार की दृष्टि से विश्लेषित करें तो दोनों तत्त्व अलंकार बन बैठते हैं। भाषा और विषयवस्तु अविच्छिन्न होकर काव्य को निर्मित करते हैं और जैसे—'रेखा और रंग' के अद्वैत को किसी चित्र से पृथक् नहीं कर सकते हैं—ठीक भाषा और वस्तु का सर्जनात्मक अद्वैत कविता की सर्वश्रेष्ठ सिद्धि है—

उभावेतावलंकार्यौ तयोपुनरलंकृतिः।
वक्रोक्तिरेव वैदग्ध्यभंगीभणितिरुच्यते।।

●

रसात्मक अभिव्यक्ति तथा काव्यास्वादन से सम्बद्ध सिद्धान्त

भारतीय काव्यशास्त्र में काव्यास्वादन की समस्या भी इसी शास्त्रीय सर्जनात्मकता से ही सम्बद्ध है। भारतीय मान्यताओं के अनुसार कविता समग्र लोकजगत् की पुनर्प्रस्तुति है और सर्जन की समग्रता लेखक की भावनात्मकता सुखदुःखात्मकता है। योग दर्शन के अन्तर्गत लोकजगत् की अनुकूल वेदनीयता को सुख तथा प्रतिकूल वेदनीयता को दुःख के नाम से पुकारा गया है, स्वभावानुकूल जिसको सुनकर लगे वह आनन्दमयी है एवं उसके विरुद्ध की प्रतीति दुःखदायी है। कवि रचित कविता का समूचा संसार कदम-कदम पर सुख-दुःख की अनुभूतियों से भरा पड़ा है। रामचरितमानस के अयोध्याकाण्ड का अध्ययन शुरू करें तो प्रतिक्षण—हर्ष, मोह, विषाद, चिन्ता, गर्व, दैन्य, असूया—आदि तैंतीस संचारी भावों के बीच सुख-दुःख की चेतना के बीच हर्षित तथा क्लान्त होते हम आगे बढ़ते हैं। पश्चिमी समीक्षा में आई. ए. रिचर्ड्स जब मूल्यों की व्याख्या शुरू करते हैं तो यही आधार देते हैं कि काव्य के अध्ययन-काल के बीच दो प्रकार के संवेगों के बीच पाठक को निरन्तर जूझना पड़ता है और ये हैं, संक्षोभ के भाव तथा आनन्द के भाव। संक्षोभ तथा आनन्द के भावों के बीच मानसिक सन्तुलन प्रस्तुत करना कविता का मुख्य प्रयोजन है। भारतीय काव्यचिन्तक रस-विवेचन की इस मनोदशा को काव्यसाक्ष्य से जोड़ते हैं। भारतीय काव्यशास्त्र में रसों को दो भागों में विभक्त किया है—प्रथम वर्ग आनन्द का है और द्वितीय वर्ग भी आस्वादन का है किन्तु उसका मूलाधार विक्षोभ है, काव्य के इस रूप में अभिव्यक्त विक्षोभ कलात्मक अभिव्यक्ति से सम्बद्ध होने के कारण प्रकृत्या आनन्दमूलक ही है क्योंकि वह सृजन का विक्षोभ है और लोक में यथार्थमूलक विक्षोभ का यह काव्य यथार्थ सत्य न होकर प्रातीतिक सत्य है। इनका संवर्ग इस प्रकार है—

आनन्दपरक	**विक्षोभपरक**
(1) श्रृंगार	(4) - करुण
(2) हास्य	(6) - रौद्र
(3) वीर	(7) - भयानक
(4) अद्भुत	(8) - वीभत्स

आठ रसों की लोकात्मक भावभूमि ही अपने स्थायीभाव के साथ काव्यास्वादन के लिए आधार हैं। विभाव, अनुभाव के संयोग से किसी सचेष्ट मनोवृत्ति या मूल्य के साथ सम्बद्ध होकर कविता के पाठक द्वारा भोगे जाते हुए लोक के भावनाव्यापारपरक प्रातीतिक यथार्थ को प्रचलन के कारण स्वभाववशात् इतनी गहनता से जोड़ लेते हैं कि दोनों के बीच से कल्पना तथा यथार्थ का सन्दर्भ थोड़ी देर के लिए मिट जाता है। एक ओर कविता का लोक यथार्थमय है, इसलिए वह लोकानुभूति की विषय है, दूसरी ओर कवि के कल्पित कलात्मक कौशल की प्रस्तुति है—**अतः दोनों मिलकर आनन्दमयी विश्रान्तिदायी मनोदशा में पाठक को परिणत कर देते हैं। वास्तविकता तथा कल्पनामयता के बीच जिस काव्यास्वादन की आनन्दानुभूति पाठक करता है—उसी को भारतीय काव्यशास्त्र में रस के नाम से पुकारा गया है**—इस रसानुभूति के साथ सम्बद्ध नैतिक लोकात्मक वैचारिकता को पश्चिमी आलोचक मूल्य के नाम से पुकारते हैं—क्योंकि जब काव्याधार का हेतु लोक है तो रचना का सन्दर्भ भी विषयवस्तु के साथ मूल्य के रूप में अवतरित होगा। इसलिए भारतीय काव्यशास्त्र में रसाभिव्यक्ति तथा मूल्याभिव्यक्ति दोनों के लिए आधारभूमि रसास्वादन या रस सिद्धान्त ही है। संस्कृत के आचार्यों ने ठीक ही कहा है—

काव्यंयशसेऽर्थकृते व्यवहारविदे शिवेतरक्षतये।
सद्यः परिनिवृत्तये कान्तासम्मिततयोपदेशयुजे।।

'सद्यः परिनिवृत्ति' काव्यास्वादन है और 'कान्तासम्मिततयोपदेश' मूल्यबोध है।

इस प्रकार, भारतीय कविता के ये समस्त पक्ष कला सन्दर्भ से जुड़कर हमारे सामने आते हैं और शास्त्रविवेचन का यहाँ तात्पर्य यही है कि इस परम्परा से जुड़े भावक तथा सर्जक दोनों भली-भाँति इनके अध्ययन, अनुशीलन तथा अन्तर्बोध द्वारा अपनी कविता को समृद्ध करें तथा उसका आनन्द लें। काव्यशास्त्र की यह परिपाटी कविता की व्यावहारिकता से न जुड़कर शास्त्रपक्ष से सम्बद्ध है—जो शास्त्रकार तथा सर्जक के सृजन व्यापार की समृद्धि के लिए एक महत्त्वपूर्ण आधार है। ठीक इसी के समानान्तर भारतीय काव्य रचनाविधान की एक व्यावहारिक परम्परा भी रही है जो सृजन कौशल को मर्मों से सर्जक को समृद्ध करती है। काव्यशास्त्र के सर्जकों के लिए वैकल्पिक किन्तु कविता का व्यवहारशास्त्र उनके लिए अनिवार्य है। इस व्यवहारशास्त्र के लिए आधार सन्दर्भ

'कविशिक्षा' का है। काव्यसर्जक कविशिक्षा की काव्योपासना तथा अभ्यास को अनिवार्य तत्त्व मानता है। कविशिक्षा की परिपाटी भी शास्त्र के समानान्तर ही निरन्तर चलती रही है—जिसके विषय हैं—काव्यशास्त्र का ज्ञान, काव्यसमय, कविसमय, काव्य-प्रौढ़ि तथा रूढ़ि, केविवर्णक एवं कथाप्रौढ़ियाँ या रूढ़ियाँ। इन सन्दर्भों से सम्बद्ध भारतीय कविता की परम्परा काव्यशांस्त्रीय चिन्तन के साथ निरन्तर विकसित होती हुई चलती रही है। खेद का विषय है कि आचार्य भरत से चलनेवाली इस परम्परा का विकास 13वीं शती के बाद अधिक हुआ।

●

भारतीय काव्यशास्त्र और कविशिक्षा के सन्दर्भ
(काव्यलक्षण, काव्यसमय, कविसमय, काव्यवर्णक तथा कथारूढ़ियाँ)

भारतीय काव्यशास्त्र के अन्तर्गत काव्यसिद्धान्त तथा काव्यरचना के लक्षणों एवं कविशिक्षा के मानकों की दो भिन्न परम्पराएँ प्रारम्भिक काल से चली आ रही हैं। काव्यलक्षण का सम्बन्ध काव्यरचना की परम्परागत प्रणालियों तथा परिपाटियों से रहा है और काव्यसिद्धान्त उनसे भिन्न थे। काव्यसिद्धान्तों के अन्तर्गत उनके सिद्धान्तौचित्यों पर विचार किया जाता रहा है किन्तु लक्षणों के अन्तर्गत कविता कैसे लिखी जाय। अर्थात् उसकी लेखनविधि तथा उसकी व्यावहारिक प्रक्रिया की चर्चा मिलती है। कवि द्वारा प्रयुक्त शब्दों तथा उनके स्वरूपों का परीक्षण, प्रयोग की परम्पराओं का अनुपालन उसके लिए आवश्यक था। पाँचवीं शती के गिरनार के शिलालेख में इसका स्पष्ट साक्ष्य दिखायी पड़ता है। इस शिलालेख में स्पष्टतः अंकित है कि–

'स्फुटलघुमधुरचित्रकान्तशब्दसमयोदाराअलंकृतगद्यपद्यस्व'

यहाँ 'समयोदारा' शब्द का अर्थ है–'कवियों या काव्य द्वारा प्रौढ़ि के रूप में प्रयुक्त' और इसी सन्दर्भ में आचार्य दण्डी ने कविसमय तथा आचार्य वामन ने 'काव्यसमय' शब्द का प्रयोग भारतीय कविशिक्षा के सन्दर्भ में किया है। काव्यलक्षण, काव्यसमय, कविसमय, काव्यवर्णक परिपाटी तथा कविशिक्षा के सन्दर्भ इसी क्रम में आगे आये हैं। कविगण अपनी कविता में काव्यसिद्धान्तों का उपयोग नहीं करते थे–काव्य सिद्धान्त तथा काव्यचिन्तन कविता के प्रयोग तथा परीक्षण के लिए थे। काव्यलक्षण की परम्पराओं का उल्लेख सर्वप्रथम आचार्य भरत नाट्यशास्त्र के अन्तर्गत करते हैं। वे कविता के रचनाकारों के द्वारा काव्य के प्रयुक्त 36 लक्षणों का उल्लेख करते हुए कहते हैं कि–

''काव्यबन्धास्तु कर्त्तव्या षट्त्रिंशलक्षण समन्विता''

''अर्थात्, काव्यरचनाविधान की ओर उन्मुख कवियों को इन 36 लक्षणों को ध्यान में रखकर कविता की रचना करनी चाहिए।'' यही नहीं, वे गुण तथा अलंकार सिद्धान्तों का उल्लेख भी प्रायोजिक स्तर पर करते हैं, सैद्धान्तिक स्तर पर नहीं। वे कहते हैं कि—

''अलंकाराश्च गुणाश्चैव बहुभिः समलंकृत''

''अर्थात्' कविगण अलंकार तथा गुणों के द्वारा कविता को अनेक प्रकार से सजाकर अलंकृत करते हैं। आचार्य भरत ने चार अलंकारों का उल्लेख किया है—उपमा, रूपक, यमक, दीपक। ये चारों अलंकार रचना के उपादान के रूप में प्रयुक्त हुए हैं। कालिदास कृत रघुवंशम् इसका प्रबलतम साक्ष्य है। इसका एक सर्ग पूरा-का-पूरा यमक अलंकार में लिखा गया है तथा 'उपमा' की योजनाएँ उनके द्वारा पूरी सक्रियता तथा सजगतापूर्वक रखी जाती हैं। वे तो उपमालंकार के ही कवि हैं। नाट्यशास्त्र में काव्य के 36 लक्षणों का निर्देश करते हुए आचार्य भरत कवियों के लिए निर्देश (शिक्षा) देते हैं कि उन्हें कविता के इन 36 लक्षणों को केन्द्र में रखकर ही कविता करनी चाहिए। डॉ. वी. राघवन् ने अपनी प्रसिद्ध पुस्तक **अलंकारशास्त्र** में लक्षण का अर्थ कविता की अभिधामूलक भाषा के सौन्दर्य निर्माण से लगाया है। वह कहते हैं कि—

The लक्षण or Beautiful language अभिधा itself distinguishes काव्य from others.

आचार्य भरत के काव्य के 36 लक्षण इस प्रकार हैं—

भूषण, अक्षरसंघात, शोभा, उदाहरण, हेतु, संशय, दृष्टान्त, प्राप्ति, अभिप्राय, निदर्शन, निरुक्ति, सिद्धि विशेषण, गुणनिपात, अतिशय, तुल्यतर्क, पदोच्चय, इष्ट, उपदिष्ट, विचार, तद्विपर्यय, भ्रंश, अनुनय, माला, दाक्षिण्य, ग्रहण, अर्थापत्ति, प्रसिद्धि, सारूप्य, मनोरथ, लेश, क्षोभ, गुणकीर्त्तन, अनुक्तसिद्धि, प्रियवचन आदि।

ये लक्षण केवल भाषिक सौन्दर्य से ही सम्बद्ध नहीं हैं और डॉ. राघवन् का यह कथन पूर्णतः सत्य नहीं है कि इनसे अभिधाशक्ति का सौन्दर्यतत्त्व ही निर्मित होता है। अभिप्राय, निदर्शन, विचार, विपर्यय, अर्थापत्ति आदि काव्यलक्षण अर्थरचना से सम्बद्ध काव्य विलक्षणता के उदाहरण हैं।

कविता की रचना के सन्दर्भ में ये लक्षण शब्द इतने प्रचलित रहे हैं कि प्रारम्भिक काल में काव्यशास्त्र को लक्षणशास्त्र के नाम से ही पुकारा गया और कवियों के लिए ये लक्षण रचना के अनिवार्य उपादान बताये गये। भारतीय काव्यशास्त्र के प्रारम्भिक काल में 'लक्षणौचित्य' को काव्यरचना का मूलाधार बताया गया है। अभिनवगुप्तपादाचार्य के गुरु भट्टतौत' की कृति **काव्यकौतुक** लक्षणशास्त्र से ही सम्बद्ध कृति है। आचार्य दण्डी ने **काव्यादर्श** के अन्तर्गत काव्यरचनाविधान के सिद्धान्तों की चर्चा करते हुए काव्यलक्षण शब्द का प्रयोग किया है—

यथा सामर्थ्यमस्माभिः क्रियते काव्यलक्षणम्।।

और आचार्य भामह भी काव्यालंकार शीर्षक अपने ग्रन्थ में लक्षण के सन्दर्भ में ही 'लक्ष्म' शब्द का प्रयोग करते हैं–

अवलोक्य मतानि च सत्कवीनामवगम्य स्वधिया च काव्यलक्ष्म।

अर्थात्, काव्य प्रयोग की सैद्धान्तिक मान्यताओं (काव्यलक्षण) को भली-भाँति देखकर ही मैं अपनी कृति की रचना कर रहा हूँ।

काव्य लक्षणों के विषय में आचार्य अभिनवगुप्तपादाचार्य ने अधिक विस्तारपूर्वक चर्चा की है। उन्होंने अपनी पूर्ववर्ती परम्परा में लक्षण विषयक मतों की संख्या 10 बतायी और उनके अनुसार काव्य-पद्धति ही काव्यलक्षण है। इन लक्षणों के धर्म इस प्रकार हैं–

1. लक्षण का सम्बन्ध काव्यशरीर से है तथा काव्यरचना करते समय कवियों के लिए इनके द्वारा निर्धारित व्यवस्था के प्रति सचेष्टता आवश्यक है।
2. ये अलंकार के पृथक् काव्य के सौन्दर्य विधायक तत्त्व हैं। काव्य के लिए भाषागत तथा अर्थ के अभिधात्मक स्वरूप की विशिष्ट रचना काव्यलक्षण की दृष्टि से अनिवार्य है।
3. यह गुण तथा अलंकार से इस अर्थ में मित्र है क्योंकि इस भाषिक सौन्दर्यविधान को कविगण 10 गुणों तक ही सीमित नहीं रखते। भाषा की सौन्दर्यशक्ति असीम है तथा अर्थरचना के स्तर पर काव्यकौशल का स्वरूप अलंकार से यह इस अर्थ में भिन्न है कि औपम्य तथा आरोपण का सादृश्यविधान लक्षण की सीमा नहीं है। ये काव्यलक्षण अनेक अर्थों में उनसे आगे हैं।
4. लक्षण काव्यरचना के बाह्य तथा आन्तरिक दोनों गुण हैं–शब्द तथा अर्थरचना के समवेत सौन्दर्य की नैसर्गिक प्रतिबद्धता लक्षणशास्त्र की मान्यताओं का विशिष्ट स्वरूप है, आदि-आदि।

काव्य लक्षण का इस प्रकार मुख्य सन्दर्भ कवि के लिए काव्यरचना की व्यावहारिकता से रहा है और प्रारम्भ में आचार्य **भामह** तथा **वामन** दोनों अपने ग्रन्थों **काव्यालंकार तथा काव्यालंकार सूत्राणि** में रचना के सन्दर्भों के लिए निर्देश देते हैं कि–

शब्दाभिधेयेविज्ञाय कृत्वातद्विदुपासनाम्।
विलोक्यान्य निबन्धाश्च कार्यं काव्यक्रियादरः।।

"शब्द तथा अर्थ का सम्यक् ज्ञान प्राप्त करके, काव्यज्ञों की उपासना करके तथा अन्य कवियों की रचनाओं को देखकर काव्यरचना के लिए कवि को प्रवृत्त होना चाहिए।" काव्यलक्षण के साथ कविशिक्षा की समानान्तर प्रक्रिया कविता की व्यावहारिकता के लिए इस काल में अनिवार्य मानी जा रही है। आचार्य भामह महाकाव्य, रूपक, आख्यायिका, कथा तथा मुक्तक का लक्षणविधान करते हुए बताते हैं कि कवियों को इन रचनाओं के लिए इनके लक्षणों को ध्यान में रखकर काव्य का सृजन करना चाहिए।

धीरे-धीरे आगे चलकर ये समस्त काव्यलक्षण इतने रुढ़ हो गये कि उक्त रचनाविधानों को उन्हीं लक्षणों के सन्दर्भ में प्रस्तुत किया गया तथा उन काव्यरूपों की समीक्षाएँ भी उन्हीं के सन्दर्भ में की गयीं। आचार्य भामह ने इसीलिए कवियों के लिए निर्देश दिया है कि काव्यरचना के पूर्व काव्यलक्षणों का ज्ञान रखना उन्हें अनिवार्य है–

अतोऽभिवांछता कीर्तिंस्थेयसीमा भुवः स्थिते।
यत्रोविदितवेद्येन विधेयः काव्यलक्षणः।।

"भूलोक की स्थितिपर्यन्त यश चाहनेवाले कवि को कविता के उपादानों तथा लक्षणों से पूर्णतः अवगत होना चाहिए और इस प्रकार उनकी दृष्टि में काव्यलक्षणों का ज्ञान कविता के लिए अनिवार्य है।"

आचार्य भामह अपने काव्यलंकार सूत्र से अन्तिम अध्याय में काव्योपयोगी शब्दों पर विचार करते हैं। काव्य प्रयोग के सन्दर्भ में शब्दों की संघटना किस प्रकार होनी चाहिए इसके बारे में उनका कुछ व्यावहारिक सुझाव है–जैसे- दुर्बोध, क्लिष्ट, अपेशल (असरस) तथा अत्यधिक ग्राम्यत्व से युक्त देशज शब्दों का प्रयोग कवि के लिए वर्जित है। अप्रसिद्ध, असाधु, अश्लील आदि शब्द भी वर्जित हैं। यही नहीं, इसके अतिरिक्त उन्होंने यह भी बताया है कि सुन्दर, अर्थगम्य, रमणीक प्रतिपादक आदि शब्द कवियों के प्रयोग के विषय हैं। मूलतः यह कविशिक्षा का प्रकरण है और उन्होंने यहाँ अत्यन्त विस्तारपूर्वक कविजनों को इसके लिए भाषिक प्रयोग की शिक्षा दी है।

इस प्रकार भारतीय काव्यशास्त्र के इन प्रारम्भिक ग्रन्थों में काव्य-चर्चा के साथ-साथ काव्यरचना की चर्चा भी अधिक मिलती है। ग्रन्थकार निरन्तर कविजनों को श्रेष्ठ काव्यरचना के लिए लक्षणों तथा काव्यशिक्षा के अपने युग के मानकों के अनुसार प्रेरित करता दिखायी पड़ता है। यही नहीं, काव्य रूपों तथा साहित्य की विविध विधाओं के लक्षण निरूपण की परिपाटी भी आचार्य भामह के युग में दिखायी पड़ती है और सम्भव है, यह परिपाटी बहुत पहले से शुरू हुई हो।

आचार्य भामह के साथ-साथ आचार्य दण्डी के काव्यादर्श में इसी प्रकार के कविलक्षण की प्रशस्त परिपाटी दिखायी पड़ती है और काव्यलक्षण तथा कविशिक्षा दोनों की प्रशस्त परम्परा वामन कृत काव्यालंकार-सूत्राणि में काव्यसमय के रूप में अधिक स्पष्ट की गयी है। कविशिक्षा से सम्बद्ध विषयों की, संक्षेप में, स्थिति इस प्रकार है–

काव्यसमय

वामनकृत काव्यालंकार सूत्र के पंचमाधिकरण के अध्याय एक तथा दो काव्यशिक्षा तथा प्रकारान्तर भाव से लक्षण-परम्परा से सम्बद्ध हैं। इस पंचम अधिकरण के प्रथम अध्याय को आचार्य ने 'काव्यसमय' के नाम से पुकारा है। 'काव्यसमय' शब्द का सामान्य अर्थ है, काव्यरचना के परम्परित आचारों का निर्वाह। किसी-किसी के मत से काव्य के प्रयोग से सन्दर्भित प्रायोगिकता या उसकी व्यावहारिकता का विधि-निषेध से इनका सम्बन्ध है। ये काव्यसमय एक प्रकार से काव्य की प्रायोगिक परम्पराएँ हैं–और

कवियों के लिए शिक्षा भी है कि वे इन प्रयोगों को परिपाटी के अनुक्रम में अनिवार्यतः ध्यान रखें। उदाहरण के लिए एक पद का एकाधिक प्रयोग कविता में न किया जाय, छन्दों के अन्तिम चरण के शब्दों में सन्धि का प्रयोग न हो, पदान्त में छन्द व्यवस्था के अनुरूप ही लघु-गुरु का प्रयोग करणीय है, छन्दों के प्रारम्भ में 'खलु' आदि शब्दों का प्रारम्भ न हो, विशेष पद की लक्षणात्मक सिद्धि के बाद विशेषण का प्रयोग नहीं करना चाहिए, देशभाषा के अत्यधिक प्रचलित शब्दों का उपयोग संस्कृत भाषा के काव्य में किया जा सकता है, वह देशभाषा के कारण संस्कृत कविता में त्याज नहीं है। आचार्य वामन ने इस प्रकार के प्रकरणों को 'काव्यसमय' की संज्ञा दी है–उनके अनुसार इस प्रकार के भाषिक स्वरूप कविता में प्रचलित हैं, अतः वे दोषपूर्ण नहीं हैं और कवियों के लिए यही वर्णन की परिपाटी है। इसी को इन आचार्यों ने काव्यरचना की स्वीकृत काव्यलक्षण-व्यवस्था का नाम दिया है।

इसी प्रकार आचार्य दण्डी इसी पाँचवें अधिकरण के द्वितीय अध्याय में शब्द शुद्धि का भी सन्दर्भ रखते हैं। प्रायोगिक शब्द शुद्धि का यह प्रकरण व्याकरण नहीं, अपितु प्रयोग पर आधारित है। शिष्टों द्वारा प्रयुक्त पाठ ही कविता के लिए आचरणीय है। विशेषण, कारकादि प्रयोगों के आधार पर यहाँ काव्य प्रयोगों की शुद्धि की चर्चा करके आचार्य वामन भाषा के काव्य-व्यवहार को व्याकरणिक सिद्धि प्रदान करते हैं।

आचार्य वामन के काव्यालंकार सूत्र के पाँचवें अधिकरण के द्वितीय अध्याय के समान्तर ही आचार्य भामह कृत काव्यालंकार का छठाँ अध्याय द्रष्टव्य है–यहाँ अन्त में वे काव्योपयोगी शब्दों के प्रयोग प्रकरण पर विचार करते हैं–उनका रस सन्दर्भ में प्रसिद्ध वाक्य है–

वक्रवाचां कवीनां यो प्रयोगं प्रति साधवः।
प्रयोक्त ये न युक्ताश्च तद्विवेकोऽयमुच्यते।।

"जो शब्द वक्रोक्तिप्रवण कवियों के प्रयोग के योग्य हैं, और जो प्रयोग के योग्य नहीं हैं, यहाँ उनका विवेचन किया जा रहा है।"

यहाँ भामह के प्रायोगिक शब्दप्रयोग काव्यरचना के मूलाधार हैं और काव्यभाषा की शुद्धि का सम्बन्ध यहाँ पाणिनि से नहीं है। वामन की दृष्टि में काव्यपरम्परा ही प्रयोग का उचित आधार है। इस कविपरम्परा के प्रयोग के भाषिक प्रकरण को वे काव्यसमय कहते हैं।

कविसमय

कविशिक्षा तथा संस्कृत काव्यरचना के विकास का तीसरा सोपान है, कविसमय का। राजशेखर काव्यमीमांसा के अन्तर्गत कविसमय को परिभाषित करते हुए कहते हैं कि–

"अशास्त्रीयं अलौकिकं च परम्परागतं यमर्थमुपनिबन्धति कवयः इति कवि समयः" अर्थात्, "अशास्त्रीय (शास्त्र से बहिर्भूत), अलौकिक अर्थात् लोकव्यवहार से बहिर्भूत केवल परम्परा प्रचलित जिस अर्थ का कविजन प्रयोग करते हैं, वही कविसमय है।" आचार्य केशवदास कविप्रिया के अन्तर्गत इसका रूपान्तरण इसी सन्दर्भ में करते हैं। आचार्य केशवदास का अनुवाद इसी प्रकार है, यहाँ तीन बातें विचारणीय हैं—

प्रथम यह कि **(क)** ये कविसमय शास्त्रीय नहीं हैं। हंस का नीर-क्षीर विवेक, चकोर का चन्द्रकिरणों का पान, चातक का केवल स्वाति नक्षत्र के जल का पान आदि उदाहरण शास्त्रनिर्देश या प्रत्यक्ष प्रमाण नहीं हैं, अपितु कवियों की मान्यताएँ हैं और कविजन उनका प्रयोग करते चले आ रहे हैं। **द्वितीय** यह कि **(ख)** कविसमय अलौकिक अर्थात् लोकव्यवहार से भी बहिर्भूत अर्थात् पृथक् हैं। कवियों द्वारा प्रयुक्त कविसमयों का यथार्थ स्वरूप लोक में भी उस रूप में नहीं देखा जाता है और ये केवल कवि के विश्वास से सम्बद्ध उनके काल्पनिक लोक की सत्यता से सम्बद्ध है और कविसमय की अव्यावहारिक सत्यता के असत्य होते हुए भी ये कविजन लोकसत्य की भाँति स्वीकार कर लेते हैं।

(ग) कविसमय की परम्परा सर्वथा स्वीकृत है—कालिदास आदि के समय से प्रयुक्त होते चले आ रहे थे ये कविसमय उसी अर्थसन्दर्भ में आज तक प्रयुक्त होते हैं और उनसे सम्बद्ध मान्यताएँ आज उसी रूप में बरकरार हैं।

प्रकारान्तर भाव से लोक में असत्य होते हुए भी ये कविसमय कवियों के कल्पनालोक से सम्बद्ध सत्य हैं। राजशेखर के अनुसार कविसमय के भेद इस प्रकार हैं—

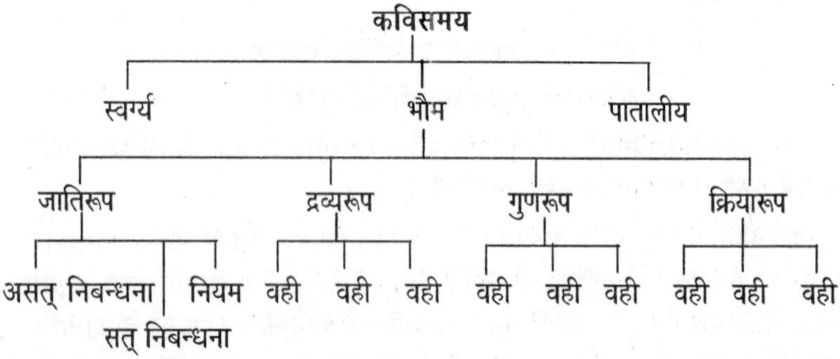

(क) असत् निबन्धना—जो लोक में असत्य होते हुए भी सत्य की भाँति देखे जायँ, वे असत् निबन्धना हैं जैसे- नदियों में कमल, जलाशयों में हंस, सभी पर्वतों पर सुवर्ण आदि भी वर्तमानता।

(ख) सत् निबन्धना—जो वास्तविक रूप में कविसमय जैसे वर्णित हैं, जैसे—वसन्त में मालती पुष्प का वर्णन न करना, चन्दन के वृक्षों में पुष्प और फल का वर्णन न करना आदि। ऐसे सन्दर्भ सत्य होते हुए भी असत्य के रूप में वर्तमान हैं।

(ग) जातिगत नियम—जैसे-ताम्रपर्णी नदी में ही मोतियों का वर्णन करना, समुद्र में ही मकर का वर्णन आदि—अर्थात् अन्य स्थानों पर होते हुए भी केवल एक ही स्थान पर वस्तु की सत्यता का वर्णन जाति नियम निबन्धना है।

कविवर्णक

राजशेखर की काव्यमीमांसा के बाद कविशिक्षा की परम्परा के विकास का एक भिन्न रूप सामने आता है और यह प्रायः तेरहवीं-चौदहवीं के आसपास से दिखायी पड़ने लगता है। यह कविवर्णकों की परम्परा के विकास का पूर्णनिर्धारित क्रम है। आचार्य केशव मिश्र अपने ग्रन्थ अलंकार—शेखर को तीन भागों में विभक्त करते हैं—**सूत्रभाग** (कारिकाभाग) **वृत्तिभाग** तथा **उद्धरण भाग**। शौद्धोदनि कृत कारिका भाग (सूत्रभाग) के सन्दर्भ में श्री पी. वी. काणे का अनुमान है कि यह पाँचवीं शती के बाद की रचना होगी। वह इस सन्दर्भ में बताते हैं कि The karika's of शौद्धोदनि appear to have been composed after the fifth century.

इस प्रकरण से संकेत मिलता है कि वर्णक निरूपण तथा कविशिक्षा विषयक व्यावहारिक शास्त्र ज्ञान का प्रारम्भ 11वीं शती के पूर्व हो चुका था। इसी परम्परा की एक दूसरी कृति का उल्लेख इस परम्परा के अन्तर्गत मिलता हे, वह है—आचार्य श्रीपाद कृत कविकल्पलता। इसके बाद इस युग में कविवर्णक तथा कविशिक्षा विषयक ग्रन्थों की परम्परा चल पड़ी और उसका प्रभाव हिन्दी साहित्य पर पड़ा। कविवर्णक एवं कविशिक्षा से सम्बद्ध संस्कृत में लिखे गये ग्रन्थों की सूत्री इस प्रकार है, जिन्होंने हिन्दी कविता को विशेष रूप से प्रभावित किया है—

1. कविशिक्षावृत्ति	— अमरचन्द	14वीं शती
2. कवि कल्पलता	— अमरचन्द	14वीं शती
3. काव्य कल्पलता सार	— अरिसिंह	14वीं शती
4. काव्य कल्पलतिका	— अज्ञात	
5. कवि संजीवनी	— श्रीनिवास	15वीं शती
6. अलंकार शेखर	— केशव मिश्र	16वीं शती
7. कवि कल्पलता	— आचार्य देवेश्वर	15वीं शती

संस्कृत साहित्य के समानान्तर हिन्दी भाषा के अन्तर्गत भी कविवर्णक तथा कविशिक्षा विषयक ग्रन्थों की रचना प्रारम्भ हुई जिनकी तालिका इस प्रकार है—

1. वर्णरत्नाकर	— ज्योतीश्वर ठाकुर (मैथिल भाषा)	14वीं शती
2. कविप्रिया	— आचार्य केशवदास	16वीं शती
3. काव्यसिद्धान्त	— सूरत मिश्र	18वीं शती
4. नखशिख	— अज्ञात	18वीं शती
5. सुखसागर	— तरंगदेव	18वीं शती

इस प्रकार संस्कृत साहित्य में सन् 1300 से लेकर 1600 तक तथा हिन्दी साहित्य के अन्तर्गत सन् 1400 से लेकर 1800 तक वर्णक तथा कविशिक्षा के शास्त्रग्रन्थों की रचना होती रही है। इस परम्परा के प्रचलन को देखकर ऐसा लगता है कि अभी भी अनेक सम्बद्ध शास्त्र ग्रन्थ इस प्रवृत्ति से सम्बद्ध उपलब्ध नहीं हो सके हैं।

कविशिक्षा तथा वर्णकों से जुड़े इन ग्रन्थों को देखने पर यह स्पष्ट रूप से परिलक्षित होता है कि हिन्दी भक्ति साहित्य के ठीक समानान्तर 14वीं शती से ही रीतिनिष्ठा से सम्बद्ध शास्त्रीय कविता का प्रवाह चल पड़ा था किन्तु भक्तिकाव्य के व्यापक दबाव एवं जनरुचि की भावना के कारण यह साहित्य सन्दर्भ उस समय इतना प्रबल नहीं हो सका था, फिर भी, वर्णक व्यवस्था का प्रभाव हिन्दी भक्तिकाव्य की परम्परा पर अवश्य है। भक्तिकाल के सूरदास जैसे कवि इस वर्णक व्यवस्था का पूरी तरह से उपयोग करते हैं। यह वर्णक व्यवस्था आदिकाल से लेकर आधुनिक कविता तक को किसी-न-किसी रूप में प्रभावित करती रही है। हिन्दी में वर्णक व्यवस्था का व्यवहार पक्ष सिद्धान्त पक्ष से अधिक प्राचीन है। भक्तिकाल की रीति कविता भी इससे पूरी तरह से प्रभावित है। इस तथ्य का एक सबसे बड़ा साक्ष्य यह है कि आचार्य केशवदास के समय से ही एक ओर कविवर्णक तथा शिक्षा का हिन्दी कविता पर गहरा प्रभाव पड़ा तो दूसरी ओर शास्त्रीय कविता की भक्तिचेतना विशेषकर कृष्ण, राधा तथा गोपिका प्रसंगों पर इसका विशेष प्रभाव पड़ा है। भक्तों के आराध्य श्रीकृष्ण रीतिकालीन कवियों के लिए नवरसमय हो गये हैं—

श्रीवृषभानु-कुमारि-हेत सृंगार-रूप भय।
बास हास-रस हरे, मातु-बंधन करुनामय।
केसी-प्रति अति रौद्र, बीर मारो बत्सासुर।
भय दावानल-पान, पियो बीभत्स बकी-उर।
अति अद्भुत बंचि बिरंचि-मति, सांत संततै सोच चित।
कहि केसव सेवहु रसिक जन, नवरसमय ब्रजराज नित।।

सम्पूर्ण रस ब्रह्म कृष्ण से ही प्रकट हुए हैं, अतः 'रसमय' कृष्ण का सेवन करो (उपासना करो) ये ब्रजराज श्रीकृष्ण कवियों के लिए उपास्य हैं—जब नवरसमय ईश्वर स्वयं सक्षम एवं समर्थ आलम्बन के रूप में सामने हैं और उन्हीं से सम्पूर्ण रसों की उत्पत्ति हुई है और सम्पूर्ण रस उन्हीं में व्याप्त हैं तो कविता के लिए अन्य आलम्बन या विषयवस्तु की क्या आवश्यकता है? भक्ति कविता के आलम्बन श्रीकृष्ण इस प्रकार शृंगार सहित नवों रसों के आलम्बन बनकर पूरे भक्ति तथा रीतिकविता में व्याप्त हैं।

आचार्य केशवदास कविप्रिया के समापन पर काव्यफल के रूप में स्पष्ट करते हैं कि—

जोरावर परक़ास को पढ़ै सुनै चित लाइ।
बुधि प्रकाश भक्ति निज ताहिं देहिं हरिराइ।।

श्री हरिकृष्ण उस कवि को भक्ति एवं रस की प्रतिभा की दीप्ति प्रदान करते हैं, यदि जो इसे पढ़कर इस परिपाटी का स्मरण करता है। कृष्ण भक्ति एवं विषयवस्तु की तन्मयता यही कृष्ण कविता का दाय है- विद्यापति से आचार्य केशवदास तक या पूरे हिन्दी रीतिकाल तक यही परम्परा चलती रही है—अतः रीतिकविता की भक्तिनिष्ठा और भक्त कवियों की रीतिनिष्ठा मूलतः युगीन पारस्परिकता एवं परम्परा से प्रभावित है।

संस्कृत साहित्य के वर्णकविधान तथा कविशिक्षा का सन्दर्भ परस्पर अस्त-व्यस्त था—हिन्दी के आचार्यों ने इसे युगानुरूप अधिक व्यवस्थित करने का प्रयास किया है। आचार्य केशव मिश्र कृत अलंकार शेखर तथा आचार्य केशवदासकृत कविप्रिया के माध्यम से इस तथ्य को और अधिक स्पष्ट किया जा सकता है।

●

द्वितीय खण्ड

हिन्दी के आदिकालीन काव्य की काव्यचिन्तनपरक पृष्ठभूमि

अपभ्रंश कविता की परम्परा और संस्कृत काव्यशास्त्र के मानक

आठवीं शती से कई राज्यों से हिन्दी कविता की शुरुआत होती है। गुजरात, महाराष्ट्र, आसाम, उड़ीसा, बंगाल, मैथिल प्रदेश, बिहार, पंजाब आदि राज्यों से हिन्दी कविता का जो प्रवाह चला उसकी सबसे बड़ी विशेषता है, परम्परा के शास्त्रवाद से मुक्ति की सजगता। उस युग की हिन्दी अपभ्रंश, संक्रान्तिकालीन हिन्दी प्राचीन राजस्थानी भाषा (भाखा), अवहट्ठ आदि के रूपों मे विकसित हो रही थी और इसमें स.हित्यिक परम्परा के शास्त्रवाद के स्थान पर स्वच्छन्दता का संक्रमण अधिक दिखायी पड़ता है। ऐसा प्रतीत होता है कि किन्हीं अंशों में (सम्पूर्णतः तो सम्भव नहीं था) इस कालखण्ड अर्थात् आठवीं शती से सत्रहवीं शती तक की हिन्दी कविता प्राचीन परम्परावाद से अपना पीछा छुड़ा रही है। शास्त्रवाद से मुक्ति लेने का आग्रह और स्वच्छन्दता की ओर बढ़ने का प्रयास इस साहित्य की केन्द्रीय धुरी रही है। इसे हम शास्त्रीयता के सन्दर्भ में इस प्रकार देख सकते हैं–

रसवाद–इस साहित्य में 'शृंगाररस, हास्यरस, वीर एवं शौर्यभाव तथा मायारस जैसी प्रवृत्ति दिखायी पड़ती है।

शृंगार–इस प्रकरण में कतिपय विशिष्ट प्रकार की नायिकाएँ तथा उनकी वर्णनगत रूढ़ियाँ दिखायी पड़ती हैं। शृंगार की शास्त्रीयता वर्णकों में आबद्ध हैं किन्तु दूसरी ओर यह शृंगार भाव स्वच्छन्द और शास्त्र की परम्परा से एकदम पृथक् भी है। पृथ्वीराज रासो, मुंज रास, बीसलदेव रास के शृंगार में संयोग-वियोग की रूढ़ियाँ, षट्ऋतु वर्णन, बारहमासा, नखशिख, अंग-प्रत्यंग निरूपण जैसी प्रवृत्तियाँ दृष्टिगत होती हैं। इस युग के प्रसिद्ध काव्यशास्त्रकार ज्योतीश्वर ठाकुर युगीनकविता की वर्णन परम्परा का शृंगार सन्दर्भ इस प्रकार रखते हैं–**नायिका वर्णन–गजहस्त प्राय जनु जुगल, पीन, मांसल**

कूर्मपृष्ठाकार श्रोणी, पीन कठिन, उतुंग वर्तुल सम्पूर्ण पयोधर, कोमल प्राय तीनि रेखा, समन्वित ग्रीवा, कुटिल कुण्डलित कनकाभरण भूषित कान। यदि नायिका का सौन्दर्य वर्णन करना है तो इस वर्णक परिपाटी का अनुगमन आवश्यक है। इसी प्रकार यहाँ नायिकाभेदों, ऋतुवर्णनों, साज-सज्जा, नखशिख वर्णन की सम्पूर्ण शृंगार परिपाटी है। यद्यपि यह वर्णन परम्परा के शास्त्रवाद से ही अनुमोदित है किन्तु किसी रसशास्त्र से सीधे सम्बद्ध न होकर वर्णक रूढ़ि से सम्बद्ध है।

आदिकालीन हिन्दी साहित्य का शृंगार वर्णन एक ओर वर्णक परम्परा की शास्त्रीयता से सम्बद्ध है तो दूसरी ओर उसका सम्बन्ध स्वच्छन्द उन्मुक्त प्रेम से है और इस प्रेम के आदर्श राधाकृष्ण हैं। विद्यापति इसके सबसे बड़े साक्ष्य हैं–

गोपिका कृष्ण से कहती हैं–

तुअ गुन गौरव सील सुभाउ
सुनिकरि चढ़लेउ तो हरि नाव।
हरु न करिअ कान्ह करि मोहि पार
सब तहँ बड़ फिर पर उपकार।
आइल सखि सत्य हमार
से सब भेलि निकहिं विधिपार।।

* * * *

हम अबला कत कहब अनेक।
आरति पड़िले बुझिअ विवेक।
तोहँ पर नागर हम पर नारि।।
काँप ह्रदय तुअ प्रकृति बिचारि।।

ठीक इसी स्वच्छन्द प्रेमभाव का छन्द विद्यापति के पूर्व प्राकृत पैंगलम् में लिखा गया था, उसे देखें। यहाँ भी गोपिका श्रीकृष्ण से कहती हैं–

अरेरे बाहहि कान्ह नाव छोड़ि डगमग कुगति ण देहि।
तई इणि नदिहिं संतार देइ जो चाहहि सो लेहि।।

अर्थ–"हे कान्ह! खेओ, नाव छोटी है, इसे डगमग न होने दो, न कुगति दो, तुम इसे नदी में सन्तरण दो (नदी पार करा दो) बदले में जो चाहो मुझसे ले लो।"

प्राचीन हिन्दी काव्य परम्परा एवं समसामयिकता के द्वन्द्वों से प्रभावित काव्य सृजन के सिलसिले में एक ओर शास्त्रीयता से सम्बद्ध है, तो दूसरी ओर इसका सम्बन्ध उस लोकवादी सामाजिक यथार्थ, धार्मिकता तथा भक्ति से सम्बद्ध है, जिसकी नींव शास्त्रवाद से प्रायः मुक्त है। तात्पर्य यह है कि कभी-कभी ये धार्मिक काव्यरचनाकार कविता की शास्त्रीयता को आधार बनाकर अपनी काव्यशक्ति की सामर्थ्य दिखाने के

लिए उत्सुक हैं किन्तु इनमें स्वच्छन्दतावाद अधिक है। जैनधर्म काव्य की परम्परा लम्बी है और आठवीं शती से सत्रहवीं-अठारहवीं शती तक इन परम्परागत काव्यों से लेकर लोकगीत की फागु एवं रास परम्पराओं में इन्होंने प्रभूत काव्य लिखे और इसी सन्दर्भ में यह भी महत्त्वपूर्ण है कि इस काल में वैष्णव तथा शैव भक्ति साहित्य से सम्बद्ध छन्दों का भी प्रणयन हिन्दी में हो रहा था—जिनकी सूचनाएँ प्रायः आर्यभाषा क्षेत्र के हर राज्यों में मिलती हैं। देश के पूर्वी भागों में—विशेषकर मिथिला तथा बंगाल में 'राधाकृष्ण' प्रणय के शृंगारपरक भावावेश की स्वच्छन्द अभिव्यक्तियाँ धीरे-धीरे फैलना शुरू हो चुकी थीं—जिन्होंने आगे चलकर सम्पूर्ण हिन्दी चेतना से अपना सम्बन्ध जोड़ा।

इसी प्रकार हम 'नाथ तथा सिद्ध' साहित्य को भी ले सकते हैं। धर्माचरण के साथ स्वच्छ काव्यवृत्ति दोनों का एक साथ समन्वय हिन्दी की प्राचीन काव्यधारा की परम्परा से भिन्न लक्षण इस रूप में दिखायी पड़ता है। यह सम्पूर्ण कविता बौद्धधर्म के परिवेश में लोकचेतनावादी थी—यहाँ यदि शास्त्रदृष्टि भी थी तो सहजयानी कविता की शास्त्रीय परम्परा की कविता से मुक्त थी। यद्यपि हिन्दी में कई आलोचक इसको कविता नहीं मानते फिर भी कल्पनाशक्ति द्वारा यथार्थ की लोकानुभूति को परिवर्तित करने की चेतन दृष्टि काव्य सर्जन की निर्मात्री शक्ति के रूप में निरन्तर यहाँ विद्यमान दिखायी पड़ती है।

कुल मिलाकर यदि आदिकाल की प्राचीन हिन्दी कविता का विश्लेषण करें तो उसके अन्तर्गत तीन सर्जनात्मक दृष्टियाँ हमें दिखायी पड़ती हैं—

क. परम्परा की काव्यशास्त्रीय चेतना जो लक्षण परम्परा से सम्बद्ध है।

ख. लोकात्मक काव्य चेतनाप्रवाह किन्तु काव्य परम्पराओं से स्वयं को स्थान-स्थान पर असम्बद्ध करने की दृष्टि।

ग. शास्त्रमुक्त किन्तु लोकानुभूति से सम्बद्ध काव्य प्रेम।

इन तीनों परम्पराओं का मूल्यांकन इस सन्दर्भ में इसलिए आवश्यक है कि कविता की सैद्धान्तिक चेतना का विधानतन्त्र इन परम्पराओं से किस रूप में सम्बद्ध है, इसका ज्ञान हो सके।

●

(क)
हिन्दी कविता की काव्यशास्त्रीय चेतना

यदि आदिकाल का प्रारम्भ हम 10वीं शती से मानें तो इस कालखण्ड तक भारतीय काव्यशास्त्र का हमें शीर्ष विकास दिखायी देता है। इस काल में आचार्य महिमभट्ट (1050 ई.), आचार्य मम्मट (1050 ई.), आचार्य रुय्यक (1200 ई.), जयरथ (1250 ई.), जयदेव (1300 ई.), वाग्भट्ट (1125 ई.), हेमचन्द्र (1088 ई.), श्री विद्यानाथ (1200 ई.), शारदातनय (1250 ई.), विश्वनाथ (सन् 1300 ई.) आदि संस्कृत के प्रसिद्ध काव्यशास्त्रीय चिन्तक दिखायी पड़ते हैं—किन्तु इन आचार्यों की दो विशेषताएँ दिखायी पड़ती हैं—या तो सम्पूर्ण सिद्धान्तों का इन्होंने समन्वय किया है जैसे साहित्य दर्पण, आचार्य विश्वनाथ कृत या काव्यप्रकाश, आचार्य मम्मट कृत या फिर इन आचार्यों ने केवल अलंकारशास्त्र का विवेचन किया है। सर्वाङ्ग-विवेचन या अलंकारशास्त्र का लक्षण—उदाहरणपरक विवेचन इस युग में हमें प्राप्त होता है। आचार्य मम्मट एवं आचार्य विश्वनाथ ने सर्वाङ्गनिरूपण की भूमिका का विवेचन करते हुए रस को सर्वोपरि स्थापित करने की चेष्टा की है। इसी प्रकार का एक ग्रन्थ शारदातनयकृत भाव प्रकाश है, सन् 1000 से 1300 शती के बीच निर्मित। संस्कृत काव्यशास्त्र के प्रमुख काव्यशास्त्रीय ग्रन्थों यथा ध्वन्यालोक, अभिनवभारती, वक्रोक्तिजीवितम् आदि नये रचनात्मक शास्त्र-सन्दर्भों को स्थापित करनेवाले ग्रन्थों की इस युग में केवल चर्चाएँ भर थीं और मम्मट तथा साहित्यदर्पणकार कविराज विश्वनाथ आदि ने उनके स्वरूप को अवश्य महत्त्व दिया है किन्तु आलंकारिक चिन्तन की बहुलता के कारण ये मत काव्य सर्जन को प्रभावित नहीं कर सके। इस प्रकार हिन्दी साहित्य के आदिकाल के अन्तर्गत संस्कृत के काव्यशास्त्रीय ग्रन्थ अधिक लिखे गये किन्तु यह कालखण्ड काव्य सर्जना की दृष्टि से या तो वर्णक रूढ़ियों की परम्परा से सम्बद्ध रहा है या स्वच्छन्द वर्णन की परम्परा से।

इस शास्त्रीय परम्परा के अन्तर्गत सबसे महत्त्वपूर्ण समस्या थी परम्परा के काव्यचिन्तन तथा प्रयोगों का अनुसरण करते हुए काव्य रचना-व्यवस्था को जीवित रखने की।

सम्भवतया यह समस्या संस्कृत साहित्य-शास्त्र के अन्तर्गत से ही दिखायी पड़ती है। आचार्य भामह, दण्डी तथा वामन आदि प्रारम्भिक काव्यशास्त्रकारों ने संरचना के सिद्धान्तों की चर्चा नहीं की है, काव्यरचना के मानकों का वर्णन किया है। महाकाव्य आदि कैसे लिखे जायें—इन सबको वाल्मीकि रामायण, महाभारत, रघुवंशम् आदि को ध्यान में रखकर निर्धारित किया है। परवर्ती प्रबन्धकारों में उसके अनुकूल काव्यरचना की परिपाटियों पर पूर्णतः ध्यान दिया है, नायक की उदात्तता, भव्यता, श्रेष्ठकुलोद्भवता, शृंगारवीर तथा शान्तरस की केन्द्रीयता आदि-आदि वृत्तियों को ध्यान में रखकर प्रबन्ध रचना की परिपाटी आधुनिक काल तक भारत में चलती रही है। इस युग के शास्त्रकारों ने पुरानी परम्परा में स्वीकृत काव्यरूपों के वर्णकों तथा लक्षणों को थोड़ा-बहुत आगे बढ़ाया है।

भारतीय लोकतान्त्रिक प्रक्रिया की व्याप्ति के बाद ही प्रबन्ध रचना की परम्परित परिपाटियों तथा वर्णकों में सुधार हुआ, जिसका अध्ययन बाद में प्रस्तुत किया जायगा किन्तु काव्यरचना की यह परिपाटी हमें परवर्ती साहित्य में विशेष रूप से दिखायी पड़ती है और काव्य की प्राचीन परिपाटियों को पूर्णतः ध्यान में रखकर रचना करने की व्यवस्था का एक शास्त्रबद्ध रूप दसवीं शती में राजशेखर कृत काव्यमीमांसा से प्रारम्भ हुआ था। इस प्रकार के ग्रन्थों का क्रम सत्रहवीं शती तक चलता रहा। आचार्य क्षेमेन्द्र कृत औचित्यविचारचर्चा, आचार्य केशव मिश्र कृत अलंकार शेखर तथा काव्यलतावृत्ति जैसे ग्रन्थ सोलहवीं शती तक लिखे गये, जिनका उद्देश्य था, परम्परा की वर्णनगत परिपाटी तथा काव्य की पूर्व निर्मित परम्परा की समृद्धियों की संरक्षा। इस क्रम में हिन्दी साहित्य के आदिकाल में साहित्यशास्त्र की निम्नलिलिखत परिपाटियाँ प्रचलन में दिखायी पड़ती हैं।

(1) कविशिक्षा

(2) कविसमय

(3) कविवर्णक

(4) कथानक रूढ़ियाँ

हिन्दी साहित्य के कवियों ने परम्परा के शास्त्रवाद के रूप में अवशिष्ट काव्य के अलंकारशास्त्र का पूर्णतः बहिष्कार-सा किया है और उसके स्थान पर कविशिक्षा के रूप में प्राप्त कविसमयों एवं काव्यवर्णकों (काव्यरूढ़ियों या प्रौढ़ियों) को अपनी रचना का आधार बनाया है।

जैन परम्परा का साहित्यिक मूल्यांकन इस सन्दर्भ में इसलिए अभीष्ट है कि क्योंकि उन्होंने परम्परावादी दृष्टि के प्रयोगात्मक रूपों को समझा है तथा यह स्वीकार किया गया है कि सम्पूर्ण रसों में शान्तरस ही उत्कृष्ट है और सभी रस उसी से उत्पन्न होते हैं और उसी में विलीन भी होते हैं, अर्थात् मध्यकालीन कविता के साथ सम्बद्ध

प्रतिबद्धता प्रकारान्तर भाव से मूल्यों की प्रतिबद्धता की स्थिति से सम्बद्ध है, जो इस युग में दिखायी पड़ती है।

भक्ति से सम्बद्ध वैष्णव साहित्य के अनेक सन्दर्भ हमें इस आदिकाल में मिलते हैं—जिनमें महात्मा बुद्ध सहित विष्णु के दस अवतारों के प्रति प्रणतिभाव वर्तमान है भक्त कवियों द्वारा स्वीकृत आराधना तथा भक्ति के समर्पण भाव से सम्बद्ध 'राम' तथा 'कृष्ण' के लीला रूप की काव्यात्मक स्तुतियाँ इस युग में प्राप्त होती हैं। शैव परम्परा के भक्ति सन्दर्भ इस युग की विशिष्ट देन हैं। यही नहीं, पूर्ववर्ती तमिल साहित्य की परम्परा से जुड़े वैष्णव एवं शैव भक्ति के समन्वयात्मक सन्दर्भों की उपलब्धियाँ भी इसके साक्ष्य हैं। भावात्मक सृजन के स्तर पर भक्ति के आस्वादन का बोध यहाँ भी दिखायी पड़ती है। इन सबकी सैद्धान्तिक समीक्षा अनिवार्य है ताकि हिन्दी के परवर्ती भक्ति साहित्य की ऐतिहासिक पीठिका निर्मित की जा सके।

कविशिक्षा, कविसमय तथा काव्यवर्णकों के सन्दर्भ में सामान्य जागृति का भाव भारतीय काव्यशास्त्र के प्रारम्भ से ही दिखायी पड़ता है और आचार्य भरत, भामह, दण्डी, वामन, आनन्दवर्द्धन, आचार्य कुन्तक आदि सभी महत्त्वपूर्ण शास्त्रकारों की कृतियों में कवियों को निरन्तर सावधान रहने के लिए निर्देशित किया जाता रहा है। भारतीय काव्यशास्त्र के अन्तर्गत दोष निरूपण की परिपाटी गुण के वैपरीत्यभाव से न जुड़कर 'कविशिक्षा' से ही सम्बद्ध हैं। आचार्य वामन ने इस सम्बन्ध में अपने काव्यालंकारसूत्र में कवियों के लिए निर्देश किया है कि वे किन प्रयोगों से सावधान रहकर श्रेष्ठ काव्य की रचना करें? इस परम्परा से सम्बद्ध सम्भवतया प्रथम ग्रन्थ राजशेखर कृत (10वीं शती) काव्य मीमांसा है जिसके अन्तर्गत कविशिक्षा तथा काव्यसमयों का पहली बार व्यवस्थित उल्लेख हुआ है। 11वीं शती के बाद इस विषय पर अनेक ग्रन्थ एवं उनकी टीकाएँ प्रकाश में आयीं और धीरे-धीरे इनका उद्‌देश्य कविशिक्षा से सम्बद्ध हो गया। संस्कृत काव्य-रचना एवं प्राकृत परम्परा के बाद अपभ्रंश तथा देशीभाषा काल अर्थात् 12वीं से 13वीं शती तक इस परम्परा का पर्याप्त प्रचार रहा है। इस शास्त्र-परम्परा से जुड़े संस्कृत, अपभ्रंश (प्राचीन हिन्दी) तथा भाषा कविता के एतद् सम्बन्धी ग्रन्थों की सूची पहले दी जा चुकी है।

•

(ख)

काव्यलक्षण-परम्परा तथा आदिकाल का हिन्दी काव्य

भारतीय काव्यशास्त्र का प्रारम्भिक नाम 'लक्षणशास्त्र' ही था। संस्कृत के आचार्यो ने शास्त्रकारों के लिए 'काव्यलक्ष्म विधायिनः' शब्द का प्रयोग किया है—जिसका अर्थ है, काव्यलक्षणों के रचनाकार। आचार्य भरत के नाट्यशास्त्र में सर्वप्रथम काव्यलक्षणों का उल्लेख तथा उनकी सूची दी गयी है। संस्कृत साहित्य में कविता की पहचान इन्हीं लक्षणों से हुआ करती थी। वाल्मीकि के मुख से जब साहित्येतिहास में प्रथम बार कविता निःसृत हुई तो वे कविता का विश्लेषण इस प्रकार करते हैं—

पादबद्धोऽक्षरसमस्तन्त्रीलयसमन्वितः।
शोकार्तस्य प्रवृत्तो मे श्लोको भवतु नान्यथा।।

हे शिष्य! शोक से पीड़ित हुए मेरे मुख से जो वाक्य निकल पड़ा है, वह चार चरणों में आबद्ध है। इसमें प्रत्येक चरण में बराबर (यानी आठ-आठ) अक्षर हैं, तथा इसे वीणा के लय पर गाया भी जा सकता है—अतः मेरा यह वचन श्लोक रूप होना चाहिए, अन्यथा नहीं!

समान अक्षरोंवाले, चार चरणों से युक्त, आठ-आठ अक्षरों सहित श्लोक का काव्यलक्षण सर्वप्रथम वाल्मीकि द्वारा ही बताया गया है। यह काव्यलक्षण का सबसे प्राचीनतम साक्ष्य है। वाल्मीकिरामायण में हनुमान-राम भेंट तथा हनुमान-सीता भेंट के प्रसंगों में इससे सम्बद्ध अन्य उल्लेख भी हैं।

काव्यलक्षणों का स्पष्ट उल्लेख इसके पश्चात् रुद्रदामन के शिलालेख में मिलता है। यह शिलालेख अनुमानतः दूसरी शती का है। यहाँ कहा गया है—

'स्फुटलघुमधुरचित्रकान्तशब्दसमयोदाराअलंकृतगद्यपद्यस्व'

अर्थात् कवियों के द्वारा प्रयुक्त (समयोदारा) काव्यभाषा स्फुट, लघु, मधुर, चित्रकान्त (बिम्बात्मक) शब्दों से संयुक्त होनी चाहिए।

ऐसा प्रतीत होता है कि इस युग तक कविता की भाषा के स्पष्ट लक्षण बन चुके थे। आचार्य भरत नाट्यशास्त्र में काव्यलक्षणों के रूप में कविता के सम्यक् रूपेण अलंकरण की चर्चा करते हैं। इनके अनुसार कविता की भाषा के ये 36 लक्षण हैं–

भूषण, अक्षर संघात, शोभा, हेतु, उदाहरण, संशय, दृष्टान्त, प्राप्ति, अभिप्राय, निदर्शन, निरुक्ति, सिद्धि, विशेषण, गुणनिपात, अतिशय, तुल्यतर्क, पदोच्चय, इष्ट, उपदिष्ट, विचार, तद्विपर्यय भ्रंश, अनुनय, माला, दाक्षिण्य, ग्रहण, अर्थापत्ति, प्रसिद्धि, सारूप्य, मनोरथ, लेश, क्षोभ, गुण-कीर्त्तन अनुसिद्धि तथा प्रियवचन।"

बाद में, इन काव्यभाषा तथा रचना के कतिपय लक्षणों को अलंकार-गुण आदि में समाविष्ट कर लिया गया किन्तु कव्यलक्षणों की चर्चा बराबर 10वीं शती तक होती रही है।

काव्यलक्षणों के पश्चात् काव्यरूपों तथा कथा एवं आख्यायिका के लक्षणों की चर्चा 10वीं शती से आचार्य पण्डितराज जगन्नाथ तक अर्थात् सत्रहवीं शती तक मिलती रही है। काव्य तथा काव्यरूपों की लक्षणगत चर्चाएँ दो रूपों में रही हैं। प्रथमतः नायक, कथावस्तु एवं उद्देश्य तथा रस इसके महत्त्वपूर्ण तत्त्व हैं। इन चारा प्रमुख लक्षणों में सर्गबद्धता को इसका प्रमुख आधार स्वीकार किया गया और इन चार प्रमुख लक्षणों में आगे भी कोई परिवर्तन नहीं मिलता। महाकाव्य के दूसरे लक्षण युद्ध, प्रयाण, सन्धि, नगर, वन, पर्वत, उत्सव, ऋतु, प्रथम दर्शन, विवाह, शृंगारिका चेष्टाएँ, मध्याह्न, मृगया, सन्ध्या सूर्येन्दु, रजनी, प्रदोष आदि-आदि वर्णन की विविध शृंखलाएँ लक्षण के रूप में बढ़ती गयीं। ये लक्षण प्रयोगरूढ़ि के रूप में परवर्ती कालों में भी दिखायी पड़ते हैं।

इसी प्रकार, खण्डकाव्य, एकार्थक तथा गीतिकाव्यों के लक्षणों का क्रमशः विस्तार हुआ और हिन्दी साहित्य के आदिकाल, भक्तिकाल तथा रीतिकाल में काव्यरूपों की ये वर्णनगत रूढ़ियाँ देश-काल के प्रभाव के कारण पर्याप्त रूप से व्यापक होकर रचनाशैली के साथ प्रचलित रही हैं।

इसी सन्दर्भ में कथा तथा आख्यानक साहित्य को भी देखा जा सकता है। कथा तथा आख्यायिका साहित्य रूपों के लक्षणों के प्रभाव परवर्ती हिन्दी सूफ़ी तथा गैर सूफ़ी प्रेमाख्यानकों पर अधिक पड़े हैं क्योंकि इन आख्यायिकाओं में प्रेम एवं शृंगार महत्त्वपूर्ण तत्त्व रहे हैं। हिन्दी साहित्य के आदिकाल में जैन परम्परा के अन्तर्गत चरित, आख्यायिका तथा कथाकाव्य लिखे गये। किन्तु इनकी परम्परा भिन्न रही है। आचार्य भामह कथा तथा आख्यायिका साहित्य के अन्तर्गत पर्याप्त भेद करते हैं–और इसके दो ही रूपों का परिचय देते हैं। लगता है, इस युग में आख्यायिका तथा कथा-काव्यरूपों की रचना शुरू हो चुकी थी। आचार्य दण्डी भामह के आख्यायिका एवं कथा सम्बन्धी मतों का पर्याप्त विरोध करते हैं। आगे चलकर, ध्वन्यालोक में कथा तथा आख्यायिका के रूपों पर चर्चा ही नहीं अपितु उनके रूप तथा वैशिष्ट्य का भी विस्तार मिलता है।

चौदहवीं शती में आचार्य हेमचन्द्र ने इस विषय पर व्यापक रूप से विचार किया है—जो परवर्ती कालखण्ड में मान्य रहे हैं।

संस्कृत कविता का लक्षणविधान हिन्दी साहित्य के आदिकाल तक पहुँचते-पहुँचते क्षीण-सा हो चला था किन्तु प्रबन्धकाव्य लिखने की रूढ़ियों का कुछ रूढ़ार्थरूप यहाँ अवश्य दिखायी पड़ता है।

नायक का उदात्त चरित्र 'पृथ्वीराज रासो' में पूरी तरह से दिखायी पड़ता है और एक पाठ के अन्तर्गत तो उन्हें विष्णु का अवतार स्वीकार कर लिया है। काव्य के प्रारम्भ में गणेश, सरस्वती, गुरु वन्दना, रचना का उद्देश्य नायक पराक्रम की पूर्वभूमिका आदि का वर्णन महाकाव्य की लक्षण की मान्यताओं के रूप में ही है—कवि रचना का प्रारम्भ करते हुए कहता है कि—

आदि देव प्रनम्य नम्य गुरुवं वानीय वन्दे पयं।
सिष्टं धारन धारयं वसुमती, लच्छीस चरनाश्रयं।।
तं गुरु तिष्ठति दुष्ट दहनं सुरनाथं सिद्धिश्रमं।
थिर चर जंगम जीव चंद नमयं सर्वेस बन्देमयं।।

सर्वेश विष्णु तथा गुरु की यह वन्दना महाकाव्य के विनिर्दिष्ट पूर्व-लक्षण के अनुक्रम हैं।

ऐतिहासिकता कथाकाव्य में प्रासंगिक हो उठती है, वीर काव्य वर्णन की रूढ़ियों तथा काव्य निर्माण की परम्परागत रूढ़ शैली में इतिहास का कहीं पता नहीं चलता। आचार्य भामह ने महाकाव्य के सन्दर्भ में विवाह तथा युद्ध के काव्यलक्षणों का स्पष्ट संकेत किया है—

मंत्रदूत प्रयाणानिनायकाभ्युदय यत्।

अर्थात्, मंत्रणा, दूत प्रेषण, अभियान, युद्ध, नायक का अभ्युदय ये महाकाव्य में विशेष रूप से वर्णित होने चाहिए। पंचसन्धियों में मुख, प्रतिमुख, गर्भ, विमर्श तथा निर्वहण प्रायः सभी काव्यों में काव्यरचना के आधार के सन्दर्भ एक साथ प्रयुक्त हैं। युद्ध, नायिका विरह, युद्ध-प्रस्थान, ऋतु वर्णन आदि की रूढ़ियाँ जिन्हें महाकाव्य के गौण लक्षणों के साथ जोड़ा गया है—निरन्तर काव्य प्रयोग में व्यवहृत होती चलती रही हैं।

कथावस्तु को प्रस्तुत करने की संवादपरम्परा भारतीय साहित्य में प्रबन्ध की रचना के प्राचीनतम लक्षण हैं—वक्त-श्रोता की परम्परा का उपयोग महाकाव्यों में दिव्यता की सृष्टि के लिए बराबर किया जाता रहा है। स्वयं कवि चन्दबरदाई परम्परा के उन वर्णकों को अपनी कविता में स्थापित करने की बात करता है—जिनको कविजन स्वीकृति देते रहे हैं—

बिमल अमल बानी बिसाल वानी बर ब्रंनन।
उक्तिन बयन बिनोद मोद श्रोतन मह हरनन।।
युत अयुत जुक्ति बिचार बिधि बयन द्वंद्व छूट्यो न कह।
घटि बढ़िय मति कोइ पढ़इ तौ चन्द दोष दिज्जो न यह।।

विवाह तथा पुत्र जन्म के अलौकिक वर्णन महाकाव्य के लक्षणों से सम्बद्ध है। कवि सम्पूर्ण दिव्यता से भरी दैवी रूढ़ियों को इनके साथ जोड़कर नायक को देवतुल्य बना देता है।

पृथ्वीराज रासो जैसे महाकाव्य का अध्ययन करने के बाद यह स्पष्ट हो उठाता है कि सम्पूर्ण इतिहास को कथा तथा वर्णन की रूढ़ियों ने उन्हें आच्छन्न कर रखा है और इस आच्छन्नता के बीच में केवल एक दिव्य पुरुष स्थित है, इतिहास पुरुष नहीं। युद्ध वर्णन, युद्ध की साज-सज्जा, राज-दरबार, उनका शृंगार, मन्त्रियों तथा दरबारियों की बैठक आदि-आदि वर्णन सन्दर्भ परम्परा से ही सम्बद्ध हैं। शृंगार तथा युद्ध की रूढ़ियाँ इन महाकाव्यों में शृंगार तथा वीर रस की सिद्धि में पुरानी परम्परा से ही सम्बद्ध हैं। इस युग के काव्य का युद्ध वर्णन अपने में वीररस के श्रेष्ठ मानक के रूप में हैं–

जुज्झ भटभूमि पड़ उहि पुणि लग्गिआ।
सग्ग मण खग्ग हण कोई नहिं भग्गिआ।
बीस सर तिक्खकर कराण गुण अप्पिया।
पत्थ तह जोलि दह चाउ सह कप्पिया।।

पृथ्वीराज रासो में भी अनेक युद्धों का वर्णन आता है और इन युद्धों का वर्णन महाकाव्य की वर्णन-लक्षण परम्परा से ही सम्बद्ध है।

इसी प्रकार महाकव्य के गौण लक्षणों में षट्ऋतु वर्णन, संयोग तथा वियोग शृंगार, विवाह, स्वयंवर आदि की परम्पराओं का उल्लेख है–साहित्य की रसमयता की सृष्टि में आदिकाल का ऋतु वर्णन अद्वितीय है।

इन महाकाव्यों का ऋतु वर्णन प्रायः उद्दीपन के रूप में हुआ है–स्वयं पृथ्वीराज रासो को ही इसके उदाहरण के रूप में रखा जा सकता है। अपनी पत्नियों को छोड़कर संयोगिता की प्राप्ति के लिए पृथ्वीराज का प्रस्थान ऋतु-वर्णन की उद्दीपकता के कारण रुक जाता है–इंछिनी तथा शशिव्रता नायिकाएँ इन ऋतु वर्णनों से ही पृथ्वीराज के समागम के लाभ से हर्षित होती हैं।

इस युग के महाकाव्यों में दुःखान्त प्रसंग की रूढ़ि पर बहुत ध्यान नहीं दिया गया है। परम्परा में यह कहा गया है कि महाकाव्यों के नायकों की दिव्यता इस ढंग से वर्णित की जाय कि उसमें उनके वध या मृत्यु के प्रसंग न अंकित हों। आचार्य भामह कहते हैं कि–

नायक प्रागुपपन्यस्य वंशवीर्य श्रुतादिभिः।
न तस्मैव वधं ब्रूयात् अन्योत्कर्षाभिधित्सया।।

"वंश, बल, वीर्य, ज्ञान आदि गुणों के द्वारा नायक को पहले प्रस्तुत कर दूसरे का उत्कर्ष कहने की इच्छा से उसका वध नहीं वर्णित करना चाहिए।"

इस कालखण्ड के दो प्रसिद्ध महाकाव्यों में नायक के वध की चर्चा कृति के अन्त में समापन के रूप में मिलती है—'मुजरास' में राजा मुंज की और पृथ्वीराज रासो में पृथ्वीराज की। सम्भव है, इस प्रकार के अन्य दृष्टान्त भी प्राप्त हों।

●

कविशिक्षा तथा हिन्दी का आदिकालीन साहित्य

(क)

आचार्य राजशेखर कृत 'काव्यमीमांसा' तथा आचार्य क्षेमेन्द्र कृत **'औचित्यविचारचर्चा'** इस काल खण्ड की दो महत्त्वपूर्ण कृतियाँ हैं जिनमें उस युग की काव्यचेतना एवं सृजन की परिस्थितियों को समझा जा सकता है। राजशेखर ने बहुत स्पष्ट रूप से लिखा है कि सर्जन की प्रतिभा मौलिक एवं प्रकृति प्रदत्त होती है किन्तु बिना गुरुकृपा और कविता के अभ्यास से काव्य की श्रीवृद्धि नहीं होती। गुरुकृपा काव्य सृजन के लिए एक अनिवार्य तत्त्व है–

"अहरहः सुगुरुपासना प्रकृष्टो गुणः सा हि बुद्धि विकास कामधेनु।।"

कवि प्रकार इस प्रकरण में निम्नलिखित रूपों में है–

(1) पूर्वजों के संस्कारों से मण्डित

(2) गुरुकृपा तथा शास्त्राभ्यास से सम्पन्न

(3) दुर्लभ कवि जो ब्रह्मा सदृश गुरु से शिक्षा प्राप्त करके महाकवि बनते हैं, उनसे–

(4) तन्त्र मन्त्र शक्ति के द्वारा काव्य प्रतिभा की प्राप्ति से सिद्ध कवि

इस प्रकार, इन चारों वर्गों के कवियों के लिए गुरु की निरन्तर उपासना एक प्रकृष्ट गुण है। गुरुकृपा ही कवियों की काव्यशक्ति के विकास के लिए कामधेनु का कार्य करती है।

साहित्य स्वयं में एक विद्या है, इस विद्या का मूल गुरुज्ञान है और इस गुरु की कृपा से प्रतिभासम्पन्न व्यक्ति काव्य के निरन्तर अभ्यास, गुरु द्वारा प्रदत्त शिक्षा, अनुशीलन आदि के द्वारा श्रेष्ठता को प्राप्त करता है।

इस सन्दर्भ में यह तथ्य स्पष्ट रूप से सामने आता है कि कविता बिना गुरु शिक्षा के अपनी उत्कृष्ट स्थिति को नहीं प्राप्त करती और इसके लिए गुरु द्वारा शिक्षा तथा

शास्त्रीय चिन्तन का अनुशीलन आवश्यक है। यहाँ ये कवि इस प्रकरण का प्राथमिकता के साथ उल्लेख करते हैं–

यः कवित्वकामः काव्यविद्योपतिद्याग्रहणाय।
गुरुकुलान्युपासते स विद्यास्नातक (कविः)।।

"जो कवित्व की प्राप्ति की इच्छा से काव्य और तदंगभूत अलंकार छन्द आदि विद्याओं के ज्ञान के लिए गुरुकुल में जाता है, वह काव्य विद्या का स्नातक (कवि) है।"

इस प्रकार के गुरुओं में इनकी स्थिति और भी महत्त्वपूर्ण होती है। हिन्दी साहित्य में यह तथ्य स्वयं अन्तरंग साक्ष्य से प्रमाणित है कि आचार्य केशवदास ने राजगणिकाप्रमुख प्रवीणराय को कविता रचने की शिक्षा देने के लिए 'कविप्रिया' नामक ग्रन्थ की रचना की थी।

यही नहीं, कुँवर चन्द्रप्रकाश सिंह जी ने इस विषय पर पर्याप्त शोध कार्य किया है और बताया है कि गुजरात के भुजकक्ष में एक गुरुकुल की स्थापना कवि शिक्षा के लिए ही की गयी थी, जहाँ निरन्तर जाकर कविछात्र काव्य के अध्ययन, मनन, अनुशीलन एवं काव्यरचना की शिक्षा ग्रहण करते रहे हैं। कविशिक्षा के छह अंग रहे हैं–

(1) कवि के आचरण की शुचिता एवं उनके जीवनयापन की पद्धति के साथ काव्यरचना वृत्ति का अभ्यास तथा काव्य की चर्या।

(2) कवि की प्रतिभा, उसकी अभ्यास शक्ति तथा व्युत्पन्नता की दीप्ति के उपायों की तलाश।

(3) लोकप्रचलित भाषाओं यथा–दास-दासियों की मागध तथा अपभ्रंश, सेवकों की अपभ्रंश, पण्डितों द्वारा प्रयुक्त संस्कृत एवं विद्वानों द्वारा व्यवहार, शास्त्र तथा काव्य की प्राकृत भाषा का सर्वथा ज्ञान। इसके लिए कहा गया है कि–

"सद्यः संस्कार विशुद्धयर्थ सर्वभाषा कुशलः
शीघ्रवाक्यसर्वाक्षरइंगिताकारवेदी, नामलिपिज्ञः कविः।"

(4) लोक एवं राज रुचियों का ज्ञाता हो अर्थात् दूसरे शब्दों में राजा के काव्यविषयों की रुचियों का ज्ञान, लोक की भावनाओं का ज्ञान, सभापण्डितों की रुचियों का ज्ञान कवि के लिए अपेक्षित है और इस काम में निपुणता के बिना कविशिक्षा तथा दीक्षा के सम्भव नहीं है।

(5) **कवि सृजन की नैतिकता**–कवियों के लिए आचार्य राजशेखर ने कविशिक्षा के अन्तर्गत कतिपय प्रतिबद्धताएँ भी लगा रखी हैं–जैसे-

(क) अधूरी कविता को सुनाने की वर्जना

(ख) किसी एकाकी कवि के समक्ष काव्यपाठ की वर्जना

(ग) अपनी रचना की न प्रशंसा करे और न सुने

(घ) सर्जन के अभिमान से मत्तता

(ङ) किसी तटस्थ विद्वान् तथा कवि से कविता की परीक्षा कराना

(च) काव्यरचना से सम्बद्ध कवियों के चार रूप हैं–

(i) असूर्यम्पश्य–जो स्वयं प्रेरणा स्फूर्त होने पर कविता करता है।

(ii) निषण्ण–जो प्रेरणा स्फूर्त होने पर भी स्वयं रचना न करके दूसरे के कहने पर श्रेष्ठ रचना करता है।

(iii) दत्तावसर–जो यथावसर कार्य निवृत्त होकर काव्यरचना करता है।

(iv) प्रायोजनिक–किसी प्रयोजन के उपस्थित होने पर जो काव्यरचनाएँ करता है।

इन चारों में श्रेष्ठ कवि 'असूर्यम्पश्य' ही है–

(6) इन सबके अतिरिक्त कवि को सावधान रहने के लिए भी कहा जाता है और ये सावधानियाँ उसके लिए शिक्षा के ही अन्तर्गत आती हैं–

(क) प्रबन्धों को धरोहर न रखना

(ख) विक्रय न करना

(ग) कृत्रिम दान न करना

(घ) दुर्व्यसनों में संसक्ति न रखना

(ङ) काव्य क्रिया का तिरस्कार न करना

(च) अपने काव्यशत्रुओं से निरन्तर सावधान रहना आदि।

इस प्रकार उसे अपनी काव्य कृतियों को बचाने के लिए निरन्तर प्रयत्न करते रहना चाहिए।

इस सम्बन्ध में राजशेखर का बड़ा प्रसिद्ध श्लोक है–

दरिद्र्यं व्यस्तनासक्तिरवज्ञा मन्दभाग्यता।
दुष्टे द्विष्टे च विश्वासः पञ्चकाव्यमहापदाः।।

काव्य के लिए यही पाँच महनीय आपदाएँ हैं। इस काव्यशिक्षा के द्वारा उन्हें काव्य संरचना तथा संरक्षण के उपायों से भी परिचित कराया जाता रहा है। राजा के दरबार में चार प्रकार के कवियों को भिन्न-भिन्न दिशाओं में उनकी प्रतीति के लिए बैठाया जाता था ताकि उनकी अलग से पहचान न करानी पड़े–

1. राजासन के उत्तर की ओर संस्कृत कवि बैठते थे
2. पूर्व की ओर प्राकृत भाषा के कवियों का आसन रहता था
3. पश्चिम की ओर अपभ्रंश भाषा के कवि बैठते थे
4. दक्षिण की ओर भूतभाषा (पैशाची प्राकृत) के कविगण बैठते थे।

संस्कृत का उस समय सम्बन्ध कश्मीर आदि (उत्तरवर्ती) क्षेत्रों से था। मागधी प्राकृत आदि का संकेत पूर्व से मिलता है। राजस्थान एवं गुर्जर प्रदेश की अपभ्रंश भाषा उस

समय काव्य प्रचलन में थी। द्रविड़ प्रदेश तथा पूर्वी उत्तरी छोरों पर पैशाची का प्रयोग था। राजदरबार की यह भाषिक व्यवस्था कविता की प्रादेशिक स्थिति का भी संकेत है।

भोज की उज्जयिनी नगरी काव्य विद्या की प्राचीन धुरी थी और वहाँ कवियों की परीक्षा भी होती थी। राजशेखर ने काव्यमीमांसा में सूचना दी है कि–

श्रूयते उज्जयिन्यां काव्यकार परीक्षा-
इह कालिदास मेण्ठमृतमर रूप सूर भारविः।।
हरिश्चन्द्र चन्द्रगुप्तौ परीक्षिताविह विशालायाम्।।

सुनते हैं, पूर्व समय में उज्जयिनी नगरी में काव्यकारों की परीक्षा होती थी। जैसा कि कहा है–

"इस उज्जयिनी नगरी में कालिदास, मातृमेण्ठ, अमर, रूप, आर्यसूर, भारवि, हरिश्चन्द्र और चन्द्रगुप्त नामक कवियों की परीक्षा हुई थी।"

कविशिक्षा के साथ-ही-साथ काव्यमीमांसा में अन्य बातें का भी निषेध है। कविताओं के शब्दार्थ का हरण या चौर्य कर्म कवि के लिए निषिद्ध है। इसके स्थान पर उनके लिए व्याकरण, मीमांसा के आदिशास्त्र ग्रन्थों का उनके लिए अध्ययन आवश्यक था और कहा गया है कि इन शास्त्रों के सम्पर्क से उनकी प्रज्ञा नवीन अर्थों तथा भावों का अन्वेषण कर लेती है।

आचार्य राजशेखर ने कवि के सृजन में प्रवृत्त होने के लिए मनोवैज्ञानिकता को आधार बनाते हुए कवियों की मानसिक शुचिता पर अधिक बल दिया है। इस शुचिता से उनकी स्मृति, मति तथा धृति (प्रज्ञा) समाधि की ओर अग्रसर होती है। **स्मृति** का अर्थ है, पूर्व काल का स्मरण, **मति का अर्थ है,** वर्तमान काल की संयुक्त अनुभूति एवं **धृति (प्रज्ञा)** का अर्थ है–भावी अघटित सन्दर्भों की घटित जैसी पूर्व परिकल्पना और समाधि का अर्थ है–विषय की मनस् एकाग्रता की दशा में चित्तासन्नता। इस परम्परा का अनुपालन करता हुआ कवि सहज ही वाल्मीकि, व्यास आदि की श्रेणी तक पहुँचता है।

इसी क्रम में उन्होंने कवि के लिए निरन्तर सरस्वती की आराधना की चर्चा की है ताकि समाधि की एकाग्रता की मनोदशा जागृत एवं स्थिर रह सके। इसीलिए उन्होंने दैवी शक्तियों की पूजा को भी सर्जनात्मक शक्ति के स्फुरण के लिए एक माध्यम बताया है। इस सन्दर्भ में कालिदास जैसे कितने कवि दैवी शक्तियों की आराधना तथा उपासना के द्वारा समाधिसिद्ध हो उठे थे।

आचार्य राजशेखर काव्यशक्ति एवं काव्यप्रक्रिया को एक दुर्लभ एवं विलक्षण तत्त्व मानकर कवि को प्रतिक्षण प्रत्येक रूप में आचरणों के प्रति निरन्तर सजग तथा कविकर्म के प्रत्येक प्रकरणों से सदैव जुड़े रहने का चयन करते हैं। उनके द्वारा निर्धारित कविचर्चा के साथ कविशिक्षा का यह सन्दर्भ इसीलिए कवियों से अनिवार्यतः जुड़ा हुआ है।

कविशिक्षा का सम्बन्ध सर्जककवि के प्रारम्भिक आचरण से है। कवि या सर्जक का लोक सामान्य लोक से विलक्षण होता है और वह स्मृति, मति, धृति तथा प्रज्ञाबोध के आधार पर सम्पूर्ण काव्यलोक का सृजन करता है। उसकी प्रतिभा तथा व्युत्पन्नता अभ्यास से दीप्त होती है और वह समग्र लोकों तथा काल भूत, भविष्यत् एवं वर्तमान को हस्तामलकवत् देखता है। उसकी दिनचर्या दिव्यता एवं नैतिकता से परिपूर्ण होती है। वह संसार को तटस्थ भाव से देखता तथा उसके प्रति आचरणशील रहता है। यह सम्भव है कि वह किसी विचारधारा से सम्बद्ध हो तथा अपनी समग्र कृति को उसी से सम्पृक्त कर दे किन्तु उसकी तटस्थता तथा दूरदृष्टि उसके लिए निरन्तर अपेक्षित है।

(ख)

आदिकालीन हिन्दी साहित्य में कविशिक्षा का स्पष्ट उल्लेख नहीं मिलता किन्तु प्रायोगिक साक्ष्य अवश्य हैं कि कवि अपने कवि होने के प्रति निरन्तर सजग है। पृथ्वीराज रासो में चन्दबरदाई अपनी कविता के प्रति सिद्धि की बात कहता है—

छंद भंग गन रहित कंठ कौमार काव्यकृत।
बुधि तरंग सम गंगा उकति उच्चार अमिय कल।।

यहाँ कविता के प्रति कवि का अहम्भाव उसकी अपनी विदग्धता से सम्बद्ध है, जिसको उसने अपनी प्रतिभा तथा परम्परा द्वारा प्राप्त किया है।

जैसा कि कहा जा चुका है, आचार्य भामह ने कविशिक्षा का सामान्य प्रयोग किया है और वामन इस प्रकारण में उसे कवि के अभ्यास तथा परम्परा के साथ जोड़ते हैं। राजशेखर ही ऐसे आचार्य हैं, जिन्होंने विस्तारपूर्वक इस विषय पर चर्चा की है। वैसे, वामन ने भी 'काव्यसमय' के अन्तर्गत इस परम्परा-दृष्टि का उल्लेख किया है।

आदिकालीन काव्य में काव्य प्रयोजन ही अन्ततया कवि के मन्तव्य एवं दूसरी ओर लोकहित से जुड़े अनिवार्य सन्दर्भ हैं। व्यापक परिवेश के निर्माण के लिए काव्यरचना कवि के लिए अभीष्ट है। इसी के साथ-साथ, रसिकों का विनोद, काव्य पण्डितों की जिज्ञासाओं की शान्ति तथा अपने आश्रयदाता के पराक्रम तथा शौर्य का चित्रण करता हुआ, उन्हें सन्मार्ग पर ले जाने के लिए, कवि तत्पर दिखायी पड़ता है। चन्दबरदाई जैसा कवि पृथ्वीराज के राजदरबार का केवल श्रेष्ठतम कवि ही नहीं अपितु उनका अभिन्न मित्र भी है। आश्रयदाता के प्रति पूर्ण प्रतिबद्धता की चर्चा के साथ चन्दबरदाई जब पृथ्वीराज से विरहित दिल्ली आये तो उस पीड़ा का चित्रण वह स्वयं करते हैं—

कवि आयो दिल्ली पुरह देष्यो नयर विरूप।
बिन आमन नर नारि सब बिन तेज ग्रह भूप।।
आदि अन्त लग वृत्त मन वृत्ति गुनी गुन राज।
पुस्तक जल्हन हस्त दै चल्लि गज्जन नृप काज।।

अपने मित्र दिल्लीश्वर पृथ्वीराज की मुक्ति एक कवि की कामना है और वह उसकी नैतिक हितबद्धता का अंग है। कवि का यह दायित्व उसके कर्त्तव्यबोध से जुड़ा है—जिसे उसने संस्कार के अन्तर्गत प्राप्त किया है। कविशिक्षा के अन्तर्गत आश्रयदाता के श्रेष्ठतम हितों के लिए प्रतिबद्धता कवि का दायित्वबोध है।

कविशिक्षा का एक अंग देश-देशान्तर का भ्रमण एवं प्रत्येक समाज की भौगोलिक, सामाजिक, धार्मिक व्यवस्थाओं का ज्ञान अत्यधिक महत्त्वपूर्ण है। बीसलदेव रास में एक स्थल पर पूर्व दिशा के जनपदों के निवासियों के आचरण पर कवि का व्यंग्य है—

पूरब देस कउ कुछनउ लोग
पान फूला तगड़उ लवि लहइ भोग
कण संचइ कूकस भषइ

इसी प्रकार ग्वालियर, अजमेर, जैसलमेल आदि राज्यों के नागर स्वभाव एवं रूचियों का भी वर्णन कवि करता है। कविशिक्षा के अन्तर्गत देश-देशान्तर का ज्ञान कविजनों के लिए अनिवार्य है। आदिकालीन हिन्दी काव्य उस परिपाटी से पूर्णतः सम्पृक्त है। यहाँ कविशिक्षा के तीन अंग हैं—

1. कविसमय
2. काव्यवर्णक
3. प्रायोगिक व्याकरण तथा गुण-दोष का सम्यक् ज्ञान

कवियों के लिए काव्यवर्णन के पर वर्णन की उन समग्र परिपाटियों का ज्ञान आवश्यक है, जिनका उपयोग परम्परा से काव्य रचनाविधान के अन्तर्गत होता चला आया है। भारतीय कविता की परिपाटी शास्त्रीय अधिक है और देश, काल, परिवेश एवं व्यवस्था के अनुरूप उनके वर्णन के मानकों की रचना की गयी है। यह सत्य है कि कविगण किसी प्रादेशिकता के अनुक्रम में पड़कर उसके सार्वभौम नियम की तलाश करते रहे हैं—और उनके लिए शिक्षा भी यही रही है। यदि खण्डिता नायिका का वर्णन है तो चाहे वह गौड़ीया हो या विदर्भ प्रदेश की सबके लिए नियम एक-से हैं। वेश्या वर्णन के विषय में यह निर्देश है कि उसमें नायिकाभेद के सम्पूर्ण परिनियम नहीं लागू होते। इसी प्रकार ऋतुवर्णन विषयक कविशिक्षा का सन्दर्भ है। वसन्त, वर्षा, शरद आदि ऋतुएँ एक ही भाँति की एक ही काल में सभी प्रदेशों में नहीं घटित होतीं किन्तु कविशिक्षा के अन्तर्गत कवियों के लिए यह आवश्यक रूप से निर्दिष्ट कर दिया गया है कि ये ऋतुएँ एक ही रूप में निर्धारत कव्यवर्णकों के क्रम में ही लिखी जायें।

कविशिक्षा के अन्तर्गत भारतीय परम्परा में कवियों के साथ रूढ़ियाँ आचार्य भरत के कालखण्ड से ही प्रारम्भ होकर हिन्दी की सम्पूर्ण रीतिकाव्य परम्परा तक चलती रही हैं और आचार्य केशवदास जैसे कवि शिक्षक ने प्रवीणराय गणिका को कविता सिखाने के लिए कविप्रिया जैसे ग्रन्थ की रचना की और बाद में यह भी घोषित कर दिया कि यह कविशिक्षा का ग्रन्थ है—

समझैं बाला-बालकनि बरनन पंथ अगाध।
कविप्रिया 'केसव' करी, छमिजौ बुध अपराध।।

इस कविप्रिया का सम्पूर्ण रूप कवि-परम्परा तथा काव्य-प्रौढ़ियों के अनुपालन के सन्दर्भ में कवि के लिए अनिवार्य हैं। इसी प्रकार 14वीं शती में लिखित ज्योतीश्वर ठाकुर का ग्रन्थ 'वर्णरत्नाकर' भी है, जिसमें सम्पूर्ण देश के विविध सन्दर्भों की अनन्त जानकारियाँ भरी पड़ी हैं। इन सबको जानना, उनका उपयोग करना तथा उनके प्रयोग द्वारा परम्परित रससिद्ध सन्दर्भों को पुनः जीवित करने का दायित्व कवि का है और उनके बिना परम्परित कविता के प्रकरण-औचित्य स्वीकार नहीं किये जायेंगे। दोषों तथा काव्यगुणों का भी सन्दर्भ इसी कविशिक्षा से ही सम्बद्ध है। इन सम्पूर्ण प्रकरणों की चर्चा आगे विस्तारपूर्वक की जायगी।

कविसमयः

काव्यलोक यथार्थरूप में दृश्यमान् जगत् का प्रातीतिक सत्य है और इस प्रातीतिक सत्य से तादात्म्य करता हुआ पाठक इसमें इतना तन्मय हो उठता है कि थोड़ी देर बाद इसे यथार्थ लोक मानकर प्रसंगानुक्रम के अनुसार रोता, हँसता, अवसादग्रस्त तथा प्रफुल्लित होता रहता है। सर्जन की भावात्मक प्रक्रिया पाठक को तादात्म्य के बाद उसे उसके मूल लोक में पहुँचा देती है। कवि के द्वारा रचा हुआ उसका यह प्रातीतिक लोक उसकी अनेक व्यवस्थाओं से सम्पन्न है। कवियों ने काव्य में सृजित जगत् को कल्पनाविधान के साथ विश्वास की अनेक परिपाटियों में बाँध रखा है—जो अंशतः सत्य होते हुए भी काव्य लोक के लिए सम्पूर्णतः सत्य है। 'कविसमय' का सन्दर्भ ऐसे ही वर्णनविधानों से हैं। आचार्य राजशेखर इसे परिभाषित करते हुए कहते हैं कि—

"अशास्त्रीयं अलौकिकं च परम्परागतं यमर्थमुपनिबन्धति कवयः इति कवि समयः"

"अर्थात्, अशास्त्रीय (शास्त्र से बहिर्भूत), अलौकिक अर्थात् लोक व्यवहार से बहिर्भूत केवल परम्परा प्रचलित जिस अर्थ का कविजन प्रयोग करते हैं, वही कविसमय है।"

भारतीय काव्यशास्त्र एव कविता दोनों में इस सन्दर्भ के प्रकरण बराबर आते रहे हैं किन्तु सबसे पहली बार इस विषय पर व्यवस्थित चर्चा राजशेखर ने ही की है। यह सत्य है कि आचार्य वामन ने भी **काव्यालंकार** के पंचाधिकरण के अन्तर्गत प्रथम अध्याय में इस विषय पर चर्चा की है किन्तु यहाँ काव्य प्रयोग के विविध रूपों एवं उनकी व्याकरणिक परम्परा तथा शुद्धि तथा अशुद्धि पर विचार किया गया है। देखने से यहाँ इतना अवश्य प्रतीत होता है कि कवि के लिए करणीय प्रयोग क्या है, क्या नहीं है, इस पर उन्हें ध्यान देना चाहिए। इस प्रकार इस विषय में आचार्य राजशेखर का विवेचन ही अन्तिम रूप से मान्य है क्योंकि उन्होंने अपने पूर्व की काव्य एवं शास्त्र दोनों प्रकार की परिपाटियों का अनुशीलन करके इस व्यवस्था पर गम्भीरतापूर्वक तर्कसहित विवेचन किया है।

आचार्य राजशेखर ने समग्र कविसमय को तीन भागों में विभक्त किया है– (1) स्वर्ग्य (2) भौम (3) पातालीय। इनमें भौम के उपभेद इस प्रकार से हैं–

(क) जातिरूप (ख) द्रव्यरूप (ग) गुणरूप (घ) क्रियारूप। इन चारों प्रकार के अर्थों में तीन सन्दर्भों के ही उल्लेख मिलते हैं–

(क) असत् का उल्लेख (ख) सत् का उल्लेख (ग) नियम का उल्लेख। शेष प्रथम एवं तृतीय अधिक जटिल नहीं हैं।

आचार्य राजशेखर की काव्यमीमांसा का यह प्रकरण दो अध्यायों में है किन्तु दिये गये उदाहरणों से कवि रूपों के विषय में साहित्य के अन्तर्गत एक दृष्टि बन जाती है। काव्यमीमांसा का चौदहवाँ और सोलहवाँ अध्याय इसके लिए द्रष्टव्य हैं। इसके अन्तर्गत उदाहरण के रूप में प्रस्तुत कविसमयों की तालिका को इस प्रकार रखा जा सकता है–

1. सभी नदियों में हंस तथा पर्वतों में स्वर्ण एवं रत्नों का खानों का होना
2. नदियों में कुमुद आदि पुष्पों का वर्णन
3. वसन्त ऋतु के मालती के होने पर भी उसका वर्णन न करना
4. चन्दन वृक्षों में पुष्प और फलों का वर्णन न करना
5. अशोक वृक्ष के फलों का वर्णन न करना
6. मकर आदि का समुद्र में वर्णन करना
7. ताम्रपर्णी नदी में ही मोतियों का वर्णन करना
8. अन्धकार का मुट्ठी में न पकड़ पाने का वर्णन
9. अन्धकार में सूची भेद की अशक्यता
10. चन्द्रकिरणों में जलभरे घड़ों का परिपूर्ण हो उठना
11. कृष्णपक्ष में चाँदनी होने पर भी उसका वर्णन न करना
12. शुक्लपक्ष में अन्धकार होने पर भी उसका वर्णन न करना
13. मलयाचल में ही चन्दन की उत्पत्ति का वर्णन
14. हिमालय में भूर्जवृक्षों तथा पत्रों की प्राप्ति का वर्णन
15. क्षीर समुद्र, क्षार समुद्र, समुद्र तथा महासमुद्र की एकता
16. रात्रि में चक्रवाक एव चक्रवाकी का भिन्न-भिन्न नदियों के ही पार रहना
17. चकोरी का चन्द्रिका का पान करना
18. हंस का नीर-क्षीर विवेक
19. दिन में नील कमलों का न खिलना
20. रात्रि में हरसिंगार के फूलों का झड़ना
21. केवल वसन्त ऋतु में ही कोकिला का बोलना
22. केवल वर्षा ऋतु में मयूर नृत्य तथा उनके शब्दों का घटित होना

23. चन्द्रमा में खरगोश तथा हिरण की मित्रता
24. मृगलांछन (चन्द्रमा द्वारा गोद में बैठाने के कारण)
25. कामदेव के ध्वजचिह्न पर मकर का निवास
26. चन्द्रमा के समुद्र या अग्नि ऋषि से लोगों की उत्पत्ति
27. कामदेवता का मूर्त-अमूर्त रूप
28. बारह सूर्यों के स्थान पर एक सूर्य का वर्णन
29. लक्ष्मी तथा सम्पत्ति की एकता
30. सर्पों तथा नागों की एकता
31. नागराज शेष हैं और सर्पराज वासुकि हैं
32. दैत्य, दानव तथा असुरों की एकता आदि-आदि।

यद्यपि आचार्य वामन ने काव्यसमय शब्द का प्रयोग किया है किन्तु वहाँ कविसमय का वह अर्थ नहीं है। यहाँ कविसमय के स्थान पर 'काव्यसमय' का प्रयोग मिलता है—जिसमें व्याकरणिक परम्परा के अनुपालन की चर्चा की गयी है। राजशेखर इन कविसमयों की सन्धानस्थली का उल्लेख 'काव्य जगत्' में करते हैं और कहते हैं कि उन्होंने वहाँ से उनका अन्वेषण करके अपने ढंग से उनकी स्थापना की है—

सोऽयं कवीनां समयः काव्ये सुप्त इव स्थितः।
स साम्प्रतम् अस्माभिर्यथा बुद्धिर्विबोधितः।।

"यह कविसमय जो काव्यों में सो रहा था अर्थात् विस्मृत हो गया था, उसे हमने अपनी बुद्धि के अनुसार जागृत किया है।"

राजशेखरकृत काव्यमीमांसा के अन्तर्गत गिनाये गये ये बत्तीस कविसमय मात्र ही अन्तिम नहीं हैं। पारौणिक विश्वासों, ऐतिहासिक किंवदन्तियों, लोकपरम्पराओं द्वारा कविता को कल्पनामयी सुष्ठुता से मण्डित करना इन कविसमयों का कार्य है। ये केवल वाक् रचना विलास के ही महत्त्वपूर्ण तत्त्व नहीं अपितु साहित्य में सौन्दर्य निरूपण के बिम्बात्मक, कल्पनामण्डित तथा व्यंजना शक्ति की परिपूर्णता से परिपूर्ण उपादान भी हैं। इन कविसमयों के प्रयोग वैदिककालीन कविता से लेकर आज तक उसी सामर्थ्य से मण्डित होते रहे हैं। इन कविसमयों द्वारा विविध देशों, कालों, परिस्थितियों की भौगोलिक, अल्पकालिक या सार्वभौम एवं स्थानीय निजी विशेषताओं एवं प्राकृतिक प्रवृत्तियों का बोध होता है। यही नहीं कविसमय के इन सन्दर्भों से कवि वर्णन की प्रामाणिकता पर संशय नहीं उठता। गोस्वामी तुलसीदास सीता के प्रथम सौन्दर्य का निरूपण इन्हीं कविसमयों द्वारा इस प्रकार करते हैं—

सिय सोभा नहिं जाइ बखानी। जगदंबिका रूप गुन खानी।।
गिरा मुखर तन अरध भवानी। रति अति दुखित अतनु पति जानी।।
बिष बारुनी बंधु प्रिय जेही। कहिअ रमां सम किमि बैदेही।।

जौं छबि सुधा पयोनिधि होई। परम रूपमय कच्छपु सोई।।
सोभा रजु मंदरु सिंगारू। मथै पानि पंकज निज मारू।।
एहि बिधि उपजै लच्छि जब सुंदरता सुख मूल।
तदपि संकोच समेत कबि कहहिं सीय समतूल।।

हिन्दी साहित्य का सम्पूर्ण आदिकाल, भक्तिकाल तथा रीतिकाल इन कविसमयों से भरा पड़ा है। कवि की सौन्दर्य परिपाटी इन परम्पराओं से आधुनिक काव्य (छायावाद पूर्व) भी बराबर अलंकृत है।

जैसा कि कहा जा चुका है, कविसमय का सम्बन्ध प्रायोगिक परम्पराओं से है, इस परम्परा का सर्वप्रथम सन्दर्भ आचार्य वामन के काव्यालंकार सूत्र के पाँचवें अध्याय में मिलता है और यहाँ इसका सम्बन्ध संस्कृत भाषा के व्यावहारिक प्रयोगों से सम्बद्ध है। व्याकरण से हटकर तमाम शब्द भाषिक प्रकरण में प्रयोग के कारण स्वीकृत होते रहे हैं और यह परम्परा संस्कृत साहित्यशास्त्र में कविराज विश्वनाथ तक हमें दिखायी पड़ती है किन्तु भाषिक बदलाव के कारण यह परम्परा हिन्दी से हट गयी। इस परम्परा को काव्यसमय के नाम से पुकारा गया है।

इससे भिन्न कविसमय की दूसरी परम्परा कवि जगत् में प्रचलित विविध प्रायोगिक रूढ़ियों से सम्बद्ध है और यही आज कविसमय से जुड़ी हुई है। लोक में अस्वीकृत और यथार्थ न होने पर भी कविसमयों का प्रयोग बराबर मिलता रहा है—जैसे नदी में कमल का पुष्पित होना, रात्रि में चक्रवाक-चक्रवाकी-वियोग, हंस का नीर-क्षीर विवेक आदि-आदि। इन सबको ध्यान में रखकर राजशेखर ने समस्त कविसमयों को इन रूपों में रखा है—

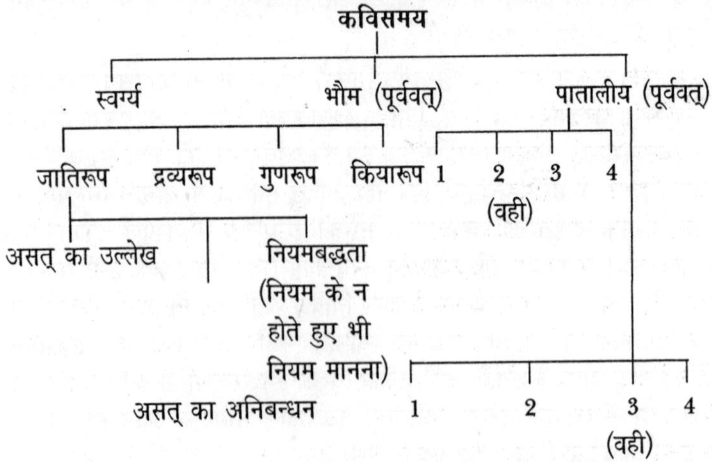

(क) असत् निबन्धना—कतिपय ऐसे प्रश्न हैं जो न लोक में देखे जाते हैं और न सुने जाते हैं, कविगण उनका प्रयोग अपने काव्यों में करते रहे हैं जैसे समस्त पर्वतों में स्वर्ण की प्राप्ति, नदी में नीलकमल आदि।

(ख) सत् की अनिबन्धना—जैसे शुक्लपक्ष में अन्धकार के होते हुए भी उसका उल्लेख न करना, कृष्णपक्ष में चाँदनी के होते हुए भी उसका उल्लेख न करना आदि।

(ग) नियम—वस्तुस्थिति के न होते हुए भी काव्यगत व्यवस्था के अन्तर्गत उसका वर्णन सत्य मानना जैसे—बादलों के बीच मादा सारस पक्षियों का गर्भ धारण करना आदि।

इस प्रकार से असत् के उल्लेख, सत् के अनुल्लेख हिन्दी साहित्य के आदिकाल में ही नहीं भक्ति एवं रीतिकाल तथा आधुनिक कविता में भी प्रयुक्त होते रहे हैं। नयी कविता तथा प्रयोगवाद में इन कविसमयों पर सन्देह उठाया गया है। वैसे कवि प्रचलन के अंग के रूप में काव्यरचना की वर्णनगत परिपाटी से सम्बद्ध सौन्दर्य रचना के साथ इन कविसमयों का पर्याप्त सम्बन्ध रहा है।

कविसमय एवं आदिकालीन कविता

आदिकालीन कविता के अन्तर्गत साहित्यिक परम्परा के काव्यों यथा पृथ्वीराज रासो मुंज रास, सन्देशरासक, बीसलदेव रास एवं जैन रास काव्यों में कविसमयों की प्रशस्त परम्परा मिलती है। आदिकालीन हिन्दी कविता की कलात्मक सुरुचि में शास्त्रीयता के स्थान पर स्वच्छन्दता का प्रवेश हो चुका था। विद्यापति की पदावली आदि में तो प्रेमविषयक स्वच्छन्दता तथा शास्त्रबद्धता से पर्याप्त रूप से मुक्त हो उठी थी—फिर भी, इनके कविसमयों, वर्णकों तथा रूढ़ियों ने इस काव्य परिवेश का किसी भी तरह से साथ नहीं छोड़ा।

बीसलदेव रास तथा पृथ्वीराज रासो कविसमयों से भरे पड़े हैं—जैसे-बीसलदेव रास में देखें—

राजा उतर्यो धार मझारि
मन मांहे हरषियउ राजकुमारि।
सकल सम्पूरण पूनिम चंद
सुरनर मोहा सुरग मा
गोवल माँहि जिसउ परितिष्य गोविन्द

दूल्हे का मुख पूर्णचन्द्र है, स्वर्ग से सुर तथा पृथ्वी के नरगण उस सौन्दर्य पर मुग्ध हैं, वह गोकुल में श्रीकृष्ण की भाँति अवतरित है। दूल्हे के सम्पूर्ण सन्दर्भ कवि वर्णन परम्परा के हैं।

वियोगवती राजमती के पास सात सखियों का आकर बैठ जाना, पुरुष को संसार में सबसे निष्ठुर बतलाना विरह में राजमहल का श्मशान हो उठना, ठण्ड में वियोगनिष्ठा का बनखण्डों को (वियोगदशा में) जलाकर छार बना देना, हंस का सूखे सरोवरों को छोड़कर चले जाना, कनक काया को विरह में स्मृति के घड़ों से सींचना, श्रवण के सन्दर्भ में नायिका पति की याद में स्थिर बैठी है, पपीहा पीउ-पीउ चिल्ला रहा है। रात्रि बिजली फेंक रही है, बादल और पृथ्वी में मिलाप हो उठा है। आश्विन मास में सूर्य का चन्द्रमा

बन जाना, पर पुरुष की प्राप्ति के लिए कुट्टिनी का आग्रह, बायें हाथ की मुद्रिका का कंगन बन जाना, सात सखियों का विरहणी नायिका को समझाने के लिए आकर बैठना आदि-आदि कविसमयों तथा काव्यरूढ़ियों से सम्पूर्ण बीसलदेव रास का काव्यवर्णन भरा पड़ा है।

कविसमय की मूल उद्भावना कविकल्पना से सम्बद्ध है। कवि अपनी सर्जनात्मक प्रतिभा के माध्यम से लोक में प्रचलित, अप्रचलित, कथित, श्रुत, निर्णीत-अनिर्णीत आदि कितनी परम्पराओं को गढ़कर उन्हें प्रतीति का विषय बनाता है, अपनी कविता को कलात्मक रहस्यात्मकता से जोड़ता है और सर्वथा अपूर्व तथा सहृदय के हृदयग्राह्य बनावट को चित्त की बोधशक्ति से जोड़ देता है। पृथ्वीराज रासो में इस प्रकरण के अनेक उदाहरण भरे पड़े हैं। राजा जयचन्द द्वारा 'वलिद्द' चन्दबरदाई और बैल की संगति को एक साथ जोड़कर व्यंग्य करने पर कविसमयों की कल्पनामण्डित उक्तियों का यह उदाहरण द्रष्टव्य है—

हंस न्याय दुब्बरौ युत्ति लभ्भैन न चुनन्तह।
सिंघ न्याय दुब्बरौ करी चपै स कंठ कह।।
मृग्ग न्याय दुब्बरौ नाद बंधिये सुबंधन।।
छैल छक्क दुब्बरौ प्रिय दुब्बरी मीत मन।।
आषाढ़ गाढ़ बंधन धुरा एकहिं गह हहरिया।
अंगरि जुंजारि उज्जर षर न यौं दुब्बारौ बरद्दिया।।

शशिव्रता के प्रसंग में कवि उसके सौन्दर्य वर्णन में कविसमयों के विविध रूपों का चित्रण करके उसे विगत जन्म के अप्सरा रूप की पुनर्स्थापना जैसा कर देता है। यहाँ वक्ता स्वयं एक हंसदूत है—जो नायिका तथा नायक को परस्पर एक-दूसरे को एक सूत्र में बाँधता है।

सिसिर अंत बालय बसंत। बालह सैसव गम।
अलिन पंख कोकिल सुकंठ। सजि गुंड मिलत भ्रम।
मुर मासत मुरि चलो। मुरे मुरि बैस प्रमानं।
तुच्छ कोंपर सिसु घुटि। आन किसोर रंगानं।।
लीनी न असंनिक स्याम तन मधुर मधुर धुनि धुनि करिअ।
जानी न बयन आवत बसंत अज्ञाता जीवन अरिअ।।

बाल्यावस्थारूपी शिशिर का अन्त तथा काव्यरूपी वसन्त का प्रवेश स्वयं में एक कवि सत्य है। वह सम्पूर्ण वसन्त में कविसमयों का समागम यहाँ युवा के समागम से जोड़कर रूप की मादकमयी अद्वितीयता के चित्रण के साथ प्रस्तुत करता है। कविसमयों तथा रूढ़ियों की दृष्टि से पृथ्वीराज रासो हिन्दी की अद्वितीय कृति है।

इन आदिकालीन प्रेमकाव्यों के काव्यसमयों का प्रयोग विद्यापति में अधिक मिलता है। विद्यापति पदावली में चित्रित राधा-कृष्ण के प्रेम की अद्वैतता तथा अतिशयता को ये कविसमय विशेष गरिमा प्रदान करते हैं—

एकाध उदाहरण यहाँ इस सन्दर्भ में द्रष्टव्य है—

सरस बसंत समय भल पावलि, दछिन पवन बह धीरे।
सपनहु रूप वचन इक भाषिय, मुख ते दूरि करु चीरे।।
तोहर बदन लग चाँद होअथि नहिं कैयो जतन बिह केला।
कै बेरि काटि बनावल नव कै, तैयो तुलित नहिं भेला।
लोचन तूअ कमल नहिं भै सक, से जग के नहि जाने।
से फिरि जाइ लुकैलन्ह जल महँ, पंकज निज अपमाने।।

चन्द्रमा को विधाता ने द्वितीया से पूर्णिमा तक अनेक रूपों में बनाकर तुम्हारे मुख से उपमित करना चाहा किन्तु उनके लिए सम्भव न हो सका और तुम्हारे नेत्रों की समानता की चेष्टा कमल ने अनेक बार की किन्तु वह अपमानित होकर अन्त में जल के बीच जा छिपा—विधाता द्वारा चन्द्र को मुख के लिए रचना तथा काव्य द्वारा राधा के मुख की बार-बार समता से अपमानित होकर जल में छिपा जाना ये कविसमय की रूढ़ियाँ तथा कवि कल्पना की लावण्यमयी रचना निर्मितियाँ हैं—विद्यापति रूपचित्रण के सन्दर्भ में इनका प्रयोग करते हैं।

प्राकृत पैंगलम् के शृंगार वर्णन प्रसंगों में कवि ने कविसमयों की झड़ी लगा दी है—

बहइ मलअ बाआ, हंत कंपत काआ।
हणइ सवण रन्धा, कोइला लाव बन्धा।।
सुणिय दह दिहासुं। भिंग झंकार मारा।
हषइ हषइ हंजें चंद्र चंडाल मारा।।

"मलय वायु बह रही है, काया काँप रही है, कोकिला का अलाप श्रवण रन्ध्रों को हन रहा है। दसों दिशाओं में झींगुरों की भारी झनकार सुनायी पड़ रही है, हे सखि! प्रचण्ड चण्डाल मार 'कामदेव' मुझे मार रहा है।"

विरहिणी के लिए वधिक रूप में काम की कल्पना तथा उसके ऋतु वर्णनों से सम्बद्ध उसकी चेष्टाओं के विविध सन्दर्भ पीड़ाकारक प्रकरण के रूप में वर्णित हैं।

कविसमयों तथा काव्यरूढ़ियों की दृष्टि से समग्र हिन्दी साहित्य के अन्तर्गत आदिकालीन काव्य की स्थिति सर्वथा सम्पन्न है। कविता पर लोकजीवन का दबाव, भारतीय सौन्दर्य चेतना से जुड़े परम्परित मानकों की पुनरावृत्तियों का त्याग, कल्पनातिशयता आदि ऐसे प्रमुख तत्त्व हैं, जो इस युग की कविता के निर्माण में सहयोगी विधान के रूप में सामने आते हैं। इन तत्त्वों के पुनर्विवेचन और मूल्यांकन की सम्पूर्ण सम्भावनाएँ आज भी शेष हैं।

•

कविवर्णक और आदिकालीन साहित्य

'काव्यवर्णक' सिद्धान्त नहीं अपितु ये काव्यरुढ़ियाँ एवं परम्पराएँ हैं—जिन्हें वर्णना के नाम से पुकारा गया है। इसी काव्यवर्णना को वर्णक के नाम से भी पुकारा जाता है। ध्वनि सिद्धान्त के अन्तर्गत इन्हें कवि प्रौढ़ोक्ति के नाम से अभिहित किया गया है।

परवर्ती साहित्यशास्त्र के अन्तर्गत इन्हें काव्यरुढ़ि या वर्णनरूढ़ि तथा छाया शब्दों से पुकारा गया। गोस्वामी तुलसीदास जी ने इन दोनों शब्दों का प्रयोग इन्हीं अर्थों में रामचरितमानस में किया है। यथा—

प्रौढ़ि सुजन जनि जानहिं जन की। कहेउँ प्रतीति प्रीति रुचि मन की।।

* * * * * *

कहहु सप्रेम प्रगट को करहीं। केहिं छाया कवि मति अनुसरहीं।।

इस 'काव्यप्रौढ़ि' शब्द का प्रयोग आलंकारिकों ने तथा 'छाया' शब्द के लिए वर्णन प्रणाली या वर्णक शब्द का प्रयोग ध्वन्यालोककार ने किया है। आनन्दवर्द्धन इस छाया शब्द का प्रयोग 'वर्णन की परम्परा' के अर्थ में करते हैं और गोस्वामी तुलसीदास जी भी उसी अर्थ में इसको प्रयुक्त करते हैं।

वर्णकों का मुख्य विषय नारियों के अंग-प्रत्यंगों के उपमानों के निरूपण से सम्बद्ध रहा है। इससे सम्बद्ध नारी के अंगों के निम्नलिखित वर्णन सन्दर्भ हैं—

(1) केश, ललाट, भ्रू, कपोल, मुख, नासिका, कण्ठ, नेत्र, अधर, ओष्ठ, दन्त, वाणी, बाहु, हाथ, उँगलियाँ, नख, स्तन, रोमावली, नाभि, पृष्ठ, कटिमध्य, जघन, नितम्ब, उरु, चरण, अंगुष्ठ और इस प्रकार के शिख से नख तक के सौन्दर्य निरुपण की परिपाटी का प्रारम्भ संस्कृत साहित्यशास्त्र के परवर्ती काल से ही वर्णन रूढ़ि के रूप में होता चला आ रहा है।

(2) अंग वर्णन के पश्चात् दूसरा सन्दर्भ चेष्टा वर्णन का है। हाव, भाव, विलास एवं लास्यमयी चेष्टाओं की परिपाटी भी इसी वर्णक के अन्तर्गत निर्धारित की गयी है। इस क्रम में—

पदन्यास, कटाक्ष तथा भ्रूविलास, हास्य, दर्शन, श्वास एवं नूपुर ध्वनि के उपमानों की प्रतिष्ठा भी चेष्टा विलास के रूप में की गयी है। वर्णक सन्दर्भ में विशिष्ट वर्णन क्रम इस प्रकार हैं—

(1) **पुरुष वर्णन**—प्रताप, कीर्ति कर, चरण, भुज, व्याघ्रपुरुषत्व, सामुद्रिक लक्षण सम्पन्नता, बन्धु बान्धव, मृत्यु आदि पुरुषों के सन्दर्भ में अपेक्षित हैं।

(2) इनके अतिरिक्त **'विषय वर्णन'** से सम्बद्ध वर्णकों की एक लम्बी तालिका इस प्रकार है—प्रदेश, खनिज, द्रव्य, नगर, अट्टालिका, परिखा, सरिता, तालाब, समुद्र, द्वीप, वन, सर्प, वाराह, यूथादि उद्यान, पर्वत आदि इसके अन्तर्गत आते हैं।

(3) **युद्ध प्रयाण,** भेरी, वादन, भूकम्प, युद्ध, वीरों के शस्त्र, कवचादि, हस्ती, अश्व एवं योद्धादि के वर्णक।

(4) **ऋतु वर्णन के अन्तर्गत**—सूर्य की अरुणिमा, चन्द्र वर्णन, वसन्त, ग्रीष्म, वर्षा, शरद, हेमन्त, शिशिर आदि।

(5) **अन्य वर्णक सन्दर्भ**—विवाह स्वयंवर, मद्यपान, पुष्पचयन, जलक्रीड़ा, शृंगार तथा सज्जा, संयोग, वियोग, आखेट, आश्रम, ऋषि पूजा आदि।

इन सबके अतिरिक्त कविसमयों को इन्हीं वर्णकों के अन्तर्गत समाविष्ट करने का प्रयत्न भी इस आदिकालीन साहित्य में किया गया है। यथा—

(क) प्रभात काल में पद्मकोश का विकास

(ख) मध्याह्न में सन्ताप

(ग) सूर्यास्त में सूर्य की अरुणिमा एवं कमल कोशों के संकट

(घ) ऋतु सन्धियाँ तथा नायिकाओं की वयः सन्धियाँ

(ङ) अभिसार आदि विलास प्रकरणों में अलंकार का त्यागादि

(च) संख्या निर्धारण में भी उन्होंने वर्णकों के प्रयोग किये हैं—जैसे एक-गणेशदन्त, अनेक-नेत्र तथा मुख शिव आदि।

इनके अतिरिक्त भी कविसमय तथा अन्य वर्णकों की एक लम्बी तालिका यहाँ मिलती है। यथा—चन्द्रमा की श्वेतता, श्रीकृष्ण का नीला वर्ण, दीपशिखा की पीतवर्णता, सूर्याश्वों का हरा होना आदि। पुनः इसी के अन्तर्गत संख्यावाची विषयों की परिगणना जैसे—इन्द्र, ऐरावत आदि का संख्या में एक होना, नदी तटों, भुजाओं आदि का संख्या में दो होना, काल तथा अग्नि आदि की तीन संख्या में होना आदि-आदि। इसी प्रकार एक हजार की संख्या तक का निर्धारण वर्णकों के अन्तर्गत किया गया है।

संस्कृत साहित्य के अन्तर्गत वर्णकों से सम्बन्धित ग्रन्थों का निर्माण दसवीं शती से प्रारम्भ हो चुका था और इसके मूल सन्दर्भ 'कविशिक्षा' से भी जुड़े हैं—जिनका प्रारम्भिक रूप आठवीं शती में हमें वामन कृत काव्यालंकार सूत्र के पाँचवें अध्याय में देखने को मिलता है। हिन्दी में सम्प्रति उपलब्ध दो प्राचीन प्रमुख वर्णक ग्रन्थ वर्णरत्नाकर तथा केशवदास की कविप्रिया हैं—जिनका रचनाकाल क्रमशः तेरहवीं एवं सत्रहवीं विक्रम की शती में माना जाता है।

ज्योतीश्वर ठाकुर द्वारा वर्णित काव्यवर्णकों की स्थिति आचार्य केशवदास एवं अलंकार शेखर के रचनाकार केशव मिश्र से भी अधिक व्यापक एवं वृहत्तर है। सात कल्लोलों में विभाजित इन वर्णकों की स्थिति द्रष्टव्य हैं। ये इस प्रकार हैं–

(1) नगर वर्णन (2) नायिका वर्णन (3) आस्थान वर्णन (4) ऋतु वर्णन (5) प्रयानक वर्णन (6) भट्टादि वर्णन (7) श्मशान वर्णन।

इन वर्णकों की व्याप्ति की परम्परा निश्चित ही व्यापक है और ऐसा प्रतीत होता है कि राजाश्रय की प्राप्ति के बाद महाकाव्यों के सन्दर्भ में इन वर्णकों की व्यवस्था को अधिक प्रोत्साहन मिला था। महाकाव्य या प्रबन्धकाव्य की व्यापकता को देखते हुए अनेकानेक कवि सन्दर्भों की परवर्ती काल में व्यवस्था की गयी थी। इस सन्दर्भ में, आठवीं शती के भामह तथा चौदहवीं शती में साहित्यदर्पणकार पं. विश्वनाथ कविराज की सूची में अन्तर दिखायी पड़ता है। वहाँ वर्णक न के बराबर हैं किन्तु साहित्यदर्पणकार इनकी लम्बी तालिका प्रदान करते हैं और दह इस प्रकार है–

सन्ध्यासूर्येन्दु रजनीप्रदोषध्वान्त वासराः।
प्रातर्मध्याह्न मृगया शैलर्तु वन सागराः।।
सम्भोगविप्रलम्भौ च मुनिस्वर्गपुराध्वरा।
रणप्रयाणोपयममन्त्रं पुत्रोदयादयः।।

महाकाव्य में इस प्रकार के वर्णन अपेक्षित हैं–इसमें सन्ध्या, सूर्य, चन्द्रमा, रात्रि, प्रदोष, अन्धकार, दिन, प्रातः काल, मध्याह्न, मृगया, पर्वत, ऋतु, वन, समुद्र, संयोग, वियोग, मुनि, स्वर्ग, नगर, यज्ञ, संग्राम, यात्रा, विवाह (स्वयंवर), मन्त्र, पुत्र, अभ्युदय आदि-आदि का सांगोपांग वर्णन होना चाहिए।

महाकाव्य में ये वर्णनगत रूढ़ियाँ वाल्मीकि रामायण से ही मिलने लगती हैं किन्तु कालिदास के समय से राजाश्रय-प्राप्ति के बाद कवियों ने इन प्रकरणों को अधिक विस्तार दिया है। इस सन्दर्भ में राज्य एवं नगर वर्णन, नगर की सम्पन्नता, राजा का पराक्रम तथा शौर्य, युद्ध वर्णन, स्वयंवर तथा विवाह एवं संयोग शृंगार की परिपाटी अधिक चली। बाद में, शृंगार रस को अधिक सान्द्र बनाने के लिए उसमें वियोग शृंगार के भी वर्णकों को जोड़ दिया गया।

हिन्दी साहित्य के आदिकाल में संस्कृत काव्यशास्त्र के अन्तर्गत महाकाव्य प्रणयन की परम्परा एवं शृंगार रस के विविध रूपों का अधिक प्रचार-प्रसार हुआ तो दूसरी ओर भक्ति तथा धार्मिक शमत्व की केन्द्रीय भावना ने साहित्य को अधिक प्रभावित किया। शृंगार एवं शौर्य परम्परा में जहाँ वर्णकों का प्रचार-प्रसार अधिक बढ़ा, वहीं जैन एवं वैष्णव के धार्मिक ग्रन्थों में इसकी स्थिति न्यून है, फिर भी, धार्मिक जैन या अन्य चरितकाव्यों में वर्णन की ये रूढ़ियाँ प्रचलन में रही हैं।

इन वर्णकों की एक और भी विशेषता है, वह यह कि कवि की ललित कल्पना के प्रभाव में आने पर सामान्यवर्णनविधान में लाक्षणिकता का प्रसार और अधिक बढ़ जाता

है और इसीलिए हिन्दी साहित्य के आदिकालीन और भक्ति साहित्य के वर्णकों में व्यंजकता तथा लाक्षणिकता का बाहुल्य अधिक दिखायी पड़ता है। जैसा कि बताया जा चुका है, ज्योतीश्वर ठाकुर के वर्णक सात भागों में विभक्त हैं और आचार्य केशव मिश्र तथा केशवदास के वर्णकों की सीमा उनसे अधिक व्यापक है। रीतिकाल में इसी परम्परा के अन्य वर्णकशास्त्र से सम्बद्ध ग्रन्थ लिखे गये और इनकी व्यवस्था आधुनिक कविता में साकेत तथा प्रिय-प्रवास जैसे काव्यों तक मिलती है। संस्कृत साहित्य के आभिजात्य की परम्परा जैसे—आधुनिक काल में समाप्त होती गयी तथा काव्य परिपाटियों में युगानुरूप परिवर्तन होता गया वैसे-वैसे ये वर्णक भी समाप्त होते गये। उदाहरण के लिए छायावाद-युग में लिखा गया डॉ. रामकुमार वर्मा का 'एकलव्य' महाकाव्य इस सन्दर्भ में देखा जा सकता है।

वर्णक परिपाटी तथा आदिकाल की हिन्दी कविता

संस्कृत साहित्य में इस प्रकार की काव्य की वर्णन परिपाटी आठवीं शती से शुरू हुई थी और विशेषकर प्रबन्ध, गीति, नाटकों एवं कथा तथा आख्यायिकाओं के सन्दर्भ में बराबर इसकी स्थिति मिलती है। आठवीं शती के बाद के काव्यों में ये सम्पूर्ण स्थितियाँ बहुलता के साथ निखरकर आयीं और इस प्रचलन ने हिन्दी साहित्य के आदिकाल को सर्वाधिक प्रभावित किया। भक्ति कविता यद्यपि इस शास्त्रीय कविता से अपने को पर्याप्त रूप से मुक्त रखती है फिर भी शास्त्रीय वर्णन पद्धतियाँ यहाँ भी प्राप्त होती हैं। रीतिकाल में तो वर्णक व्यवस्था का जैसे पुनः प्राबल्य स्थापित हो गया हो।

आदिकालीन काव्य प्रबन्धों की शास्त्रीय उत्कृष्टता को सिद्ध करने के लिए यह वर्णकविधान एक प्रमुख मानदण्ड है। पृथ्वीराज रासो, बीसलदेव रास, मुंज रास, जैनचरित काव्यों में पउमचरिउ आदि तथा गीति एवं प्रणयकाव्य इन रूढ़ियों से भरे पड़े हैं। इन काव्यवर्णकों से सम्बद्ध कतिपय उदाहरण इस प्रकार देखे जा सकते हैं।

राज प्रशस्ति वर्णन : पृथ्वीराज रासो

ज दिन जनम प्रिथिराज। षरिग बत्तह कनवज्जह।
ज दिन जनम प्रिथिराज। त दिन गज्जनपुर भज्जह।
ज दिन जनम प्रिथिराज। त दिन पट्टन वै सद्धिय।
ज दिन जनम प्रिथिराज । त दिन पट्टन वै षद्धिय।
ज दिन जनम प्रिथिराज भौ। त दिन भार धर उत्तरिय।
बतरीय असअंसन ब्रह्मा। रही जुगे जुग बत्तरिय।

जिस दिन पृथ्वीराज का जन्म हुआ—गजनी पर आतंक पड़ गया, समृद्धि सब आकर यहाँ स्थित हो उठी, पृथ्वी का भार हलका हो गया आदि-आदि।

नायक के दैवी उदात्त लक्षणों का प्रभाव नायक के जन्म से सम्बद्ध है—पुराणों में राम तथा कृष्ण के अवतरण के सन्दर्भ में भी ऐसी ही कौतुकमयी घटनाएँ हुई हैं।

वर्णरत्नाकर में नायिका का वर्णन निर्दिष्टि करते हुए कहा गया है कि—

अथ नायिका वर्णना—उज्ज्वल कोमल लोहित सम सुतल सालंकार
पंचगुण सम्पूर्ण चरण—

अकठिन सुकुमार गजहस्त प्राय जानु जुगल,
पीन मांसल पृष्ठाकार ***श्रोणी***
निर्मल पीन कठिन उतुंग वर्तल छह गुण सम्पूर्ण पयोधर
विशाल वलित विशलताकार ***बाँह***
सुकुमार अनुरक्त निर्मल ललित रक्ताशोक पल्लव ***प्राय हाथ*** *आदि-आदि।*

वर्णककार यहाँ नायिका वर्णन के अन्तर्गत उसके विविध अंगों की ओर संकेत करता है और कवियों के लिए यह शिक्षा भी है तथा निर्देश भी कि वह इन प्रसंगों का वर्णन इन्हीं वर्णकों के क्रम में करें।

सखी वर्णन के सन्दर्भ में वह बताता है कि—

अमृत से परिपूर्ण जैसा **मुख,** श्वेत कमल दल की भाँति **आँखें,** पल्लव जैसे **ओष्ठ,** बिखरी मोतियों जैसे दाँत आदि-आदि।

इन वर्णकों के दो सन्दर्भ हैं—प्रथम यह कि नायिका का अंग-प्रत्यंग-वर्णन करते समय कवि इन पर ध्यान रखे तथा द्वितीय यह कि कम-से-कम इन अंगों की सौन्दर्यरचना का वर्णनक्रम काव्य के अन्तर्गत आना ही चाहिए। वर्णककार यह नहीं कहते कि उनके द्वारा जो सादृश्य दिये गये हैं—उनकी पुनरावृत्ति कर दी जाये। कवि की समृद्ध प्रतिभा तथा सृजनशक्ति उसे अपने ढंग से वर्णित करे किन्तु विषयों के क्रम तथा स्वभाव तथा उनके नैसर्गिक सौन्दर्य के अन्तर्गत ही रहे और उसमें किसी प्रकार की विरोधी वृत्ति नहीं उत्पन्न होनी चाहिए। अंग-प्रत्यंग, शिख-नख, देश-काल, ऋतु-मास आदि-आदि वर्णनों से जुड़े वर्णकक्रम हिन्दी साहित्य के आदिकाल की कविता को सैकड़ों वर्षों तक संचालित करते रहे हैं। इन वर्णनों में रूपों तथा उनके वैशिष्ट्यों में यहाँ बराबर मौलिकता दिखायी पड़ती रही है। प्राकृत पैंगलम् में काव्यरूढ़ियों तथा वर्णकों की भरमार दिखायी पड़ती है, उदाहरण के लिए एक छन्द देखें—

जहाँ गंग कल्लोल जहाँ रोसाणिय रुप्पइ।
जहाँ दुद्धवर शुद्ध फंण फक्काइ तल्लफ्फइ।
पिण्य पास पसाए दिट्ठि पुणु निहुण हसइ तरुणि जण।
वर मंति चंडेसर किति तुअ तत्थ देक्ख हरिवंभ भण।।

अर्थ—'जैसा शरद शशि का बिम्ब होता है, वैसा हर का हार (श्वेत सर्प) होता है, जैसा खण्ड-खण्ड करने पर श्रीखण्ड (चन्दन) होता है, जैसा शुद्ध दूध का फेन फफाता है। पुनः एकान्त में तरुणियाँ जैसी हँसती हैं—हरि ब्रह्म कहते हैं, हे मन्त्रिवर चण्डेश्वर! तुम्हारी कीर्ति भी वैसी ही दिखायी पड़ती है।''

काव्यवर्णक के अन्तर्गत कीर्त्ति (यश) को श्वेत वर्णित किया गया है और मन्त्रिवर चण्डेश्वर की श्वेत कीर्त्ति यहाँ वर्णित है और मन्त्रिवर चण्डेश्वर की श्वेत कीर्त्ति के मानकों की कवि यहाँ तलाश कर रहा है—शरद शशि का बिम्ब, श्वेत सर्प, चन्दन खण्ड,

शुद्ध दूध का फेन, एकान्त में तरुणियों की उज्ज्वल हँसी आदि सन्दर्भों को चण्डेश्वर की कीर्त्ति से वह संयुक्त कर रहा है।

आदिकालीन कविता में कविकल्पना तथा सर्जनात्मक उन्मेषों से सम्पृक्त होकर वर्णक सर्जक की रचनात्मक विदग्धता की पुनरावृत्ति ही नहीं करते अपितु उसे शीर्ष पर पहुँचा देते हैं। आदिकालीन हिन्दी कविता में व्याप्त विदग्धता इन प्राचीन वर्णक मानकों को एकदम नया रूप प्रदान करती है। ऐसी स्थिति में, अनेक कवियों की रचनाओं में उनकी कवित्व शक्ति के आगे वर्णक सामान्य–से लगने लगते हैं। पृथ्वीराज रासों के शशिव्रता के सन्दर्भ का एक वर्णक देखें। शशिव्रता के अंग-प्रत्यंगों के ये वर्णक कविकल्पना से जुड़कर कितने मनोहारी बन गये हैं–

कलिंद सीम केसयं। अलंग अंग लोभयं।
उठंत कुभ कुचयं। उपंम कब्बि सुच्चयं।
मनोज कूप नाभिका। चलंत लोभ आलिका।
सुरंग सोम पिंडुरी। षरादि काम षिंडुरी।
नितंब तुंग सोभये। अनंग अंग लोभये।
मनौ कि रथ्य रंभ के। सुरंम चक्क संभ के।
नषादि आदि अच्छनं। मनौ कि इंद्र द्रप्पनं।
मनो कि रत्त रत्तजा। चिकंत पत्र अंकुज।।

यहाँ सम्पूर्ण वर्णक केशराशि, कुच, रोमावली, नाभिस्थली, पिण्डली, नितम्ब, नख, एड़ी अर्थात् शिख से नख तक के प्रकरणों से सम्बद्ध हैं किन्तु उनकी प्रतिभा से उत्पन्न यहाँ उपमाएँ अपनी रमणीकता से सम्पूर्ण प्रसंगों को मण्डित करके अपूर्व बना देती हैं।

ठीक ऐसी ही स्थिति, बीसलदेव रास में भी आती है। बारहमासा का सम्पूर्ण वर्णन वर्णक रूढ़ियों पर आधारित है, कार्त्तिक महीने में विरहिणी की भूख का नष्ट हो जाना, तृष्णा का उचट जाना, निद्रा का पलायन, अगहन के महीने में लोकजन इतने व्यस्त हो उठते हैं कि न कहीं से प्रणय-पत्र आता है और न सन्देशवाहक पथिक, माघ के महीने में नायिका का विरह में दग्ध होना, फागुन के महीने में वायु के झोंकों में दिन काटना, चित्त का विकल हो उठना, रात्रि में नींद का न लगना, भूख का समाप्त हो उठना आदि-आदि ये सब वर्णन की रूढ़ियाँ हैं–और इन कवियों ने पदेन-पदेन इनका उपयोग किया है।

इस युग की कविता की मूल अवधारण वर्णकों पर आश्रित है। इन वर्णकों को वर्णना,वर्णन तथा लक्षण आदि नामों से भी पुकारा गया है। इस युग के कवियों ने यह स्पष्ट रूप से बताया है कि बिना लक्षण के कविता दोषपूर्ण हो उठती है और स्वयं कवि प्राकृत पैंगलकार के अन्तिम दो छन्द इस तथ्य के साक्ष्य हैं–

जे मण सहइ कणअ तुला तिल तुलियाँ अद्ध अद्धेण।
तेमण सहइ सवण तुला अवछंद छंद भंगेण।।

अबुह बुहाणं मज्झे कव्वं जो पढ़इ लक्खण विहूणं।
भुअग्ग लग्ग खग्गहिं सीसं खुडिअं ण जाणेइ।।

"जिस प्रकार कनक तुला आधे तिल अथवा आधे के भी आधे (चौथाई) तिल को भी (कम बेस होने पर) सह नहीं पाती, उसी प्रकार लक्षण (वर्णक) तुला छन्द के लक्षण से रहित एवं छन्दों के भंगयुक्त सदोष छन्द को नहीं सह पाती।

बुद्धिमानों के मध्य जो **अबुध लक्षणविहीन काव्य** पढ़ता है, वह अपने भुजाग्र में संलग्न खड्ग से अपने सिर को ही खण्डित होता नहीं जानता (नहीं अनुभव करता)।"

इन सम्पूर्ण स्थितियों को ध्यान में रखकर काव्यवर्णक की इस परम्परा को आदिकालीन हिन्दी कविता का प्राणतत्त्व स्वीकार किया जा सकता है। गुजरात, राजस्थान, मालवा तथा शौरसेनी प्रदेश की हिन्दी भाषा ही नहीं, मैथिल, व्रजबुलि आदि सभी भाषा काव्यों में वर्णकों की समृद्ध परम्परा दिखायी पड़ती है और ऐसा प्रतीत होता है कि आदिकालीन हिन्दी कविता की केन्द्रीय चेतना का सबसे महत्त्वपूर्ण मानक वर्णक व्यवस्था ही है। इन्हीं वर्णकों की अभिव्यक्ति कौशल द्वारा कवि के ब्रह्मत्व स्वरूप का बोध होता है। कवि रूप ब्रह्म को परिभाषित करते हुए बताया गया है कि–

वर्णकों को रचनाधार बनाकर सर्जक कवियों को परमेश्वर की संज्ञा दी जाती है।

कवीनां घटनान्यैव चराचरविलक्षणा।
अकर्त्तुमन्यथाकर्त्तुमकर्त्तु वा क्षमते जगत्।।

●

आदिकालीन साहित्य और कथानक रूढ़ियाँ

हिन्दी साहित्य के आदिकाल में वीरकाव्य, चरितकाव्य, रासो तथा रासक काव्य अधिक लिखे गये। कतिपय जैन परम्परा के काव्य गीतिपरक हैं और उनमें गीति की रूढ़ियाँ मिलती हैं किन्तु कथाप्रबन्धों में कथानक या काव्यरूढ़ियों की एक वृहत् शृंखला पूरी कविता में दिखायी पड़ती है। ये कथारूढ़ियाँ संस्कृत कथासाहित्य के माध्यम से प्रायः छठीं शती से आयीं और सम्पूर्ण आदिकाल के चरितकाव्यों में व्याप्त रही हैं। भक्तिकाल में लिखे गये प्रबन्धकाव्य यथा—श्रीरामचरितमानस, पद्मावत, बेलिक्रिसन री रुक्मिणी आदि में भी ये कथारूढ़ियाँ बराबर मिलती हैं। इन रूढ़ियों के मूल में आचार्य भामह, दण्डी, वामन आदि आचार्य रहे हैं—जिन्होंने कथा या महाकाव्य, खण्डकाव्य, एकार्थक काव्य एवं गीतिकाव्यों के लिए प्रबन्ध नियोजन के सन्दर्भ में कतिपय लक्षण निर्धारित किये हैं। महाकाव्य की सर्गबद्धता, नायक का धीरोदात्त, धीर प्रशान्त एवं धीर ललित होना, शृंगार, वीर एवं शान्त में से किसी एक रस का अङ्गिन् के रूप में होना, सम्पूर्ण नाटक सन्धियों, सम्पूर्ण रसों की समग्र कथापर्यन्त व्याप्ति, ऋतु वर्णन आदि-आदि परिपाटियों की स्थितियाँ महाकाव्यों में निर्मित की गयी थीं। कथाओं में लिखे जाने की भी उनकी रूढ़ियाँ निर्धारित की गयी हैं। इन्हीं के साथ-साथ रूढ़ियाँ निर्मित की गयीं—एकार्थक तथा मुक्तक काव्यों की भी।

छठीं शती के बाद जब चरितकाव्यों या महाकाव्यों या रासो-रासक काव्यों की रचना शुरू हुई तो ये कथारूढ़ियाँ उन्हें नियन्त्रित करने के लिए सामने आयीं। प्रबन्धकाव्यों के सन्दर्भ में प्राचीन रूढ़ियाँ टूटीं और तीन प्रकार के सन्दर्भ सामने आये—(1) ऐतिहासिकता के स्थान पर कथा में कल्पना के विकास के सन्दर्भ (2) युद्ध तथा विवाह के साथ वीरभाव का विवाह के लिए प्रयोग—यह 'रस मैत्री' जैसा सन्दर्भ रहा है। यहाँ वीरभाव गौण एवं अंग के रूप में है—मूलभाव शृंगार का है—युद्ध तथा पराक्रम इस शृंगारभाव को परिपुष्ट करता है। (3) काव्यवर्णकों के समावेश की व्यवस्था—अर्थात् षट्ऋतु या बारहमासा के शृंगार तथा उनके उद्दीपक या क्षोभकारी रूपों का वर्णन। पृथ्वीराज रासो जैसे वीरकाव्य इन्हीं रूढ़ियों से सम्बद्ध हैं। इस युग के नायक के चरित्र की उदात्तता युद्ध से सन्दर्भित विवाह के लिए नारी वरण में ही है। भारतीय परम्परा में रामायण तथा महाभारत में स्वयंवर की परम्परा में युद्ध कौशलपूर्ण शौर्य एवं उसके

प्रदर्शन की परम्परा मिलती है। नारी की प्राप्ति के लिए योगी बनकर गृहत्याग भी इसी प्रकार की एक परम्परा रही है, पद्मावत का रत्नसेन इसी का आलम्बन ग्रहण करता है। काव्य की ये प्रबन्ध प्रौढ़ियाँ कथानक के साथ मिलकर नायक की प्रेम परीक्षा से सम्बद्ध रही हैं। इस विषय पर ब्लूमफील्ड, पैंजर, डब्ल्यू, नार्मन आदि विद्वानों ने महत्त्वपूर्ण कार्य किया है।

आचार्य हजारीप्रसाद द्विवेदी ने अपनी महत्त्वपूर्ण कृति हिन्दी साहित्य के आदिकाल में इन कथानक रूढ़ियों की एक लम्बी तालिका दी है—जो इस प्रकार है—

1. कहानी कहनेवाला तोता—अर्थात् वक्ता-श्रोता परम्परा का होना
2. (क) स्वप्न में प्रिय का दर्शन पाकर संसक्त होना
   (ख) चित्र में किसी को देखकर मोहित होना
   (ग) भिक्षुओं तथा बन्दियों के मुख से दर्णन सुनकर संसक्त होना
3. मुनि का शाप
4. रूप परिवर्तन
5. लिंग परिवर्तन
6. परकाय प्रवेश
7. आकाशवाणी
8. अभिज्ञान की सहिदानी
9. परिचारिका बनकर संसक्ति की अभिव्यक्ति और पुनः उसका रानी के रूप में प्राकट्य
10. नायक का आदर्श
11. षड्ऋतु वर्णन तथा बारहमासा के रूप में विरह वेदना
12. हंस, कपोत, शुक आदि का दौत्यकर्म
13. घोड़े का निर्जन वन में भटकाव, मार्ग भूलना, स्त्री या मूर्ति दर्शन तथा प्रेम
14. विजन वन में सुन्दरियों से साक्षात्कार
15. हस्तियुद्ध, कापालिक युद्ध के बाद प्रेमिका स्त्री का उद्धार
16. गणिका सन्दर्भ
17. गरुड़ आदि के द्वारा प्रिय पात्रों का स्थानान्तरण
18. प्यास के कारण जल की खोज करते समय असुर दर्शन और प्रिय वियोग
19. उजड़े शहरों का मिलन और हस्तियों द्वारा जयमाल
20. प्रिय की दोहद कामना की पूर्ति के लिए प्रिय के द्वारा असाध्य साधन का संयोग करना
21. शत्रु सन्तापित सरदार द्वारा ऐक्य और शरण देना।

आचार्य द्विवेदी ने इन कथानक रूढ़ियों का उल्लेख अपने उक्त ग्रन्थ में किया है किन्तु इनके अतिरिक्त जैन तथा नाथ-सिद्ध साहित्य में भी अनेक ऐसी कथाएँ तथा काव्यरूढ़ियाँ भरी पड़ी हैं, जिनके विषय में अभी तक कोई अध्ययन नहीं हुआ है।

जैन साहित्य की सबसे महत्त्वपूर्ण रूढ़ि है—सम्पूर्ण, सम्पूर्ण लोकरसों का शान्त रस में पर्यवसान। ये कवि शृंगार, करुण तथा वीर जैसे प्रमुख रस अन्त या धार्मिकता के समापन-सन्दर्भ से सम्पूर्ण कथा को प्रभावित कर उसकी मूल संवेदना को शान्त रस में पर्यवसित करते हैं—जबकि रसो संज्ञक काव्यों में अधिकांशतया वीर रस की परिणति शृंगार रस हो उठती है। परम्परा के वीरभाव या शृंगार रस का शान्त में पर्यवसित होना, यहाँ एक रूढ़ि के रूप में दिखायी पड़ती है—जो कथा-रचना तथा सर्जक या रचनाकार के मन्तव्य से सम्बद्ध है।

इन कथानक रूढ़ियों के विवेचन की एक और महत्त्वपूर्ण विशेषता है—वह यह कि ये कृत-विशेष को भावसिक्त बनाने के लिए मूलाधार का कार्य करती हैं। कथानक रूढ़ियों के साथ कविसमयों एवं काव्यवर्णकों को समन्वित कर देना, आदिकालीन काव्यों की सबसे बड़ी विशेषता है। ऋतु वर्णन, नायिक का शिखनख वर्णन, आभूषण तथा अलंकरण द्वारा वेष सज्जा, वर्णनविधान के अन्तर्गत विभिन्न अंग-प्रत्यंगों का रूढ़िगत-रोमांचकारी चित्रण सभी मिलकर सौन्दर्यविधान की कल्पनाशीलता को एक विशिष्ट रूप दे देते हैं। पृथ्वीराज रासो के इस प्रकार के वर्णक हिन्दी साहित्य की सर्जना श्रेष्ठता की विधानपरम्परा से सम्बद्ध हैं।

इन काव्यरूढ़ियों के प्रयोग में पुनरावृत्ति परम्परा की ही मिलती है। उनके सृजन तथा संरचना का कल्पनाविधान तन्त्र सर्वथा मौलिक है—किन्तु यहाँ इतना निर्दिष्ट कर देना मात्र पर्याप्त है कि परम्परा तथा मौलिकता (Tradition and originality) का ऐसा अद्‌भुत समन्वय शायद अन्यत्र न प्राप्त हो। कल्पना, विश्वास तथा परम्परा भारतीय जीवन-पद्धति की अपनी विशिष्ट पहचान है। यही नहीं, इनके बीच हमारे आदिकालीन हिन्दी कवियों के पौराणिक विश्वास कथाओं के टूटे हुए सूत्रों को निरन्तर मिलाने का कार्य करते चलते हैं। यह इस आदिकालीन हिन्दी काव्य वैशिष्ट्य की विलक्षण व्यवस्था है।

मानव जाति दो सन्दर्भों में निरन्तर हताश रही है और आज भी वैज्ञानिक प्रगति के बाद भी उसकी हताशा किसी भी तरह से समाप्त नहीं हो पा रही है। यह हताशा है, प्रतिक्षण घटित होनेवाली नियति की स्थिति का अज्ञान और मृत्यु से मानव मुक्ति की सम्भावनाओं की निरर्थकता। भारतीय आस्थावादी जीवन में इन दो सार्वभौम समस्याओं से समझौता करके जीवन जीने की एक विशिष्ट परम्परा-दृष्टि दिखायी पड़ती है। वरदान, शाप, कर्मफल, पुनर्जन्म, कर्मभोग के घटनादि तथा दिव्यशक्तियों के आशीर्वाद के प्रभावकारी चमत्कार ये सब कथा के मोटिफ़ के साथ जुड़े रहकर निराशा-भरे वातावरण में आशा का संचार करते रहे हैं। इस प्रकार की अनेक

परिस्थितियाँ तथा घटनाएँ जो कथानायक या कथा के अन्य पात्रों के समक्ष अवरोध उत्पन्न करती हैं, उन्हें दैवी शक्तियों द्वारा दूर करके तथा घटनात्मक चमत्कारौचित्य का सृजन करके इन कवियों द्वारा कथा-प्रवाह को आगे बढ़ाया जाता है। कथासाहित्य ही नहीं, भारतीय परम्परा के महाकाव्यों में इस प्रकार के आस्था तथा विश्वास के सन्दर्भ भारतीय संस्कृति की विश्वासवादी परम्परा से सम्बद्ध अपनी निजी सांस्कारिक धरोहर है। इन तत्त्वों के माध्यम से कथा में रोचकता की वृद्धि, चमत्कार सक्षमता, कथा के प्रयोजन तक पहुँचने के प्रति उत्पन्न अवरोध का आश्चर्यभरा समाधान, अभूतपूर्व काव्या-स्वादन की उद्रिक्त मनोदशाएँ आदि अनेक काव्य-सन्दर्भों की पुष्टि होती है। विश्वास से जुड़ी ऐसी पुराकथाएँ, आस्था, मन्त्र सिद्धि, आशीर्वाद, पूर्वजन्म के फल की प्राप्ति, परकाय प्रवेश, सिद्धि प्राप्ति, भिक्षुकों के मुख से राज प्रशस्ति या गुण कीर्त्तन का कथन कराया जाना आदि-आदि कितने ऐसे तत्त्व हैं, जिनका प्रयोग कथानक रूढ़ियों के रूप में आदिकालीन हिन्दी काव्यों में निरन्तर मिलता है।

●

तृतीय खण्ड

आध्यात्मिक कविता की शुरुआत : लोकाश्रयी कविता का जन्म

आज हिन्दी साहित्य के आदिकाल की सामग्रियों की प्राप्ति तथा उसके विवेचन से उत्पन्न निष्कर्षों से कतिपय नये प्रश्न इस कालखण्ड से जुड़ गये हैं। ये सारे प्रश्न हैं—धार्मिक कविता के परिदृश्य में उनकी शास्त्रीयता के मूल्यांकन के। आदिकालीन कविता के सन्दर्भ में पूर्वकालीन परिवेश से पृथक् उसकी निम्नलिखित काव्य-परम्पराओं को आज स्वीकृति मिली है—

(1) जैनधर्म की साहित्यिक धारा

(2) नाथ साहित्य की परम्परा

(3) सिद्ध साहित्य की परम्परा

(4) निर्गुण काव्यपरम्परा का साहित्य

(5) सगुण भक्ति काव्य-परम्परा का राम तथा कृष्ण भक्ति साहित्य

(6) विद्यापति आदि कवियों की स्वच्छन्द प्रेम-परम्परा का काव्य

(7) शैव भक्ति का हिन्दी काव्य

(8) शैव तथा वैष्णव परम्परा का समन्वयवादी काव्य[1]

ये काव्य-परम्पराएँ नयी नहीं हैं। आचार्य रामचन्द्र शुक्ल ने इन्हें काव्य की सरणि में नहीं रखा है। अनेक साहित्य के इतिहासकारों ने इन पर दृष्टि ही नहीं डाली है—कतिपय इतिहास लेखकों ने इनका साहित्य के परिशिष्ट के अन्तर्गत विवेचन किया है। यही कारण है कि आज भी हिन्दी साहित्य का इतिहास शुक्ल जी कि 'वीरगाथा काल' तक ही सीमित है—जबकि उस युग के साहित्य की केन्द्रीय चेतना का स्वर आज आवरण में छिपा जैसा लग रहा है।

1. देखिये—प्रस्तुत लेखक कृत—हिन्दी साहित्य के इतिहास की समस्याएँ, वाणी प्रकाशन, दिल्ली।

आचार्य भरत से लेकर आनन्दवर्द्धन तक के कालखण्ड के ठीक समानान्तर 10वीं शती से इस प्राचीन हिन्दी भाषा का काव्य लिखा जाना शुरू हो चुका था। शास्त्रीय काव्य-परम्परा अधिकांशतः राज्याश्रित रही है—राज्याश्रय एवं शास्त्राश्रय उसकी दो विशेषताएँ हैं और कविता की मान्यता शास्त्राश्रय से भिन्न न हटने पाये, इसके लिए अनेक प्रयास किये गये थे। उस राज्याश्रित काव्य-परम्परा से भिन्न एक दूसरी परम्परा लोकाश्रित की भी रही है, इसे न अर्थार्जन की आवश्यकता थी, न पुरस्कार-प्राप्ति की—यश की थोड़ी-बहुत आकांक्षा रही हो, यह दूसरी बात है। हिन्दी साहित्य के इतिहास की परम्परा का मूलस्रोत यही है।

जैन कवियों में काव्य-रचना और कवित्व के रूप में सामाजिक उपलब्धि की प्राप्ति की आकांक्षा दिखायी पड़ती है। वे काव्य-रचना के पूर्व सरस्वती की वन्दना करते हैं। कविसमयों, कथारूढ़ियों, वर्णकों आदि का भी प्रायः बेहिचक प्रयोग करते हैं—किन्तु उनकी विधानदृष्टि में वर्णनात्मकता अधिक है। उनकी कविता मूल्यों की प्रतिबद्धता से सम्बद्ध है और उनकी कविता का परम्परागत काव्यशास्त्रीय पक्ष, इस दृष्टि से, परम्परा साहित्य से पर्याप्त रूप से टूटता हुआ दिखायी पड़ता है।

काव्यशास्त्रीय दृष्टि से इस साहित्य की सबसे बड़ी विशेषता है—सम्पूर्ण रसों का 'शान्त रस' में समाहार। उस युग के केन्द्रीय रस शृंगार तथा वीर शान्त रस में आकर विलीन हो उठते हैं। यहाँ भी नखशिख वर्णन है, शृंगार काम तथा सम्भोग की स्थितियाँ घटित होती हैं, सेना, युद्ध, शौर्य वर्णन के सन्दर्भ हैं, युद्ध-सज्जा तथा अनेक सम्बद्ध वर्णन भरे पड़े हैं। फागु जैसे काव्य-प्रसंगों में काम और वसन्त का भावोद्वेग व्याप्त है—किन्तु सब-के-सब अन्त में 'शान्त रस' में समाविष्ट हो उठते हैं। रास परम्परा के गेय काव्यों की यहाँ लम्बी सरणि है किन्तु काव्यरस का अन्तिम रूप से पर्यवसान 'शान्त रस' में ही होता है—शान्त अंगिन् रस है, शेष उसके अंग के रूप में हैं।

नाथ, सिद्ध तथा निर्गुण काव्य-परम्परा के काव्य उनकी साधनात्मक-निष्ठा से सम्बद्ध हैं। यहाँ न काव्य रूढ़ियाँ हैं, न वर्णक, न कविसमय, न कथारूढ़ियाँ—अपनी साधना से जुड़े अनुभवों की भावात्मक पहचान कराने तथा उनके उन्मेषों से लोकजीवन को जोड़ने की प्रवृत्ति यहाँ मुख्य चेतना के रूप में है। प्रेम-साधना की रहस्यवादी काव्य वृत्ति का यह साहित्य केन्द्रीय आधार है और कबीर आदि सन्तों की काव्य-साधना को इसने आगे बढ़ाया है—यह साहित्य से च्युत धारा नहीं है। परवर्ती प्रेम की रहस्यमयी काव्य-साधना का यह आधार है। यह चेतना राजाश्रय से न जुड़कर लोकाश्रय से जुड़ी दिखायी पड़ती है और इसकी परम्परा भारतीय आध्यात्मिक कविता की है।

सगुण भक्ति काव्यधारा के गीतिकाव्य भी इसी आदिकाल में मिलने लगते हैं। प्राकृत पैंगलम् में उदाहरण के रूप में प्राप्त 33 छन्द इसके प्रमाण हैं। संस्कृत साहित्य में कविता तथा पुराणों की रचना एवं दक्षिण भारत की भक्ति प्रवाह के फैलाव का प्रभाव हिन्दी के आदिकालीन साहित्य पर पड़ा है, कृतियाँ नहीं मिलतीं, किन्तु अवशेष तो हैं

और यहाँ पर कविगण ईश्वर से कृपा याचना करते हुए निर्भयता के वर की प्राप्ति तथा कल्याण आदि की ओर साधनमूलाभक्ति से सम्बद्ध है। कवि विष्णु के रूप में उनके मत्स्यावतार, नृसिंहावतार, वामनावतार, परशुरामावतार एवं कृष्णावतारों की चर्चा करता हुआ वन्दना करता है। इस वन्दना के मूल में कवि के द्वारा कृपा की प्राप्ति की आकांक्षा ही तो व्यक्त होती है। कवि यहाँ एक ऐसी कविता लिख रहा हूँ, जो प्रत्येक दृष्टियों से परम्परित काव्यशास्त्र की परम्पराओं से दूर हटती जा रही थी और उस कविता के सन्दर्भ से कलात्मक मूल्यों के स्थान पर मानवीय मूल्यों का जन्म हो रहा था। कविता के साधन के रूप में साहित्य निर्मिति के तत्त्व के अलंकार, लक्षण, गुण, कविसमय आदि कोई तत्त्व यदि कविता में प्रविष्ट हो उठे तो उन्हें कोई आपत्ति नहीं है, क्योंकि उनकी दृष्टि में ये तत्त्व कविता के मन्तव्य को प्रभावशाली बनाते हैं।

यही स्थिति कृष्ण, शिव एवं विष्णु-शिव से समन्वित काव्यों की है। कविता के शास्त्रचर्चित मूल्य यहाँ साधन के रूप में हैं और उनसे व्यंजित चमत्कार प्रदर्शन से इनकी कविता का विशेष सम्बन्ध नहीं है। श्रीकृष्ण से सम्बद्ध अत्मीयताभरी अनुरक्ति तथा समर्पण का सूत्रपात इन कविताओं में मिलता है। गोपिकाएँ (भक्तगण) कहती हैं—

अरेरे बाहहि कान्ह नाव छोड़ि डगमग कुगति ण देहि।
तई इणि नदिहिं संतार देइ जो चाहहि सो लेहि।।

अर्थ—"हे कान्ह! खेओ, नाव छोटी है, इसे डगमग न होने दो, न कुगति दो, तुम इसे नदी में सन्तरण दो (नदी पार करा दो) बदले में जो चाहो मुझसे ले लो।"

इस प्रकार की आदिकालीन हिन्दी काव्य की भक्ति दृष्टि उस वीरगाथात्मक श्रृंगार तथा शौर्य परम्परा की चिन्ताधारा से कितनी दूर है, इसका सहज ही अनुमान लगाया जा सकता है।

इसी प्रकरण में आदिकालीन हिन्दी काव्य-परम्परा के कवि विद्यापति का स्मरण करना सर्वाधिक संगत होगा। श्रृंगार भाव के शास्त्रीय प्रवाह में चली आती हुई हजारों वर्षों की परम्परा को तोड़कर विद्यापति ने स्वच्छन्द कविता की जिस परिपाटी की स्थापना की है—वह जयदेव की श्रीकृष्णलीलामयी प्रेमधारा की अद्भुत धरोहर है। किन्तु इस स्वच्छन्दता के अन्तर्गत वर्णकों एवं कविसमयों में वर्तमान कल्पनाशक्ति का पर्याप्त उपयोग मिलता है।

निष्कर्ष रूप से कहा जा सकता है कि संरचनात्मक रूपविधान की दृष्टि से आदिकालीन काव्यचिन्तन के अन्तर्गत शास्त्रमुक्ति की परम्परा का प्रारम्भ हो चुका था और यह भारतीय कविता शास्त्रवाद तथा राज्याश्रय से मुक्त होकर लोकाश्रय तथा स्वच्छन्दतावाद की ओर मुड़ चुकी थी और इसका पूर्ण विकास हिन्दी साहित्य के भक्तिकाल के रूप में दिखायी पड़ता है।

भक्ति कविता की शास्त्रीय चेतना

जैसा कि कहा गया है, आदिकालीन हिन्दी साहित्य अपने युग के संस्कृत आचार्यों से प्रायः प्रभावित नहीं है। आचार्य मम्मट, विश्वनाथ आदि इस कालखण्ड में संस्कृत काव्यभाषा तथा चिन्तन को प्रभावित कर रहे थे। किन्तु इस युग के श्रेष्ठ कवि रोडा, चन्दबरदाई आदि की कविता शास्त्र के स्थान पर सर्जन की परम्परा से जुड़ी हुई दिखायी पड़ती है। अतः इस युग के काव्यचिन्तन का शास्त्रीय आधार संस्कृत काव्यशास्त्र न होकर काव्यसृजन के वे मानक रहे हैं—जिन्हें हम कविसमय, काव्यसमय, कविशिक्षा, काव्यवर्णक तथा काव्यप्रौढ़ि आदि कविता के व्यावहारिक रूपों में देखते हैं। जैसा कि, प्रारम्भ में बताया जा चुका है कि संस्कृत साहित्य में शास्त्रचिन्तन एवं काव्यरचना की शास्त्रीय परिपाटी की ये दो भिन्न परम्पराएँ रही हैं—दोनों एक-दूसरे का स्पर्श करती हुई भी एक-दूसरे से सर्वथा भिन्न थीं। संस्कृत में सातवीं शती से जहाँ अलंकार, गुण, रीति, रस, ध्वनि, वक्रोक्ति जैसे सिद्धान्तों का व्यवस्थित विकासक्रम प्रारम्भ हुआ, वहीं ठीक, उनके समानान्तर काव्यलेखन की परम्परा का अपना शास्त्र बनना भी शुरू हो चुका था—यह शास्त्र उन काव्यचिन्तनपरक शास्त्रों पर आधारित न रहकर काव्यलेखन की परिपाटियों से जुड़ा रहा और यह आदिकालीन हिन्दी कविता तथा उसके पूर्व अपभ्रंश तथा प्राकृत भाषा के काव्यशास्त्रीय चिन्तन का पक्ष सैद्धान्तिक नहीं, सृजनात्मक ही रहा है। अतः कविता इस शास्त्रचिन्तन परम्परा को धीरे-धीरे पीछे छोड़ती चली गयी और हिन्दी के आदिकालीन और भक्तिकालीन साहित्य पर सर्जन की रूढ़ियों का सर्वाधिक प्रभाव पड़ा है। रीतिकालीन कविता के प्रारम्भ में आचार्य केशवदास ने परम्परित काव्यरचना की व्यावहारिक अवधारणाओं को कविप्रिया तथा रसिकप्रिया द्वारा स्थापित करने की चेष्टा की है। इसके विपरीत परवर्ती हिन्दी आचार्यों द्वारा लक्षण एवं उदाहरण की एक पृथक् परम्परा स्थापित की गयी—जिसके अन्तर्गत अलंकार, शृंगार रस एवं नायक-नायिकाभेद तथा कुछ आचार्यों ने शब्दशक्ति एवं ध्वनि जैसे शास्त्रचिन्तन को लक्षण तथा उदाहरण के रूप में सामने रखा। ये कवि आधा शास्त्र और आधा काव्य लिखते हैं। इस लक्षण-उदाहरण की परम्परा को ध्यान से देखने पर स्पष्ट हो जाता है

कि इनका लक्षणपक्ष कमजोर और उदाहरण अर्थात् काव्यसृजन का पक्ष शक्तिसम्पन्न है। यही नहीं, इन लक्षणविषयक मान्यताओं पर परवर्ती आचार्य मम्मट एवं विश्वनाथ का प्रभाव अधिक है और लक्षणनिरूपण की दृष्टि से जो दूसरा दोष सामने आता है, वह यह कि जिस हिन्दी भाषा के काव्य को ये शास्त्रनिरूपण का आधार बना रहे थे, वह न पूर्णतः प्रौढ़ और न शास्त्र के अर्थ की सर्वथा व्यंजक। यही नहीं, इस शास्त्रनिरूपण में इन रीतिकालीन आचार्यों में शास्त्रीय अपरिपक्तवता के भी दर्शन होते हैं। कुल मिलाकर, पूरी कविता का शास्त्रपक्ष कमजोर किन्तु काव्यपक्ष इन कवियों की कल्पनाशक्ति की परिपक्वता का काव्यात्मक साक्ष्य बनकर सामने आता है और इस प्रकार, इनका काव्यपक्ष हिन्दी साहित्य के आदिकाल तथा भक्तिकाल की परम्परा से सम्बद्ध है और उस कविता की सर्जनात्मक परिपक्वता के विषय में कोई सन्देह का प्रश्न नहीं है, यहाँ सन्देह शास्त्रसृजन के सन्दर्भ का अवश्य दिखायी पड़ता है। इस रीतिकालीन कविता में लक्षण शब्द का अर्थ काव्य लक्षण नहीं, शास्त्र का लक्षण है।

आदिकालीन कविता का स्वरूप इस अर्थ में निश्चित है कि परम्परित वर्णकपरम्परा की शास्त्रीयता से जुड़ा हुआ है और इस पम्परा से सम्बद्ध काव्य धीरे-धीरे शास्त्रवाद से मुक्ति की ओर बढ़ रहा था। रीतिकाल का नायक-नायिका वर्णन प्रसंग, उससे सम्बन्धित कविसमय एवं वर्णन रूढ़ियाँ परम्परित कविता के आभिजात्य से सम्बद्ध हैं। संस्कृत कविता की भाँति शृंगार रस की उदात्त रूढ़ियाँ यहाँ उसी क्रम में मिलती हैं। नायक सौन्दर्य की अभिव्यक्ति, नायिका के सौन्दर्यनिरूपण की उत्कृष्ट नख-शिख परम्परा, प्रचलित श्रेष्ठताविधान रूप, उपमाएँ एवं सादृश्यविधान की शृंगारपरक अतिशयित अर्थरूढ़ियाँ आदिकाल में सर्वत्र मिलती हैं। संस्कृत साहित्य की काव्य वर्णन परम्परा जैसी प्रणालियों से सम्पृक्त ऋतु वर्णन, वाटिका, सरोवर, केलिक्रीडा, अष्टकालिक नायिकाओं का संयोग शृंगार, साज-सज्जा, आभूषण, राजमहल तथा अन्तःपुर का वर्णन, आखेट, मृगया, सरोवर एवं वाटिका-विहार, दूत और दूती आदि के वर्णनक्रम के जैसे अनेक रूप अपभ्रंश एवं आदिकालीन हिन्दी साहित्य में उतरकर यहाँ आये हैं।

ये सम्पूर्ण काव्यपरम्पराएँ वर्णकशास्त्रविधान की काव्यधारा से जुड़ी हैं न कि शास्त्रीय ग्रन्थों के सिद्धान्तनिरूपण से। अतः आदिकालीन कविता का काव्यशास्त्रीय विश्लेषण काव्यसृजन परम्परा से सम्बद्ध है, परम्परित शास्त्र व्यवस्था से नहीं है।

हिन्दी साहित्य के आदिकाल तक आते-आते भारतीय काव्यशास्त्र की वर्णक व्यवस्था पूरी तरह से पनपती दिखायी पड़ती है किन्तु हिन्दी के भक्तिकाल का काव्यशास्त्रीय चिन्तन इस परम्परा से पर्याप्त भिन्न दिखायी पड़ता है। आदिकालीन नायक-नायिका तथा उनसे सम्बद्ध दृश्यदर्णन लोकात्मक है किन्तु भक्ति कविता का सन्दर्भ लीलामूलक है। लोकसत्य स्वीकृत होते हुए भी, वह अन्तिम सत्य नहीं है। आदिकालीन कविता का अन्तिम सत्य लोकयथार्थ ही है। भक्तिकालीन लीलाधर्मी कविता का अन्तिम सत्य आध्यात्मिकता है। यहाँ लोकपक्ष साधन है, लक्ष्य है आध्यात्मिक पक्ष। यहाँ राम तथा कृष्ण लोक के नायक होते हुए भी ईश्वर हैं।

सीता-राधा तथा गोपिकाएँ नायिकाएँ होती हुई भी उस ब्रह्म की पराशक्ति हैं, जो राम-कृष्ण के रूप में लोक में अवतरित होकर लोकनायक होते हुए भी ब्रह्म हैं। इस प्रकार भक्तिकाव्य में संस्कृत कविता की परम्परित रूढ़ियाँ, वर्णन के सापेक्ष्य में कलात्मक भावोत्कर्ष उत्पन्न करती हैं किन्तु उनका स्वरूप तथा सन्दर्भ वह नहीं है, जो संस्कृत के ललित साहित्य या आदिकालीन हिन्दी कविता में दिखायी पड़ता है। अन्त में, यह चेतना के प्रकाश में आवेग उत्पन्न करके पाठक के मन को आध्यात्मिक निष्ठा से ओतप्रोत कर देती है। राधाकृष्ण तथा गोपियों का संयोगश्रृंगारमूलक केलिवर्णन का पक्ष अपने उत्कर्ष के शीर्ष बिन्दु पर पहुँचते-पहुँचते रागात्मक संसक्ति का साक्ष्य न होकर भौतिक एकमयता से निवृत्ति या भोगमयी लोकवासनाओं में मुक्ति का साक्ष्य बन जाता है। यहाँ स्थिति, रामचरितमानस की भी है। सीता स्वयंवर का सन्दर्भ है, उस स्वयंवर में सीता के पदार्पणकाल का सन्दर्भ है। स्वयंवर के क्रम में कवि वर्णन परम्परा की नायिका के रमणीकतम मानकों द्वारा उनकी अद्वितीयता का चित्रण करता है। तुलसी सीता की उस अपूर्वता का वर्णन वर्णक परिपाटी के विच्छेदन द्वारा करते हैं—

जौं पटतरिअ तीय सम सीया। जग असि जुबति कहाँ कमनीया।।
गिरा मुखर तन अरध भवानी। रति अति दुखित अतनु पति जानी।।
बिष बारुनी बंधु प्रिय जेही। कहिअ रमा सम किमि बैदेही।।
जौं छबि सुधा पयोनिधि होई। परम रूपमय कच्छपु सोई।।
सोभा रजु मंदरु सिंगारू। मथै पानि पंकज निज मारू।।
एहि बिधि उपजै लच्छि जब सुंदरता सुख मूल।
तदपि संकोच समेत कबि कहहिं सीय समतूल।।

और यहाँ सीता के सौन्दर्यनिरूपण का निष्कर्ष देखें, जो इस प्रकार है-

सिय बरनिअ तेइ उपमा देई। कुकबि कहाइ अजसु को लेई।।

सीता का स्वरूप जगज्जनी का है—और उसका कोई कवि काममूलक तथा सौन्दर्यपरक चित्रण कैसे कर सकता है और इसलिए परम्परा के सम्पूर्ण वर्णकविधान यहाँ पूर्णतः अधूरे पड़ जाते हैं।

भक्ति काव्य पूर्णतः लीलाविधान का काव्य है—और यहाँ सम्पूर्ण वासनात्मक लौकिकता उस अलौकिक आध्यात्मिकता में विलीन होकर परम्परित शास्त्र व्यवस्था से भिन्न एक नयी काव्य व्यवस्था की रचना करती है। अतः आदिकालीन साहित्य की काव्यवर्णक परम्परा भक्तिकाल में आकर टूटती है किन्तु रीतिकाल में उसे पुनः स्वीकृति मिलती है। ये भक्त कवि उक्तिवैचित्र्य द्वारा उनसे मुक्त होने के प्रति निरन्तर सचेष्ट हैं। वैसे सौन्दर्यनिरूपण तथा मुक्तक काव्य की कथन-वैचित्र्य-परम्परा के अन्तर्गत ये वर्णकविधान कविता के मानक के रूप में इस कालखण्ड में भी प्रायः दिखायी पड़ते हैं—जिनका विवेचन रीतिकाल की शास्त्रीय व्यवस्था के अन्तर्गत आगे किया जायेगा। यहाँ केवल उनकी सामान्य प्रवृत्ति तथा उनके औचित्य का ही विवेचन अभीष्ट था।

भक्तिकाल के काव्यशास्त्रीय चिन्तन की पृष्ठभूमि

साहित्य का काल कोई भी कालखण्ड आकस्मिकता की उपज नहीं है। आदिकाल के सन्दर्भ में बताया जा चुका है कि हिन्दी भक्ति साहित्य की विविध धाराओं का प्रवाह दसवीं शती से ही प्रारम्भ हो चुका था और वैष्णवभक्ति, शैवभक्ति, शैव-वैष्णव भक्ति की समन्वयवादी चेतना निर्गुण भक्तिकाव्य तथा राधा-कृष्ण विषयक प्रेमासक्ति का प्रचार सम्पूर्ण आर्यभाषा क्षेत्रों (महाराष्ट्र, गुजरात, उड़ीसा, आसाम, पंजाब, मिथिला, बिहार, मध्यप्रदेश के विविध भागों) में शुरू हो चुका था। भारतीय भाषाओं में तमिल, मलयालम, कन्नड़, तेलुगू आदि में तो कृष्ण एवं रामभक्ति का व्यापक प्रचार-प्रसार आठवीं शती से ही प्रारम्भ था। इस भक्ति आन्दोलन की केन्द्रीय विचारधारा सामान्यतः प्रतिक्रियामूलक थी। जैन एवं बौद्धधर्म के दबाव से आक्रान्त शैव तथा वैष्णवधर्म वैदिक परम्परा से चली आती हुई अपनी धार्मिक चिन्तनधारा की क्षीणता को पुनः प्रतिष्ठा दिलाने के लिए एक साथ जुड़कर इन मतों के विरोध के लिए आमने-सामने खड़े हुए। जैन तथा बौद्धधर्म की लोकात्मक प्रवृत्तियों को ग्रहण करते हुए, शास्त्र तथा धर्म ज्ञान के स्थान पर भाव साधना के सरलतम स्वरूप को मान्यता देकर तथा परम्परावाद की संकीर्ण मान्यताओं का तिरस्कार करके इस युग के भक्त कवियों ने भक्ति का जो लोकरंजन स्वरूप समाज के सामने रखा, उसके फलस्वरूप उनके सम्पूर्ण भारत में पनपने तथा सुदृढ़ होकर विकसित होने में कोई देर नहीं लगी। हिन्दी साहित्य का भक्ति आन्दोलन सन् 1375 से 1700 के बीच की कोई आकस्मिक उपजी हिन्दी साहित्य की धरोहर नहीं है। विचारधाराएँ 'बिजली की चमक' की तरह उत्पन्न होकर तुरन्त ही समाप्त नहीं हो जातीं। भक्ति समग्र भारत की राष्ट्रीय चेतना है और हिन्दी साहित्य के आदिकाल के प्रारम्भ में ही इसका हिन्दी प्रदेश में प्रवेश हो चुका था। साहित्य की परम्परित शास्त्रवादी मान्यताओं को दबाते हुए यह भक्ति प्रबल रूप से 10वीं शती से ही साहित्यिक धारा के रूप में मध्यदेश की संस्कृति की संवाहिका बनी और आज तक सम्पूर्ण भारत में यह किसी-न-किसी रूप में वर्तमान है। भारतीय

अध्यात्मवादी संस्कारों के साथ अपनी अन्तरंगता बनाये हुए भक्ति चेतना 10वीं शती से लेकर 18वीं शती तक विविध रूपों में समाज का मार्गदर्शन करती रही है। बंगाल के चैतन्य महाप्रभु महाराष्ट्र के स्वामी नामदेव-ज्ञानदेव, गुजरात के नरसी मेहता, असम के श्री शंकरदेव, पंजाब के गुरु नानक देव, उत्तरभारत में स्वामी रामानन्द तथा दक्षिण भारत के स्वामी रामानुजाचार्य, वल्लभाचार्य, मध्यस्वामी, विष्णुस्वामी आदि का साधना केन्द्र आर्यभाषा क्षेत्र बना और इस भक्ति आन्दोलन के समक्ष भारत की अन्य समस्त दार्शनिक, धार्मिक तथा साहित्यिक धाराएँ दब-सी गयीं।

हिन्दी साहित्य के भक्तिकालीन काव्यसाहित्य के सैद्धान्तिक संरचनात्मक चिन्तन की जब हम चर्चा करते हैं तो इस बात को हमें ध्यान रखना चाहिए कि इस भक्ति आन्दोलन के परिप्रेक्ष्य में उत्पन्न साहित्य (1) लोकजीवन की आध्यात्मिक चेतना से सम्बद्ध है, (2) सामाजिक प्रतिबद्धता इसकी मुख्य चिन्ताधारा है, (3) सम्पूर्ण वैदिक परम्परा के साथ यह जुड़ी हुई है, (4) आध्यात्मिक भावमयता से जुड़ी भक्ति के आस्वादन का पक्ष इसका रस पक्ष है, (5) परम्परा का साहित्यिक शास्त्रवादी चिन्तन साधन के रूप में चाहें तो सहयोग दें या न दें, इसकी इन्हें विशेष चिन्ता नहीं है क्योंकि यहाँ सृजन के परम्परागत विधान तन्त्रों का प्रायः सरलतम उपयोग हुआ है जो सामान्य लोकजन के परिप्रेक्ष्य से सम्बद्ध है। परम्परागत शास्त्र का जितना उपयोग इन्होंने आवश्यक समझा किया। (6) मांगलिक सामाजिक मूल्यनिष्ठा ही इनके काव्य के लिए आधार तत्त्व है।

यह सत्य है कि आदिकाल के कवि कविता की लोकपरम्परा एवं शास्त्रपरम्परा दोनों का स्मरण करते हैं किन्तु भक्ति काव्य की दृष्टि लोकपरम्परा की ही है और वह प्राथमिकता के साथ इसी से ही जुड़ी हुई है।

शास्त्र और लोकचेतना के प्रकरणों के विविध पक्ष हिन्दी साहित्य के शास्त्रीय बदलाव के लिए यहाँ द्वन्द्ववाद के रूप में कार्य करते हैं। शास्त्र स्वयं में वस्तुवादी चिन्तन है, अतः विषयवादी (subjective) कविता के सृजन सन्दर्भ में उनकी प्राथमिकता का प्रत्यक्षतः कोई सरोकार नहीं है। यदि है भी तो वह भक्ति से जुड़ा दिखायी पड़ता है। जब शास्त्र अपने वस्तुवादी स्वभाव का परित्याग करके सृजनवादी व्यावहारिक क्षेत्र में प्रवेश करता है तो कविता में शास्त्रीयता के नये लक्षण आने लगते हैं। संस्कृत काव्यशास्त्र की काव्यगुण, काव्यदोष, औचित्यवाद तथा कविशिक्षा की परम्पराएँ कविता में शास्त्रवादी चेतना के आरोपण का कार्य करती रही हैं और इसीलिए संस्कृत, प्राकृत एवं अपभ्रंश की कविताएँ इनसे सम्बद्ध रही हैं। प्राचीन हिन्दी कविता का युग जिसे आदिकाल के नाम से पुकारा जाता है—वहाँ इसी शास्त्रीय चेतना की प्रमुखता थी। आदिकालीन हिन्दी कविता का प्रायः अस्सी प्रतिशत भाग कविशिक्षा, कविसमय, कविवर्णकों, काव्यप्रौढ़ियों तथा कथानक रूढ़ियों से भरा पड़ा है। भक्तिकाल में इस शास्त्रीय काव्यचेतना के विरुद्ध लोकचेतना का आध्यात्मिक सन्दर्भ खड़ा हुआ।

सर्वप्रथम यह जैन तथा बौद्ध साहित्य में दिखायी पड़ता है। जैन काव्यों में शास्त्रीय और लोकचेतना के बीच समन्वय की प्रवृत्ति दिखायी पड़ती है--कविता का मन्तव्य आध्यात्मिक है किन्तु चेतना शास्त्रोय ही है। बौद्ध साहित्य की हीनयान तथा महायान धाराओं की हिन्दी कविता में काव्यशास्त्रीय सन्दर्भ न के बराबर है। इसी के आसपास वैष्णव, शैव एवं निर्गुण भक्ति आन्दोलन का हिन्दी साहित्य प्रकाश में आया। रामभक्ति की परम्परा और कृष्णभक्ति परम्परा की कविता भारतीय काव्यशास्त्रीय चिन्तन को चुनौती देती हुई लोकरंजन की चेतना को अपनी कविता के आधार के रूप में चुनती है–किन्तु परम्परा की चुनौतियों के प्रकाश में यहाँ एक नया शास्त्रवाद पनपने लगा–यह है 'भक्तिरस' और यह उसी परम्परावादी शास्त्रवाद की स्थापना का प्रतिफल है। भक्तिकालीन काव्यशास्त्रीय चिन्तन या काव्यसिद्धान्तों के सन्दर्भ में निम्नलिखित पक्षों की चर्चा यहाँ अपेक्षित है–

1. जीवन-मूल्यों की उदात्तता की स्वीकृति तथा अभिव्यक्ति अर्थात् मूल्यबोध का पक्ष।
2. भक्तिरस या रसबोध का पक्ष।
3. सौन्दर्यबोध अर्थात् परम्परागत शास्त्रीयता एवं भक्ति के चिन्तन में समन्वय की चेतना।

भक्तिकाव्य और मूल्यबोध

भक्ति कविता आध्यात्मिक प्रतिबद्धता की कविता है। इस आध्यात्मिक प्रतिबद्धता का अर्थ है—आस्था तथा विश्वास के साथ श्रेष्ठतम स्थायी एवं व्यावहारिक लोकजीवन से जुड़े मूल्यों की स्थापना ताकि समाज के बीच प्रेम, दया, क्षमा, उदारता, पारस्परिक स्नेह, सौजन्य, आत्मीयता की एक ओर स्थापना हो सके तो दूसरी ओर समाज के सर्जनात्मक मूल्य परस्पर सामाजिक सन्तुलन को व्यवस्थित बना सकें। इन सबके लिए आधार भक्ति तत्त्व को रखा गया है। भक्ति के मानक प्रभु को सर्वस्व समर्पित करके श्रेष्ठतम मूल्यों के द्वारा समाज को जोड़ने का कार्य मनुष्य की आत्मनिष्ठा एवं दूसरी ओर ईश्वर का प्रभुनिष्ठा दोनों से एक साथ करते हैं। संक्षेप में, इन मूल्यों की चर्चा इस प्रकार की जा सकती है--

क. आत्म तथा लोक का रक्षण
ख. सामाजिक अनाचरण का स्थायी उन्मूलन
ग. संस्कारच्युत समाज को संस्कारों से संयुक्त करना
घ. शाश्वत लोकमंगलवाद
ङ. रामराज्य अर्थात् आत्मपरिष्कारपरक जीवान-मूल्यों की उदात्तता के व्यापक परिवेश में स्थापना

भक्ति साहित्य से सम्बद्ध प्रमुख मूल्य, इस प्रकार पाँच प्रमुख भागों में विभक्त हैं और भक्ति कविता वैयक्तिक तथा सामाजिक स्तर पर सम्पूर्ण लोक को एक तन्त्र में समन्वित करके उन्हें जीवन की शुभमयता से जोड़ती है।

आत्म तथा लोक का रक्षण :

भक्त नैतिक स्तर पर स्वयं को समाज के सदस्य तथा सामाजिक स्तर पर समाज के अभिन्न अंग स्वीकार करते हैं। यह कविता अन्याय, अत्याचार, लोक की पापमयी कुरीतियों, स्वार्थपरायणता, वैयक्तिक विस्तार के लिए धन का शोषण, भ्रष्टाचार, सामाजिक अनाचरण के निषेधात्मक सन्दर्भों की चर्चा द्वारा शुभ तथा मंगल की ओर समाज का ध्यान आकर्षित करती है। 'रावण तथा कंस' भक्तिकाल के दो आततायी

तथा समाज विरोधी पात्र हैं—जो एक ओर राम तथा दूसरी ओर कृष्ण के साथ प्रतिद्वन्द्वी के रूप में जुड़े हैं और वे दोनों उनसे सम्बद्ध लोक-समाज को संकटग्रस्त करते हैं। रावण श्रीराम की पत्नी का छल और बलपूर्वक अपहरण करता है और कंस केवल एक भविष्यवाणी सुनकर श्रीकृष्ण के माता-पिता को कारावास में ही नहीं डाल देता अपितु सद्यः जन्मे उनके सात भाइयों का बन्दीगृह में उनके माता-पिता के सामने ही वध कर डालता है। हिन्दी भक्ति साहित्य से जुड़े ये दोनों सन्दर्भ समाजरचना के विघातक तत्त्व के रूप में लोक की मांगलिक निष्ठा को नष्ट करते हैं। कवि सीता तथा देवकी एवं वसुदेव की रक्षा को प्रतीकबद्ध करके लोकरक्षण की अनिवार्यता के साथ उन्हें जोड़ देते हैं। सन्त्रास के प्रति राक्षस तथा असुर दोनों युगीन आतंक ही नहीं, सनातन आतंक के प्रतीक हैं और उनसे समाज को मुक्ति दिलाना भक्तिकाव्य का प्रथम दायित्व है।

भक्त कवि समाज के अंग के रूप में उनसे जुड़कर आत्मरक्षण ही नहीं चाहता, पहले समाजरक्षण चाहता है और उसी से जुड़कर स्वयं भी निर्भयता की प्राप्ति की आंकाक्षा रखता है।

मध्यकालीन भक्ति कविता के स्पष्ट रूप से दो पक्ष सामने आते हैं। प्रथम प्रक्ष भक्ति का है और दूसर पक्ष सामाजिक रक्षा के आलम्बन के आश्रय का। भक्त भी उन्हीं में सम्मिलित है—इसी के साथ-साथ उनसे एक सहृदय समाज भी जुड़ा है और इस सहृदय समाज को ये कवि दो रूपो में अभिभूति करते हैं—प्रभु ब्रह्म के भावात्मक अद्वैत द्वारा तथा भक्ति के आलम्बन राम, कृष्ण या अन्य अवतारों की लोकरक्षण की भावना से। इस सम्बद्धता द्वारा सम्पूर्ण पुराणों की अवतार कथाओं के आलम्बन की लोकरक्षक या आनन्ददायी स्वरूप की सिद्धि को संगठित किया गया है। सौन्दर्यवादी चिन्तन के माध्यम से इस पक्ष को व्यक्त करना अधिक संगत प्रतीत होगा, क्योंकि भक्तिरस सिद्धान्त यहाँ इस व्यवस्थाविधान के सामने छोटा पड़ जाता है, लोक में अवतरित रूपों के प्रति अतिशय विश्वसनीयता उत्पन्न करना इनका धर्म है। अनीति तथा दुराचरण चाहे विदेशी शासकों का हो या किसी शासक की जाति-वर्ग का हो, या स्वयं के समाज में उत्पन्न लोकात्मक आतंकवादी वृत्ति के रूप में हो—उससे मुक्ति के लिए उस त्राणकारी लीलाधारी अवतरित ब्रह्म का ध्यान मात्र ही संकटमुक्त करता है, यही, इस कविता की प्राथमिक आधारभूमि है। भक्ति की स्थापना के लिए पुराणों की रचना और पुराणों के बाद भक्त कवियों द्वारा चरित काव्यों एवं कथाखण्डों का सृजन वैयक्तिक तथा सामाजिक पीड़ा की मुक्ति के लिए लिखा गया है।

साहित्य में शिवेतरक्षतये, अर्थात्—अमंगलकारी तत्त्वों के सन्त्रास से मुक्ति दिलाना और मानसिक निर्भयता उत्पन्न कराने का साधन यहाँ कविता है। भक्तिकाल में विश्वास की सामाजिक लोकरक्षक मूल्यों के प्रति आस्था कविता की महत्त्वपूर्ण उपलब्धि है। लोकमंगल के व्यापक परिवेश से उत्पन्न वैयक्तिक तथा सामाजिक निर्भयता को ये भक्त कवि अपनी कविता का सर्वश्रेष्ठ मूल्य मानते हैं क्योंकि यह उस समाजरचना

तथा मनोदशा के सृजनात्मक परिवेश का आधार है, जहाँ कविता अपने मूल्यों के द्वारा सर्वाधिक सामाजिक सार्थकता प्राप्त कर सके। इस वातावरण की रचना के लिए भक्ति साहित्य के चरित या कथाकाव्य पौराणिक मिथकों से भरे पड़े हैं—ये 'मिथक' सामाजिक विकास के अंग हैं—'धर्म के पतन' से जुड़ी कथाएँ जिन्हें 'रावण तथा कंस' के अत्याचारों से जोड़ा गया है, पौराणिक मिथक हैं। कृष्णकथा में अघासुर, बकासुर, तृणावर्त्त, पूतना, कालियनाग आदि के प्रकरण तथा रामकथा में अवतार के हेतु के प्रकरण से जुड़ी अनीति एवं अत्याचार की कथाएँ स्वयं में सामाजिक अनाचरण की प्रस्तावनाएँ हैं। ये प्रस्तावनाएँ इतने सहज स्तर पर रची गयी हैं कि पाठक के मन को उनमें बाँधकर कवि कथा की प्रस्तावना तथा उनसे समाज से मुक्ति दिलाने के प्रकरण समाज को स्वयं से जोड़ लेते हैं। अधमतम समाज की अमानवीयता के साथ ब्रह्म के उदय की कल्पना करके लोक आस्था के लिए इन कवियों द्वारा एक ऐसे त्राणकारी आत्मबल को निर्मित किया जाता है, जिसका लक्ष्य है—भक्ति तथा वैष्णवी आस्था को आजीवन या चिरस्थायी धर्म बना देना।

इनके आत्मरक्षण एवं लोकरक्षण की इस निर्भयता की भावना के बीच अडिग आस्था का जन्म इनकी कृतियों की श्रेष्ठतम उपलब्धि है। यहाँ कविता केवल मानसिक आनन्द या लोक विश्वास का सामान्य माध्यम नहीं बनती—इस भक्ति के द्वारा इन कवियों का लक्ष्य है, सामाजिक चेतना की उस मूल्यमयी सत्ता का निर्माण जो उनके आचरण, व्यवहार, समय, चिन्तन, दैनिकचर्या तथा चित्त की स्थायी धारणा तथा आस्था का अनिवार्य धर्म बन सके।

सामान्य रूप से कविता के उद्देश्य के विषय में यह आलोचनात्मक मन्तव्य है कि वह अपने अध्ययन-काल तक पाठक को अभिभूत किये रहती है, लोकव्यवहार में संसक्त होते ही वह पाठक से तथा उसकी मानसिक दशा से कविता का परस्पर सम्बन्ध विच्छेद हो उठता है और दोबारा सम्पर्क में आने पर पुनः पाठक का चित्त पूर्व दशा तक पहुँचता है। भक्त कवियों ने इस सिद्धान्त के विरुद्ध अपनी कविता में जो आन्दोलन चलाया है तथा जिस सर्जनात्मक कुशलता का उपयोग किया है, वह यह कि भक्ति कविता का सन्दर्भ केवल कविता के अध्ययन-काल तक ही नहीं, उसके बाद भी, सामाजिक सदाशयता के रूप में पाठक के आचरण से सम्बद्ध होकर सोते-जागते, उठते-बैठते, खाते-पीते मूल्य के रूप में उनसे सम्बद्ध हो। 'भक्त' स्वयं सहृदय है, वह समाज को भी सहृदय बना रहा है—यही नहीं, वह पुनः उन्हें भक्त की अजस्त्र चेतना से बाँधकर जीवनभर के लिए भी भक्तसहृदय बनाने के प्रति कृतसंकल्प है।

भावक की यही चेतना उसे तथा सम्पूर्ण समाज को एक साथ तन्मयीभूत करके आत्मब्रह्म को तत् 'ब्रह्म' से जोड़ती है और यह उसके स्वयं की तथा समूचे समाज की निर्भयता का एक ज्वलन्त प्रमाण है।

सामाजिक अनाचरण का स्थायी उन्मूलन :

भक्तिकाव्य सामाजिक अनाचरण के स्थायी उन्मूलन को कविता का लक्ष्य मानता है। एक ओर इसे यह भक्ति कविता अनैतिकता एवं अनाचरण पर सदाचार की विजय के रूप में स्थापित है तो दूसरी ओर भावात्मक रूप में रामराज्य की स्थापना जैसी अवधारणा द्वारा उसे स्थायी सामाजिक मूल्य बना देती है। जैनधर्म, बौद्धधर्म, मीमांसादर्शन इस दृष्टि से प्रायः भक्तिवाद से ही जुड़े हैं। हिन्दी साहित्य के आदिकाल में जैन तथा बौद्ध धर्म अधिक सार्वजनिक संकीर्णताओं से मुक्त थे और ठीक उन्हीं के समानान्तर भक्तिवाद ने अपने को 'सर्वजन हिताय, सर्वजन सुखाय' के रूप में परिवर्तित किया और समाज में वर्गभेद, जातिभेद, कर्मभेद, सम्पत्ति एवं शक्ति भेद की समस्त विषमताएँ नष्ट कीं। सम्पूर्ण भक्तिसाहित्य मानवीय शुभ मूल्यों का प्रतीक है। भक्तिकाल में अशुभ मूल्यों की सूची बड़ी विस्तृत है और रावण तथा कंस साम्राज्य, शक्ति, अनाचरण, नृशंसता, हत्या, उपद्रव, शोषण, विषमताएँ आदि इन्हीं अशुभ मूल्यों की तालिका से सम्बद्ध हैं। असुर तथा आतंकी का विनाश और व्यक्तिगत राग-द्वेष से मुक्त सामाजिक अनाचरण के विरुद्ध एक प्रकार से सामाजिक शील, सत्य, न्याय, संकटमुक्ति आदि शुभ मूल्यों की प्रतिष्ठा के रूप में दिखायी पड़ती है। श्रेष्ठतम मूल्यों की श्रेष्ठतम अभिव्यक्ति के लिए साहित्यसृजन का इनका लक्ष्य है और यह मूल्यों की दृष्टि से निश्चित ही वृहत्तर है। यहाँ एक कवि काव्य स्रष्टा होकर भी काव्यसृजन की कल्पनाशीलता की जिम्मेदारी से अपने को पृथक् रखता है। शिव स्वयं वक्ता कवि हैं, याज्ञवल्क्य भुशुण्डि, नानापुराण, निगम-आगम, आदिकवि वाल्मीकि, महर्षि व्यास आदि कथा के सर्जक मिथक हैं और भक्त कविगण केवल इन्हीं की काव्य वाणियों की पुनर्प्रस्तुति मात्र करते हैं। आस्था, विश्वास एवं उनके प्रति सामाजिक संसक्ति द्वारा ये कवि उन संकीर्णताओं को दूर करते हैं, जो श्रेष्ठ मानव की निर्मित में बाधक हैं। कवि के द्वारा भावनात्मक सजगता को मानव चित्त में स्थापित करने के प्रति ये कवि चेष्टारत हैं कि अनाचरणविहीन समाज की रचना हो और ये इसका एक ज्वलन्त साक्ष्य भी सामने दृष्टान्त के रूप में रखते हैं, वह है, रामराज्य का। इनकी काव्यदृष्टि में निहित सामाजिक हितबद्धता का प्रथम पक्ष यही है—पीड़ा एवं कल्मषमुक्त मानव समाज की स्थापना। तुलसीदास रामराज्य के सन्दर्भ में कहते हैं कि—

अल्पमृत्यु नहिं कवनिउ पीरा। सब सुंदर सब बिरुज सरीरा।।
नहिं दरिद्र कोउ दुखी न दीना। नहिं कोउ अबुध न लच्छन हीना।।
राम राज नभगेस सुनु सचराचर जग माहिं।
काल कर्म सुभाव गुन कृत दुख काहुहि नाहिं।।

काल से उत्पन्न संकट, कर्म से उत्पन्न संकट, स्वभाव से उत्पन्न संकट तथा गुणों की हीनता से उत्पन्न संकट अर्थात् सम्पूर्ण वातावरण की आत्मिक—सामाजिक मूल्य शुचिताएँ इतनी श्रेष्ठ रूप में व्याप्त थीं कि काल, कर्म, स्वभाव तथा गुण के रूप में

व्याप्त सृष्टि के सम्पूर्ण संकट मानव-समाज के बीच से लुप्त हो उठते हैं। अधमता के वातावरण में दो पात्र हैं—रावण और विभीषण। एक अधर्म की वृद्धि चाहता है तो दूसरा अधर्म से मुक्ति। विजय अधर्म से मुक्ति की होती है और वह निष्कलुष हृदय विभीषण ही नहीं है अपितु वर्तमान समाज के सभी प्राणी काल, कर्म, गुण एवं स्वभाव के संकट से मुक्त होते हैं। कृष्ण एवं नृसिंह की व्यवस्था का भी यही निष्कर्ष है। अधर्म का प्रतीक विनष्ट होकर धर्म को दबावमुक्त करता है और इस धर्म के प्रचार-प्रसार के लिए विभीषण, प्रह्लाद, कृष्ण, राम आदि जैसे पात्र पुनः खड़े होकर सामाजिक अनाचरण का उन्मूलन करते हैं।

अधर्म तथा अनाचरण के शीर्ष को कथा के शीर्ष बिन्दु से जोड़कर ये कवि उसका शक्तिपूर्वक समापन तथा इस समापन के बाद पीड़ा एवं शोषण से मुक्त नायक की पुनर्प्रतिष्ठा करते हैं। श्रीराम, कृष्ण तथा भक्ति की पीठिका में वर्तमान पौराणिक कथाओं की नियति बन जाती है, शुभ मूल्यों की पूर्ण प्रतिष्ठा। जैनधर्म में भी इस प्रकार की कथाएँ हैं किन्तु उनमें साहित्यिक प्रतिबद्धता भक्ति जैसी नहीं है। भक्ति साहित्य की इन कथाओं में उन्मुक्तता अधिक है। जैन साहित्य का आध्यात्मिक सन्दर्भ साहित्यिक मूल्यवत्ता को क्षीण बताता हुआ निरन्तर अपने दबाव से पाठक के मन को धर्म से प्रतिबद्ध करता है, इसीलिए भक्ति कविता धार्मिकता से मुक्त होकर साहित्य के अधिक समीप आकर खड़ी दिखायी पड़ती है। पौराणिक कथाओं के सारे-के-सारे मिथकीय कथारूप कविता की धार्मिकता को दबाव में नहीं आने देते वरन् वे उसे उनसे मुक्ति दिलाते हैं किन्तु जैनकाव्य की कथाओं में साहित्यिक दृष्टि धार्मिकता के दबाव से पूर्णरूपेण साहित्यिक नहीं हो पाती। भारतीय धार्मिक तथा भक्ति विषयक मान्यताओं के मूल में समाज को संस्कारयुक्त बनाने की प्रतिबद्धता निरन्तर दिखायी पड़ती है। यह संस्कार क्या है—कैसा है—वाल्मीकिरामायण में ही देखें—वाल्मीकि नारद से प्रश्न करते हैं कि इस समय लोक में धैर्यवान्, पराक्रमी, संयमी, उदार, दानपरायण, क्षमाशील, धर्मज्ञ, प्रजाहित के लिए रत, जितेन्द्रिय, स्वधर्म तथा स्वजनों के संस्कारयुक्त समाज के लिए सांस्कारिक प्रतिबद्धता आदि गुणों से सम्पृक्त कौन आदर्श पुरुष है। नारद इस प्रश्न के उत्तर में राम का विवरण देते हैं और वाल्मीकि को इन्हीं राम के जीवन पर काव्य लिखने की प्रेरणा बाद में सरस्वती तथा ब्रह्मा दोनों देते हैं। ब्रह्मा का उनके लिए आशीर्वचन है कि—

न ते वागनृता काव्ये काचिदत्र भविष्यति।
कुरु रामकथां पुण्यां श्लोकबद्धां मनोरमाम्।
यावत् स्थास्यन्ति गिरयः सरितश्च महीतले।
तावद् रामायणकथा लोकेषु प्रचरिष्यति।।

"इस कथा में अंकित तुम्हारी कोई भी बात झूठी नहीं होगी। इसलिए तुम श्रीरामचन्द्र की पवित्र एवं मनोरम कथा को श्लोकबद्ध करके लिखो। इस पृथ्वी पर जब

तक नदियों और पर्वतों की सत्ता रहेगी, तब तक संसार में रामायण कथा का प्रचार होता रहेगा या अस्तित्व बना रहेगा।''

भारतीय प्रतिबद्ध कविता का सम्बन्ध सामाजिक मानवीय मूल्यों से न होकर शाश्वत सांस्कृतिक मूल्यों से है और आदिकालीन भारतीय अस्मिता इन मानवीय हितों की रक्षक प्रतिबद्धताओं से पूरी तरह परिव्याप्त है। भारतीय जीवन-पद्धति स्वयं में आर्य तथा आर्ष परम्परा की अभिव्यक्ति है—और यह परम्परा आत्मरक्षण से सम्बद्ध न होकर लोकरक्षण से सम्बद्ध है। 'राम' एवं 'कृष्ण' या भारतीय महाकाव्य के नायक धीरोदात्त समग्र नैतिक आर्य मूल्यों के प्रतीक हैं। समय-समय पर ह्रास की ओर उन्मुख भारतीयता की रक्षा इन्हीं मूल्यों ने की है तथा ये ही भावनाएँ सच्चरित्रों को आलम्बन बनाकर भारतीय संस्कृति से उन्हें जोड़नेवाले मूल्यों प्रेम, दया, स्नेह, आत्मीयता, सौजन्य, मैत्री, अहिंसा से सम्बद्ध करके एक भारतीय समाज के साथ बने रहने के लिए प्रेरित करती हैं। यहाँ व्यक्तिवाद एवं स्वार्थ से संयुक्त विखण्डनवाद नहीं है। यही भारतीय जीवन के संस्कार हैं और समय-समय पर अनेक प्रभावों से इन्हें टूटते हुए देखकर इन 'राम एवं कृष्ण' कथाओं के माध्यम से हमारे भारतीय कवि तथा चिन्तक बार-बार जोड़ने का प्रयास करते रहे हैं। संस्कारच्युत होते हुए भारतीयों को यह भारतीय भक्ति कविता पुनः भारतीय अस्मिता के संस्कारों से जोड़ने की चेष्टा करती है। भक्तिकाव्य अपने को कालिदास तथा भवभूति की शास्त्रीय काव्यपरम्परा से नहीं जोड़ता अपितु उस धार्मिक-नैतिक तथा मानवीय संस्कारों से जोड़ता है जिनका सम्बन्ध वैदिक परम्परा से है। सूरदास सूरसागर में बताते हैं कि इस कृष्णकथा के रहस्य को सर्वप्रथम ब्रह्मा ने नारद को बताया था। नारद से व्यास को प्राप्त हुआ था। व्यास ने इसे द्वादशस्कन्धात्मक रूप देकर शुकदेव को बताया और शुकदेव ने महाराज परीक्षित को इसे सुनाया था। इसके पश्चात् इसी परम्परा में शौनकादि ऋषियों को प्राप्त होकर यह कथा धीरे-धीरे सम्पूर्ण लोक में व्याप्त हुई। उसी कथा का इन भक्त कवियों ने उपयोग किया है।

गोस्वामी तुलसीदास जी रामकथा की परम्परा के विषय में ऐसा ही कहते हैं। नानापुराण, निगम-आगमों द्वारा यह रामकथा समर्पित है। इस कथा के आदि वक्ता शिव हैं, दूसरे वक्ता याज्ञवल्क्य हैं, तीसरे वक्ता भुशुण्डि हैं और इनसे क्रमशः पार्वती, भरद्वाज ऋषि तथा पक्षिराज गरुड़ ने प्राप्त किया था। रामायण अनन्त है, हरिकथाएँ अनन्त हैं—और इन परम्पराओं से यह रामकथा लोक में आयी, वक्ता-श्रोता परम्परा से जुड़कर।

कलियुग में शत संवत् व्यतीत हो जाने पर मनुष्य को पापाचरण से बचाने के लिए स्वयं हरि ने व्यास का अवतार ग्रहण करके समस्त वेदों, संहिताओं तथा अट्ठारह पुराणों की रचना की। फिर भी, उनका हृदय शान्त न हुआ। अन्त में, नारद उनके पास आये, फिर उन्होंने उन चार श्लोकों का रहस्य बतलाया, जिन्हें उन्होंने ब्रह्मा से प्राप्त किया था। इसी सन्दर्भ में श्रीहरि के चरणों का स्मरण करके उन्होंने व्यास के रूप में भागवत पुराण का आख्यान किया था।

संस्कारच्युत कलियुग को पुनः वैदिक मान्यताओं अर्थात् दया, प्रेम, सौहार्द, दान, अहिंसा, अस्तेय, अपरिग्रह, क्षमा, विनय आदि से संस्कारित करने के लिए यह साहित्य लिखा गया है। इस साहित्य के मूल में सांस्कारिक परिष्कार ही मूल्य के रूप में सर्वाधिक महत्त्वपूर्ण अवधारणा है। भौतिक संस्कृति के ठीक विपरीत ऐसे व्यक्तियों की अवधारणा जिनसे परम्परित मूल्यों की रक्षा के लिए कृत संकल्प पुरुष प्रकट होकर पुनः परम्परा के संस्कारों से समाज को प्रतिबद्ध करे, यह इस साहित्य की मूल अवधारणा है। समाज की सामाजिक प्रतिबद्धता जो भारतीय वैदिक परम्परा से हमें प्राप्त होती है, उनके संस्कारों को पुनः संस्कारच्युत समाज में प्रतिष्ठित करना इनके साहित्य का मूल मन्तव्य है और इसीलिए आज भी भारतीय समाज में इसकी प्रतिष्ठा निरन्तर भाव से वर्तमान है।

शाश्वत लोकमंगलवाद :

आचार्य रामचन्द्र शुक्ल ने इस भक्तिकाव्य के एक पक्ष को विशेषकर तुलसी की कविता के मूल मन्तव्य को, शाश्वत लोकमंगलवाद के नाम से अभिहित किया है। भारतीय समाज में विदेशी शक्तियों द्वारा प्रचारित भौतिकतावाद तथा भोगवाद से दूर उस युग के महाकवियों ने लोकमंगलवाद की अवधारणा स्थापित की है। इस मंगलवाद से व्यक्ति, परिवार, कुटुम्ब, ग्राम, नगर, राज्य, देश सभी-के-सभी अभिन्न रूप से परस्पर जुड़े हुए हैं। वर्तमान भौतिकवादी व्यवस्था जैसी इस व्यवस्था में व्यक्तिवादी अलगाववाद नहीं है। लोकमंगल के प्रतीकरूप 'राम' जैसे एक व्यक्तित्व की संकल्पना, उनसे जुड़ा समाज, पारस्परिक आत्मीयता तथा प्रीति के वातावरण का निर्माण, पारस्परिक प्रेम एवं प्रियता, आत्मीयता तथा सौहार्द आदि मूल्यों के बीच ये कवि अपनी दिनचर्या ही नहीं व्यतीत करते अपितु उसकी स्थापना के लिए राज्य तथा सत्ता का त्याग करके अत्याचारी रावण जैसे व्यक्तियों से युद्ध करके उन्हें समूल विनष्ट करते हैं। तुलसी की रामकथा मंगलमयी समाजरचना की मूल्यवादी मान्यताओं का एक श्रेष्ठतम उदाहरण है।

कवि शाश्वत लोकमंगल की व्यापक पृष्ठभूमि को निर्मित करने के लिए श्रीरामचरितमानस जैसे काव्य का निर्माण करता है। ये मांगलिक मूल्य व्यक्ति, समाज एवं स्वयं रचनाजगत् से जुड़े भक्त तथा सम्बद्ध व्यक्तित्वों तक व्याप्त व्यापक समाजरचना की आधारभूमि निर्मित करते हैं। सामाजिक समता अर्थात् जातिवाद तथा वर्गवाद के बीच स्थित भेदभाव की समाप्ति, नारी-पुरुष के बीच विषमता की व्याप्ति को समाप्त करते हुए परस्पर स्त्री-पुरुष के बीच समत्व का भाव प्रदान करना, इनका लक्ष्य है। इनका रामराज्य शासक तथा शासित वर्ग के बीच स्थित दूरी को पर्याप्त मात्रा में नष्ट करता है। न्यायप्राप्ति को मौलिक अधिकार के रूप में यहाँ स्थापित करने की चेष्टा की गयी है। सामाजिक सम्बन्धों के जो भी आदर्श रूप हैं, उनकी प्रतिष्ठा यहाँ कवि के मूल मन्तव्य के साथ जुड़ा है। अर्थ, धर्म, काम, मोक्ष आदि मूल्यों की प्राप्ति यहाँ मूलादर्श है और मानव जाति के सर्वोच्चतम सुख एवं शान्ति की स्थापना इस काव्य का मूल

लक्ष्य है। भक्त कवियों का मूल लक्ष्य समस्त मानव-समाज में भक्ति का प्रचार-प्रसार ही नहीं अपितु, मानव जाति के लिए एक ऐसी समाजरचना का निर्माण लक्ष्य रहा है जो सात्त्विक दृष्टि से अपने शीर्ष पर हो। राम, भरत, सीता, हनुमान आदि के चरित्रों का निर्माण उच्चतम मांगलिक सात्त्विक मान्यताओं के प्रतीक से सम्बद्ध हैं। शुभतम मांगलिक मूल्यों की स्थापना तथा उनसे होनेवाली सामाजिक संरक्षा इनका मूल मन्तव्य है और इसीलिए इनकी कथावस्तु के पात्र दो वर्गों में विभक्त हैं—एक अशुभ मूल्यों के प्रतीक रावण तथा दूसरे शुभतम मूल्यों के प्रतीक राम ये परस्पर दोनों के कथात्मक द्वन्द्व द्वारा उन श्रीराम एवं श्रीकृष्ण की विजय वर्णित करके समाज में अशुभ मूल्यों पर शुभ मूल्यों की विजय द्वारा अपनी कथा का मन्तव्य निर्मित करते हैं। समाज में शुभ तथा अशुभ का यह द्वन्द सम्पूर्ण मानव जाति तथा समाज में व्याप्त है। जाति तथा समाज ही नहीं प्रत्येक व्यक्ति अपने शान्तिपूर्ण अस्तित्व के लिए आजीवन इन मूल्यों के द्वन्द्व से जूझता रहता है। इस रूप में भारतीय रामकथा सम्पूर्ण विश्व के मानव समाज, जाति तथा व्यक्ति के लिए स्वयं में एक शाश्वत मार्ग तथा समाधान है। इसी द्वन्द्व का रचनात्मक प्रतिफल है कि 'राम तथा कृष्ण' शुभ मूल्यों के समाज में प्रतीक-पुरुष तथा जीवनादर्श बन जाते हैं। इनके इस उच्चतम लोकमंगलवादी मूल्यों की अवधारणाओं के अन्तर्गत कलिमल शमन, भारतीय आध्यात्मिक मूल्यों का संरक्षण, व्यक्ति तथा परिवार एवं समाज के पारस्परिक आदर्शों की संरक्षा, भौतिक मूल्यों के प्रति अविश्वास आदि-आदि सन्दर्भ आते हैं। ये मूल्य समाज के पुनर्निर्माण तथा मानव जाति के विकास की अवधारणा को दृढ़ बनाकर उसे स्थिर करते हैं। प्रकारान्तर भाव से भक्तिकाव्य भारतीय व्यवस्था के वैदिक मानववादी मूल्यों की पुनर्स्थापना से सम्बद्ध है। इसे दूसरे शब्दों में मानव जाति के शाश्वत लोकमंगलवाद के नाम से भी पुकारा जा सकता है।

भक्तिकाव्य दो भागों में विभक्त है, शाश्वत लोकमंगलवादी अवधारणा से संयुक्त भक्तिकाव्य एवं आनन्दमयी काव्यधारा से सम्बद्ध लीलाभक्तिकाव्य, किन्तु आनन्दमयी काव्य की अन्ततया कलात्मकता मात्र भक्तिकालीन कृष्णभक्ति से सम्बद्ध आनन्दमयी काव्यधारा से एकदम पृथक् हो उठती है। सूर, तुलसी, कबीर, जायसी सभी आनन्दवादी मूल्यों का समर्थन करते हैं किन्तु सभी के साथ भक्ति चेतना की प्रतिबद्धता के कारण उनमें मानव का आत्यन्तिक कल्याण सर्वत्र निहित है। यह आनन्द इस प्रकार मानवीय प्रतिबद्धता का श्रेष्ठतम प्रतीक उच्चतम प्रतिबद्ध मानव-मूल्य बन जाता है। भक्तिकाव्य को कलावादी कविता की श्रेणी में नहीं रखा जा सकता। इनका यह लोक शाश्वत मंगलवाद सर्वव्याप्त शुभ मूल्य (Absolute good) का प्रतीक है और ये भक्त कवि अपनी रचना के द्वारा समग्र मानव जाति का ही कल्याण नहीं देखना चाहते वरन् वे समाज के सम्पूर्ण प्राणिवर्ग का इन शुभ मूल्यों द्वारा कल्याण की कामना करते हैं। हनुमान, सम्पाती, भुशुण्डि, गरुड़ आदि इसी काव्य में वर्णित शुभ मूल्यों के श्रेष्ठतम प्रतीक हैं।

इस प्रकार इनका लोकमण्डल चेतन प्राणिवर्ग तथा मानव समाज के लिए एक श्रेष्ठतम धरोहर है। इनके इन शुभतम मानव-मूल्यों को श्रेष्ठ शुभतम लोक के लिए श्रेष्ठतम मांगलिक मूल्यों की संज्ञा देना सर्वथा उचित है।

2. भक्तिकाल के मूल्यवादी सैद्धान्तिक चिन्तन का संरचनात्मक स्वरूप :

हिन्दी भक्ति की चार मानक परम्पराएँ हैं–

1. कृष्णभक्ति काव्य
2. रामभक्ति काव्य
3. सन्त काव्य
4. सूफ़ी काव्य

इनकी काव्य संरचना के बाह्य एवं आन्तरिक रूपों में भिन्नताएँ दृष्टिगत होती हैं जैसे कृष्णभक्तिकाव्य की संरचनाधारा कथात्मक गीतिकाव्य की है और सन्तकाव्य (दार्शनिक या) आध्यात्मिक गीतिकाव्य से सम्बद्ध है। रामकथा वैदिक परम्परागत मूल्यों से सम्बद्ध भारतीय प्रबन्धकाव्य है तो सूफ़ी काव्य इस्लामी परम्परा के सूफ़ी कथात्मक प्रबन्धकाव्यों की सरणि में आता है। चारों धाराओं की काव्यात्मक संरचना के स्वरूपों में अन्तर वर्तमान है। इस मूल्यवादी प्रकरण में रामभक्ति काव्य एवं सूफ़ी काव्य के प्रकरण सन्दर्भ क्या भिन्न हैं, यह देखना यहाँ आवश्यक है। सुविधा के लिए रामचरितमानस तथा पद्मावत इन दोनों की रचनात्मक वृत्तियों को साक्ष्य के रूप में यहाँ आमने-सामने रखा जा सकता है।

रामचरितमानस का प्रबन्धविधान	**पद्मावत का प्रबन्धविधान**
1. मानस में सात अध्याय हैं और कथा राम के विष्णु अवतार से सम्बद्ध है।	1. रचना शैली मसनवी की है और यह कथा खण्डों में लिखी गयी है। कुल खण्ड 56 हैं किन्तु अध्याय का बँटवारा नहीं है। यहाँ कला ऐतिहासिकता से जुड़ी है।
2. कथा को प्रारम्भ गणेश, सरस्वती शिव, पार्वती, गुरु आदि की वन्दना से होता है।	2. कथा प्रारम्भ होने के सन्दर्भ में ईश्वर स्तुति, मुहम्मद साहब, उनके चार मित्रों और उसके बाद उस समय के राजा शेरशाह सुल्तान की वन्दना की गयी है।
3. कथा के साथ विनयोक्ति काव्य अभिप्राय तथा मानस रूपक का वर्णन है।	3. आत्म-परिचय तथा सूफ़ी मत के इस्लाम से जुड़े प्रेमवाद का परिचय दिया है।

इसके बाद श्रीरामचरितमानस की कथा की भूमिका चलती रहती है। कथा की उत्पत्ति के हेतु, श्रोता-वक्ता परम्परा, पृथ्वीसहित देवताओं की प्रभु के अवतरण की प्रार्थना, रावण अत्याचार के पश्चात् राम जन्म की कथा की प्रस्तुति आती है। इतनी

लम्बी भूमिका में मानसकार एक व्यापक कथाफलक तैयार करता है, जिसका मूल लक्ष्य शाश्वत लोकमंगलवाद की स्थापना की भूमिका है। इस भूमिका के साथ कथा रामजन्म से प्रारम्भ होकर रावणवध तथा रामराज्याभिषेक एवं रामराज्य की स्थापना तक चलती है और इस लोकमंगल की विविध भूमिकाओं की प्रस्तावना तथा विकास के क्रम इसके लक्ष्य के साथ निर्मित होकर सामने आते हैं।

ठीक इसके विपरीत, जायसी विभिन्न प्रेमकथानक की रूढ़ियों की परम्परा को दुहराते हुए कथा का प्रारम्भ रतनेसन की प्रथम रानी नागमती के साथ उसके संवाद से शुरू करते हैं। यह कथा इतिहासाभास है—कवि कल्पना द्वारा हीरामणि तोते की घटना गढ़ता है—जो बिककर रतनसेन के पास पहुँचता है। यह तोता सिंहलद्वीप के नरेश गन्धर्व सेना की पुत्री पद्मावती का पालित-पोषित शुक है। यह पद्मावत की कथा की एक परम्परित रूढ़ि है। तोता पहले नागमती के सौन्दर्यगर्व को चूर करता हुआ पद्मावती के सौन्दर्य का वर्णन करता है और द्वेषवश मारे जाने से बचकर रतनसेन के पास आकर उनसे पद्मावती की रूप अद्वितीयता का वर्णन करके उन्हें मूर्च्छित दशा में पहुँचा देता है और जगने पर सोलह हजार राजकुमारों को लेकर तोते के साथ पद्मावती की प्राप्ति के लिए योगी बनकर रतनसेन घर से निकल पड़ता है। यहाँ सूफ़ी काव्य की इन कथारूढ़ियों के साथ कथा का फैलाव परमतत्त्व की प्राप्ति के लिए सम्पूर्ण भौतिक भोगों के त्याग का सन्दर्भ निर्मित करता है।

रतनसेन योगियों के साथ सिंहलद्वीप में पहुँचकर पद्मावती को प्राप्ति के लिए ध्यान करके योगमुद्रा में बैठ जाता है। तोते ने जाकर जब सारा समाचार पद्मावती को बताया तो वह भी रतनसेन के प्रेम में अनुरक्त हो उठी।

यहाँ के बाद, मिलनकथा शिवपूजा के साथ वसन्त पंचमी से प्रारम्भ होती है। योगसिद्धि से गढ़ में घुसते हुए प्रातः हो जाने पर राजा पकड़ा जाता है। किन्तु सोलह हजार योगी तथा हिन्दू देवता शिव, हनुमान आदि दुर्ग घेरकर युद्ध प्रारम्भ कर देते हैं और सेना के हार जाने पर शिव को वहाँ देखकर उनकी आज्ञा से 'पद्मावती रतनसेन' की परिणीता बना दी जाती है।

इसके बाद, दूसरी कथा रतनसेन द्वारा राघव चेतन को राज्य से निकाले जाने के बाद शुरू होती है। राघव चेतन रतनसेन से असन्तुष्ट तथा अलाउद्दीन से पुरस्कार पान के लिए पद्मावती का सौन्दर्य वर्णन कर उसे उसकी प्राप्ति के लिए प्रेरित करता है। सन्धि के बहाने वह एक दर्पण में पद्मावती का बिम्ब देखकर उसके सौन्दर्य पर मुग्ध एवं पागल हो उठता है और यहीं छिपे हुए सैनिकों द्वारा रतनसेन अलाउद्दीन द्वारा पकड़े जाते हैं। दिल्ली भेजकर बन्दी बना दिया जाता है। गोरा-बादल किसी तरह दिल्ली से उसका उद्धार करते हैं और फिर चित्तौड़ में युद्ध होता है। पद्मावती सहित नागमती तथा सम्पूर्ण स्त्रियाँ चिता में जौहर हो उठती हैं—कवि यहाँ पद्मावत का निष्कर्ष इस प्रकार निकालता है—

जौहर भइँ सब इस्तिरी, पुरुष भए संग्राम।
बादसाह गढ़ चूरा, चितउर भा इसलाम।।

श्रीरामचरितमानस की कथा के समानान्तर इस प्रेमकथा को रखें तो दोनों दो भिन्न काव्य मानकों पर रचित दिखायी पड़ते हैं किन्तु दोनों मानक शाश्वत लोकमंगलवाद से ही जुड़ते हैं।

'पद्मावत' की कथा के दो पक्ष हैं। एक है, कवि एवं उसकी मान्यताओं का अभीष्ट पक्ष–अर्थात्–रतनसेन तथा पद्मावती की प्राप्ति का तथा दूसरा जो कवि के लिए उसके विपक्ष के रूप में है–वह है–अलाउद्दीन का पक्ष। रतनसेन की मदद 'शुक' करता है और अलाउद्दीन की मदद राघव चेतन। कथा के मूल में द्वन्द्व है–नूर अर्थात् मूल ईश्वर रूप लक्ष्य की प्राप्ति का। क्या वह ईश्वर रूप परम तत्त्व (पद्मावती) को शक्ति, पराक्रम, वैभव, अलंकरणादि से प्राप्त किया जा सकता है–उत्तर है, नहीं–चित्तौड़ पर इस्लाम का राज्य तथा प्रभुत्व भले ही हो जाये, किन्तु वह पद्मावती नहीं प्राप्त हो सकी। रतनसेन उसे अपनी साधना, त्याग, प्रेम से ही प्राप्त करता है।

सूफ़ी प्रेमाख्यानक काव्य सामान्यतः इसी द्वन्द्व के बीच रचा गया है। इस परम्परा की कृतियाँ मुल्लादाऊद कृत चन्दायन, मंझन की मधुमालती, उसमानकृत चित्रावली, कासिम शाह की हंस जवाहर आदि प्रायः दो नायकों के द्वन्द्व के बीच लिखी गयी है और वह परम तत्त्व प्रेम से वशीभूत नायक को ही प्राप्त होता है।

सूफ़ी प्रेमाख्यान काव्य की संरचना के तन्त्र तीन रूपों में हैं। **प्रथम** ऐतिहासिक तथा लोकात्मक कथा सन्दर्भों के संयोग का–जिसमें ऐतिहासिकता नाममात्र के लिए रहती है।

दूसरा तत्त्व, इस्लामी कथारूढ़ियों एवं अभिप्रायों को भारतीय अभिप्रायों के साथ जोड़कर उसको मार्मिक बनाने का है।

तीसरा तत्त्व, कथानक द्वन्द्व से सम्बद्ध है और इस द्वन्द्व में प्रेम द्वारा अभीष्ट मन्तव्य की प्राप्ति ही साधना का लक्ष्य है।

इस्लामी तथा भारतीय कथारूढ़ियों से ऐतिहासिक तथा लोकात्मक कथारूपों के समन्वयन द्वारा प्रेम तथा शक्ति के द्वन्द्ववाद में प्रेम की विजय ही इन आख्यानकों का मन्तव्य है।

कथाविधान की प्रणालियाँ भारतीय ही हैं–विरह, दूत के साथ या निर्देश पर प्रस्थान, ऋतु वर्णन, सौन्दर्य वर्णन, भारतीय जादू, टोने-टोटके देवी-देवताओं की मदद आदि के वर्णनसन्दर्भ रचनाओं के विधानतन्त्र से जुड़े रूढ़ि के रूप में कार्य करते हैं। भारतीय कथा तथा आख्यायिकाओं के रूढ़िगत प्रभाव यहाँ देखे जा सकते हैं। सूफ़ी कविता में प्रेम एक भावना न होकर एक दिव्य मूल्य चेतना है जो समर्पित को ही प्राप्त होती है। यह इसकी सबसे बड़ी विशेषता है।

सूफ़ी काव्य के इसी कालखण्ड में निर्मित प्रबन्धविधान का केन्द्रीय आधार रामचरितमानस भी है। एक प्रचलित 'रामकथा' को कवि भक्ति के सापेक्ष्य में बदलकर

उसे अपने मानवजाति के शाश्वत लोकमंगल से जोड़ता है। उसका लोकमंगल रामराज्य से सम्बद्ध है और यहाँ भी कवि कथा के दो पक्षों—शुभ पक्ष (राम का सन्दर्भ) तथा अशुभ पक्ष (रावण का सन्दर्भ) के बीच उत्पन्न द्वन्द्ववाद से शुभ की स्थापना करता है। शक्ति तथा धन शुभ पक्ष का नियामक नहीं है, ठीक इसके विपरीत शील तथा आचरण एवं नैतिकता के पक्ष ही इसके लिए मूलाधार हैं।

सूफ़ी काव्य के कथानक में जहाँ प्रेम की विजय अहंकार पर दर्शित की गयी है, वहीं रामकथा में नैतिकता एवं शुभ मूल्यों की सनातन विजय अनैतिकता तथा अशुभ मूल्यों पर है। भारतीय संस्कृति की सांस्कृतिक धरोहर विनय एवं प्रेम, सामाजिक संरचना के शुभतम मूल्य एवं प्रेमवाद की श्रेष्ठ धरोहर इस युग के प्रबन्धों की केन्द्रीय चेतना है।

रामकथा तथा सूफ़ी प्रेमाख्यानक के साथ ही एक दूसरी परम्परा हमें भक्ति काव्य की दिखायी पड़ती है, वह है—गीतिकाव्य योजना की। गीतिकाव्य आलवार एवं आडियार अर्थात् वैष्णव एवं शैव परम्परा के अन्तर्गत सातवीं शती से तमिल प्रदेश से शुरू होता है। महाराष्ट्र के निर्गुण सन्तों ने भी अपनी संरचनात्मक अभिव्यक्ति के लिए इसी गीतिपरम्परा को ही आधार बनाया है किन्तु दोनों भक्तिधाराओं की परम्परा तथा प्रवृत्तियों में संरचनात्मक अन्तर दिखायी पड़ता है।

वैष्णवभक्ति (कृष्णलीला) काव्य की परम्परा	**सन्तकाव्य की परम्परा**
1. कृष्णभक्त कवि रागात्मक तन्मयीभूतता के लिए गीति को भक्ति का आधार मानते हैं।	1. अपनी अभिव्यक्ति की लोक-चेतना पर तीव्र प्रभाव डालने के लिए ये कवि गीति को आधार बनाते हैं।
2. गीतिरचना का वर्ण्यविषय लीला तथा अवतार चरित है—	2. धार्मिक बाह्याडम्बर की भर्त्सना तथा परम निर्गुण ब्रह्म-तत्त्व का निर्देश यहाँ गीति रचना का मूल सन्दर्भ है।
3. कृष्णकाव्य में मानवानुभूति के विकास के अनेक सोपानदास्य, सख्य, वात्सल्य, शृंगार आदि मानव भावनाएँ प्रभु से जुड़कर लोक संसक्ति के आत्मविवेचन जैसी स्थितियाँ उत्पन्न करती हैं।	3. आत्मा एवं परमात्मा के सम्मिलन से दास्य, सख्य, वात्सल्य एवं रतिभाव को उदात्तीकरण के साथ जोड़ा गया है किन्तु आत्मा-परमात्मा के अनन्तकालीन प्रेम वियोग की दशा यहाँ केन्द्रीय भाव है।
4. 'राधा-कृष्ण' के प्रतीक के द्वारा आध्यात्मिक शृंगार का उदात्तीकरण और उनसे जुड़कर तन्मयीभूतता के भाव की सिद्धि इनका मुख्य धर्म है।	4. ब्रह्म एवं जीव के रागात्मक ऐक्य से भक्ति को जोड़कर लोक प्रेम का परमार्थीकरण इनका मुख्य लक्ष्य है। ब्रह्म के इसी रागात्मक ऐक्य को इनके विवेचकों ने रहस्यवाद के नाम से पुकारा है।

5. केन्द्रीय चेतना 'आनन्द' की है।	5. केन्द्रीय चेतना ब्रह्म से जीव के तादात्म्य से उत्पन्न परमशान्ति अथवा आनन्दमयता की है।

गीतिकाव्य की रचनात्मक संरचना की योजना से दोनों प्रायः आनन्द की मनोदशा तक पहुँचते हैं–किन्तु दोनों के संरचनात्मक आधार भिन्न-भिन्न हैं। गीति की प्रबन्धात्मक कथामयता कृष्णभक्तियोजना के साथ-साथ बराबर चलती है तो इनकी गीतिरचना की केन्द्रीय धुरी 'स्व' या 'आत्म' में परमात्म शक्ति की विविध भाव-भूमिकाओं का आयोजन है। इस आयोजन की अन्तिम सत्ता को जहाँ रहस्यवाद के नाम से पुकारा गया है, वहीं कृष्णभक्ति में प्रभु की साक्षात्कारात्मक सत्ता से प्राप्त आत्मविश्रान्ति को परम तत्त्व के रूप में इंगित किया गया है। इस परमतत्त्व की विश्रान्ति का समापन भक्तिरस के रूप में होता है।

कुल मिलाकर भक्तिरस की केन्द्रीय चेतना के चार तत्त्व बनते हैं–

1. परमतम सामाजिक शुभ या मांगलिक मूल्यों की प्रतिष्ठा, जिसकी केन्द्रीय चेतना भक्ति है।
2. प्रभु प्रतीति के लिए निश्छलता ही प्रेम का मूलतत्त्व है–जिसका फल है, अहंकार, शक्ति एवं मदान्धता की समाप्ति।
3. लीलामयी प्रभु संसक्ति द्वारा आनन्दमयी विश्रान्ति ही कृष्ण काव्य का श्रेष्ठतम प्राप्तव्य है।
4. जीव एवं प्रभु के सम्मिलन की तन्मयीभूत दशा में साधक के चित्त की एकलयता ही सन्त साधना तथा साहित्य का अन्तिम लक्ष्य है।

इस विवेचन के निष्कर्ष इस प्रकार हैं–

(1) सम्पूर्ण भक्ति काव्य की अभिव्यक्ति में चारों निष्पत्तियाँ 'भक्ति' के विविध रूपों की विविध अन्वितियाँ हैं और ये सम्पूर्ण मानव समाज को भक्ति के पारमार्थिक लक्ष्य की ओर ले जाने के लिए कृत-संकल्प हैं।

(2) 'प्रबन्धरचना' एवं 'गीतिविधान' में दो प्रमुख काव्यतन्त्र इनके मन्तव्यों की अभिव्यक्ति के माध्यम हैं।

(3) प्रबन्धविधानतन्त्र में संस्कृत महाकाव्यों के विधानतन्त्रों की यहाँ सचेष्टता नहीं मिलती है 'ब्रह्म अवतरण' यहाँ प्रबन्ध का आधार है और सूफ़ी काव्यपरम्परा लोक में प्रचलित प्रेमकथाओं को उनके मन्तव्यों के किंचित् परिवर्तनों के साथ नयी निर्मितियाँ देती हैं।

(4) संरचनात्मक विधान के परम्परागत तत्त्व–यथा–कथाविधान की रूढ़ियाँ, अलंकारविधान, छन्दरचना की प्रक्रियाएँ परम्परा से मिलती है। किन्तु इन विधानतत्त्वों पर शास्त्रीय रचनाप्रणाली का सचेष्टतापूर्वक प्रयोग तथा प्रभाव नहीं मिलता है।

(5) वर्णन की परिपाटियों का प्रयोग इनमें अवश्य हैं। सभी काव्यपरम्पराएँ वर्णन की परिपाटियों तथा काव्यरूढ़ियों का निरन्तर प्रयोग करती हैं।

हिन्दी भक्तिकाव्य में गीतिकाव्य परम्परा की अपनी नयी विधान परिपाटियाँ हैं। कृष्णभक्ति साहित्य में कथाविधान को छोड़कर सर्वत्र उन्मुक्तता का भाव है। राग-रागिनियाँ, उनका शास्त्रीयविधान तन्त्र, वाद्ययन्त्र, संकीर्त्तन, लय-तुक व्यवस्था, छन्दों का रागों में रूपान्तरण आदि प्रवृत्तियाँ यहाँ विशेष रूप से मिलती हैं—सादृश्यविधान और विशेष रूप से कल्पनात्मक बिम्बविधानों पर इन कवियों ने विशेष ध्यान दिया है किन्तु यहाँ शास्त्रीयता के स्थान पर लोकपरक विचारधारा अधिक प्रबल है। सन्तकाव्य में निर्गुण ब्रह्म के प्रति रागात्मक चैतन्य ही इन गीतों का विषय है। ये यद्यपि कुछ सामान्य लोकाडम्बरों के विरोध से अवश्य सम्बद्ध हैं किन्तु अधिकांशतः पद निर्गुण ब्रह्म के साथ तादात्म्य स्थापित करने की रागात्मक चित्त दशा के सन्दर्भ से जुड़े हैं।

●

भक्तिरस

भक्तिरस की आवश्यकता :

भक्ति आन्दोलन के सापेक्ष्य में अवतरित ब्रह्म एवं उनके लीलारूप का गान तथा साहित्य के अन्तर्गत अनेक काव्यरूपों द्वारा उसकी अभिव्यक्ति का सृजन इस साहित्य की समस्या रही है और भारतीय काव्य की परम्परा से इसका एक भिन्न मानक रहा है। लोकचर्चा के बीच संस्कृत, प्राकृत, अपभ्रंश और हिन्दी के कवियों ने जिस काव्य की प्रस्तुति की थी–रति, हास, शोक, उत्साह, क्रोध, निर्वेद आश्चर्य, भय तथा ग्लानि की नैसर्गिक भावनाओं से उनका सम्बन्ध रख गया है और वही काव्य से जुड़े पाठक के स्थायीभाव हैं। उनके आलम्बन, उद्दीपन, संचारी आदि की सीमाएँ भी इन्हीं भावनाओं के परिवेश से सम्बद्ध हैं। कालिदास से लेकर संस्कृत साहित्य में जिन प्राकृत लोक भावों का सर्जन हुआ है, उनकी सीमा इतनी ही तक थी। शृंगार, वीर, करुण आदि भाव उन घटनाओं के केन्द्र में रहे और यही लोक के प्रकृत भाव-संस्कारों के प्रतिनिधि रहे हैं।

आचार्य भरत के बाद शान्त रस की परिकल्पना की गयी और आचार्य भरत के आठ रसों की तालिका में "शान्तोऽपि नवमो रसः" जोड़ा गया, कारण स्पष्ट है। भारतीय संस्कृति का मूलस्वर आध्यात्मिक है–भौतिक चेतना का नहीं। पूर्व के आठ रसों का सम्बन्ध इन्हीं भौतिक वासनाओं तथा रागों से रहा है। नये आध्यात्मिक भाव की रचना का विवेचन इनसे सम्भव नहीं है। आचार्य अभिनवगुप्त इस शान्तरस के सन्दर्भ की एक विशिष्ट व्याख्या करते हैं जो विवेचन भौतिक लोकव्यवहार के प्रातीतिक सत्य से जुड़ी काव्य की भावनात्मक अभिव्यक्तियों से सम्भव नहीं है। डॉ. वी. राघवन् आचार्य अभिनवगुप्त की व्याख्या के प्रकरण में अनेक ग्रन्थों की तालिका देते हैं–जिनको केन्द्र में रखकर बताते हैं कि अङ्गिन् रस शान्त है और यह शान्त भी परम विश्रान्तिरूप तृष्णाक्षय सुख के आनन्द का प्रतीक है। भारतीय आध्यात्मिक परम्परा जैनधर्म तथा बौद्धधर्म से जुड़े सर्जनात्मक साहित्य की केन्द्रीय भावभूमि है और इनको शान्तरस से

जोड़कर शमत्व, निर्वेद, रागमुक्ति, तृष्णाक्षयसुख, विश्रान्ति आदि से सम्बद्ध किया गया है और 'शान्तरस' का यह प्रकरण भक्ति आन्दोलन के साथ बराबर चलता रहा है। धीरे-धीरे आध्यात्मिक कात्यों के विकास के कारण शान्तरस के स्वरूप में भी परिवर्तन होता चला गया। वह शान्त रस जो वैराग्य, निर्वेद तथा वासनामुक्तिमूलक था—वह आनन्दमूलक होता गया। आचार्य शंकर कृत आनन्द लहरी तथा सौन्दर्य लहरी का शान्तरस ब्रह्महेतुभाव से सम्बद्ध विश्रान्तिमूलक एवं तृष्णाक्षयसुखमूलक आनन्द से सम्बद्ध है। यहाँ निर्वेद, राग, वैराग्य, रागमुक्तिमूलक शान्तरस की स्थिति अस्वीकृत-सी हो उठी। निर्वेद अभावमूलक (Negative) राग वासना का विधिरूप (पाजिटिव) बन गया। यह भारतीय आध्यात्मिक काव्य स्वाद की परम्परा के विकास का द्वितीय सोपान है।

परम्परागत वैदिक धर्म की क्षीणता तथा जैन एवं बौद्धधर्म के प्रभावों से आक्रान्त भारतीय समाज के अन्तर्गत अपनी वैदिक परम्परा दृष्टि के व्यापक विकास की भावना की तीव्र प्रतिक्रिया ने आठवीं शती से भक्ति को वैदिक मत के समर्थकों द्वारा जन आन्दोलन के रूप में ले आने का एक गुरुतर कार्य किया और 'भक्ति' के रूप में यह भारतीय आध्यात्मिक आन्दोलन 18वीं शती तक देश को एक सूत्र में बाँधकर अपनी व्यापकता और गम्भीरता के साथ चलता रहा। इस भक्ति की केन्द्रीय चेतना जैन, बौद्ध तथा भारतीय आध्यात्मिक परम्परा से निम्नलिखित रूपों में भिन्न रही है—

1. ब्रह्म के अवतरण एवं लीलारूप इसके केन्द्रीय आधार रहे हैं।
2. समग्र लोक के रागात्मक सम्बन्धों के केन्द्र से ये अवतरण एवं लीलाएँ जुड़ी रहीं। शान्त, दास्य, सख्य, वात्सल्य एवं कान्तारति इनके केन्द्रीय भाव रहे। शान्त तथा निर्वेद आदि के भावों से हटकर भक्तों का काव्यसृजन वस्तुविषयक रूप बह्म की दास्यमयी, शान्तमयी, सख्यमयी, वात्सल्यमयी एवं श्रृंगारभावमयी भावनाओं तथा उनसे सम्बद्ध विषयों से जोड़ा गया। ये वासनाएँ समग्र प्राणिवर्ग से सम्बद्ध हैं और इनका सम्बन्ध लोकवासनाओं (Social Instincts) से है, अतः भक्ति ने समग्र जीवनलोक को जोड़ने का गुरुतर कार्य किया।
3. हास्य, श्रृंगार, करुण, वीर आदि लोकभावनाएँ अब प्रधान नहीं रह गयीं। सब-के-सब लोकभाव शान्त, दास्य, सख्य, वात्सल्य तथा श्रृंगार के आश्रित भाव बन गये। काव्य के रसों की स्थिति भक्ति काव्य में संचारी भावों जैसी हो गयी और परम्परा के 33 संचारी भाव 41 बन गये।
4. शान्तरति, दास्यरति, सख्यरति, वात्सल्य रति, उज्ज्वल रति (श्रृंगारभक्तिरति) से संयुक्त आनन्दभाव को भक्तिरस की संज्ञा दी गयी।
5. राम, कृष्ण, सीता, राधा, गोपिकाएँ आदि इस भक्तिरस के आलम्बन तथा उद्दीपन बने।

6. सम्पूर्ण प्राणिवर्ग की जीवन-विकास-यात्रा के पाँच नैसर्गिक सोपान हैं—बाल्यजीवन है, ततश्च सामाजिक मैत्री है, तीसरा सोपान सामाजिक नियन्त्रण है और चतुर्थ आनन्दमय दाम्पत्य जीवन है। अन्तिम अवस्था संन्यास की है। अतः वात्सल्य, सख्य, दास्य, रति एवं निर्वेद प्राणि यात्रा के सोपान हैं—जो रस से सम्बद्ध हैं। सम्पूर्ण जीवन को भक्तिराग से जोड़ देना भक्ति की अपनी विशिष्टता है।

इस प्रकार, आध्यात्मिक साहित्य के पूर्ण विकास (भक्ति साहित्य) के तीसरे सोपान में प्रकाश में तृष्णाक्षयसुखमूलक शान्तिरस विकसित होकर भक्तिरस में परिणत हो उठा। इस भक्ति साहित्य के आलोक में लोकव्यवहार से सम्बद्ध साहित्य की रस तथा आध्यात्मिक कविता की शान्तरस सम्बन्धी दोनों मान्यताएँ छोटी पड़ गयीं और भक्त आचार्यों ने अपनी कविता की आस्वादन भूमि की व्याख्या भक्तिरस से शुरू की। यह भारतीय सामाजिक चेतना के आध्यात्मिक विकास का प्रतिफल है।

हिन्दी साहित्य का 10वीं शती से लेकर 19वीं शती तक का लिखा गया व्यापक भक्ति साहित्य अब न काव्य रस की अपेक्षा करता है और न शान्तरस की। कालिदास से लेकर पण्डितराज तक लिखा गया समग्र ललित लोकसाहित्य पूरक के रूप में इसी में विलीन हो गया। मधुसूदन सरस्वती, रूपगोस्वामी, जीवगोस्वामी, वल्लभाचार्य तथा तथा अन्य आचार्यों ने भक्ति साहित्य की आस्वादन भूमि भक्तिरस निश्चित की और बताया कि बिना इसके भक्तिकाव्य का विवेचन सम्भव नहीं है।

वैसे, ऐतिहासिक भक्तिरस के विकास की एक दूसरी परम्परा भी रही है। इस दृष्टि से—आचार्य दण्डी ने अपने ग्रन्थ काव्यादर्श के अन्तर्गत 'प्रेयस्' की चर्चा सर्वप्रथम रस के रूप में की थी। आचार्य भूपाल हरिदेव तेरहवीं शती के दूसरे आचार्य हैं जिन्होंने 'ब्रह्मरस' की स्थापना की थी। यह भक्ति रस के विकास की एक कड़ी है। भक्तिरस को स्थापित करने का सर्वप्रथम श्रेय आचार्य वोपदेव को है और इन्होंने **भागवतमुक्ताफल** ग्रन्थ के अन्तर्गत इस रस की मान्यता को प्रथम बार स्थापित किया था। इन्होंने सम्पूर्ण काव्यरसों को कृष्ण से सम्बद्ध करके उन्हें भक्तिरस का रूप दिया था। इस प्रकार शान्त सहित इन्होंने भक्तिरस रूपों की परिकल्पना की। इनके बाद, इस परम्परा के दूसरे आचार्य हेमाद्रि की चर्चा की जाती है। हेमाद्रि का ग्रन्थ **कैवल्यदीपिका** में भक्तिरस की चर्चा की गयी है। नारद भक्ति सूत्र के अन्तर्गत 'भक्तिरस' की पृष्ठभूमि निर्मित होती हुई दिखायी पड़ती है और सर्वप्रथम यहाँ निम्नलिखित ब्रह्म-आसक्तियों की चर्चा मिलती है—

(1) दास्यासक्ति (2) सख्यासक्ति (3) वात्सल्यासक्ति (4) कान्तासक्ति इन चारों आसक्तियों को आचार्य निम्बार्क ने रति के नाम से पुकारा है—

(1) दास्यरति (2) सख्यरति (3) वात्सल्यरति (4) कान्तारति। आचार्य रूपगोस्वामी ने इन्हीं रति सन्दर्भों को भक्तिरस से जोड़कर उन्हें चार रूपों में विभक्त किया—

(1) दास्यभक्तिरस (2) सख्यभक्तिरस (3) वात्सल्य भक्तिरस (4) मधुर भक्तिरस। इस प्रकार, 'भक्तिरस' का मार्ग प्रशस्त करने में नारदभक्तिसूत्र एवं निम्बार्काचार्य का विशेष योगदान है।

रूपगोस्वामी ने सर्वप्रथम बार 'श्रीहरिभक्तिरसामृतसिन्धु' के अन्तर्गत भक्तिरस का व्यापक शास्त्र तैयार करके उसे मान्यता दी और भक्ति काव्य के अन्य सम्प्रदायों से उसे स्वीकृति मिली। श्रीकृष्ण तथा राधा के मधुरभाव के सन्दर्भ के नाम से उन्होंने भक्तिरस की जो व्याख्या की है, उससे मध्यकालीन हिन्दी भक्ति काव्य विशेष प्रभावित रहा है। गोस्वामी के इन ग्रन्थों के टीकाकार जीवगोस्वामी ने इनकी विस्तृत व्याख्या की और इस टीका को भी भक्ति साहित्य के समान ही आदर मिला। इसी परम्परा के अन्तर्गत रूपगोस्वामी का उज्ज्वलनीलमणि ग्रन्थ भी विशेष उल्लेखनीय है।

उनके पश्चात् कविकर्णपूर गोस्वामी ने राधा-कृष्ण प्रेम को आधार बनाकर भक्ति रस की व्याख्या की किन्तु उसका विश्लेषण साहित्य में विशेष स्वीकार्य नहीं रहा है।

इसी परम्परा में 'मधुसूदन सरस्वती' के **भक्ति रसायन** शीर्षक ग्रन्थ की चर्चा होती है और इसके अन्तर्गत उन्होंने निर्गुण भक्ति काव्य परम्परा की भक्तिधारा को भी भक्तिरस से जोड़ा है। सोलहवीं शती में आचार्य केशवदास ने इसी भक्तिरस के मन्तव्य को ध्यान में रखकर 'रसिकप्रिया' को रचने की चेष्टा की है। किन्तु मन्तव्य में स्पष्टता का अभाव है। आधुनिक युग में स्वामी करपात्री जी ने संस्कृत में भक्तिरस से सम्बद्ध एक गम्भीर चिन्तनपूर्ण कार्य प्रस्तुत किया है–कृति है–**'भक्तिरसार्णव'**।

परवर्ती काव्यशास्त्रियों में यद्यपि पण्डितराज जगन्नाथ भक्ति रस के अस्तित्व को अस्वीकार करते हैं किन्तु वैष्णव भक्त आचार्यों तथा कवियों ने अब तक भक्तिरस के महत्त्व एवं स्वरूप को विशेष प्रकार की मान्यता दी है और भक्ति से प्राप्त आनन्द को 'भक्तिरस' कहा है।

●

काव्यरस और भक्तिरस के बीच वैभिन्य

रस का सम्बन्ध लोकभाव की प्रातीतिक सत्यता से है। कवि अपनी कविता द्वारा लोकजीवन की पुनर्प्रस्तुति करता है और इस पुनर्प्रस्तुति का व्यवहारजगत् वही है, जो लोक का है। काव्य के अनुशीलन के तारतम्य के कारण पाठक साहचर्यवृत्ति या स्वभाववशात् उसे लोक का भाव मानते हुए भी स्वभाववशात् उसमें तन्मयीभूत होकर स्वयं अपने स्थायीभाव के प्रकाश में उस रस-विशेष का आस्वादन प्राप्त करता है। इसी कला तथा आस्वादन के स्वभाव में पाठक का मन निरन्तर आबद्ध रहता है। रस की अवधारणा इसी रागमयता से जुड़ी हुई है।

भक्तिरस की स्थिति लोकभाव की प्रत्यक्षतः पुनर्प्रस्तुति की नहीं है। ब्रह्म का अवतरित स्वरूप एवं उसका लीला धर्मस्वभाव इन सम्बद्ध काव्यों में पूरी तरह से व्याप्त है। राम है, उनके प्रति आस्तिक श्रद्धामूलक ब्रह्मभाव है। श्रीकृष्ण की लीलाएँ पूरी तरह से ब्रह्मभाव की लीलाएँ हैं। वे भक्तिकाव्य के आलम्बन हैं। उनसे सम्बद्ध विविध कथाएँ विषयवस्तु के रूप में हैं। भक्त पाठक, जिसमें भक्तिरस की निष्पत्ति होती है, वह भक्तिभाव की वासना से पूर्णतः संसक्त है। मधुसूदन सरस्वती ने ठीक कहा है कि भक्तिरस के स्थायीभाव कृष्ण या राम की न होकर ब्रह्मानुभूति की चित्तकारिता की है और यह चित्तकारिता वासना के रूप में राम तथा कृष्ण के विविध रूपों तथा उनकी विविध क्रियाओं से सम्बद्ध है। यह ब्रह्मराग ब्रह्म के प्रति पाठक, भावक का व्यसन है। इस व्यसन के विषय में बताया गया है कि–

ततः प्रेमः तथा शक्तिः व्यसनं च यदाभवेदिति।
तदास्यात् व्यसनं कृष्णो कृतार्थ स्यात् तदेव च।।
यत्र मनसर्वेन्द्रियाणां आनन्दमात्र-
करपादमुखोदारादि भगवद्रूपता तत्र भक्तिरसैव

'भक्त पाठक की समग्र चित्तवृत्ति की भगवद्रूपता' का ही नाम ही भक्ति है। भक्ति का साधक भक्त ही नहीं, भक्ति काव्य का सहृदय भी है जिसमें भक्तिभावना भक्ति के संस्कारवशात् दीप्त होती है, तथैव भक्ति के प्रकाश में भक्त की निरन्तर प्रभुमयी

चित्तासन्नता की मनोदशा भक्ति काव्य में अभिव्यक्त भक्तिरस के आस्वादन को उसे सर्वथा सुलभ बनाती है।

'भक्तिरस' और 'काव्यरस' के इस अलगाव से दोनों अर्थात् काव्य एवं भक्ति से रसास्वादन की सीमाएँ पृथक् हो उठती हैं—भक्ति का सहृदय आध्यात्मिक प्रेम की भूख से छटपटाता रहता है। रामचरितमानस में तुलसी सुतीक्ष्ण के उदाहरण से 'भक्त सहृदय' का लक्षण इंगित करते हैं—

सहित अनुज मोहि राम गोसाईं। मिलिहहिं निज सेवक की नाईं।।
होइहहिं सुफल आजु मम लोचन। देखि बदन पंकज भव मोचन।।
निर्भर प्रेम मगन मुनि ग्यानी। कहि न जाइ सो दसा भवानी।।
दिसि अरु बिदिसि पंथ नहिं सूझा। को मैं चलेउँ कहाँ नहिं बूझा।।
कबहुँक फिरि पाछें पुनि जाई कबहुँक नृत्य करइ गुन गाई।।
मुनि मग माँझ अचल होइ वैसा। पुलक सरीर पनसफल जैसा।।

सुतीक्ष्ण की दशा 'भक्त सहृदय' की है। चैतन्य महाप्रभु का भी वर्णन ऐसा ही मिलता है। ऐसे ही, भक्त सहृदयों के चित्त-दर्पण में निर्मल भक्तिरस उनकी चित्तकारिता के रूप में निरन्तर व्यक्त होता रहता है। काव्य का सहृदय रसिक है किन्तु उसकी चित्तकारिता ब्रह्मभाव की वासना से आकण्ठ आमग्न तथा पूर्णतः आप्लावित नहीं है। कबीरदास जी भक्त की विलक्षणता को इंगित करते हुए कहते हैं कि—

हेरत हेरत हे सखी रहा कबीर हेराय।
बूँद समानी समुद में सो कत हेरी जाय।।

काव्य का सहृदय इस प्रकार का नहीं है। भक्ति में आत्मरति और ब्रह्मरति की एकमयता परस्पर प्रेमाद्वैत की चेतना का निर्माण करती है और कविता तो कलात्मक साधना है, आध्यात्मिक साधना नहीं, यह सत्य है कि एक स्थिति में दोनों विलक्षणताएँ एक जैसी हो उठती हैं किन्तु कला की अन्तिम निष्पत्ति आस्वादन के रूप में होती है और यह आस्वादन साहित्यिक पाठक की अपनी साहित्यिक जीवनवृत्ति है। भक्ति साधक की जीवनवृत्ति है—वह उसी में निरन्तर विलीन रहकर तन्मयीभूतता की दशा प्राप्त करता है। आध्यात्मिक अनुभूति एवं कलात्मक अनुभूति दोनों का संसार भावात्मक है किन्तु निर्वाहवृत्ति भिन्न-भिन्न है। काव्य में रस की निष्पत्ति में लोकोत्तरता है और उसकी व्याख्या अनेक दार्शनिक मतवादों द्वारा की गयी है किन्तु काव्य के रस की लोकोत्तरता और चित्त द्वारा उसका आस्वादन भौतिक एवं आध्यात्मिक आनन्द की कोटियों से सम्बन्धित है—यह अनन्द क्षण-भर के लिए आध्यात्मिक जैसा है और फिर कला के रंजन से जुड़ जाता है। भक्तिरस का आनन्द लोकात्मक नहीं—लोक की आभासिक अनुभूतियों से सम्पृक्त होते हुए भी अन्ततया भक्त के हृदय में ब्रह्मसंस्कार बन जाता है। कृष्ण की शृंगारलीला में रमा पाठक का मन रंजन नहीं करता, वह

तन्मयीभूत दशा में अपने चित्त को ब्रह्मसंस्कार से सम्बद्ध कर लेता है क्योंकि उसकी वासनावृत्ति पर्यवसित होकर अध्यात्म की वृत्ति से समन्वित हो उठती है—कृष्णमयता उसका लक्ष्य है। यह भक्ति अध्यात्म से सम्पृक्त लोकभाव की ओर उन्मुख नहीं होती—जबकि कविता के आस्वादन की वृत्ति आस्वादन की चित्त दशा के बाद आस्वाद की ज्ञानात्मक अनुभूति के क्षण लोक की ओर लौटती है। कविता की आस्वादन भूमि पर पहुँचकर सहृदय का चित्त अधिक समय तक वहाँ स्थिर नहीं रह सकता किन्तु भक्ति कविता का साधक अपनी समाधि—जैसी तन्मयीभूत दशा के साथ प्रभु के रूप, गुण, क्रिया, स्वभाव तथा सौन्दर्य में निरन्तर निमग्न रहता है। कविता की भूमिका कला साधना तथा आस्वादन से सम्बद्ध है, भक्तिरस के आस्वादन की भूमिका स्वयं में साधक की जीवनचर्या है। आनन्द कुमार स्वामी के अनुसार कलानुभूति और आध यात्मिक अनुभूति का सन्दर्भ इस प्रकार है—

And yet there remains philosophers. Conceived that an Absolute beauty exist just as the others maintain the conceptions of Absolute goodness and Absolute truth. The lovers of God identify these Absolute with him.

प्रभु के भक्त अपने अन्तस्तल में ही प्रभु के रूप को ही भक्ति साहित्य के माध्यम से निरन्तर अनुभूति करते रहते हैं। कला का आनन्द सामाजिक, सापेक्षिक एवं कलामर्मज्ञ से सम्बद्ध है, वे भी प्रभु से सम्बद्ध साहित्य का सहृदय की भाँति सघन आनन्द लेते हैं किन्तु वह उनके चित्त की साधना से उत्पन्न व्यसन नहीं है। भक्तिरस तो भक्तों का नित्यक्षण के चित्त के व्यसन का धर्म है।

काव्यरस की अनुभूति में दिव्यता है किन्तु परिवेश कलात्मक है और वह जीवन की वासनाओं का निरपेक्ष भोग या आनन्द है। विभाव, अनुभाव, संचारी लोक के हैं। स्थायीभाव पाठक या सहृदय की वासना है। कलात्मक कौशल से लोकवासनाओं का तादात्म्य साधारणीकृत होकर आस्वादन की दशा से सम्बद्ध होता है और आस्वादन के बाद पुनः वह लोकमय हो उठता है। कलास्वादन का दिव्यक्षण आकस्मिक है और उसे संस्कृत काव्यशास्त्रियों ने ब्रह्मानन्द नहीं ब्रह्मानन्द सहोदर जैसी अनुभूति की संज्ञा दी है। लोकवासना से संयुक्त इस साहित्य का विश्लेषण लोक के विभावानुभावादि क्रमों से हो सकता है किन्तु भक्तिरस का विश्लेषण इनसे कैसे सम्भव है? अवतरित ब्रह्म की लीलाएँ लोकानुवर्ती होते हुए भी यथार्थ की नहीं—यथार्थ के अभाव की हैं। यह सत्य नहीं, ये सत्याभास हैं जबकि लोकानुभूति से सम्बद्ध साहित्य सत्य से किंचित् भिन्न नहीं है। यह सत्य है कि अवतरित प्रभु की लीलाएँ भी लोकमयी हैं किन्तु वे सत्य नहीं, दिखावे के लिए हैं। उनका समग्र यथार्थ दिखावे का यथार्थ है—उस यथार्थ के फल के वे न तो भोक्ता हैं और न उसके फलों में संसक्त हैं। उसकी लीला लोक के लिए एक अनुकरणात्मक वृत्ति है किन्तु साहित्य में कथानायक का अभिव्यक्त चरित्र या

कथानकों तथा चरित्रों के सन्दर्भ यथार्थ के हैं। काव्य का पाठक साहित्य के इस यथार्थ को समझता है। इस यथार्थ का आरोपण करके जब वह कृष्ण या राम के अवतरण, शील आदि का आस्वादन करता है तो वह अन्तिम सत्य भाव नहीं है। वह तो मुग्ध जड़ व्यक्ति है। भक्त सहृदय ब्रह्म के लोकाचरण की लीला के सन्दर्भों से दुःखी नहीं होते, वे तो आनन्द एवं कष्टदायी प्रतीतियों के क्षण में भी उसे प्रभु की लीला समझकर आनन्दित होते हैं—

राम देखि सुनि चरित तुम्हारे। जड़ मोहहिं बुध होहिं सुखारे।

'राम-वन-गमन' के प्रसंग पर मायासक्त जन विलाप करते हैं—किन्तु बुधजन आनन्दित हैं—कारण—ब्रह्मराम, लोक के लिए क्षद्‍ममय आचरण कर रहे हैं। इस रहस्य को केवल बुधजन ही समझते हैं। लीला तथा काव्य के विश्लेषण तथा आस्वादन की प्रक्रिया दूसरी है—प्रकृत जनों की धारणा के एकदम विपरीत।

इन सन्दर्भों में रसास्वादन एक अखण्ड अनुभूति मानी गयी है और है भी—किन्तु भक्ति कविता का रसास्वादन दो वर्ग दो तरह से कर रहे हैं और प्रकृत जन उसका आस्वादन करते हुए भी उस आस्वादन के प्रमाण नहीं हैं। इसके प्रमाण तो हैं, केवल भक्तजन। प्रकृत साहित्य का रस विश्लेषण इस प्रकार अपनी प्रकृति से भक्तिरस से भिन्न स्वभाव का है—उससे भक्तिरस, उसके आस्वादन रूप, विभावादि साधनों, स्थायीभाव एवं आस्वादनकर्त्ता सहृदयों की व्याख्या सम्भव नहीं है।

भक्ति काव्य की सम्पूर्ण भावात्मक निष्पत्ति भक्तिरस सापेक्ष्य है? यह एक दूसरी समस्या है किन्तु जहाँ तक भक्तिरस का प्रश्न है, वह आचार्य भरत या साहित्य के रस चिन्तकों की रस व्याख्या के प्रकाश में अविवेच्य है—इसलिए भक्ताचार्यों ने इस साहित्यिक व्यवस्था तथा प्रक्रिया से अपने को मुक्त करके इसके आस्वादन के विवेचन के लिए एक दूसरा मार्ग चुना है। यह मार्ग भक्तिरस की व्याख्या का है, जहाँ लोककविता के शृंगार हास्यादि रस, भक्तिरस के अंग बनकर उसका पोषण करते हैं। ब्रह्म की लोकानुवर्तिनी लीला के प्रकाश में भक्तिरस मुख्य या अङ्गिन् रस बन जाता है तथा काव्यरस उसका पोषण करनेवाला सहायक या अंग रस।

भारतीय कविता में आस्वादन भूमि का यह बदलाव लोकव्यवस्था के परिवर्तन का परिणाम है और इससे यह भी निष्कर्ष निकलता है कि समग्र भारतीय रस चिन्तन—अपरिवर्तनशील एवं शाश्वत नहीं है—मानवीय व्यवहार, स्वभाव, आचरण तथा सामाजिक व्यवस्था एवं लोकरुचियों के परिवर्तन के अनुसार उसमें भी निरन्तर परिवर्तन होता चलता है। इसी के साथ यह भी सत्य है कि मानवीय ज्ञान तथा चिन्तन की प्रक्रिया में परिवर्तन तथा बदलाव निरन्तर आता रहता है किन्तु कविता के जगत् में शाश्वत रूप से स्थित भावात्मक प्रक्रिया में बदलाव अनेक पीढ़ियों के भावात्मक परिवर्तन के बाद होता है।

●

भक्तिरस का स्वरूप

भक्तिरस को शास्त्रीय ढंग से समझाने के लिए तीन आचार्यों ने विशेष प्रयास किया है—ये हैं—

(1) आचार्य मधुसूदन सरस्वती

(2) रूपगोस्वामी

(3) वल्लभाचार्य

(1) आचार्य मधुसूदन सरस्वती

इन्होंने भक्तिरस के विवेचन के लिए 'भक्ति रसायन' शीर्षक ग्रन्थ की रचना की है। इनके अनुसार सम्पूर्ण विषय-वासनाओं से विमुख ईश्वर के रूप, गुण, क्रिया तथा स्वभाव के निरन्तर श्रवण, मनन आदि से उत्पन्न चित्तद्रवरूपता से संयुक्त ईश्वरकारित चित्तरति भक्तिरस का स्थायीभाव है। आलम्बन विभावरूपी ब्रह्म, चन्दन, तुलसी आदि उद्दीपन विभावों द्वारा अनुमन्य विक्रियादि अनुमानों से, निर्वेदादि अनुभावों से सिद्ध भगवद्कारितारूपी स्थायीभाव के संयोग से उत्पन्न परमानन्द साक्षात्कारात्मक भाव को भक्तियोग रस कहा जाता है—इसी को रसज्ञ विद्वान् परम पुरुषार्थरूपी भक्तिरस की संज्ञा देते हैं।

उनके अनुसार भक्ति रस का स्थायीभाव भगवद्कारितामयी चित्तवृत्ति है। इससे जुड़कर उत्पन्न भक्तिरस ब्रह्ममय प्रणयभाव, अनुरागभाव, मोहभाव, रागभाव आदि रूपों में सामने आता हैं। इन्होंने रस को दो भागों में विभक्त किया है—

(1) शुद्ध भाव (भक्तिरस) (2) संकीर्णभाव। यहाँ शुद्धभाव का अर्थ है, परमानन्दभाव ईश्वर की आलम्बनमयी अनुभूति—

भगवान् परमानन्द स्वरूपः स्वयमेव हि।
मनोगतस्तदाकाररसतामेति पुष्कलम्।।

उनके अनुसार **संकीर्णभाव** रौद्र तथा भयानक को छोड़कर सभी भाव 'मिश्रित' होकर भक्ति के रूप में प्रकट होते हैं—काम, क्रोध, द्वेष, भय, स्नेह, दास्य, सख्य,

वात्सल्य, प्रेयस्, हर्ष, हास, विस्मय, उत्साह, शोक, जुगुप्सा, शम आदि भाव भक्तिरूप रस के पोषक बनते हैं। ये भाव संकीर्ण, मिश्रित एवं केवल मिश्रित रूप में कभी-कभी काव्य के भाव बनते हैं और रौद्र तथा भयानक संकीर्ण मिश्रित होकर भक्तिरस की सीमा में नहीं आ पाते। उनके अनुसार शुद्धभाव के तीन ही रूप हैं जो भक्तिरस के रूप में स्वीकार किये जा सकते हैं।

विशुद्धो वत्सलः प्रेयानिति भक्तिरसास्त्रयः।
रसान्तरामिश्रितास्ते भवन्तिपरिपुष्कला।।

ये विशुद्ध भाव हैं, वात्सल्य, प्रेयन् तथा शृंगार (विशुद्ध रस) और यही भक्तिरस के मूलाधार भी हैं।

भक्तिरस उनके अनुसार केन्द्रीय वृत्ति 'चित्तद्रुति' की धारावाहिकता है। इस प्रकार मधुसूदन सरस्वती भक्तिरस को मुख्य रस मानते हैं। काव्य-रस भाव में मिलकर यह मुख्य रस मिश्रित रूप हो जाता है। मिश्रित भाव संचारी भाव की भाँति भक्तिरस का अंग के रूप में पोषण करते हैं।

(2) रूपगोस्वामी :

रूपगोस्वामी ने 'श्री हरिभक्तिरसामृतसिन्धु' शीर्षक ग्रन्थ में भक्तिरस का अत्यन्त विस्तारपूर्वक सांगोपांग विवेचन किया है। उनके अनुसार प्रीतिभक्ति ही भक्तों के हृदय में उत्पन्न होनेवाला आनन्द है। रस को परिभाषित करते हुए वे कहते हैं कि–

"भक्ति विषयक विभाव, अनुभाव तथा संचारी से परिपुष्ट कृष्णरति से सम्बद्ध स्थायीभाव भक्तिरसरूपता को प्राप्त होते हैं।"

स्थायी भाव–भक्त के हृदय में स्थित 'कृष्ण रति की वासना' ही भक्तिरस का स्थायी भाव हैं।

इसी प्रकार वे विभाब, अनुभाव तथा संचारीभाव की परम्परागत ढंग से व्याख्या करते हैं।

इन्होंने भक्तिरस को 'राग' के आधार पर 'रति' मानकर स्पष्ट किया है। शान्तरति, दास्यरति, सख्यरति, वात्सल्यरति एवं कान्तासक्तिरति से सम्बद्ध होकर सहृदय भक्तों के हृदय में शान्तभक्तिरस, दास्यभक्तिरस, भक्तिरस, वात्सल्यभक्तिरस जैसी आनन्दमयी चेतना अभिव्यक्त होती है।

रूपगोस्वामी की भक्तिरसविषयक मान्यता का आधार 'प्रीतिभक्ति' है। यह प्रीतिमयता भक्तों (सहृदयों) के हृदय में रति भाव के रूप में स्थित है। यहाँ रति का अर्थ काम-वासना नहीं–'रागमयी संसक्ति-वासना' है। यह रागप्रधान, आनन्दधर्मी एवं सद्यः चित्तद्रावी भाव है। इसके उत्पन्न तथा दृढ़ होने के तीन क्रम हैं–

(1) सर्वप्रथम ईश्वर या भगवद् व्यसन से भक्त सहृदयों में प्रेम उत्पन्न होता है।

(2) यह प्रेम निरन्तर अभ्यास, कथाश्रवण, लीलादर्शन तथा भजनादि से निरन्तर प्रगाढ़ होकर चित्तद्रवता की शक्ति से सम्पन्न होता जाता है।

(3) पूर्ण परिपक्व होने पर यह हृदय की सामान्य वृत्ति बन जाता है और चित्त में एक ऐसी दशा उत्पन्न होती है जो भौतिक सुख-दुःखात्मकता से भक्त सहृदय को मुक्त कर देती है।

भक्तिरस का स्थायीभाव श्रीकृष्ण के प्रति 'प्रीतिरति' के नाम से पुकारा जाता है और शान्त, दास्य, सख्य, वात्सल्य एवं मधुर लीलाओं के सम्पर्क में आकर यही प्रीतिरति नामक स्थायीभाव ही भक्तिरस के रूप में स्फुरित होता है। शृंगारमयी उज्ज्वल रति के सन्दर्भ में साधक तथा साध्य के बीच अनन्य अद्वैतता ही मुख्य भक्तिरस या 'उज्ज्वल रस' के नाम से पुकारा गया है।

रूपगोस्वामी ने भक्तिरस का विवेचन करते हुए शृंगार तथा शान्त को छोड़कर शेष अन्य रसों को भी इसके अन्तर्गत स्वीकार किया है। इन्होंने इन काव्य रसों को अंग रस माना है और ये सभी-के-सभी कृष्णालम्बन से सम्बद्ध हैं। जैसे—हास्य भक्ति रस—कृष्ण की हास्य रस सम्बन्धी चेष्टाओं से भक्तों के हृदय में हास्यभक्ति रस की निष्पत्ति होती है, कृष्ण में विषयालम्बन के भाव से आश्चर्य भाव उत्पन्न होकर 'अद्भुत् भक्तिरस' की निष्पत्ति में सहायक होता है। ठीक यही स्थिति, करुणभक्तिरस, रौद्रभक्तिरस, भयानकभक्तिरस, वीभत्सभक्तिरस आदि की है। वे इन्हें रस न कहकर गौणभक्तिरस के नाम से पुकारते हैं—

इस प्रकार काव्य के सातों रस भक्ति काव्य में गौण हैं और इसीलिए रूपगोस्वामी द्वारा भक्तिरस के दो भेद किये जाते हैं—

(1) मुख्य भक्तिरस

(2) गौण भक्तिरस

शान्त, दास्य, सख्य, वात्सल्य एवं मधुर के भक्तिरस के यही सन्दर्भ कृष्णलीला के साथ जुड़कर 'मुख्य भक्तिरस' कृष्णलीला के साथ 'मुख्य भक्तिरस' के रूप में स्वीकार किये जाते हैं।

आचार्य वोपदेव—साहित्य में वर्णित नवरसों को ही भक्तिरस मानते हैं। प्रभु की भक्ति से जुड़कर साहित्य रस की समग्र भावनाएँ भक्तिरसमय हो उठती हैं—उनके अनुसार—हास्यभक्तिरस, शृंगार भक्तिरस, करुण भक्तिरस आदि नव रसभेद काव्य के ही नहीं, भक्ति के भी हैं। रूपगोस्वामी ने आचार्य वोपदेव की अवधारणा में परितर्वन उपस्थित किया है और नारदभक्ति सूत्र एवं निम्बार्क की अवधारणा को भागवत लीला से जोड़कर उसे मुख्यतः पाँच रूपों में प्रमुखता देकर विभक्त किया और बचे-खुचे शेष सात रसों को अंग रस के रूप में स्वीकार है।

इस प्रकरण में उन्होंने भक्तिरस तथा काव्यरस के बीच अङ्गाङ्गि सम्बन्ध की अवधारणा तय की और काव्यरसों को भक्तिरस का सम्यक् सहयोगी रस माना। अङ्गाङ्गि सम्बन्ध की अवधारणा संस्कृत साहित्य में दूसरे रूप में है—ध्वनिवादियों के अनुसार

सहायक रसों की स्थिति अपने शृंगार रस के साथ संचारी भाव जैसी होती है क्योंकि ये अंगरस संचारी भाव की भाँति अल्पकालिक, मूलरस के पोषक तथा निरन्तर काव्य में उत्पन्न एवं विलीन होते रहते हैं।

अतः भक्ति काव्य के सन्दर्भ में सात साहित्यिक अंगरस इसी क्रम में होने के कारण संचार-भाव जैसे हैं। इनकी सत्ता आवश्यक है, किन्तु पूर्णतः रसमूलक नहीं है। ये स्थल-स्थल पर मूल भक्तिरस के पोषक के लि" उन्मज्जित तथा निमज्जित होते रहते हैं।

(3) वल्लभाचार्य :

इन्होंने भक्तिरस पर कोई स्वतन्त्र ग्रन्थ नहीं लिखा है किन्तु इनके एतद् विषयक अभिमत भगवत् की सुबोधिनीटीका की रासपंचाध्यायी तथा वेणुगीत प्रसंग एवं प्रमेय रत्नार्णव शीर्षक ग्रन्थों में प्राप्त होते हैं। वे प्रकारान्तर भाव से रूपगोस्वामी की ही परिभाषा को दुहराते हुए कहते हैं–

विभावैऽरनुभावैश्च सात्त्विकै व्यभिचारिणः।
एषा कृष्णारतिः स्थायीभावो भक्तिरसो भवेत्।।

वल्लभमत के अनुसार 'कृष्ण के प्रति सर्वात्म भाव की तन्मयीभूतता ही भक्त सहृदय की 'कृष्णारति है–और यही कृष्णारति भक्तिरस का हेतु है। इस कृष्णारति के तीन स्वरूप हैं–

(1) हृदय में अवतरित भावना रूप कृष्णानन्द

(2) चित्त या लीला संयोग से उत्पन्न कृष्णानन्द

(3) वियोगानन्द या अगणितानन्द

ब्रह्म के तीन धर्म हैं–सत्, चित् तथा आनन्द और इन तीनों को ब्रह्म का अवतरित-रूप तथा आनन्द धर्म को प्रत्यक्ष करता है–अतः लीला एवं लीला से सम्बद्ध साहित्य का मूल धर्म है–आनन्दस्वरूप भक्तिरस की अभिव्यक्ति।

भक्तिरस की निष्पत्ति प्रक्रिया को आचार्य वल्लभ ने इस प्रकार स्पष्ट किया है–

काव्यरस की भाँति भक्तिरस के बोधार्थ सर्वप्रथम भक्तिचेतना का स्फुरण होता है। शास्त्र तथा लीलाज्ञान के अनन्तर यही अंकुर आगे बढ़कर कलिका के रूप में परिणत हो उठता है। जब संस्काररूपी रात्रि भक्तिचेतना को आच्छन्न कर लेती है, तब उस गूढ़ स्थिति में प्रफुल्लित पूर्ण पुष्प की सुगन्धि रूप भक्तिरस की निष्पत्ति होती है–

वस्तुनिर्देश मात्रेण श्रोतृणां काव्यवद् रसः।
रसवत् फलोबोधाय प्रथमं पल्लवसम्मतम्।।
अहो रात्रं वासना स्यात् तताच्छन्न स्मृतम्।
रसोत्पत्तये एतावान् निरुपतिमिति स्थितिः।।

इस प्रकार भक्ति संस्कार भक्त के चित्त में भागवत ज्ञानादि से अकुंरित होता है। इस ज्ञान का अर्थ है, मन तथा आत्मा का निष्कपट भाव से कृष्णार्पण। बिना कृष्णभक्ति तथा कृष्णार्पण के भक्तिरस की निष्पत्ति असम्भव है। इसी कृष्णार्पण के पश्चात् भक्तिरस के संस्कार जागृत होकर भक्तिरस की नैसर्गिक अभिव्यक्ति एवं आस्वादन कराने में समर्थ होते हैं। उनके अनुसार कृष्णार्पण के संसार से उत्पन्न होनेवाले भक्तों के एतद् विषयक आनन्द को भक्तिरस के नाम से पुकारा जा सकता है।

●

भक्तिरस एवं काव्यरस का अङ्गाङ्गि सम्बन्ध

'भक्तिरस तथा काव्यरस' के बीच तालमेल बैठाने की व्यवस्था भक्त साहित्याचार्यों द्वारा बराबर की जाती रही है। संस्कृत काव्यशास्त्र के चिन्तकों तथा आचार्यों में भक्ति में पूरी आस्था रखनेवाले पण्डितराज जगन्नाथ (17वीं शती का मध्य) भक्तिरस का विवेचन करते हुए अन्त में उसे नकार देते हैं वे कहते हैं कि–

"भागवत आदि पुराणों के श्रवण करते समय भक्त लोग जिसका स्पष्ट अनुभव करते हैं, वह भक्तिरस भी अपलाप करने योग्य नहीं है। साक्षात् भगवान् उस रस के आलम्बन हैं, भागवत श्रवण आदि संचारी भाव हैं तथा इसका स्थायीभाव है, भगवान् के विषय में भक्त के हृदय में प्रेमरूप स्वरूप स्थित भागवत भाव।

यदि आप कहें कि भक्तिरस का अन्तर्भाव शान्तरस में ही हो जायेगा, अतः यह अतिरिक्त नहीं तो यह ठीक नहीं है क्योंकि भक्तिरस का स्थायीभाव अनुरागरस है और शान्तरस का वैराग्य है। (निर्वेद) हैं जो दोनों परस्पर विरुद्ध है, फिर इन दोनों स्थायीभावों को आधार बनाकर होनेवाले भक्ति और शान्तरसों में से कोई एक-दूसरे में अन्तर्भूत नहीं हो सकता।"

इसके बाद भक्तिरस की स्थिति को अस्वीकार करते हुए वे आचार्य भरत के मत का उल्लेख करते हैं–

"चूँकि आचार्य भरत ने देवतादि विषयक रति को भाव की संज्ञा दी है अर्थात् देवतादि विषयक जो प्रेम होता है वह भाव है, अतः भक्ति को भाव ही मानना चाहिए, रस नहीं–

रसानां नवगणना च मुनिवचननियन्त्रित भज्येत्,
इति यथाशास्त्रमेव न्यायः"

इस प्रकार भक्तिकाल के स्वर्णयुग के आचार्य पण्डितराज जगन्नाथ भक्ति मत को आचार्य भरत के प्रकाश में रखते हुए इसे भक्तिरस नहीं मानते किन्तु जैसा कि बताया जा चुका है–मधुसूदन सरस्वती, रूपगोस्वामी आदि भक्ति को रस ही नहीं मानते अपितु काव्य रसों को भक्ति का 'सहायक रस' स्वीकार करके उसे संचारी जैसी दशा में पर्यवसित करते हैं।

इस वैमत्य की अवधारणा की मूल स्थिति क्या है? जिसके कारण इस प्रकार का विवाद उत्पन्न हुआ है। इस विवाद का मूल कारण ब्रह्म का लीलाचरितात्मक रूप है। ब्रह्म का चरितात्मक लीलारूप लोक के यथार्थ के स्तर पर सत्य जैसा होकर भी सत्य नहीं है। लोक की अवधारणा का प्रतिफल धर्मसम्बद्ध व्यक्तियों से जुड़ा है—सम्पूर्ण परिवेश ऐहिक तथा यथार्थ का है किन्तु लीला तो मात्र अभिनय की भाँति दिखावा है—अभिनव का फलभोक्ता एवं उसके दर्शक अभिनय काल तक ही उस यथार्थ से सम्बद्ध हैं, उसके बाद तो वह सब व्यर्थ—एक अवधारणा मात्र है किन्तु काव्य का संसार तो लोक यथार्थ का ही प्रातीतिक सत्य है। उसका फल लोकानुभूति से सनातन भाव से जुड़ा है किन्तु चरित तथा लीला की अवधारणा निश्चित ही एकपक्षीय है। वह सनातन तत्त्व नहीं है—ब्रह्मभाव ही उसमें सनातन भाव है। श्रीकृष्ण की बाललीला, असुरों का विनाश, बालगोपों के साथ सख्य भाव तथा गोपिकाओं के साथ प्रणयभाव आदि लीलाएँ लोकभाव तथा ब्रह्मभाव के द्वैत के बीच चलती हैं। भक्तों को लीला एवं उससे सम्बद्ध आध्यात्मिक मन्तव्य समवेतता के कारण काम्य हैं—लीला तथा ब्रह्मभाव अद्वैत है—कारण कि उनकी आध्यात्मिक निष्ठा जिस ब्रह्मरूप से सम्बद्ध है, उसकी तन्मयासक्ति ही उनकी भक्ति है। 'सा परानुरक्ति' या उसके प्रति 'परमप्रेमरूपता' अर्थात् 'संसक्तिमयी चित्तवृत्ति' वासना के रूप में स्थित भक्तिरस है। इस भक्तिरस की पुष्टि के लिए हास्य, करुण, रौद्र, भयानक, वीर आदि सात रस भक्ति के शान्त, दास्य, सख्य, वात्सल्य एवं ईश्वर विषयक शृंगार का पोषण करते हैं। अतः वे इसे 'देवता विषयक' रति न मानकर असाध्य कृष्ण की लीला रति की वासना को इसका केन्द्रीय आधार मानते हैं। यहाँ 'लोक भाव' एवं 'अध्यात्म भाव' के बीच एक द्वन्द्वात्मक सन्दर्भ आकर खड़ा हो जाता है—हम भक्ति साहित्य के लीलाभाव को मिथ्या नहीं मान सकते क्योंकि यह उन भक्त कवियों की अपनी भोगी हुए काल्पनिक सत्ता न होकर जीवन की साधना का यथार्थ है। ब्रह्म का सगुण रूप, सगुण रूप का अवतरण, अवतरण के साथ बालसुलभ, दास्य, सख्य एवं शृंगारपरक चेष्टाएँ उनकी कल्पनां नहीं उनकी साधनात्मक जीवनचर्या के प्रबल प्रति पक्ष हैं—एक नास्तिक व्यक्ति उसे काल्पनिक कह सकता है और आलोचक उसे सत्य नहीं सत्याभास कहकर पुकार सकता है किन्तु एक भक्त जो सम्पूर्ण आस्थामूलक समर्पण के साथ रात-दिन उसी में रमा है—उसके लिए वह व्यावहारिक स्थिति तथा साधनाफल एवं काव्यसृजन की अनुभूतिपरक संवेदना क्या कल्पनाविलासमात्र है? और इस बिन्दु पर इस प्रश्न का आकर उठा खड़ा होना, स्वयं में एक स्वाभाविक सत्य है। पाठक तथा आलोचक तो आस्वादक हैं। कतिपय कला की प्राकृतिक व्यवस्थाओं के अनुसार उसका वह व्याख्याता भी है—किन्तु उस लीलाभाव में जो आध्यात्मिक साधना का जीवन जीता हुआ साधक तन्मयीभूत है, साहित्य उसका अध्ययन कैसे करे, यह एक समस्या है—लीला साहित्य भी साहित्य है किन्तु भक्त की निष्ठा लीलाभोग की निष्ठा है—फिर क्या इसे साहित्य का विषय ही न बनाया जाय, यह भी सम्भव नहीं है—वह भी अनुभूतिमूलक रागात्मक भाषिक सृजन

है और यहाँ इस द्वन्द्व का निष्कर्ष स्पष्ट दिखायी पड़ रहा है—साहित्य का समर्थक इसे रस नहीं भाव मान रहा है और भक्ति साहित्य का व्याख्याता आचार्य साहित्यिक रसों को भक्तिरस का सहायक भाव समझ रहा है—यही विवेचन ही इन भक्तिरसवादियों की दृष्टि से अङ्गाङ्गि रूप में है। इसकी विवेच्य स्थिति इस प्रकार है—रूपगोस्वामी के अनुसार शृंगार, वात्सल्य, सख्य, दास्य एवं शान्तरति ही भक्तिरस के प्रमुख रूप हैं। शृंगार कृष्णलीला एवं गोपीलीला का आधार है। इसके पश्चात् श्रीकृष्ण की वात्सल्य लीला आती है—फिर गोचारण एवं बन लीला के सख्य प्रसंग हैं। श्रीकृष्ण ब्रह्म हैं और उनकी ऐश्वर्य लीला से प्रभावित उनके भक्तगण तथा उद्धार प्राप्त करनेवाले असुर समूह निरन्तर उनकी भक्ति में लगे, उनकी सख्य लीला का समर्थन करते हैं। विभिन्न भक्तों द्वारा लीला रूप में प्रच्छन्न ब्रह्म की स्तुतियों में विश्रान्तिदायी भावों की अभिव्यक्ति ही शान्त भक्तिरस है। यही पाँचों भाव रूप शृंगार भक्तिरस, वात्सल्य भक्तिरस, सख्य भक्तिरस, दास्य भक्तिरस तथा शान्त भक्तिरस के रूप में दिखायी पड़ते हैं। शेष सात भाव साहित्य के रस के हैं—

हास्यभक्तिरस, करुणभक्तिरस, रौद्रभक्तिरस, भयानकभक्तिरस, वीरभक्तिरस, वीभत्सभक्तिरस, अद्भुतभक्तिरस।

भक्ति साहित्य में विशिष्ट रसों के अन्तर्गत भक्तिरस के सन्दर्भ उठते अवश्य हैं—किन्तु ये प्रमुख नहीं हो पाते। ये भाव रूप हैं, जो विविध लीलाभावों के सहायक हैं। बाललीला, सख्य एवं शृंगार के प्रसंगों में उठकर उनका ये पोषण करते हैं, इसीलिए ये प्रमुख भाव न होकर उनके सहायक एवं संवर्द्धक भाव सन्दर्भ हैं। ये सभी लीला के प्रमुख रसों का स्थल-स्थल पर पोषण करके उन्हें तीव्र तथा सफल बनाते हैं—इसीलिए आचार्य रूपगोस्वामी ने इन्हें भक्तिरस का अंग रस माना है। लीला रस का मूलाधार भागवत पुराण है और सम्पूर्ण भागवत सापेक्ष्य श्रीकृष्ण लीला ही रस के रूप में परिवर्तित हुई। अतः अङ्गिन् (मुख्य) रस के रूप में केवल पाँच रसों को ही स्वीकृति मिली है। रूपगोस्वामी भावात्मक केन्द्रीयता के आधार पर मुख्य भक्तिरस की चर्चा करते हैं और उनके अनुसार केवलप्रेयस्, दास्य एवं शृंगार यही तीन भाव भक्तिरस के हैं। इनसे जुड़कर जो साहित्यिक रस मिश्रित हो उठते हैं, वे गौण तथा सहायक रस हैं। संक्षेप में, अङ्गाङ्गि रस की स्थिति इतनी ही है।

भक्तिरस का मूल्यांकन

भक्तिरस के विषय में उसकी मौलिकता का प्रश्न सबसे पहले उठाया जाता है। यह सत्य है कि भक्ति साहित्य की एक विशाल परम्परा है और इस परम्परा की कतिपय ऐसी प्रवृत्तियाँ हैं, जिनका विश्लेषण साहित्यिक रस परम्परा से सम्भव नहीं है। काव्यरस के विवेचन का आधार एक ओर पाठक की वासना है तथा दूसरी ओर काव्य में विभाव, अनुभाव, संचारी भाव हैं। भक्त आचार्यों ने स्वीकार किया है कि भक्तों के स्थायीभाव एवं प्रभु कृष्ण तथा राम से सम्बद्ध उनकी लीला के विभाव, अनुभाव एवं संचारी भाव भक्ति रस के कारण हैं। इस प्रकार, भक्तिरस के विवेचन के लिए ढाँचा काव्यरस का ही है। रूपगोस्वामी पूरी तरह से भक्तिरस के विवेचन के लिए उसी ढाँचे का प्रयोग करते हैं और इस प्रकार उसके विवेचन का आधार संस्कृत काव्यशास्त्र ही है।

भक्ति साहित्य का अनुभव क्षेत्र आध्यात्मिक है और काव्यरस का क्षेत्र सम्पूर्ण लोकव्यवहार का। भक्तिरस के पास कोई प्राकृतिक वासना नहीं है और भारत जैसे आध्यात्मिक देश में प्रायः यहाँ का जनसमुदाय अधिकाधिक आध्यात्मिक वृत्ति से हजारों वर्षों से जुड़ा है–किन्तु आध्यात्मिक वासना का मूल उत्स प्रकारान्तर भाव से आत्मरक्षण, आत्मसंस्थापन एवं प्रकृति की रहस्यमयता के प्रति रागमयता है। आस्थावाद के कारण मनुष्य की ये सम्पूर्ण वृत्तियाँ ब्रह्म के सगुण रूप से जुड़ी हैं किन्तु वैष्णव भक्ति में लीला की अवधारणा के प्रवेश के बाद वात्सल्य एवं उज्ज्वल रस (शृंगार भक्ति आवेग) की स्थिति आयी। वात्सल्य की मूलवासना, आत्मसृजन की आत्मीयता एवं शृंगार का सम्बन्ध आध्यात्मिक रागभाव से है। भक्ति साहित्य का अधिकाधिक भाग शृंगार विषयक आध्यात्मिक रतिभाव से सम्बद्ध है और आधार है–प्रभु की लीला। यहाँ वात्सल्य भाव की केन्द्रीय चेतना आत्मसृजन के मोह एवं आध्यात्मिक शृंगार से सम्बद्ध है–यहाँ भावक की रसज्ञता एवं रसबोध की नैसर्गिकता टूटती है–ब्रह्मभाव से जुड़ी लीला के आरोपण के कारण संस्कृति के आचार्यों ने यही स्वीकार किया है कि ब्रह्म विषयक यह वासना भावमात्र है, देव विषयक रति रस नहीं, भावमात्र है और भाव भी आस्वादन का कारण है, रस के ही सदृश किन्तु उसमें उतनी सान्द्रता नहीं है।

काव्य के रस की निष्पत्ति तन्मयीभूतता से सम्बद्ध है, यह भक्ति साहित्य के अध्येता भजनानन्दी की मनोदशा है जो साहित्य में भी दिखायी पड़ती है। उन्हें भी भक्ति

काव्य के अध्ययन, अनुशीलन एवं श्रवण से आनन्द की प्राप्ति होती है, ठीक यही स्थिति साहित्य के पाठक की भी है।

इस सन्दर्भ में एक विचित्र स्थिति और भी खड़ी होती है, यदि पाठक नास्तिक है, आध्यात्मिक आस्थावाद उसमें नहीं है, तब उसके आस्वादन की अनुभूति लौकिक होगी या आध्यात्मिक, यह एक विचारणीय प्रश्न है। साहित्य के अन्तर्गत–साहित्य की रसानुभूति के अन्तर्गत भी इस प्रकार का प्रश्न वर्तमान है। आचार्य अभिनवगुप्त ने बताया है कि लोकवासनात्मक भाव रसरूप में पाठक को तभी आस्वाद्य होगा, जब उसमें वीतविघ्नता की स्थिति होगी। मानसिक चित्तदशा की विघ्नदशा भी साहित्य रस के लिए आस्वादगम्य नहीं है। इसी प्रकार 'प्रतिबद्ध साहित्य' का भी सन्दर्भ है। उद्योगवादी व्यवस्था में आकण्ठ डूबा पाठक मार्क्सवादी कविता तथा उपन्यासों में आनन्द न प्राप्त कर सके यह असम्भव नहीं है। भक्तिसाहित्य में भी ये दो स्थितियाँ आ सकती हैं–दोनों भिन्न मनोदशाओं की हैं। ये हैं–भक्त का विश्लेषण तथा आस्वादन एवं अभक्त का विश्लेषण तथा आस्वादन। यहाँ दोनों की दो भिन्न कोटियाँ बन जाती हैं जो साहित्य के विवेचन के अन्तर्गत स्वयं में भावपरक संकीर्णता है। इस प्रकार की स्थिति सम्पूर्ण, प्रतिबद्ध साहित्य में सर्वत्र दिखायी पड़ती है। भक्ति साहित्य से भिन्न परम्परागत भारतीय कविता कला तथा कलात्मक शास्त्रीयता से सम्बद्ध है। उसकी प्रतिबद्धता कलात्मक आवेगों के निरपेक्ष अभिव्यक्ति की है। आलोचना स्वयं में निरपेक्ष कलात्मक आस्वादन की आनन्दमयी चित्त-दशा का विश्लेषण है। अतः भक्ति साहित्य की स्थिति एवं रस की आस्वादन दशा का स्वरूप उससे किंचित् भिन्न दिखायी पड़ता है। परम्परागत रस सिद्धान्त मूलतः वासना जगत् का कलात्मक उन्मेष है और उसकी आनन्दानुभूति कला की है। यह कलात्मक अनुभूति रचना-संसार में अभिव्यक्त लोकभाव की प्रतिक्रियाओं का प्रतिफल है किन्तु भक्ति साहित्य में लोकभाव की स्थिति के दो रूप हैं–प्रथम व्यावहारिक रूप और द्वितीय है, आध्यात्मिक। व्यावहारिक रूप में यह कलात्मक निष्पत्ति है किन्तु सैद्धान्तिक आध्यात्मिक दृष्टि से यह मूल्य चेतना है। यह मूल्य चेतना प्रभु के तादात्म्यभाव से सम्बद्ध रसात्मक चेतना से भिन्न आनन्दमयता का स्वरूप है। इस भिन्नता के कारण रस सिद्धान्त के मानकों के आधार पर एक सीमा तक भक्ति काव्य की व्याख्या हो सकती है, उसके बाद भक्ति काव्य की सामाजिक प्रतिबद्धता आगे निकल जाती है। साहित्य का पाठक भक्ति साहित्य का मूल्यांकन भावात्मक चेतना के आधार पर ही करेगा–यहाँ लोक तथा अध्यात्म के अलगाव का प्रश्न उसके लिए सम्भव नहीं है। श्रीराम एवं श्रीकृष्ण के प्राकट्य के सन्दर्भ में सद्यः जात शिशु का भाव तथा उनसे जुड़ी आध्यात्मिक निष्ठा का आलोचक उसके साहित्यिक रूपों का ही विश्लेषण करेगा। भक्ति साहित्य के प्रसंगों को तीन भागों में विभक्त किया जा सकता है–

1. शुद्ध काव्य के स्थल
2. शुद्ध भक्ति एवं आध्यात्मिक सन्दर्भ
3. काव्य एवं कलात्मक स्फुरण के मिश्रित प्रसंग

(1) शुद्ध काव्य के स्थल वे हैं, जहाँ कवि की कलात्मक चेतना उभरकर लोकानुभूति की प्रस्तुति इस प्रकार करती है कि मिथकीय तत्त्वों का आवेश न के बराबर दिखायी पड़ता है। उदाहरण के लिए मानस में धनुर्भंग प्रसंग के पूर्व राम एवं सीता का प्रथम दर्शन, मार्ग में ग्राम-वधूटियों का प्रसंग, अपहरण के समय सीता का विलाप, राम का विरह वर्णन आदि। इन स्थलों की कलात्मक चेतना रसानुभूति के लोकात्मक संवेगों एवं विश्लेषण द्वारा स्पष्ट की जा सकती है।

(2) भक्ति कविता का दूसरा पक्ष वह है, जहाँ नैतिकता, धर्म, भक्ति, दर्शन आदि के आध्यात्मिक सन्दर्भ कथ्य के सन्दर्भ में विषयवस्तु के रूप में आते हैं। अरण्यकाण्ड में लक्ष्मण सीता, नारदप्रसंग, कौसल्या के समक्ष प्रभु राम का प्राकट्यादि।

(3) भक्ति कविता की तीसरी साहित्यिक चर्चा वह है, जहाँ आध्यात्मिकता एवं लोकानुभूति का अद्भुत सम्मिश्रण हुआ है। रामचरितमानस में सुतीक्ष्ण प्रसंग, विभीषण-राम भेंट, हनुमान-राम भेंट, राम-केवट प्रसंग आदि। इन प्रसंगों में लोकात्मकता तथा आध्यात्मिकता का अद्भुत समन्वय है। यहाँ लोकचेतना के साथ विविध पौराणिक तथा मिथकीय सन्दर्भ आध्यात्मिकता तथा कलात्मक संवेदना को सान्द्र एवं गहन बना देते हैं।

इस प्रकार, भक्ति साहित्य लोक तथा आध्यात्मिक संवेदना का अद्भुत संगम है। भक्त काव्यशास्त्रियों ने इस सन्दर्भ की व्याख्या के लिए भक्तिरस की कल्पना की है—किन्तु भक्तिरस इस साहित्य की कलात्मक अभिव्यक्ति को स्पष्ट करने में पूरी तरह से समर्थ नहीं है। कलात्मक निष्ठा का साहित्य की परम्परा से भिन्न भक्ति साहित्य का विश्लेषण रस के आधार पर किया जा सकता है। किन्तु भाव विश्लेषण की प्रक्रिया के साथ—संगति बैठाकर ही और इसके व्यापक भाव विश्लेषण की प्रक्रिया की व्याख्या एक अन्य आधार पर भी की जानी चाहिए, वह है, सौन्दर्यवादी संवेदना के मूल्यों द्वारा कलात्मक निष्कर्षों की विश्लेषणात्मक प्रस्तुति द्वारा।

इस प्रकार, भक्ति साहित्य की कलात्मक चेतना तथा उससे सम्बद्ध भावात्मक संवेदनाओं का सौन्दर्यशास्त्रीय विश्लेषण एक स्पष्ट माध्यम है—जो इस कालखण्ड की कविता की व्यापक तथा स्पष्ट व्याख्या का माध्यम है। यह इस काव्य की शास्त्रीय व्याख्या का आधार बन सकता है—और यह सत्य है कि सौन्दर्यशास्त्रीय विश्लेषण के सन्दर्भ के अन्तर्गत भक्ति के अध्यात्म एवं लोकव्यवहार के पक्षों के बीच कोई स्पष्ट अन्तर्विरोध भी नहीं दिखायी पड़ता।

भक्ति संवेदना का सौन्दर्यवादी विश्लेषण

साहित्य के अन्तर्गत कविता स्वयं में कलात्मक संरचना है और इस कलात्मक संरचना से जो निर्मिति सामने आती है, उसके तीन पक्ष साफ-साफ दिखायी पड़ते हैं–प्रथम, भावविधान का पक्ष है और द्वितीय कलाविधान का और तृतीय कलाविधान तथा भावविधान का सम्मिलित पक्ष मूल्यविधान का है। सौन्दर्य सृजन का पक्ष, कविता के अन्तर्गत, भाषिक निर्मिति से सम्पन्न होता है और इस प्रकार सौन्दर्यशास्त्रीय विश्लेषण कृति में मौलिक सृजन तथा परम्परा की रचनात्मक चेतना का पुनर्दर्शन भी कराता है। इस पक्ष को सौन्दर्यशास्त्र के सापेक्ष्य में सौन्दर्यमूलक संवेदन (Aesthetic Sensibility) कहा जा सकता है क्योंकि वह सौन्दर्यानुभूति के बोध का तात्त्विक आधार है। भक्त कवियों ने लीला एवं अवतार के सापेक्ष्य में इस सौन्दर्यमूलक संवेदना का भक्ति-रस के सापेक्ष्य में विश्लेषण किया है। इस विश्लेषण द्वारा काव्यात्मकता एवं भक्तिरस के बीच आगत लोकात्मकता तथा आध्यात्मिकता के अन्तर को सहज ही समाप्त किया जा सकता है। सौन्दर्यमूलक संवेदन की दृष्टि से भक्ति कविता के निम्नलिखित आधार तत्त्व बनते हैं–

1. उदात्त का सन्दर्भ (Sublime)
2. प्रियता का सन्दर्भ (Affection)
3. शास्त्रीयप्रेम तथा शृंगार के सन्दर्भ (Classical Love)
4. स्वच्छन्द प्रेम का सन्दर्भ (Romantic Love)
5. स्वच्छन्द प्रेम एवं शास्त्रीय शृंगार के आध्यात्मीकरण के सन्दर्भ (Spiritualisation of Love)
6. आनन्द के सन्दर्भ (Bliss and Spirituality)

सौन्दर्यमूलक संवेदन तथा भक्तिरस से सम्बद्ध आवेगात्मक भावपक्ष के विविध रूपों का यदि यहाँ विश्लेषण करें तो शान्त, दास्य, सख्य, वात्सल्य एवं शृंगार से सम्बद्ध भक्तिरस रूपों का समाहार इन सौन्दर्याभिव्यक्तियों में सहज रूप से हो जाता है–इसलिए भक्तिरस की विसंगति को दूर करने के लिए भक्ति साहित्य का यह सौन्दर्यमूलक विवेचन अधिक उपयुक्त है। संक्षेप में, इनका विश्लेषण क्रम इस प्रकार है।

उदात्त का सन्दर्भ (Sublime)

भक्ति कविता का केन्द्रीय आधार ब्रह्म है और ब्रह्म की संकल्पना भारतीय संस्कृति की सर्वश्रेष्ठ, भव्य तथा उदात्त अवधारणा से सम्बद्ध है। समग्र सृष्टि जिसके बिना अपने को शक्तिमयी, स्पन्दनयुक्त, स्फुरणशील, संचरणशील, अभिव्यक्तमयी, दीप्तिमयी आदि नहीं बना सकती है, वह तत्त्व ब्रह्म है। सगुण भक्तों के काव्य में अशक्य व्यापार को सम्पन्न करनेवाला ब्रह्म अवतरित होकर छिन्न-भिन्न तथा टूटी हुई व्यवस्था को अपने कार्यों द्वारा नया स्वरूप प्रदान करता है। ब्रह्म को **कर्त्तुम्, अकर्त्तुम् अन्यथा कर्त्तुम समर्थः** कहा गया है। वह बिना पैरों के चलता है, बिना कान के भी सुनता है, बिना हाथ के सम्पूर्ण कार्यों का सम्पादन करता है, मुखरहित होकर भी वह समस्त रसों का भोग करता है और बिना वाणी (जिह्वा) के भी वह सदैव श्रेष्ठतम वक्ता बना रहता है।

अवतरण के हेतु एवं अवतार रूपों के द्वारा अशक्य व्यापार को शक्य बनाने की उसकी क्षमता का भाषिक चित्रण उदात्त से सम्बद्ध है। भारतीय संस्कृति में दास्य, करुणा, भय, वीभत्सता, रौद्र, तेजोमयता, अद्‌भुत के निर्माण की अपूर्वशक्ति आदि तत्त्वों से यह ब्रह्म अनेक रूप में अलंकृत है। प्रभु की यही उदात्तता सृष्टि रक्षा, असमर्थ एवं दीनों के लिए संरक्षण है। सृष्टि में व्याप्त पापी और दुराचारियों के दुष्कर्मों पर प्रतिबन्ध तथा उनके वध के बाद उनकी दिव्यता अद्‌भुत हो उठती है। रावण, कंस, तृणावर्त्त, मेघावर्त्त आदि का वध करके सृष्टि की रक्षा एवं शान्ति का दायित्व इसी ब्रह्म के ऊपर है। उदात्त भाव की भूमिका में ही ब्रह्म के रूप, गुण, क्रिया तथा शील की भव्यता उन्हें श्रेष्ठतम अवधारणा से मण्डित करती है। सम्पूर्ण भक्ति साहित्य प्रभु की उदात्तता की अवधारणा से सर्वतोभावेन मण्डित है। भक्तकालीन कवि प्रभु के विरुद्ध, प्रतिनायक एवं अनाचारी व्यक्ति के कार्य की उदात्तता की हलकी-सी व्यंजना देते हैं। रावण के चलने पर पृथ्वी का डगमगाने लगना, राक्षसों एवं असुरों के भी वीभत्स कृत्य आदि भी उदात्त के ही आवेग हैं, जिनका नियन्त्रण प्रभु अपनी अनन्त शक्तिमयता से करते हैं।

सूरसागर के कालियनागदमन के उदाहरण से उसको और स्पष्ट किया जा सकता है—यहाँ दो विरोधी तत्त्व सामने आते हैं—एक है, भयंकर सर्प जिसकी फुंकार ही ज्वालामयी है और दूसरा है, एक कोमलतम शिशु कृष्ण जिसे आते हुए देखकर कालियनाग की पत्नियाँ समझाती हैं—

कहौ कौन के बालक है, तू बार-बार कहि भागि न जाई।

कालियनाग की गर्वभरी उदात्तता से संयुक्त व्यक्तित्व और आचरण दर्शनीय है—

उठ्यो अकुलाइ डर पाइ खगराज को—
देखि बालक गरब अति बाढ़्यो।।

गरुड़ के भय से छिपे कालियनाग आवेग से व्याकुल होकर उठ पड़ा और सामने एक सुकुमार शिशु को देखकर वह गर्वाक्रान्त हो उठा, भयमुक्ति के साथ—एक ही बिन्दु पर गर्वाक्रान्तता का उदात्त भाव कलात्मक चमत्कार का सृजन करता है। सौन्दर्यशास्त्र की यह उदात्त चेतना विभिन्न संचारी भावों को जागृत करके भय, हर्ष, रोमांच आदि वातावरण को उत्पन्न बनाने में सहायक है। कालियनाग की भयंकरताभरी उदात्तता देखें—

पूँछि लीनी झटकि, धरनि गहि पटकि,
फुंकर्‌यो लटकि, करि क्रोध फूले।
पूँछि लीनी चाँपि, पिसनि काली काँपी,
देखि सब साँपि अवसान भूले।
करत फनपात, विष अति उतरात,
नीर जरिजात गहि गात परसे।

सूर के स्याम प्रभु—

लोक अभिराम बिनु जान अहिराज विष ज्वाल बरसे

इस भयकारी वातावरण को कवि ब्रह्म की उदात्तता द्वारा 'विस्मय भाव' में परिणत कर देता है।

नाथत नाथ विलम्ब न कीनी।
पग सौ चाँपि खींचि बल तोर्‌यो नाक फोरि गहि लीनी।
कूटि चढ़े ताके माथे पर काली करत बिचार।।

कालिय परास्त होकर हार गया और ब्रह्म रूप कृष्ण की शक्ति के आगे नत मस्तक उनकी स्तुति करता है—

धरनीधर माधौ पीताम्बरधर।
गिरिधर ब्रजधर मुरलीधर
संखचक्रधर गदापद्मधर सीसमुकुटधर अधर सुधाधर।
कम्बु कंठधर कौस्तुभमनि धर बनमालाधर मुक्तमाल धर
सूरदास प्रभु गोप वेषधर काली फन पर चरन कमल धर।।

एक ओर त्रस्त एवं भयग्रस्त कालियनाग की आंत्ममुक्ति का पीड़ाभरा स्तवन, दूसरी ओर महाकवि सूरदास द्वारा कृष्ण की समग्र उदात्तता का विह्वलता से परिपूर्ण गायन, तीसरी ओर ब्रह्म की शक्तिमय सत्ता का तेजोमय काव्य कथन इन सबके द्वारा कवि भव्यता तथा उदात्तता की नयी काव्य परिपाटी स्थापित करता है।

सम्पूर्ण भक्ति काव्य मूल्यवादी ब्रह्मगाथा है। यह गाथा लोकजीवन एवं व्यवहारजगत् की उदात्तता को तो बाद में व्यंजित करती है, प्रथम इसका दायित्व लोकरक्षण की निष्ठा से समग्र संसार को आश्वस्त करना है। वाराह, नृसिंह, राम, कृष्ण आदि अवतारों का ब्रह्म के लोकरक्षक व्यक्तित्व की रचना द्वारा भक्त कवियों का लक्ष्य उनके विस्मयकारी, उदात्त, आश्चर्यचकित कर देनेवाले धर्मों से अलंकृत करना है। अवतरित के ब्रह्मबोध की यह प्रारम्भिक भूमिका है। बाद में, कृष्ण भक्त कवियों ने लीला के शृंगार धर्म का व्यापक प्रचार-प्रसार करके उसे 'काम' पुरुषार्थ से जोड़ दिया है किन्तु तुलसी जैसे मर्यादावादी कवि सगुण ब्रह्म के इसी व्यक्तित्व को महत्त्व देकर उनके गरिमामय रूप को लोक के समक्ष रखकर उनकी उदात्तमयी भव्यता से अपनी सम्पूर्ण कविता को अलंकृत करते हैं। श्रीरामचरितमानस का सम्पूर्ण कलेवर **'उदात्तमयी'** सौन्दर्य संकल्पना का प्रतिरूप है। आदिकाल के उदात्तभाव से सम्पन्न ये लीलावतार उस युग की भयंकर जन-निराशा के लिए सहानुभूति एवं धैर्य प्रदान करने के लिए बहुत बड़े मिथकीय विश्वास-भरे कारण बन गये थे। लोकरक्षण, लीला तथा भक्ति इन दोनों को यह उदात्त (Sublime) भाव यहाँ जोड़े हुए है।

ब्रह्म की इस उदात्त भव्यता का मूल्यांकन क्या 'अद्‌भुत' या अद्‌भुत रस के माध्यम से हो सकता है? उत्तर है, नहीं—क्यों? भक्त आचार्यों ने चमत्कार से सृजित अद्‌भुत रस को 'भक्ति रस' का तत्त्व न मानकर उसका सहायक धर्म माना है, क्योंकि इस उदात्तता में भव्यता के श्रेष्ठतम, गुरुतम, भव्यतम, पवित्रतम एवं सृष्टि-जगत् से भिन्न अशक्य व्यापार को शाक्य रूप देकर सामान्य लोक स्तर पर ले आने की चेष्टा की है। प्रभु की इस आश्चर्यमयी भव्यता से भक्तों को जो आनन्द मिलता है—वह लोकसंकट से मुक्ति दिलाने तथा पाने का सन्दर्भ है। लोक के प्रति रक्षण का भाव इसका प्रथम मूल्य है। प्रभु से सम्बद्ध भक्तों की अवधारणा के अनुसार 'लोक रक्षण' सर्वश्रेष्ठ मूल्य है। धर्म के पतन से उत्पन्न मूल्यों का, लोकघाती रूप सामाजिक अत्याचार, हिंसा, उपद्रव एवं अनीति से मुक्ति की यह अवधारणा भारतीय साहित्य के 'उदात्त' तत्त्व अर्थात् उत्कर्ष की व्यंजना, अनुनयन एवं सम्मोहन तक ही नहीं सम्बद्ध हैं और न ही भक्ति कविता का ब्रह्म से सम्बद्ध लोकरक्षण का भाव 'वाग्मिता की उत्कृष्टता' तक ही सीमित है। मूल्यवादी कविता आनन्दधर्मिता को भाषिक माध्यम बनाकर उच्चतम सामाजिक हितबद्धता को व्यंजित करती है और इसके माध्यम से त्राणकर्त्ता का मूल व्यक्तित्व आनन्दमयी ही नहीं बनता, समाज के मन में यह पूज्यबुद्धि का संचार भी करता है। पूज्यबुद्धि का यही श्रद्धासंवलित तत्त्व हिन्दी साहित्य में भक्ति के रूप में

अवतरित है। असहायों, निर्बलों, साधनहीनों तथा गरीबों के त्राणकारी सगुण ब्रह्म की उदात्तता का पक्ष केवल साहित्यिक ही नहीं, समाज तथा लोक के लिए कल्याणकरी भी है। आस्थावादी अवधारणा, आलम्बन के व्यक्तित्व की सर्वतोत्कृष्ट महनीयता, सामाजिक अनाचरण तथा दुराचरण से संघर्ष तथा उस पर विजय का यह रूप आस्था तथा श्रद्धा के साथ जुड़कर कुछ ऐसा बन जाता है कि उसकी व्याख्या न भक्तिरस से की जा सकती है और न पश्चिमी काव्यचिन्तन मूल्यवाद या उदात्त सिद्धान्त (सब्लाइम-थियरी) से ही सम्भव है। इसीलिए सम्भवतः आचार्य शुक्ल ने इसे मूल्य का नाम न देकर लोकमंगल के नाम से पुकारा है। यह केवल लोकमंगल नहीं, स्वयं में अत्यन्त व्यापक तथा उदात्त लोकरक्षण का भाव है। भारतीय आस्थावादी चिन्तन के इस विलक्षण काव्य रूप की व्याख्या के लिए उसी काव्य में अन्तर्निहित तत्त्वों तथा अन्तर्निहित मूल्यों की खोज तथा भाषिक रचनाप्रक्रिया की विशिष्ट संरचना के विश्लेषण द्वारा जो सिद्धान्त निकलता है, उसे **विशिष्ट उदात्त तत्त्व** के नाम से पुकार सकते हैं। यह संरचना **विशिष्ट उदात्त तत्त्व** की मूल्यवादी सिद्धान्त रचना एवं ब्रह्म के वैशिष्ट्य को निर्मित करनेवाली मिथकीय भाषा इन्हीं दो तत्त्वों के संयोग से बनी है और इसका विश्लेषण परम्परित काव्यशास्त्र की अवधारणाओं से तो सम्भव ही नहीं है।

●

प्रियतामूलक सौन्दर्यचेतना (Affection)

प्रियता तथा प्रेम की दो भिन्न श्रेणियाँ है, अंग्रेजी में एक है, प्रियता, Affection अर्थात् प्रियता और दूसरा शब्द है, Love प्रेम। भक्ति साहित्य का एक बहुत बड़ा भाग प्रियता (Affection) की भावना से जुड़ा है। प्रियता वह आत्मीय भाव है, जहाँ काव्य की वासनामूलक आत्मीयता के अतिरिक्त शेष भावनाएँ पारस्परिक भावनात्मक एकता स्थापित करती हैं। संस्कृत साहित्य में प्रियतामूलक भावों को आधार बनाकर रस की पृष्ठभूमि बनाने की चेष्टा की गयी है और इसके अन्तर्गत निम्नलिखित भावना व्यापारों को रखा गया है—प्रेयस्, ऊर्जस्वित, स्नेह, लौल्य, यूनता, वात्सल्य आदि। वैष्णव भक्ति साहित्य में इन प्रियतामूलक भावों का वैयक्तिक रूपाधार तोड़कर उन्हें सामाजिक बनाया गया है। वात्सल्य प्रत्येक व्यक्ति के लोक जगत् का वैयक्तिक भाव है—किन्तु साहित्य के अन्तर्गत उसे एक वस्तु के रूप में स्वीकार करके विविध बालप्रसंगों से जोड़ा गया है। भक्ति साहित्य में वात्सल्य को ईश्वर या सगुण ब्रह्म राम-कृष्ण आदि के मानवीय वात्सल्य से जोड़कर उसे भक्ति का रूप दिया गया और यह सम्पूर्णतः भक्तों के लिए काव्य बना है। भक्तिपक्ष के व्यावहारिक रूप एवं काव्यपक्ष के रचनात्मक सन्दर्भों में इसी प्रकार 'यूनता' भाव की स्थिति है—जो समवयस्कता के आत्मीय स्नेहाकर्षण का विषय है। मैत्री एवं सख्य भाव—विशेषकर नये वयवाले युवकों की पारस्परिक प्रेमयूनता है। श्रीकृष्ण एवं उनके बालसखाओं के पारस्परिक दास्यभाव के प्रेम को यूनता का भाव कहा गया है। स्नेह अपने से लघुवयवालों के प्रति प्रेम एवं ऊर्जस्वित अपने से बड़ों के प्रति श्रद्धा, प्रेम एवं पूज्यभाव है। लौल्यभाव, हर्षोल्लास, आत्मीयों के प्रति भक्ति अपने से श्रेष्ठ के प्रति श्रद्धाभावमयी संसक्ति है। कुल मिलाकर, काम-वासना को छोड़कर लोकजीवन के समस्त भावनात्मक सम्बन्धों के विस्तार को प्रियता (Affection) के साथ जोड़ा गया है। इनमें से भक्ति, ऊर्जस्वित आदि को यदि उदात्तमूलक सौन्दर्य भावना के साथ रखा जाय तो किसी को कोई आपत्ति नहीं होगी, फिर भी, सगुण भक्ति साहित्य के प्रकाश में प्रियता का भाव दाम्पत्य से

व्यापक है। कामभावना के शृंगार (Love) को, भक्तों (विशेषकर कृष्णभक्त कवियों) ने युगानुरूप विशेष गहराई तथा विस्तार दिया है—तुलसी जैसे महाकवि ने तो सम्पूर्ण भावों को सामाजिक संरचना से जोड़कर उन्हें शृंगार से अधिक महत्त्वपूर्ण सिद्ध किया है। इसे कहने में कोई अत्युक्ति नहीं होगी कि गोस्वामी जी ने समाज रचना के मानवीय फलक के विस्तार को ध्यान में रखकर शृंगार भाव को भी प्रियता की सीमा में ले आकर खड़ा करने की बारम्बार चेष्टा श्रीरामचरितमानस में की है। यही नहीं, भक्ताचार्यों ने निर्वेद या वैराग्यमूलक शान्तरस को भी संसक्तिमूलक या सुखमूलक भावासक्ति में परिवर्तित कर दिया है और इससे मिलनेवाली रागात्मक भावना विश्रान्ति, तृष्णाक्षयमूलक सुख आदि हैं। प्रभु से मिलकर या उनकी स्मृति द्वारा सुतीक्ष्ण, शुकदेव आदि जो विश्रान्तिमयी आनन्द प्राप्त करते हैं, उसकी तुलना में संसार के सम्पूर्ण आनन्दबोध फीके हैं। निर्वेद या वैराग्यमूलक शान्तभक्ति के रचनात्मक भाव सन्दर्भ साहित्य में आकर सौन्दर्य के चरमतमबिन्दु आनन्द (Bliss) में परिवर्तित हो उठते हैं—वैराग्यभाव का प्रेम के प्रति समर्पण भक्ति चेतना का अन्तिम लक्ष्य है। भक्ति को परिभाषित करते हुए महर्षि पतंजलि भागवत 'रागमयता' को ही उसका मूलाधार मानते हैं। वे कहते हैं कि—

'सुखानुशयी इति रागः तस्ये भक्तित्वम्'

भक्ताचार्यों तथा कवियों ने इस 'सुखानुशयता' को सगुण भक्ति का आधार बनाकर जीवन को कर्ममयता के स्थान पर भावमयता का स्वरूप प्रदान कर दिया है। कर्ममय तथा ज्ञानमय जीवन की तुलना में भावनामय जीवनयापन भक्ति के लिए आधार है—और इस भावमयता का केन्द्रीय प्राप्त तत्त्व 'आनन्द' है। भक्त कवियों का समग्र जीवन इस आनन्दमयता की प्राप्ति की ही साधना है और यहाँ ज्ञानमय जीवन से श्रेष्ठ आनन्दमय जीवन को ही समझा गया—श्रीकृष्ण तथा श्रीराम को इसी मानवीय आध्यात्मिक आनन्दमयी चेतना को उज्ज्वल एवं श्रेष्ठतम प्रतीक तत्त्व स्वीकार किया गया है। जीवन जीने की यह भावात्मक प्रक्रिया अपने में इसलिए अनूठी है कि यहाँ न कोई सामाजिक विषमता है और न विद्वेष। मार्क्सवादियों के **शोषणमुक्त समाज** के यह कई अर्थों में श्रेष्ठ **रामराज्य** की अवधारणा का व्यंजक है। सभी सुखी हैं, सभी आनन्दित हैं—ज्ञानी-अज्ञानी, निम्नवर्ग-श्रेष्ठ वर्ग, नारी-पुरुष, समस्त ब्राह्मणवादी कर्मकाण्ड एवं शास्त्रवाद यहाँ निरर्थक हैं। केवल यहाँ सत्य इतना ही है कि लोक की समस्त भावनाओं के समर्पण तथा सम्बन्ध का आधार ईश्वर है और प्रियता तथा प्रेम भाव के सृष्टिगत प्रचलित सम्पूर्ण रूपों को प्रभु से जोड़कर 'आनन्द तत्त्व' की प्राप्ति को ही मनुष्यमात्र का यहाँ लक्ष्य बताया गया है।

उदात्त भाव सन्दर्भों की मुख्य चेतना आनन्दमयता की प्राप्ति की भक्ति सम्बन्धी सर्वोच्च और अन्तिम कामना है। उदात्त से सम्बद्ध भावों के अतिरिक्त दूसरी श्रेणी प्रियता की है और प्रियता के तीन शास्त्रीयरूप भक्ति साहित्य में स्थापित हैं—

(1) दास्य (2) सख्य (3) वात्सल्य

शान्त भाव को प्रियता तथा आध्यात्मिक श्रेष्ठता को इन दोनों श्रेणियों में यहाँ रखा जा सकता है। यह 'शान्ति' सम्पूर्ण सृष्टि की संकल्प भरी आत्मिक चेतना है जो उदात्त भाव के साथ-साथ दास्य, सख्य एवं वात्सल्य द्वारा प्राप्त होती है।

(1) दास्य भाव :

इस दास्यभाव को भक्ताचार्यों ने रस की श्रेणी में रखा है। यह 'दास्य भाव' भक्त कवियों के काव्य का भी विषय है और उपासना का भी। प्रारम्भिक स्तर पर इनका काव्यरस दास्यभक्ति की प्रेममयता की भावना के प्रचार, संसक्ति, आत्मीयता व्यक्त करने तथा भक्ति के उद्रेक की सिद्धि के लिए एक माध्यम है। ध्यानपूर्वक देखने पर यह दास्यभाव भक्तिमयी जीवनचर्या की केन्द्रीय चेतना है—दास्यभाव का सन्दर्भ ईश्वर के प्रति प्रेम एवं श्रद्धा बुद्धि की जागृति, प्रभुमयी संसक्ति की गहनता एवं स्वयं के सर्वात्म समर्पण के प्रति निष्ठा है जिसमें लोक सम्बन्धों के सन्दर्भ में स्वामी तथा सेवक जैसी अनन्यता परिलक्षित होती है। भक्ति के दो रूप हैं, साधक की व्यक्तिगत साधना एवं दूसरी लीलाभाव की साधना। व्यक्तिगत साधना का स्वरूप स्वयं को प्रभु के प्रति सर्वोत्तम समर्पण की भावना है—सेवाभाव की द्वादशभक्तिसाधनायुक्त भक्ति। कृष्णभक्ति साहित्य में लीला के प्रसंग में 'नित्य सेवा' प्रसंग का बड़ा ही महत्त्व है। नित्य सेवा के दो प्रसंगस्तुतिविषयक प्रसंग तथा कथारहित माहात्म्य प्रसंग। प्रभु श्रीकृष्ण की व्यापकता की पृष्ठभूमि के निर्माण में कवियों द्वारा उनकी कृपाकांक्षा की पृष्ठभूमि की रचना में कृपादृष्टि द्वारा स्वामी की कृपा की प्राप्ति और भक्त की एकमयता की आकांक्षा बतायी गयी है। अतः कृष्णभक्ति काव्य-परम्परा ने लीलाभाव की सेवा-उपासना में दास्यभाव को विशिष्ट स्थान दिया है।

कतिपय आचार्यों ने दास्य एवं शमत्व को एक में मिलाने की चेष्टा की है किन्तु आश्रय भाव के प्रति श्रद्धामूलक विश्वास तथा रक्षण एवं पोषण की भावना का ब्रह्म मूलकेन्द्र है और यही इसके लिए आधार है। प्रपत्ति एवं शरणागति के सन्दर्भ में दास्यभाव की प्रियता भक्त के लिए मूलाधार है और गोस्वामी तुलसीदास की विनय पत्रिका या सूरदास के विनय के पदों में आत्मरक्षण की भावना इस सन्दर्भ में आधार के रूप में प्राप्त होती है। दास्यभाव की इस चेतना में ब्रह्म के अंशिन् एवं जीव के अंश के रूप में होने के सन्दर्भ भी जुड़े हुए हैं—प्रभु बराबर अपने अंश के प्रति आत्मीयता एवं स्नेह का भाव रखते हैं और इस आत्मीयता के सांस्कारिक भाव की प्राप्ति के लिए जीव रूप भक्त निरन्तर प्रयत्नशील रहता है। स्वामी-सेवक, आश्रयदाता और आश्रित, अंशिन् ब्रह्म एवं उससे अभिन्न अंशरूप जीव के सम्बन्ध यहाँ काव्यधर्म से जुड़े हैं। इस तीसरी दास्य मनोदशा में साधक चित्तदशा प्रीति के समीप पहुँच जाती है, वैसे, दास्यभाव की संसक्ति भी स्वयं में रागमूलक है। दास्यमूलक भक्ति की केन्द्रीय चेतना 'सत्तावाद' से सम्बद्ध है और कवि सामान्य लोकजीवन की इस वृत्ति को दास्यभक्ति

द्वारा सामन्तवादी शक्ति से विमुख करके उसे ब्रह्म से सम्बद्ध करते हैं, जो उसके स्वामी एवं पिता दोनों हैं। दूसरे शब्दों में कवि प्रभुसत्ता से मनुष्य को जोड़कर लोकजीवन के लिए सामन्तवादी शक्ति का विरेचन करते हैं।

(2) सख्य :

प्रियता का दूसरा सन्दर्भ 'सख्यभाव' से सम्बद्ध है और सख्यभक्तिरस के रूप में भक्त आचार्यों ने इसकी कल्पना की है। प्रियता के इस प्रकरण का आधार है, सम-वयस्कता। लोकभाव के अन्तर्गत इसे प्रियता के रूप में पुकारा गया है। दास्य का वैयक्तिक सम्बन्ध स्थायी सन्दर्भ सेवक-भाव से जुड़ा है तो मैत्री या 'सख्य' की भावना परस्पर 'समानवयस्कता' से सम्बद्ध है। मध्यकालीन राम तथा कृष्णभक्ति में समवयस्कता में लीलाभाव वर्तमान है किन्तु भागवत् कथा में इसकी प्रमुखता के कारण इस पर अधिक बल दिया गया है। लोक में प्रेम के तीन आधार हैं–बड़े के प्रति अल्पवयवालों का प्रेम, पिता, माता, परिवार के बुजुर्गों, ईश्वर आदि के प्रति प्रेम, इसमें पूज्यबुद्धि, श्रद्धाबुद्धि एवं आराध्यबुद्धि का सन्दर्भ निहित है। शिशिओं के प्रति वयशील का प्रेम-स्नेह जैसे माता-पिता, परिवार के दीर्घायु, सम्पन्न स्नेही जनों तथा ईश्वर आदि का शिशुओं तथा भक्तों के प्रति प्रेम। तीसरी स्थिति समवयस्कता के प्रेम की है। लीलाभाव के रूप में अवतरित ब्रह्म के समवयस्कों की पारस्परिक मैत्री और तत्सम्बद्ध आत्मीयता का भाव द्रष्टव्य है। पूज्य बुद्धि तथा दास्यभाव, वात्सल्य एवं सख्य के रूप में वर्तमान लोकभाव श्रीकृष्ण एवं श्रीराम की लोकबुद्धिपरक लीला का यह एक व्यापक प्रकरण है। लोक को ब्रह्म से जोड़ना तथा सर्वत्र एवं सर्वकालिक लोक सन्दर्भों में प्रभु को स्थापित करना स्वयं में भक्ति सिद्धान्त की अभिव्यक्ति का प्राथमिक मूलाधार है। भक्ति सम्पूर्ण जीवन से जुड़ी है, सम्पूर्ण लोकव्यवहार से जुड़ी है और जीवन के विकसित विविध रूपों की यह भक्ति अटूट संवाहिका है। ये भक्त भक्ति काव्य के द्वारा यह सिद्ध करना चाहते हैं कि लोकव्यवहार में ऐसा कोई नाता या सम्बन्ध अवशिष्ट नहीं है–जो प्रभु से न जड़ा हो–

"मोहिं तोहि नाते अनेक मानिये जो भावै।"

मैत्री भाव का सम्बन्ध भी इन भक्तों के लिए भक्ति काव्य का आधार है और ये कवि समवयस्कता की भावना से प्रभु तथा साधक को जोड़कर बराबर अपनी कविता को अलंकृत करते हैं। यूनता का भाव यही समवयस्कता की मैत्री का भाव है और इस कविता के बीच भाव का यह तादात्म्य क्रम सान्द्रता से युक्त न होकर भावात्मक समरसता से सम्बद्ध होता है। इस प्रकरण में कृष्णभक्तिकाव्य के अन्तर्गत 'सुदामा' की मैत्री का प्रसंग विशेष महत्वपूर्ण है। परस्पर समवयस्क मित्रों के बीच स्थित समानता का अहम् और मानव मनोविज्ञान को ध्यान में रखकर उस अहम् की निरन्तर रक्षा करते हुए ये कवि प्रेम, भक्ति एवं ब्रह्म की स्वभक्त के प्रति (मित्र की दीनता के प्रति) उदारता का चित्रण करते हैं।

(३) वात्सल्य :

प्रियता का तीसरा प्रकरण वात्सल्य का है। सूर जैसे कवि ने इस वात्सल्यभाव जैसी प्रियता (Affection) को अनुभूति के शीर्ष बिन्दु पर पहुँचा दिया है। जैसाकि कहा गया है—शिशु के प्रति आत्मीय मोह तथा माता-पिता एवं अन्य गुरुजनों की वात्सल्यमयी आकांक्षा की यह एक सामाजिक प्रवृत्ति (Social instinct) है। तुलसीदास जी ने भी इस वासना भाव को अत्यन्त आत्मीयतापूर्वक अपने काव्य में चित्रित किया है। कवि धर्म का सबसे बड़ा दायित्व है—शब्दों की रचना एवं उसके शिल्प प्रयोग द्वारा वस्तुसत्ता की स्वाभाविक प्रतीति को पाठक के चित्त में तद्वत् उतार देना और शिशु रूप में स्थित सगुण ब्रह्म को शिशु वासना का पाठक के चित्त का विषय बना देना। यह सन्दर्भ भक्ति काव्य का श्रेष्ठतम मन्तव्य रहा है। यही इस काव्य की सबसे प्रमुख विशेषता है। भक्त कवियों ने शिशु की मानवीय नैसर्गिकता तथा ब्रह्म तत्त्व की आध्यात्मिक शक्तिमता की समवेत व्यंजना शिशु लीला के द्वारा कराने की चेष्टा की है किन्तु उस चेष्टा का मन्तव्य यही रहा है कि लौकिक शिशुभाव की नैसर्गिकता किसी प्रकार खण्डित न हो सके। सूरदास इस वात्सल्यप्रियता के सिद्धहस्त कवि हैं। आचार्य मधुसूदन सरस्वती ने 'वात्सल्य भाव' को विशुद्धभक्ति रस के रूप में इसीलिए स्वीकृति दी है कि यह भावात्मक सान्द्रता के लिए स्वयं में एक पर्याप्त आधार है और इसका कारण है कि यह शृंगाररति के सदृश 'पुमानरति' भी मानव-समाज की एक गहनभावनामयी प्रवृत्ति है। शृंगार एवं कामभाव की अन्तिम परिणति मानव-समाज में 'पुत्र रति' के रूप में प्रकट होती है और मानव जाति की नैसर्गिक प्रवृत्ति स्वतः 'शिशुरति' के रूप में वर्तमान है। कामवासना यदि श्रेष्ठतम वैयक्तिक प्रवृत्ति (Personal instinct) है। तो ठीक उसी क्रम में 'शिशुरति' उसकी सामाजिक प्रवृत्ति (Social instinct) है। शृंगार तथा कामभाव एवं ठीक उसी से अनिवार्यतः सम्बद्ध हैं और यह शिशुरति (वात्सल्यभाव) मनुष्य जाति की पूरकवृत्ति है। इस प्रकार भक्ति काव्य यह समझता है कि उसके लिए जितना कृष्ण का काम एवं शृंगार भाव अपेक्षित है, उतना ही, उनके लिए वात्सल्य भाव भी है। प्रभु में शृंगार तथा वात्सल्य की प्रतीकबद्धता एवं लीलाधर्मिता के द्वारा इन भक्त कवियों ने समाज को वैराग्य तथा संन्यास भाव से न जोड़कर जीवन से जोड़ने की निरन्तर चेष्टा की है। वात्सल्य के मधुर रमणीक, स्वाभाविक रूपों तथा क्रियाओं का व्यापक चित्रण ही इनका महत्त्वपूर्ण साक्ष्य है। इन कवियों ने लोक की भावमयता को जीवन जीने का श्रेष्ठतम आधार बनाने में कोई कोर-कसर नहीं छोड़ी है।

●

शास्त्रीयता तथा लोकप्रेम का सन्दर्भ

भावनात्मकता प्रियता (Affection) के बाद भावजगत् का अगला सोपान प्रेम (Love) का है। रूपगोस्वामी प्रेम को परिभाषित करते हुए कहते हैं कि–

सर्वथा ध्वंसरहित सत्यपि ध्वंसकारणे।
यद्भावबन्धनं यूनो स प्रेम परिकीर्तिता।।

"सर्वथा ध्वंसरहित (पारस्परिक सम्पूर्ण समर्पण की कामना से ओतप्रोत युवक तथा युवती की संसक्तिमयी रागमयता) युवावस्था के यूनभाव (कामाश्रित पूर्णवय भाव से सम्बद्ध) को प्रेम कहते हैं। यह प्रेम स्वयं में एक स्वच्छन्द नैसर्गिक वासनात्मक प्रवृत्ति है।"

उन्होंने इस प्रेम की साधना के छह रूपों की स्थिति की ओर संकेत किया है–**रति, प्रेम, प्रणय, राग एवं अनुराग**। यहाँ अनुराग प्रेम का सर्वतोकृष्ट रूप है किन्तु लोकव्यवहार में इसे प्रेम (Love) के नाम से ही पुकारा जाता है।

कृष्ण साहित्य में प्रेम को मधुर भाव की साधना के नाम से पुकारा है। लोक में यह प्रेम कामवासना से सम्बद्ध भोगमूलक है किन्तु श्रीकृष्ण लीला के अन्तर्गत श्रीकृष्ण के साथ राधा तथा गोपिकाओं के प्रेम का विलासमूलक रूप लीला का आध्यात्मिक रूप है। मानवीय वासनाओं के उदात्तीकरण को केन्द्र में रखकर संसक्तियों से उदासीन ये भक्त कवि श्रीकृष्ण की प्रणयलीला को आध्यात्मिक चेतना से जोड़कर लीला का आस्वादन लेते हैं–भक्त की भाँति।

इस प्रेम सन्दर्भ को भक्ति साहित्य के अन्तर्गत दो भागों में विभक्त किया गया है–(1) परम्परागत शास्त्रीय प्रेम (2) स्वच्छन्द प्रेम।

(1) परम्परागत शास्त्रीय प्रेम–परम्परागत काव्यशास्त्रीय ग्रन्थों में इस प्रेम को 'शृंगार' का नाम दिया गया है। परस्पर नायक एवं नायिकाओं की काममूलक संसक्तियाँ जो अपनी अन्तिम परिणति वासनात्मक तृप्ति में प्राप्त करती हैं, शृंगार हैं। आचार्य विश्वनाथ इस शृंगार को परिभाषित करते हुए कहते हैं कि–

शृंगार हि मथनोद्भेदः तस्य आगम हेतुकः।
उत्तम प्रकृति प्रायो रस शृंगारेष्यते।।

काव्य में रति स्थायीभाव से दीप्त रस ही शृंगार रस है। भारतीय आचार्यों ने काम-वासना तथा कलात्मक राग दोनों को एकमेव कर देने का निरन्तर प्रयास किया है। आचार्य भोज के शृंगार प्रकाश का विवेचन इस दृष्टि को पूरी तरह से स्पष्ट करता है–

आत्मस्थितंगुणविशेषमहंकृतश्च,
शृंगारमाहुरिह जीवितमात्मयोने।
तस्यात्मशक्ति रसनीयतया रसत्वम्,
युतस्य येन रसिकोऽयमितिप्रवादः।।

यहाँ रस को वासना नहीं, आस्वादबोध कहा गया है। प्रेम का आधार है, यौन आकर्षण से उत्पन्न पुरुष तथा नारी के बीच परस्पर कामभावना की दीप्ति का सन्दर्भ और यह सन्दर्भ परस्पर दोनों को जोड़ता है। भारतीय काव्यशास्त्र में शृंगार रस के अन्तर्गत इसका विस्तृत विवेचन मिलता है और इस रस विवेचन के चार आधार रहे हैं–

(1) कामशास्त्र (2) नाट्यशास्त्र (3) काव्यशास्त्र (4) लोकव्यवहार।

आगे चलकर, भक्ति साहित्य के विकास होने पर इसके लिए श्रीकृष्णलीला ही आधार बनी और इस प्रकार इसके लिए पाँचवाँ आधार भक्तिरसशास्त्र है। हिन्दी साहित्य तक पहुँचते-पहुँचते भक्तिरसशास्त्र में विवेचित लीला के विविध रूपों ने इस शृंगार को प्रभावित किया। परम्परा के अनुरूप इस शृंगार के दो रूप हैं–संयोग तथा वियोग। इन दोनों में विरह सन्दर्भ संयोग शृंगार से महत्त्वपूर्ण है। श्रीकृष्ण की प्रियता-गोपियों के लिए तथा उनका बिछुड़ना और उस बिछुड़ने से उत्पन्न पीड़ा, प्रतिक्षण की संसक्तिमयी कामना के उद्रेक से उत्पन्न छटपटाहट के बिन्दु पर गोपिकाएँ एवं भक्त सभी एकरूप हैं। गोपिकाओं का विरह उनका लोकपक्ष है तो वही कृष्णभक्त कवियों का प्रकारान्तर भाव से अध्यात्म पक्ष। कृष्णभक्त कवि श्री नन्ददास ने इसी भावना से प्रेरित होकर **विरह मंजरी** की रचना की है और उनके अनुसार विरह ही श्रीकृष्ण प्रेम का परम उत्कर्ष है। उन्होंने विरह के चार भेदों की कल्पना की है–

(1) प्रत्यक्ष विरह
(2) पलकान्तर विरह
(3) बनान्तर विरह
(4) देशान्तर विरह

प्रत्यक्ष विरह में श्री कृष्ण सामने हैं किन्तु उनका सर्वांग रूप न देख पाने के कारण गोपिकाओं (भक्तों) को पीड़ा होती है, पलकों के गिराने पर प्रतिक्षण आँखें श्रीकृष्ण को न देख पाने के कारण गोपिकाएँ (**पलकान्तर** के अवरोध के कारण) वियोगिनी हैं।

तृतीय स्थिति स्वयं श्रीकृष्ण द्वारा लीला विलास है, वे गोपिकाओं को प्रेम विरहित करने के लिए रासलीला जैसे प्रसंगों में बन में छिप जाते हैं और उनके बीच जाने के कारण उत्पन्न विरह ही **बनान्तर विरह** है और उनकी परम आसक्तिमयी पीड़ा देखकर वे प्रकट होकर आनन्दित करते हैं। **देशान्तर** प्रवासजन्य विरह है। यह मथुरा एवं द्वारिकागमन से सम्बद्ध है—भक्त कवियों की आजीवन विलासमयी श्रीकृष्णाकांक्षा की संसक्ति का यह श्रेष्ठतम प्रतीक है। **भागवत्** पुराण की श्रीकृष्णलीला कथा के अनुक्रम में भी श्रीकृष्ण को लीलामयी विलासेच्छा की यह श्रेष्ठतम परिणति ही नहीं, भक्ति साधना की यह परमकाम्यता भी है।

श्रीकृष्ण की आराधना रहस्यवादियों की वियोग साधना की निष्पत्ति जैसी जीवनभर हृदय की भग्नता से जुड़ी नहीं होती। भारतीय शृंगार रस की साधना में सुखान्त ही उसका परम लक्ष्य है। भागवत पुराण में अनन्त युग की वियुक्ता गोपिकाएँ (भक्त साधक की जीवमयी लीला) कुरुक्षेत्र लीला प्रसंग में अपने परम आराध्य श्रीकृष्ण को अन्तिम बार देखकर तन्मयीभूत हो उठती हैं। राधाकृष्णमयी और स्वयं श्रीकृष्ण राधामय हो उठते हैं। ब्रह्म तथा जीव का यह आह्लादक सम्मिलन शृंगारमूलक प्रेमभाव का लक्ष्य है। यही नायक-नायिका का सुखान्त नाटकीय प्रसंग है और कामासक्ति तथा भावसंसक्ति की अद्वितीय सम्पूर्णता भी। यही भक्त साधक के आराध्य के सम्मिलन का अन्तिम अभीष्ट क्षण भी है--जिसमें वह आजीवन उन्मत्त, विरही, संवेदन से विह्वल तथा अपने आराध्य के सम्मिलनजन्य सुख (आनन्द) की प्राप्ति के लिए व्याकुल रहता है। यह तत्त्व परम्परा का शास्त्रीय शृंगार रस एवं भक्त की अनन्यतम साधना दोनों का सम्मिलन बिन्दु स्वयं में मानक केन्द्र बन जाता है, जिससे श्रीकृष्ण से सम्बद्ध होने के कारण इस शृंगार का नाम इन भक्त कवियों ने 'उज्ज्वलरस' रखा।

(2) स्वच्छन्द प्रेम—कामशास्त्र, नाट्शास्त्र, काव्यशास्त्र तथा भक्तिशास्त्र आदि से सर्वथा भिन्न प्रेम का लोकात्मक व्यवहार स्वयं में प्रेमशास्त्र भी है और स्वच्छन्द प्रेम के रूप में सर्वत्र और सार्वकालिक देखा जाता है। शास्त्रीय प्रेम प्रकारान्तर भाव से 'स्वच्छन्दप्रेम' को शास्त्रबद्ध करने की चेष्टा है ताकि काव्यसृजन के स्तर पर वह सामान्यीकृत रूप में प्रस्तुत किया जा सके। प्रेम को शास्त्र में नहीं बाँधा जा सकता है और बाँधने पर वह उन बन्धनों को तोड़कर पुनः उन्मुक्त हो उठता है क्योंकि यह काम भावना का वह व्यावहारिक पक्ष है—जो सम्पूर्ण सचराचर को अपने अनुकूल और अनुरूप व्यवहार के अनुक्रम में विवश किये रहता है। तुलसीदास ने ठीक ही कहा है—कामदेवता के बाणप्रहार की स्थिति देखें—

सबके हृदय मदन अभिलाषा। लता निहारि नवहिं तरु साखा।।
नदी उमगि अंबुधि कहुँ जाई। संगम करहिं तलाव तलाई।।
जहँ असि दसा जड़न्ह के बरनी। को कहि सकइ सचेतन करनी।।

यह स्वच्छन्द प्रेम सम्पूर्ण लोकमर्यादाओं को तोड़कर चैतन्य को स्ववश में करके स्वानुकूल होने के लिए सचराचर को विवश करता है। 'स्वच्छन्द प्रेम' का यह स्वरूप

किस पराकाष्ठा तक पहुँच जाय, इसकी कोई नैतिक सीमा नहीं है, यद्यपि नैतिक सीमाएँ इस पर बराबर नियन्त्रण रखती फिर भी वे टूटती और बनती रहती हैं।

भक्ति साहित्य इस प्रकृत भोग वासना को प्रभु ब्रह्म (सगुण-निर्गुण दोनों) में समर्पित करके भोगमुक्त जीवन जीने का वातावरण प्रस्तुत करता है और इसके लिए उसने श्रीकृष्ण की लीला को सर्वोच्च आधार के रूप में चुना है। भागवत पुराण इसके लिए केन्द्रीय आधार है। भागवत पुराण में 'गोपी एवं कृष्ण' के प्रेम प्रसंगों को स्वच्छन्द शृंगार कथा का सर्वाधिक महत्त्वपूर्ण स्वरूप दिया गया है। यह प्रेम प्रसंग 'गोपिकाओं एवं कृष्ण' का है। राधा हिन्दी कृष्ण भक्तिकाव्य में कृष्ण की स्वकीया नायिका हैं, बंग साहित्य की वह परकीया नायिका है, वही शक्ति एवं श्रीरूपा, अनादि लीलामयी परातत्त्व हैं। राधा एवं कृष्ण का स्वरूप प्रकृति एवं पुरुष का है। यह ब्रह्म एवं उसकी आह्लादिनी शक्ति है। राधा के बिना माधव नहीं और माधव के बिना राधा की सत्ता नहीं। उज्ज्वलनीलमणि के अन्तर्गत रूपगोस्वामी ने इनकी विशेषताओं पर एक नया अध्याय ही लिख डाला है और उन्हें श्रीकृष्ण के साथ ही 'वृन्दावनेश्वरी' की संज्ञा दी है। इस वृन्दावनेश्वरी राधा के निम्नलिखित गुणों की उन्होंने चर्चा की है—मधुरा, नवांगा, चपलांगी उज्ज्वला, गन्धोन्मादिता, माधवा, संगीतप्रसरामिता, नर्मा, पण्डिता, विनीता, करुणापूर्णा, सुविलासा, महाभावपरमोत्कर्षिनी इत्यादि।

ब्रह्मवैवर्तपुराण में राधा के सोलह नाम हैं—

राधा, रासेश्वरी, कृष्णप्राणाधिका, कृष्णवामांगम्भूता, परमआनन्दरूपिणी, रासकामिनी, वृन्दा, वृन्दावनी, वृन्दावन विमोहिनी आदि।

स्वच्छन्द प्रेम की सर्वांग सुन्दरी राधा की पुराणों तथा भक्ति साहित्य में निरूपति प्रेम चेष्टाएँ, उनके सौन्दर्यविधान तथा कृष्णासक्ति आदि को अनन्त रूपों में इंगित किया गया है। राधा की उन्मत्तता, विरह, पीड़ा एवं उनकी हावभाव तथा चेष्टाएँ स्वच्छ प्रतीकों से सम्बद्ध मध्यकालीन अवधारणाओं से जुड़ी हैं। श्रीकृष्ण तो राधा के कामभाव एवं प्रेमभावना के उद्दीपक हैं। उनका प्रेमाचरण भी प्रेमी जैसा सर्वत्र चित्रित किया गया है, स्वच्छन्द रूप में।

भक्ति सिद्धान्त के अन्तर्गत राधा के प्रेम की अवधारणा मिथकीय रूप में है और यह मिथक श्रीकृष्णलीला से जुड़कर उनकी परमशक्ति जैसा हो उठा है और राधावल्लभसम्प्रदाय के अन्तर्गत इन्हीं राधा के माध्यम से भक्तगण श्रीकृष्ण को प्राप्त करते हैं। यह 'राधा-कृष्ण प्रेम' नायक-नायिका के शृंगार वर्णन की व्यवस्था से भी सम्बद्ध है और उसको तोड़कर वह स्वच्छन्द प्रेम के प्रतीक रूप में भी हैं। रसशास्त्र के द्वारा इस राधा का अध्ययन असम्भव है। 'मोटिफ़' के रूप में प्रेम प्रतीक बनी यह राधा नायिका नहीं भक्तगणों की आराध्या हैं। स्वच्छन्दतावादी प्रेम के प्रतीक के रूप में कृष्णमयी राधा सम्पूर्ण जनमानस के बीच लीलाभाव के आनन्द के साथ आराध्या बनी हुई है और कृष्णभक्त कवि स्वयं राधामय होकर अनायास ही कृष्णमय बन जाते

हैं। यह राधासाधना निश्चित ही मध्यकालीन भक्ति साहित्य के अन्तर्गत योग, भक्ति साधनाओं की प्रतिफल ही नहीं, ब्रह्म के आनन्द धर्म (राधा) में जीव की विलासिता की अपनी आत्मसंज्ञा का उस परमतत्त्व में तिरोधान भी है। स्वयं महाप्रभु चैतन्य भी इस राधामयी लीला की तन्मयीभूतता की दशा में स्वयं को राधामय स्वीकार करके श्री कृष्णमय हो उठते हैं। वे राधा को प्राप्त करके आत्माराम (आत्मरमण) की दशा में पहुँचकर तत्सुखसुखी अर्थात् परमविश्रान्तिदायिनी आनन्द की प्राप्ति कर लेते हैं।

निष्कर्ष रूप से कह सकते हैं कि भारतीय शास्त्र परम्परा से भिन्न यह 'राधा कृष्ण' की प्रेममयी साधना का मोटिफ़ भक्ति साधना एवं प्रेममयी आनन्दसिद्धि का श्रेष्ठतम प्रतीक है।

स्वच्छन्द प्रेम आध्यात्मीकरण :

भक्त कवियों ने अवतरण एवं लीला को भक्ति कविता के आधार के रूप में स्वीकृति देकर कई दृष्टियों से अपनी साधना की सार्थकता को लोकमयी व्यवहार संचेतना से जोड़ने का उपक्रम किया है। लोक में मानव का आचरण ही अवतरित सगुण ब्रह्म का लीला रूप है और उस सगुण के व्यवहार रूप के साथ केवल लोक की नैतिक उदात्तता, जीवन-मूल्यों की मांगलिक अभिव्यक्तियाँ, सामाजिक विषमता की समाप्ति, शान्ति, प्रेम, ऐक्य, सद्भाव, शोषणविहीनता आदि सद् सामाजिक मूल्यों की प्रतिष्ठा ही नहीं की है अपितु ब्रह्म की लोकलीला द्वारा भक्त कवियों ने सामान्य-से-सामान्य जन के लिए अध्यात्म के मार्ग को सर्वसुलभ बना दिया है। यहाँ उस लीलाधारी के लिए नारी, पुरुष, निम्नवर्ग, उच्चवर्ग, व्यवसायी, कामगर, राजा तथा भिखारी, पण्डित तथा अज्ञानी, देवता तथा राक्षस, वानर, पशु, पक्षी, निषाद, कोल, भील, गणिका-किन्नर आदि-आदि एक जैसे भक्त स्व में आराध्य के लिए पीड़ित हैं। इन सबके बीच कोई भेदभाव नहीं है। वह लीलाधारी विद्वेषी असुर तथा राक्षसों को मुक्ति देकर उन्हें अपनी शक्ति में समाहित करता है—कहीं कोई भेदभाव नहीं, मनुष्य, पशु, चेतन-अचेतन के बीच। लीला की अवधारणा की यह दृष्टि राम तथा कृष्ण से जुड़कर समग्र लोककल्याणमयी रही है।

लीला के दो पक्ष इन भक्तों के लिए अभीष्ट हैं, प्रथम वह जो अज्ञात भाव से लीलाधारी से जुड़ता है, जैसे गोपिकाएँ सांसारिक बन्धनों को तोड़कर पति-पुत्र-गृह का त्याग करके लोकभाव से तटस्थ कृष्णमयी हो उठी थीं। उन्होंने उनके ब्रह्म रूप को इस प्रेम लीला प्रकरण में नहीं समझा, दूसर पक्ष वह है—जो सर्वज्ञ साधक बुधजन से सम्बद्ध है, वे सहृदय राम और कृष्ण के ब्रह्मलीला रूप को समझकर लीला के आनन्द में उन्मत्त हैं।

लीला का फल दोनों पक्षों के लिए मुक्तिदायिनी है। वह लीला के लिए आधार हैं और द्वितीय हैं, लोकपक्ष वह उस लीला के आचरण का आश्रय पक्ष है। ब्रह्म लीला वस्तु है और वह उसमें डूबता है—लोक अर्थात् आश्रय पक्ष—जिसके हृदय में तीव्र कृष्णावासना जागृत एवं अनुभूत होती है। यही वस्तु के रूप में लीला की निरपेक्ष भाव की रचना

करता है। समस्त आचरणों तथा विकारों को आचरित करता हुआ उसमें वह बँधता नहीं किन्तु आश्रयगण, भक्त, दर्शक, साधक, साथ-साथ रमण करनेवाले उस लीला के सम्पर्क में आकर यथाभाव आनन्दित होते हैं।

काव्य का सिद्धान्त लोक सत्य का प्रातीतिक रूप है, वह सत्य ही है, वह लोकानुचरण रूप है और उसका अनुभव करता हुआ पाठक रसानुभूति प्राप्त करता है। यह सिद्धान्त लोक सत्य के प्रातीतिक रूप पर आश्रित है किन्तु लीला से उत्पन्न अनुभूति की व्याख्या कैसे की जाय? यह सामान्य स्तर पर सत्य देखते हुए भी, असत्य है। काव्य में तो एक ही सहृदय है किन्तु लीला के दो प्रकार के सहृदय हैं, एक अज्ञानी एवं द्वितीय ज्ञानी सहृदय–जो सम्पूर्ण लीला की तात्त्विक सत्यता को समझता हुआ भी उसको मिथ्या भाव से देखता है, किन्तु उसे ब्रह्म की लोकमयी लीला मानकर उसमें आनन्दित होता है। इसी के समाधान के लिए भक्ताचार्यों ने 'भक्तिरस' की कल्पना की है और लोकभावना से सम्बद्ध शृंगारादि को भक्तिरस के सहायक रस के रूप में घोषित किया है। यही कारण है कि परम्परागत रसशास्त्र द्वारा इस सगुण भक्ति की लीलामयी साहित्यिक कृतित्व की व्याख्या सम्भव नहीं है।

इस सिद्धान्त से भिन्न हटकर लीला की इसी प्रकृति को देखते हुए उसकी सौन्दर्यशास्त्रीय व्याख्या अपेक्षित है क्योंकि लोकात्मक साहित्य के सहृदय पाठक को रसास्वादन चाहिए और भक्तिकाव्य के पाठक एवं लीला के उपासक के लिए ब्रह्मानन्द की अपेक्षा है, ब्रह्मानन्द सहोदर की नहीं।

भक्ति कवियों ने लीला की अवधारणा की परिकल्पना करके न केवल भक्ति को सार्वजनिक तत्त्व बनाया है अपितु उसकी रूपरचना द्वारा कविता एवं अध्यात्म के आनन्द अर्थात् दोनों तत्त्वों को एक ऐसे केन्द्र बन्दु पर मिला दिया है–जहाँ आध्यात्मिक आनन्द के अन्तर्गत काव्यास्वादन सन्निविष्ट हो उठा है। रस का उद्रेक कविता से होता है किन्तु आस्वादन का स्वरूप, साहित्य के आस्वादन से बदला-बदला दिखायी पड़ता है। इसका सन्दर्भ तो यह अवश्य दिखायी पड़ता है कि 'साहित्य और भक्ति' के बीच सामंजस्य स्थापित हो उठे किन्तु इन सबके बीच उपलब्धि इस लीलामयता की यही रही कि भक्तिकाव्य में साहित्य की परम्परागत सम्पूर्ण शास्त्रमयता लोकव्यवहार के सामने छोटी पड़ गयी। यह सत्य है, कि उज्ज्वलनीलमणि एवं भक्तिरसामृतसिन्धु जैसी शास्त्रीय कृतियाँ लीला तथा भक्तिरस की व्याख्या के लिए सामने आयीं किन्तु लोकव्यवहार से जुड़ी लीला भक्ति की व्यापकता को देखते हुए इस भक्ति आनन्द तत्त्व के विवेचन के लिए व्यापक सौन्दर्यशास्त्रीय दृष्टि आवश्यक प्रतीत हो रही है। इस स्वच्छन्द लीला प्रेम का आध्यात्मीकरण रसशास्त्र द्वारा सम्भव नहीं है।

प्रेम का आध्यात्मीकरण

भक्त कवियों ने प्रेम के शास्त्रीय एवं स्वच्छन्द दोनों रूपों का अपने काव्य के अन्तर्गत अत्यन्त व्यापक प्रयोग किया है किन्तु प्रेम की लोकात्मक मौलिकता को इन्होंने अनेक रूपों में आध्यात्मिक रूप में परिणत करने की निरन्तर चेष्टा भी की है।

कबीर, जायसी, सूर-तुलसी सभी अपने-अपने तरीके से इस प्रेम के महत्त्व को स्वीकृति देते हुए इसे लोकवासना के स्तर पर नहीं ले आते। यह सत्य है कि काव्य में अभिव्यक्त प्रेम तथा शृंगार काव्यास्वाद के स्तर पर भौतिक काव्यास्वादन के भोग से भिन्न एक विशिष्ट प्रकार का तटस्थ आस्वादन है–जहाँ लोकवासनाएँ पहुँचकर भी नहीं पहुँच पातीं किन्तु भक्त कवि इसे जानते हुए भी लोक प्रेम एवं भक्ति क्षेत्र में प्रयुक्त प्रेम तथा शृंगार दोनों में अन्तर करते हैं। संक्षेप में, प्रेम के आध्यात्मीकरण के निम्नलिखित सन्दर्भ हैं–

(1) वैष्णव भक्ति काव्य में लीला के लोक शृंगार के वर्ण्य विषय को सर्वप्रथम कवि नैतिक आवरण से ढकते हैं। इस दिशा में तुलसीदास की कृतियों में विशिष्ट प्रयत्न दिखायी पड़ता है। उनका नैतिक आवरण लोक शृंगार को निरन्तर ढकता चलता है। सीता का सौन्दर्य वर्णन करता हुआ कवि कहता है–

सोह नवल तन सुंदर सारी। जगत जननि अतुलित छबि भारी।।

*** ***

सिय सोभा नहिं जाइ बखानी। जगदंबिका रूप गुन खानी।।

*** ***

जगत मातु पितु संभु भवानी। तेहिं सिंगारु न कहौं बखानी।।

(2) श्रीकृष्णलीला के अन्तर्गत स्वतन्त्रता से कल्पित लोक का वातावरण ही कल्पित लोक है–अतः लीला के कल्पित लोक का शृंगार भाव भी कल्पित होगा और यही कल्पित लोक अपनी स्थिति में भक्तों के लिए मुक्ति का कारण है। इन भक्त कवियों ने इस लीला शृंगार को शृंगार के स्थान पर उज्ज्वल रस कहा है–

यह उज्ज्वल रस माल कोटि जतनन करि पोई।
सावधान है पहिरौ इहिं तोरौ मति कोई।

ये कवि भर्त्सना के वातावरण द्वारा लोकात्मक शृंगार जैसा इसे न कहकर निरन्तर आध्यात्मिकता से सम्पृक्त रस की भावना से विश्लेषित करते हैं। उनका तर्क है कि–

जे पंडित शृंगार ग्रंथ मत यामे साने।।
ते भेद न जाने हरि को केवल विषयी माने।।

श्रीकृष्ण विषय तथा विषयीभाव दोनों से मुक्त सिद्ध लीलारूपमय हैं।

(3) श्रीकृष्ण एवं रामकथाओं में आध्यात्मिक वातावरण का निर्माण करने के लिए कविगण बराबर ब्रह्म के अवतरित लीलास्वरूप एवं उनके मूलरूप सन्दर्भ को पाठकों को स्मरण कराते चलते हैं। यही नहीं, राम के धनुष-बाण युक्त विग्रह रूप तथा श्रीकृष्ण के वनमाल, मयूरपंख, वंशीधारण तथा पीताम्बरधारण रूप की चर्चाएँ बराबर होती रहती हैं। श्रीकृष्ण तथा राम की

कथा के साथ उनके अंग वस्त्र, वेषभूषा, वर्ण, क्रियाओं आदि की रूढ़ियाँ बराबर चलती रही हैं और इनके द्वारा ये कवि क्षण-प्रतिक्षण राम को लोकवृत्ति एवं वासनाओं से मुक्त करते चलते हैं। अंग-प्रत्यंग वर्णन की रूढ़ियाँ तथा चतुर्भुज रूप में धारण किये शंख, चक्र, गदा, पद्म, गरुड़ वाहन आदि-आदि उनकी आध्यात्मिक व्यंजना से सम्बद्ध मिथकीय तत्त्व हैं। ये सभी-के-सभी रूप रचना, स्वभाव एवं व्यवहार तथा आचरण के आधार के रूप से जुड़े हैं। लोक की अवधारणाओं से पृथक् इन कवियों ने इन्हें मिथकीय रूप दिया है। यहाँ रूप, रचना, स्वभाव एवं व्यवहार तथा आचरण सौन्दर्य के आधार के रूप हैं। लोक से अलगाव करके उनसे सम्बद्ध आध्यात्मिकता की वृत्ति के माध्यम द्वारा ये कवि उनके आध्यात्मिक व्यक्तित्व का एहसास कराते चलते हैं।

(4) **अलौकिक लीलाओं एवं क्रियाओं की चमत्कारपूर्ण व्यंजना**—भक्त कवि अपने वर्णन के सन्दर्भ में स्थल-स्थल पर राम तथा कृष्ण की अलौकिक लीला चेष्टाओं का संकेत करते हुए उनके आध्यात्मिक रूपों की बार-बार व्यंजना करते हैं। क्रिया एवं लीला वर्णन के पदों में कवि प्रायः आध्यात्मिक सन्दर्भों की टिप्पणी लगाकर उनके कार्यों को लोकजगत् की सामान्यता से अलग कर देते हैं। सम्पूर्ण सूरसागर इस व्यवस्था से भरा पड़ा है—कवि लोकलीला का गायन करता हुआ अपना निष्कर्ष इस प्रकार निकालकर रखता है—

जो प्रभु तिहूँ भुवन के नायक सुर मुनि अंत न पाये हो।
जाको सिव ध्यावत निसि वासर सहसानन जिहिं गावै हो।।

श्रीकृष्ण के चरित सामान्य व्यक्ति के नहीं हैं और उनके सामान्य चरित को देखकर यह न समझें कि यह मानवीय चरित है—वह तो तीनों भुवनों के नायक हैं किन्तु लीला के द्वारा भक्तों का लोकजन की भाँति रंजन कर रहे हैं।

(5) **असुर वध, राक्षस विनाश, पराक्रमी योद्धाओं का संहार,** नन्द तथा देवकी का उद्धार, विभीषण को लंका का राज्य देना आदि-आदि लोकरक्षण के कार्यों को सम्पन्न कराना भी उनके अवतार तथा लीलारचना के साथ सम्बद्ध है। इन कार्यों द्वारा उनके व्यक्तित्व की आध्यात्मिक अतिशयता की रचना मानवीय सम्भावनाओं से भिन्न हैं—और यह भिन्नता समाज के दलित, दुर्बल, पीड़ित तथा असहाय, जनों की प्रभुमयी शरणागति के लिए कारणरूप में निर्मित होती है। इसी क्रम में अलौकिक क्रियाओं तथा कार्यों का स्थान-स्थान पर निदर्शन लीला की आध्यात्मिक चेतना की संकेत दृष्टि है और ये सभी कवि इस सन्दर्भ में प्रभु ब्रह्म की सगुण आध्यात्मिक लीलामयी प्रेम साधना के गायक बन गये हैं।

लीला प्रेम की यह आध्यात्मिक वृत्ति काव्यरचना के स्तर पर आध्यात्मिक चेतना के साथ लोकजीवन के परिष्कृत रूपों की अभिव्यक्ति करती है। जिस युग में हिन्दी भक्ति काव्य अपने चरम उत्कर्ष पर था, उसी युग के श्रेष्ठतम काव्यशास्त्र के चिन्तक पण्डितराज जगन्नाथ इस आध्यात्मिक कविता के रसास्वादन की स्थिति को अस्वीकार करके उसे मात्र भाव की संज्ञा देते हैं–और कारण हैं, आचार्य भरत आदि हमारे आचार्यों के पूर्ववर्ती जो मत बताते हैं कि ये रस नहीं, भाव हैं। हमारे पूर्ववर्ती आदि आचार्य कह चुके हैं–इसलिए शास्त्रकार भक्तिरस को रस नहीं भाव मानते हैं। शास्त्रकार का यह मत केवल परम्परा की रूढ़िग्रस्तता मात्र है।

काव्य का प्रातीतिक सत्य वर्णन की विश्वसनीयता है और इसी को ध्यान में रखकर भारतीय साहित्य के अन्तर्गत शान्तरस की परिकल्पना भी की गयी है–लोकजीवन में व्यवहारगत परिवर्तनों की अपनी सामाजिक विश्वसनीयता है और भक्ति साहित्य तो व्यापक लोकमंगल तथा आनन्द के परिदृश्यि में एक सामाजिक क्रान्ति है और सम्पूर्ण भारत का जन-जन इस आध्यात्मिकता से बँधा दिखायी पड़ता है। लोक प्रतीति के लिए भारत में राम एवं कृष्ण असत्य नहीं हैं और यदि शास्त्रीय दृष्टि से देखा जाय तो संस्कृत काव्यशास्त्र का रस चिन्तन उनके परिदृश्य में संकीर्ण दिखायी पड़ता है–रस केवल लोकजीवन को जानता है, लोकातीत को नहीं–इसी लोकातीत रूप लोक को जानने के लिए साहित्य में शान्त रस एवं भक्ति रस की परकल्पनाएँ की गयी हैं किन्तु भक्ति की भावात्मक एवं आनन्दमूलक मान्यताओं का विश्लेषण दोनों से भी सम्भव नहीं है। इन्हीं तथ्यों को ध्यान में रखकर भारतीय आध्यात्मिक कविता का सौन्दर्यमूलक विश्लेषण ही उसकी समुचित व्याख्या का आधार है–और आगे तथा आज भी इस दिशा में भक्ति का सौन्दर्यशास्त्रीय अध्ययन अभीष्ट है।

●

भक्तिकाव्य और आनन्द

भक्ति की अन्तिम निष्पत्ति 'आनन्द' की है क्योंकि भक्ति काव्य का पाठक सहृदय रसिक नहीं, ब्रह्मरसिक भक्त है और भक्तिकाव्य की संरचना केवल लोकानुभूतियों की पुनर्प्रस्तुति मात्र नहीं है वह है, अपनी आध्यात्मिक चेतना वृत्ति को लोक यथार्थ में संकलित करनेवाली वह विलक्षण काव्यरचना, जहाँ लोकरस आध्यात्मिक राग में विगलित होकर उसका अंग बन जाता है। कविता का आनन्द, सृजन का आनन्द तथा आध्यात्मिक चेतना वृत्ति के आनन्द के रागात्मक रूपों का विलक्षण सम्मिलन ही भक्ति की रागमयी आनन्दभूमि है। भक्ति रचना की समग्र काव्यभूमि इसी आनन्द में ही सम्पूर्णभावेन समाहित है।

आनन्द (Bliss)—अंग्रेज़ी का 'Bliss' शब्द इस आनन्द का पर्याय नहीं अपितु सूचक शब्द है। यह आनन्द की चित्त दशा के एक अंश का ही सूचक है—**आनन्द** शब्द के लिए पर्यायवाची केवल **आनन्द** शब्द ही है। यह भारतीय आध्यात्मिक चिन्तन के अन्तर्गत **'आनन्द'** एक सर्वोच्च तत्त्व है, भारतीय उपनिषद्-काल में आनन्द ब्रह्म का धर्म है और इस आनन्द तत्त्व का पहली बार उल्लेख बृहदारण्यक उपनिषद् में होता है। छान्दोग्यउपनिषद् में आनन्द को आध्यात्मिक रस कहा गया है। यह रस आत्मा एवं ब्रह्म के सम्मिलन का फल है। ब्रह्म का स्वभाव सच्चिदानन्दमय है और यह आनन्द उसके मूलस्वरूप का अभिन्न तत्त्व है। मध्यकालीन अवतार तथा लीला का सम्बन्ध इसी आनन्द से रहा है। विशेष रूप से कृष्णभक्तिकाव्य में सौन्दर्यानुभूति की अभिव्यक्ति और विविध रूपों की चरम अभिव्यक्ति ही आनन्द की स्थापना है। रवीन्द्रनाथ टैगोर ने इस आनन्द तत्त्व को आध्यात्मिकता से जोड़ते हुए भारतीय मनीषा का इसे कोमलतम तत्त्व बताया है। विशेषकर, भक्ति साधना के सन्दर्भ में यह आनन्द तत्त्व उसका प्राण है। सूफ़ी तथा सन्त साधक इस परमानन्द तत्त्व का अन्वेषण अपनी साधना द्वारा करते हैं किन्तु सगुण भक्त प्रभु की लीला द्वारा। सत्चिद्मय शक्ति से सम्पन्न ब्रह्म लोक को अपनी आनन्दमयी शक्ति का दर्शन कराने के लिए अवतरित होकर विविध लीलाओं की अभिव्यक्ति करता है। भक्ति साहित्य में **'आनन्द'** के स्वरूप की स्थिति इस प्रकार है—

सूरदास के अनुसार यह आनन्द कृष्णरस, भक्ति तथा साध्यरूप प्रेमरस का पर्यायवाची शब्द है। परमानन्द दास के अनुसार कृष्ण-राधा का परम प्रेमाद्वैत ही आनन्द का पर्याय है। नन्ददास के अनुसार रसमय रसिक कृष्ण ही आनन्द के पर्याय हैं। मीरा के अनुसार कृष्णप्रेम की परम चिन्मयता ही आनन्द है। चैतन्य तथा राधावल्लभ सम्प्रदाय में राधा-कृष्ण की युगललीला से पाठक या दर्शक के चित्त में उत्पन्न परम रागमयी वृत्ति का विगलन ही आनन्द है। इस सन्दर्भ में भक्ति के साक्ष्य के अनुसार इनके साहित्य में अभिव्यक्त इन कवियों की आनन्दानुभूति को तीन भागों में विभक्त किया जा सकता है–

1. भक्तिजनित आनन्द
2. लीलाजनित आनन्द
3. प्रेमजनित आनन्द

1. भक्तिजनित आनन्द :

भक्तिजनित आनन्द प्रभु की रूपासक्ति के प्रति अन्तश्चित्त की वृत्तिमयी भावना से सम्बद्ध है। यहाँ भक्ति स्वयं रूपासक्ति से सम्बद्ध है। आराध्य की मधुरतम अनुभूति के माध्यम से भक्तगण भक्तिजन्य आनन्द की प्राप्ति कर लेते हैं। यह स्वरूपानन्द के साथ उनके विग्रह रूप की सम्बद्धता है। कमलवत् नेत्र, मुख चन्द्र आदि-आदि बिम्बों को चित्त में उकेरकर साधक भक्त कवि के रूप में उसके लिए बिम्बात्मक स्वरूप का अंकन करता है, वह साधना की दृष्टि से प्रत्यक्षगोचर एवं स्मृतिविधान की दृष्टि से रूप का बिम्बात्मक आवेग है और भक्तगण अपने सघन काव्यपाठ, भजन आदि के द्वारा अपनी चित्तवृत्ति को उसी में निवेशित करके आनन्द की अनुभूति करते रहते हैं। भक्तों में इस आनन्द को स्वरूपानन्द के नाम से पुकारा जाता है। रहस्यवाद से यह स्वरूप थोड़ा भिन्न है–यहाँ सम्पूर्ण संसक्ति या चित्त के विलयन की स्थिति रूपाधार में है–रहस्यवादी कवि कबीर आदि की कविता में रूपाधार न मिलकर स्वमयता में चित्त का विलयन मिलता है, जहाँ तक अनुभूति की तीव्रता का प्रश्न है, यहाँ भी वैसी ही आनन्दानुभूति दिखायी पड़ती है–

चकई री चलि चरन सरोवर जहाँ न प्रेम वियोग।
जहँ भ्रमनिसा होत नहिं कबहूँ सोइ सायर सुख जोग।।

भक्ति, साधना एवं काव्य तीनों में इन कवियों का यह आनन्द एकमेव हो उठता है।

2. लीलाजनित आनन्द :

लीलाजनित आनन्द केवल भक्त कवियों की कल्पना या भक्ति का मोटिफ़ है। लीला लौकिक प्रतीति होते हुए भी पूर्ण अलौकिक प्रभु श्रीकृष्ण की विलासाकांक्षा की स्वेच्छया अभिव्यक्ति है। कृष्णभक्त कवियों के सभी सम्प्रदायों ने अपनी उपासना, साधना एवं काव्याभिव्यक्ति में सर्वत्र इस लीला के विविध रूपों को व्यंजित किया है।

दास्य, सख्य, वात्सल्य आदि से उत्तरोत्तर वृद्धि प्राप्त करती हुई अन्त में यह मधुरलीला के शीर्ष बिन्दु तक पहुँचती है और यहाँ राधाकृष्ण के प्रेम में भक्त की तन्मयता आनन्द की अभिव्यक्ति के लिए माध्यम है। लीला चित्रण की विविध स्थितियों तथा उसके विविध रूपों द्वारा श्रीकृष्ण के प्रेममयी आनन्द की अभिव्यक्ति ही भक्तों के लिए काव्य है। 'रासलीला' इस आनन्द सन्दर्भ का केन्द्रीय आधार है।

3. प्रेमजनित आनन्द :

यह प्रेमानन्द भक्तों की भक्ति साधना का उच्चतम केन्द्रीय बिन्दु है। इसके तीन स्वरूप हैं–

(1) वह प्रेमानन्द जिसकी अनुभूति गोपियों ने की थी।

(2) वह प्रेमानन्द जिसकी अनुभूति गोपीभाव से प्रत्यक्षतः भक्तों ने प्राप्त किया है।

(3) मीराँ जैसी श्रीकृष्ण की साधिका प्रत्यक्षतः सम्बन्धाधार के द्वारा प्रेमानन्द में अपना सम्पूर्ण जीवन व्यतीत किया है।

भक्तों के लिए यही प्रेमानन्द तथा उनकी साहित्यिक लीला की रचना, भजन, गायन, कीर्त्तन एवं श्रवण द्वारा अनुभूत होता है।

भक्ति साहित्य में आनन्द के ये विविध रूप श्रवण, कीर्त्तन तथा पाठ के समय भक्तों तथा सहृदय पाठकों को निरन्तर आनन्दित करते हैं–साहित्य तथा कविता तथा संगीतमयता अर्थात् इन तीनों की एकमयता द्वारा हिन्दी के रसवादी आचार्यों ने भक्तिमयी काव्यानुभूति को लोकानुभूति से भिन्न मानकर इनके काव्य में अभिव्यक्त आनन्द को कल्पित या अवधारणामूलक माना है। उनके अनुसार इसमें काव्यमयी असम्पृक्त स्वच्छन्दता नहीं है क्योंकि ये भक्त हैं और भक्ति समाज की सार्वभौम वृत्ति नहीं है। इसी प्रकार का भ्रम आचार्य विश्वनाथ को भी था। भक्ति मध्यकालीन भारतीय समाज की सार्वजनिक जीवन्त लोकवृत्ति है और इसका सम्बन्ध है, शुद्ध भावनामयता से। भावना लोक के 'राधा-कृष्ण' एवं 'राम-सीता' की प्रतिमा कवि की सर्जनात्मक कल्पनाशक्ति द्वारा निर्मित होकर भारतीय समाज के जिस आध्यात्मिक स्वभाव के बीच दीप्त हुई है, उसकी साहित्यिक संचेतना पर सन्देह कैसा? संस्कृत के काव्यशास्त्रीय आचार्यों का यह सन्देह तो आश्चर्य का विषय है?

●

चतुर्थ खण्ड

हिन्दी का रीतिकालीन काव्यचिन्तन : परम्परा तथा मौलिकता

हिन्दी के रीतिकाल का प्रादुर्भाव आकस्मिक नहीं है। सर्जनात्मक साहित्य की गतिविधि को बढ़ानेवाले तत्त्वों में इस परम्परा का स्थान स्वयं में महत्त्वपूर्ण है और हिन्दी साहित्य का रीतिकाल जो आमतौर से 15वीं शती से शुरू होकर बीसवीं शती के प्रारम्भ तक वर्तमान रहा है, वह शास्त्रीय, काव्यशास्त्रीय परम्परा तथा परम्परावादी भारतीय काव्यरचना का अवसान काल है। वह छठीं शती से ही संस्कृत साहित्य से प्रारम्भ होकर प्राकृत एवं अपभ्रंश से होता हुआ क्रमशः हिन्दी भाषा के विविध रूपों यथा राजस्थानी, भोजपुरी, मैथिली तथा ब्रजभाषा आदि में परम्पराबद्ध क्रम में इस कालखण्ड में अवतरित हुआ है। अतः इसका विश्लेषण तथा विवेचन परम्परा सापेक्ष्य ही सम्भव है। सामान्यतः यह युग भी संस्कृत काव्यशास्त्रीय चिन्तन का अवसान काल ही समझा जाता है, कारण कि इस युग में अर्थात् पन्द्रहवीं शती तक पहुँचते-पहुँचते संस्कृत साहित्य में सर्वांग विवेचन, शृंगार रस तथा नायक-नायिका भेद निरूपण एवं अलंकार रचना की सैद्धान्तिकता से सम्बद्ध ग्रन्थों की प्रधानता हो चुकी थी और यही शास्त्र परम्परा हिन्दी रीतिकाल की भी है। संस्कृत साहित्य के काव्यशास्त्रीय चिन्तन के इस ह्रासकाल के आचार्य एवं उनके लक्षण ग्रन्थ इस प्रकार दिखायी पड़ते हैं—

(क)

(1) चन्द्रालोक (अलंकार ग्रन्थ)	—	जयदेव, 13वीं शती
(2) प्रताप रुद्रयशोभूषण (अलंकार)	—	विद्यानाथ, 14वीं शती
(3) एकावली (अलंकार ग्रन्थ) विद्याधर	—	14वीं शती
(4) काव्यानुशासन (सर्वांगनिरूपण)	—	वाग्भट्ट, 14वीं शती
(5) साहित्य दर्पण (सर्वांगनिरूपण)	—	कविराज विश्वनाथ, 14वीं शती

(6) कुवलयानन्द (अलंकार ग्रन्थ) — 16 वीं शती
(7) रस तरंगिणी (रस सिद्धान्त, नायिकाभेद) — भानुदत्त, 16वीं शती
(8) रस मंजरी (रस सिद्धान्त, नायिकाभेद) — भानुदत्त, 16वीं शती
(9) श्रीहरिभक्तिरसामृतसिन्धु (भक्तिरस) — रूपगोस्वामी, 17वीं शती
(10) उज्ज्वलनीलमणि–(भक्तिविषयक नायक-नायिकाभेद) — रूपगोस्वामी, 17वीं शती
(11) रस गंगाधर–(सर्वांग निरूपण)–पण्डितराज जगन्नाथ, 17वीं शती आदि-आदि।

आगे चलकर, संस्कृत में कई अलंकार, रस तथा नायक-नायिका भेद से सम्बद्ध ग्रन्थ इस परम्परा से जुड़े 19वीं शती तक दिखायी पड़ते हैं। उन्हीं के समान्तर लेखन हिन्दी साहित्य में भी हुआ है। इन ग्रन्थों के अतिरिक्त 14वीं शती से ही संस्कृत साहित्य में कविशिक्षा तथा वर्णक से सम्बद्ध अनेक ग्रन्थ लिखे गये, जिनकी तालिका इस प्रकार है–

(ख)

1. कविशिक्षा — आचार्य मंगल, 12वीं शती
2. कविशिक्षावृत्ति — अमरचन्द्र, 14वीं शती
3. कविशिक्षा — गंगादास, 14वीं शती
4. कविशिक्षा — विनयचन्द, 14वीं शती
5. कवि कल्पलता — श्रीपाद, अज्ञात
6. अलंकार शेखर — केशव मिश्र, 14वीं शती
7. कवि कल्पलता — अरिसिंह, 15वीं शती
8. कवि कल्पलता-वृत्ति — बेचाराम (टीकाकार), 16वीं शती
9. अलंकारशेखर (सूत्ररूप) — शौद्धोदनि, 16वीं शती
10. कवि संजीवन — श्रीनिवास, 16वीं शती
11. कवि कल्पलतिका — अज्ञात

इसी क्रम में मैथिली तथा हिन्दी की विविध प्रचलित भाषाओं में भी काव्य वर्णक ग्रन्थ रचे गये–यथा

1. वर्ण रत्नाकर — ज्योतीश्वर ठाकुर, 14वीं शती
2. कविप्रिय — आचार्य केशवदास, 16वीं शती
3. काव्यसिद्धान्त — सूरत मिश्र, 19वीं शती
4. सुखसागर — तरंगदेव, 19वीं शती
5. कव्य शिक्षक — साधोगिरी, समय अज्ञात

इन समस्त शास्त्रों का सम्यक् विश्लेषण करने पर रीतिकाव्य की पृष्ठभूमि के रूप में निम्नलिखित शास्त्रीय निष्पत्तियाँ हमें यहाँ दिखायी पड़ती हैं। ये इस प्रकार हैं–

1. अलंकार निरूपण
2. रस निरूपण तथा नायक-नायिकाभेद
3. सर्वांगनिरूपण पद्धति
4. कविशिक्षा—कविसमय तथा काव्यवर्णक एवं काव्यरूढ़ि
5. काव्य के अन्य सन्दर्भ, यथा-शब्दशक्ति आदि।

रीतिकालीन काव्य की शास्त्रीय व्यवस्था के अतिरिक्त काव्य रचना की अन्य दो विशिष्ट प्रवृत्तियाँ भी इस रीतिकाल के अन्तर्गत दृष्टिगत होती है—प्रथम है, मुक्तक काव्य परम्परा की जिसे हिन्दी साहित्य के इतिहासकारों ने रीतिमुक्ति पद्धति के नाम से पुकारा है तथा द्वितीय है—स्वच्छन्द काव्यधारा की।

सम्पूर्ण रीतिकाल मुख्यतः इन्हीं धाराओं में विभक्त है, जिनकी शास्त्रीय परम्परा तथा स्वरूप का विश्लेषण क्रमशः अपेक्षित है।

इस दृष्टि के आधार पर रीतिकाव्य की सैद्धान्तिक विवेचना के दो केन्द्र बनते हैं—**प्रथम शास्त्रकविता** के और **द्वितीय शास्त्रमुक्तकविता** के इन दोनों धाराओं की **भिन्नशास्त्र** चिन्तन की विशिष्ट परम्पराएँ हैं।

रीतिकालीन काव्य के कवि शास्त्रकारों के चिन्तन को प्रारम्भ करने के पूर्व इस काव्यखण्ड के शास्त्रकारों एवं उनकी शास्त्रकृतियों का विवरण अपेक्षित है क्योंकि उनके शास्त्रीय चिन्तन का आधार उन कृतियों में अभिव्यक्त उनकी मान्यताएँ हैं।

(ग)

रस एवं नायक-नायिकाभेद निरूपक प्रमुख ग्रन्थ तथा रचनाकार—

1.	रसिक प्रिया	—	आचार्य केशवदास
2.	शृंगार मंजरी	—	चिन्तामणि
3.	शृंगार सागर	—	मोहनलाल
4.	सुधानिधि	—	तोष
5.	रस रहस्य	—	कुलपति
6.	शब्द रसायन	—	देव
7.	रस विलास	—	देव
8.	भाव विलास	—	देव
9.	रस सारांश	—	भिखारीदास
10.	शृंगार निर्णय	—	भिखारीदास
11.	रसिक विलास	—	रतनेश
12.	पद्माकर पंचामृत	—	पद्माकर

13. रसिक गोविन्दानन्द घन — रसिक गोविन्द
14. रसभूषण — याकूब खाँ
15. शृंगार मंजरी — सोमनाथ
16. रस चन्द्रोदय — उदयनाथ कवीन्द्र
17. नवल रस चन्द्रोदय — शोभा कवि
18. रस निवास — राम सिंह
19. रस रंग — ग्वाल कवि
20. रससागर — श्रीपति
21. कृष्णचन्द्रिका — वीर कवि

(घ)

अलंकारविषयक ग्रन्थ तथा उनके रचनाकार

1. कविकुल कल्पतरु — चिन्तामणि
2. भाषा भूषण — जसवन्त सिंह
3. ललित ललाम — मतिराम
4. अलंकार पंचाशिका — मतिराम
5. शिवराज भूषण — भूषण
6. शब्द रसायन — देव
7. रामचन्द्र भूषण — गोप
8. भाषाभूषण — श्रीधर ओझा
9. रस भूषण — याकूब खाँ
10. कण्ठाभरण — भूपति
11. कर्णाभरण — गोविन्द कवि
12. काव्य निर्णय — भिखारीदास
13. कविकुल कण्ठाभरण — दूलह
14. भाषाभरण — बैरीसाल
15. अलंकारदर्पण — रतनेस
16. पद्माभरण — पद्माकर
17. अलंकारभ्रमभंजन — ग्वाल कवि
18. अलंकार मंजरी — सूरत मिश्र
19. काव्य सिद्धान्त — सूरत मिश्र

(ङ)

शब्दशक्ति प्रकरण से सम्बद्ध कृतियाँ तथा आचार्य

1. कवि कल्पतरु — चिन्तामणि
2. शब्द रसायन — देव
3. काव्य सिद्धान्त — सूरत मिश्र
4. काव्य सरोज — श्रीपति
5. काव्य निर्णय — भिखारीदास
6. काव्य विलास — प्रतापसाहि
7. वृहत्काव्यार्थ चन्द्रिका — गुलाव कवि
8. रसपीयूषनिधि — सोमनाथ

ये सम्पूर्ण ग्रन्थ सर्वांगनिरूपण के हैं, जिनमें शब्दशक्तिप्रकरण का भी वि मिलता है।

ध्वनिसम्बन्धी आचार्य

चिन्तामणि, कुलपति, देव, भिखारीदास, श्रीपति, लच्छीराम, सोमनाथ आदि पृथक् से इनका एतत् सम्बन्धी कोई ग्रन्थ नहीं है। इनकी मूल कृतियों में ध्वनिसिद्धा के सन्दर्भ भी हैं।

इस प्रकार रीतिकालीन कविता के सन्दर्भ में प्राचीन काव्यशास्त्र परम्परा की प्रमुख कुल चार ही काव्य सिद्धान्तों की परिपाटियाँ बनती हैं—

(I) काव्यचर्चा
(II) अलंकार सिद्धान्त
(III) रस तथा नायक-नायिकाभेद सिद्धान्त
(IV) शब्दशक्ति प्रकरण
(V) ध्वनि का सामान्य विवेचना।

रीतिकालीन शास्त्रचिन्तन

काव्यचर्चा

काव्यचर्चा के सन्दर्भ में काव्य की परिभाषा हेतु तथा प्रयोजनों पर संक्षिप्त विचार इस सन्दर्भ में विवेच्य है। इन रीतिकालीन कवियों ने इस सम्बन्ध में अपना विचार इस प्रकार रखा है–

हिन्दी के रीतिकालीन आचार्यों ने आचार्य दण्डी, भामह, मम्मट तथा कविराज विश्वनाथ आदि की मान्यताओं को केन्द्र में रखकर इस युग के काव्य की परिभाषाओं, काव्य हेतुओं, काव्य प्रयोजनों तथा काव्यात्मा का विवेचन किया है। व्रजभाषा साहित्य में प्रचलन कविता की विधा का ही रहा है, अतः इन कवि आचार्यों ने उसी के माध्यम से ही इस सन्दर्भ में अपना मत प्रकट किया है। संस्कृत की परिपाटी के ही अनुरूप कविता के माध्यम से लक्षण लिखकर ये कवि स्वीकार कर लेते हैं कि इनका अर्थ तथा विवेचन पाठक स्वयं कर लेंगे। उदाहरण के रूप में इसके सन्दर्भ इस प्रकार हैं–

काव्यलक्षण

जगते अद्भुत सुभ सदन शब्दऽरु अर्थ कवित्त।
यह लक्षन मैंने कियो, समुझि ग्रंथ बहु चित्त।।

इस परिभाषा के अनुसार शब्दार्थ को काव्य कहते हैं किन्तु उसके दो लक्षण हैं–अद्भुत शब्दरचना तथा शुभशब्दविधान अर्थात् अद्भुत एवं शुभमय शब्दार्थ विधान ही काव्य है। यह परिभाषा भामह से सम्बद्ध परम्परावादी है। भामह के बाद के आचार्यों ने शब्द तथा अर्थ के साहित्य में अदोष, गुणयुक्तता, अलंकारमयता, वक्रता आदि विशेषणों को परम्परा में जोड़ रखा है और उसी क्रम में यहाँ भी शब्दार्थ में अद्भुत एवं शुभमयता का विशेषण लगा दिया है। शुभमयता इनका निजी चिन्तन कहा जा सकता है किन्तु यह अद्भुत शब्दार्थ ही रीतिकालीन काव्य वैशिष्ट्य का प्रमुख विधान स्वीकार किया गया है।

रीतिकाल के कवि अपनी पूर्व परम्परा के अनुक्रम में ही कविता की परिभाषा देते हैं और उनकी यह काव्यचर्चा परम्परावाद के ही रूप में स्वीकार्य है। इसके कतिपय उदाहरण यहाँ द्रष्टव्य हैं–

1. चिन्तामणि काव्य को परिभाषित करते हुए कहते हैं कि–

सगुनालंकारन सहित दोष रहित जो होइ।
शब्द अर्थ ताकौ कवित कहत बिबुध सब कोइ।।

2. श्रीपति–काव्य सरोज

शब्द-अर्थ बिन दोष गुन अलंकार रसपान।
ता को काव्य बखानिये श्रीपति परम सुजान।।

3. भिखारी दास (काव्य निर्णय)

जानै पदारथ भूषन मूल रसांग पराङ्ग्न्ह में मति छाकी।
सो धुनि अर्थन्ह वाक्यन्ह लै गुन शब्द अलंकृत सो रति पाकी।।
चित्र कवित्त करै तुक जाने न दोषन्ह पंथ कहूँ मति जाकी।
उत्तम ताको कवित्त बनौ करै कीरति भारत यौं अति ताकी।।

ध्वनि काव्य : उत्तम काव्य

व्यंग्यजीव कहि कवित को हृदय से धुनि पहिचानि।
शब्द अर्थ कहि देह पुनि भूषण भूषण जानि।।
कवित्त गुनि तीनि विधि उत्तम मध्यम नाम।
अवर जु अधम बखानिये बरनत कवि परनाम।।
वाच्य अर्थ जे जहँ जनत सुंदर व्यंग्य प्रधान।
अर्थ चमत्कृत पद ललित उत्तम काव्य सुजान।।

यही रीतिकालीन कवि कहीं-कहीं परम्परावाद से अपने को भिन्न करते हैं और इस रूप में इनकी काव्य परिभाषाएँ इस प्रकार हैं–महाकवि देव की कविता की परिभाषा यहाँ द्रष्टव्य है–

शब्द सुमति मुखते कढ़ै लै पद बचननि अर्थ।
छन्द भाव भूषण सरस सो कहि काव्य समर्थ।

सोमनाथ का काव्य लक्षण इस प्रकार है–

सगुन पदारथ दोष बिनु पिंगलमत अविरुद्ध।
भूषन जुत कवि कार्य जो सो कवित्त कहि शुद्ध।।

रस पीयूषनिधि के आचार्य भिखारी दास ने कविता के लक्षण के सन्दर्भ में इस प्रकार का संकेत दिया है–

रस कविता को अंग भूषन है भूषन सकल।
गुन सरूप औ रंग दूषन करै कुरूपता।।

आचार्य लच्छीराम ने कविता को इस प्रकार परिभाषित किया है–

भूषन गुन रस धुनि सहित दूषन रहित रसाल।
विविध काव्य लालित्यमा कवि कर आनंद पाल।।

इन लक्षणों को देखने पर ज्ञात होता है कि इनका आधार पूर्ववर्ती संस्कृत शास्त्र की परम्परा ही है किन्तु उसका भी इन कवियों ने तद्वत् रूपान्तरण नहीं किया है। देव काव्यवाक्य में छन्द, भाव, अलंकार एवं रस की संयुक्तता अनिवार्य मानते हैं। सोमनाथ की परिभाषा दोषमुक्त गुण सहित छन्दः शास्त्र के नियमों के अनुकूल तथा अलंकरण से युक्त काव्य अपेक्षित है। भिखारी दास ने कविता के रस को उसकी प्राणचेतना तथा अलंकरण को अलंकरण या शोभा के रूप में स्वीकार किया है। लछिराम ने तो परवर्ती लक्षणकार जयदेव आदि के लक्षणों को रूपायित करने की चेष्टा की है। अलंकार, रस, ध्वनि की ग्राह्यता तथा दोषमुक्तता से युक्त काव्य का लालित्य सवर्था हृदय रंजक होता है। किन्तु, इन सभी परिभाषाओं में आचार्यत्व की विश्लेषण दृष्टि की गम्भीरता नहीं है। इस अगम्भीरता के कई कारण हो सकते हैं। जिनमें से दो प्रमुख हैं, प्रथम चिन्तन दृष्टि का अभाव तथा दूसरा चिन्तन के लिए अपेक्षित गद्यभाषा का न होना। समय की दृष्टि से विद्वत्ता की ह्रासमान स्थिति भी तीसरे कारण के रूप में मानी जा सकती है। यही नहीं, इस युग के काव्य चिन्तन विषयक प्रेरणास्रोत इन व्यक्तियों के लिए आचार्य मम्मट, विश्वनाथ, जयदेव, पण्डितराज जगन्नाथ, अप्पय दीक्षित आदि परवर्तीकालीन आचार्य ही रहे हैं। इन कवियों में गम्भीर अध्ययन तथा ज्ञानदृष्टि का अभाव सर्वत्र दृष्टिगत होता है।

काव्य प्रयोजन

संस्कृत काव्यशास्त्र के अन्तर्गत काव्य के प्रसंग में प्रयोजन की सर्वत्र चर्चा मिलती है और हमारे रीतिकालीन आचार्य उस चर्चा से बराबर प्रभावित मिलते हैं–आचार्य कुलपति काव्य प्रयोजन के सम्बन्ध में बताते हैं कि–

जस सम्पति आनंद अति दुरितनि पावै खोइ।
होत कवित ते चतुराई जगत रागबस होइ।।

सूरत मिश्र काव्य प्रयोजन के विषय में बतलाते हैं–

अर्थ धर्म जस कामना लहियतु मिटत बिषाद।
सहृदय पावत व्यक्ति में ब्रह्मानन्द संवाद।।

प्रतापसाह के अनुसार काव्य प्रयोजन इस प्रकार है–

चारि वर्ग हैं जासु आवत करतल मद्ध।
सुनत सुखद समझत सुखद बरनत सुखद समृद्धि।।

आचार्य भिखारीदास का काव्य प्रयोजन विषयक सन्दर्भ नितान्त प्रसिद्ध है–

एक लहै तप पुंजन के फल ज्यों तुलसी अरु सूर गुसाईं।
एक लहै बहु संपति केसव भूषण ज्यौं नर बीर बड़ाई।

एकन्ह को जस ही सों प्रयोजन हैं रसखानि रहीम की नाई।
दास कवित्तन की चर्चा बुधवन्तन को सुख दै सब ठाईं।।

इन सन्दर्भों में काव्य प्रयोजन को निर्दिष्ट करने की शैली संस्कृति साहित्यशास्त्र की ही है लेकिन सन्दर्भ में यत्र-तत्र युगीन बदलाव भी दिखायी पड़ते हैं। कविता द्वारा चातुर्य की वृद्धि, श्रवण सुखद, समझने में सुखद, वर्णन करने में सुखद, तपपुंजों की प्राप्ति जैसे प्रयोजन परम्परा से सम्बद्ध होते हुए भी उनकी मौलिक समझ तथा नवीन विचारदृष्टि के रूप में दिखायी पड़ती है।

काव्यहेतु

संस्कृत काव्यशास्त्र की परम्परा के ही अनुक्रम में इन कवियों ने काव्यहेतुओं की भी चर्चा की है। प्रायः काव्यहेतुओं के सन्दर्भ का क्रम वही है, जिनकी चर्चा हमारे संस्कृत के आचार्यों ने की है। भिखारीदास जी ने रथरूपक के द्वारा यह सिद्ध किया है कि बिना अश्व तथा सारथी के रथ नहीं चल सकता। उसकी सम्पूर्णता तीन तत्त्वों से बनती है—रथ, सारथी तथा पहिये द्वारा और ठीक उसी के अनुरूप कवित्व शक्ति अर्थात् ईश्वरप्रदत्तप्रतिभा तथा ग्रहों के योग एवं कवियों से प्राप्त काव्यशिक्षा तथा लोकानुभव की गहरी प्रतीति और इन तीनों तत्त्वों की स्थिति साथ-साथ रहती है। एक के भी अभाव में कविता की निर्मिति नहीं हो सकती।

सक्ति कवित्त बनाइबे की जिन जन्म नछत्र में दीनी विधाते।
काव्य की रीति सिखी सुकवीन सो देखी-सुनी बहु लोक की बाते।
दास जु जाने एकत्र ये तीनि बने कविता मन रोचक ताते।
एक बिना न चलै रथ जैसे धुरन्धर सूत के चक्र निपाते।।

कुलपति मिश्र ने पीयूष निधि में काव्यहेतुओं को इस प्रकार रखा है–

कीरति वित्त विनोद अरु उदति मंगल को देति।
करे भला उपदेस नित वह कवित्त चित चेति।।

लच्छीराम काव्यहेतुओं के विषय में इस प्रकार चर्चा करते हैं—

प्रथम संस्कृत वृत्त पुनि तीजो कहि अभ्यास।
कारण तीनि सुकाव्य हैं वरणत सुकवि विलास।।

संस्कृत भाषा का ज्ञान, स्वभाव और तीसरा तत्त्व अभ्यास है—उनके अनुसार, यही तीन तत्त्व काव्य के हेतु हैं। कुमार ने काव्यहेतुओं की चर्चा इस प्रकार की है—

सक्ति शास्त्र लौकिक सकल परवीनता समेत।
कवि सिच्छा अभ्यास पुनि कवित उपज के हेत।।

शक्ति, शास्त्रज्ञान, लोकानुभव की प्रवीणता, कविशिक्षा तथा अभ्यास ये काव्यहेतु के तत्त्व हैं। यहाँ शक्ति का अर्थ ईश्वर प्रदत्त देवी काव्य सामर्थ्य शक्ति है, शास्त्रज्ञान तथा निपुणता के साथ-साथ कविशिक्षा एवं अभ्यास ये काव्य के पाँच हेतु हैं।

कविशिक्षा तथा व्यापक लोकानुभूति को काव्यहेतु के प्रमुख कारणों से यहाँ स्वीकार किया गया है। संस्कृत काव्यशास्त्र में कविशिक्षा एवं लोकानुभव के व्यापक ज्ञान को उतना अधिक महत्त्व नहीं मिलता है। रीतिकालीन कविता के लिए 'कविशिक्षा' एक प्रकार से अनिवार्य तत्त्व है।

श्रीपति अपने काव्य 'सरोज शीर्षक' ग्रन्थ में काव्यहेतु का इस प्रकार वर्णन करते हैं–

शक्ति निपुणता लोकमत, वितपत्ति अरु अभ्यास।
अरु प्रतिभा से होत है, ताको ललित प्रकास।।
शक्ति सुपुण्य विशेष है, जा बिन कवित न होय।
सो कोऊ हठ से रचै, हँसी करै कवि लोय।।

1. निपुणता–पद–पदार्थ की समझ
2. लोकमत–संसार के व्यवहार की समझ
3. व्युत्पत्ति–अनेकानेक शास्त्रों का परिज्ञान
4. प्रतिभा–ईश्वर प्रदत्त सृजनशक्ति

हिन्दी के आचार्यों ने इन तत्त्वों का पृथक्-पृथक् रूप से विवेचन किया है। यह इस प्रकार है। श्रीपति प्रतिभा के विषय में कहते हैं–

नूतन तर्क प्रसन्न पद युक्तिबोध करतार।
प्रतिभा ताहि बखानिये श्रीपति सुमति अधार।।

सोमनाथ, रस पीयूष निधि में काव्यहेतु के विषय में इस प्रकार चर्चा करते हैं–

कवि सो सुनि–वो बहुत पुनि करिबो अति अभ्यास।
तासौं कविता होत है कारन हिये हुलास।।
बिना सुने अभ्यास के कविता होत अनन्त।
सो प्रसाद गुरुदेव को बरनत सब गुनवन्त।।

प्रतापसाहि अपने प्रसिद्ध ग्रन्थ काव्य विलास के अन्तर्गत 'कवित्व शक्ति' की चर्चा इस प्रकार करते हैं–

बीज मूल है कवित को सोई शक्ति गनाय।
वाच्य चमत्कृत रूप जह जामे उपजत जाय।।
सु है शक्ति द्वै भाँति की कनिष्ठा यक जानि।
श्रोत्रबिद्ध दूजी कहत कवि कोविद पहिचानि।।
बिना शक्ति के काव्य जो छन्द प्रबन्ध बनाइ।
सुहदै मन रंजन अनहि उपहसनीय कहाइ।।

* * * * *

कवित होत हैं शक्ति सों बढ़तऽभ्यास संजोग।
वितपति जे अति चाहना कहत सयाने लोग।।

काव्यात्मा

संस्कृत काव्यशास्त्र में काव्यचर्चा के प्रश्न के अन्तर्गत काव्यात्मा के प्रश्न पर विस्तारपूर्वक विचार किया गया है। यहाँ कतिपय महत्त्वपूर्ण कवियों के काव्यात्मा विषयक मत-सन्दर्भ इस प्रकार हैं–

चिन्तामणि सर्वप्रथम इन रीतिकालीन कवियों के बीच काव्य शरीर का रूपक बाँधकर रस को काव्य का प्राण स्वीकार करते हैं–

सबद अर्थ तनु जानिये जीवित रस जिय जानि।
अलंकार हारादि ते उपमादिक मन आनि।।
श्लेषादिक गुन सूरतादिक से मानो चित्त।
बरनौ रीति सुभाव ज्यों वृत्ति वृत्ति सो मित्त।।

चिन्तामणि 'कवि कुल कल्पतरु' शीर्षक अपने ग्रन्थ में बताते हैं कि–

शब्दार्थ को काव्य का शरीर समझें, रस को हृदय का जीवित तत्त्व (आत्मा-प्राण) समझें, उपमादि, अलंकारों को हारादि (अलंकरण) मानें, श्लेषादिक गुण शौर्यादि गुण के सदृश हैं, रीतिकाव्य स्वभाव और वृत्ति के (व्यवहार) की भाँति हैं।

यहाँ काव्य पुरुष के साङ्गरूपक के द्वारा कवि काव्य के विविध सिद्धान्तों का औचित्य सिद्ध कर रहा है। संस्कृत साहित्य में युवती रूपक द्वारा इसी तथ्य की पुष्टि की गयी है।

महाकवि देव रस को काव्यात्मा स्वीकार करते हुए कहते हैं–

काव्यसार शब्दार्थ को रस तेंहि काव्य सुसार।

* * * *

ताते काव्यहिं मुख्य रस जाने दरसत भाव।
अलंकार भूषण सुरस जीव छन्द तन भाख।
तन भूषण हू बिन जिये बिन जीवन तम राख।।

यदि काव्यार्थ काव्य का सार तत्त्व है तो उस शब्दार्थ का सार तत्त्व रस है। इसीलिए कव्यों में रूप को मुख्य तत्त्व माना गया है क्योंकि इसी से भाव के दर्शन होते हैं।

अलंकार काव्य शरीर का भूषण है, रस प्राण (आत्मा) है और बिना प्राण के यह शरीर शव सदृश हैं और शव का कोई अलंकरण नहीं है। कहने का तात्पर्य यह कि रस के बिना कविता में अलंकरण का कोई महत्त्व नहीं है।

इसी प्रकार महाकवि देव भी रस को काव्यात्मा ही स्वीकार करते हैं।

कवि श्रीपति बतलाते हैं कि–

यद्यपि दोष बिनु गुन सहित अलंकार सो लीन।
कविता बनिता छवि नहीं रस बिन तदपि प्रवीन।।

दोषरहित, गुणयुक्त तथा अलंकार मण्डित कविता-बनिता उपयुक्त तो है किन्तु रस के बिना वह निर्जीव छविविहीन जैसे हो उठती है। अतः कविता का मूल तत्त्व रस है।

काव्य की आत्मा के विषय में भिखारीदास कहते हैं कि–

रस कविता को अंग भूषन है भूषन सकल।
गुन सरूप औ रंग दूषन करै कुरूपता।।

कविता का मूल तत्त्व रस रहा है, अलंकार समग्र-अलंकरण है, गुण काव्य का स्वरूप एवं रंग रूप है और काव्य दोष तो उसमें कुरूपता है।

●

रीतिकवियों की काव्यचर्चा : परम्परा और मौलिकता

रीतिकालीन शास्त्रकार कवियों ने काव्य की परिभाषा देते हुए उसे उस तरह से व्यवस्थित रूप में विवेचित नहीं किया है, जैसा संस्कृत साहित्य में हमें देखने को मिलता है। ये कवि स्पष्ट रूप से संकेत करते हैं कि यह काव्य सिद्धान्त रूप जो सब-कुछ है, मैं पूर्ववर्ती संस्कृत साहित्य का अध्ययन करके ही कह रहा हूँ। कवि कहता है कि–**यह लक्षण मैंने कियो समझि ग्रन्थ बहु चित्त**–अर्थात्, लक्षण तथा उसकी पूर्ववर्ती संस्कृत शास्त्र की परम्परा ही इसके लिए आधार है। इस काव्यविधान के लिए अद्भुत तथा शुभमय इन दो शब्दों का प्रयोग कुलपति रस रहस्य के अन्तर्गत करते हैं। भिखारी व्यंग्य को काव्य का श्रेष्ठ रूप मानते हैं और इसी प्रकार काव्य की इन परिभाषाओं को देखने पर इनमें केवल परम्परा की पुनरावृत्ति मात्र मिलती है।

ठीक यही स्थिति काव्य प्रयोजन की भी दिखायी पड़ती है। यश, सम्पत्ति की प्राप्ति (अर्थकृतता), पापों का विनाश, चातुर्य की वृद्धि एवं रागमयता का आवेगमयप्रभाव ये काव्य के प्रयोजन हैं। किसी-किसी ने इसके आगे ब्रह्मानन्द की प्राप्ति शब्द को भी इसमें जोड़ दिया है। किसी-किसी ने धर्म, अर्थ, काम, मोक्ष इन चतुर्थ पुरुषार्थों की प्राप्ति को काव्य का लक्ष्य बताया है।

काव्य प्रयोजन के सन्दर्भ में युगीन परिस्थिति का कहीं-कहीं अत्यल्प प्रभाव दृष्टिगत होता है–जैसे–सुनने में सुख, समझने में सुखद तथा कहने में सुखद अर्थात् सर्वथा सुखद काव्य इस युग राजरुचि, दरबाररुचि तथा लोकरुचि से सम्बद्ध काव्य की मूल दृष्टि है। आचार्य भिखारीदास ने काव्य प्रयोजन के सन्दर्भ में थोड़ी-सी व्याप्ति देकर उसे युग-विशेष से जोड़ा है–

सूर तथा तुलसी की भाँति तप एवं भक्ति के प्रभाव से मण्डित करने की सामर्थ्यसम्पन्न कविता तथा सहृदयों को निरन्तर आनन्द देने में सक्षम काव्यरचना अपने में श्रेष्ठ कलात्मक तत्त्व हैं। सम्पत्ति तथा यश का प्रयोजन, जिनका उल्लेख, भिखारीदास करते हैं, वे प्राचीन प्रयोजन हैं। किसी-किसी रीतिकालीन आचार्य ने

कविता को मंगलदायिनी प्रयोजन से सम्पृक्त किया है, वह आचार्य मम्मट के 'शिवेतरक्षतये' मूल्य की समानान्तरता की पुनरावृत्ति है।

इसी प्रकार, इन रीतिकालीन कवियों ने काव्यहेतु अर्थात् काव्यसृजन के नैसर्गिक कारणों पर भी प्रकाश डाला है, परम्परागत आधार पर विवेचित तत्त्व—निपुणता, प्रकृति प्रदत्त शक्ति, व्युत्पत्ति, प्रतिभा—ये रीतिकालीन आचार्यों के काव्यहेतु हैं। इन काव्याचार्यों ने अभ्यास तथा गुरुकृपा की भी बराबर चर्चा की है 'अभ्यास तथा गुरु कृपा' दोनों का सम्बन्ध, 'कविशिक्षा' से है—अर्थात् प्रतिभा, व्युत्पन्नता के होने के बाद कविता के लिए गुरु की खोज तथा उसकी कृपा एवं उसके निर्देशों के आधार पर काव्याभ्यास अनिवार्य है। रीतिकालीन कविता के लिए 'शिक्षा' स्वयं में काव्यसिद्धि के लिए एक अनिवार्य आधार है।

जहाँ तक काव्यात्मा का प्रश्न है, रीतिकालीन कवियों ने 'रस' को ही काव्य का सर्वाधिक प्राणवान् तत्त्व स्वीकार किया है। उनके अनुसार काव्य का जीवित तत्त्व रस ही है। कविता-बनिता बिना रस के प्राणहीन प्रतीत होती है तथा रस के अभाव में शुष्क कविता का कोई महत्त्व नहीं है। संस्कृत काव्यशास्त्र के इस चिन्तन की प्राथमिकता को स्वीकार करते हुए उसे इन कवियों ने एक पीढ़ी, उसे हिन्दी भाषा के माध्यम से, और आगे बढ़ाया है, वह है—

यदि काव्य का सार तत्त्व रस है तो रस का सार तत्त्व शृंगार रस और आचार्य भिखारीदास जैसे कवि स्पष्ट शब्दों में कहते हैं कि—

बानी को सार बखानो सिंगार, सिंगार को सार किसोर किसोरी, अर्थात् काव्य की आत्मा रस है तो रस की आत्मा शृंगार रस और इस शृंगार का निचोड़ नायक-नायिका (किशोर-किशोरी) हैं और इसीलिए हिन्दी रीतिकालीन कविता की शास्त्रीय चेतना शृंगार रस एवं नायक-नायिका भेदों से पूरी तरह से सम्बद्ध है।

रीतिकालीन काव्यचिन्तन के विविध पक्ष

रीतिकालीन काव्यचिन्तन के जिन पक्षों की चर्चा अपेक्षित है–वे इस प्रकार हैं–

क. शृंगाररस सिद्धान्त तथा नायक-नायिकाभेद वृत्ति

ख. अलंकार वृत्ति

ग. ध्वनि तथा शब्दशक्ति सिद्धान्त

घ. कविशिक्षा

ङ. सामान्य काव्यसिद्धान्त-गुण, दोष तथा अन्य

च. नायक-नायिकाभेद

क. शृंगाररस सिद्धान्त

रीतिकालीन काव्यचिन्तन के अन्तर्गत शास्त्र विवेचन की वर्णनात्मक पद्धति ही मिलती है और इस वर्णनात्मक पद्धति के कारण रस की परिभाषा, स्वरूप, भरत सूत्र की व्याख्या, साधारणीकरण तथा विविध आचार्यों के गहन चिन्तन का स्वरूप न मिलकर यहाँ केवल सामान्य परिचय तथा शृंगार रस एवं नायक-नायिकाभेद विस्तार ही दृष्टिगत होता है। आचार्य केशवदास की रसिकप्रिया से प्रारम्भ होकर आचार्य सूरत मिश्र तक इस प्रकरण के अनेकानेक ग्रन्थ मिलते हैं–जिनमें शृंगार रस के विविध सन्दर्भों के सामान्य लक्षणों के साथ सरस एवं भावोत्तेजक काव्योदाहरण दिखायी पड़ते हैं। शृंगार रस के वैविध्य विस्तार के अनेक रूपों की व्यवस्थित रीतिनिष्ठा की इस युग की सबसे महत्त्वपूर्ण विशेषता है–जिसके सबसे महत्त्वपूर्ण उदाहरण आचार्य केशवदास हैं–और उनके द्वारा व्यवस्थित एवं स्थापित परम्परा निरन्तर आगे बढ़ती रही है। आचार्य केशवदास शृंगार रस को परिभाषित करते हुए कहते हैं कि–

रति पति की अति चातुरी रतपति पंच विचार।
ताहिं सौं सब कहत हैं कवि कोविद सिंगार।।

जहाँ कामभाव युक्त प्रीति की परिपूर्णता या प्रीति प्रपंच का विस्तार हो, वहाँ शृंगार रस है।

आचार्य भोज ने अपने प्रसिद्ध ग्रन्थ शृंगार प्रकाश में शृंगार रस को इस प्रकार परिभाषित किया है–

शृंगम् हि मथनोद्भेदः तस्यागम हेतुकः।
उत्तम प्रकृति प्रायो रस शृंगारेष्यते।।

कामभाव की पूर्ण दीप्ति को 'शृंग' कहते हैं–इस कामभाव की दीप्ति के हृदय में प्रवेश की दशा को शृंगार रस कहा जाता है।

इस शृंगार रस का स्थायी भाव रति है–आलम्बन-नायक-नायिका हैं, उद्दीपन-सखा-उपवन, स्वरूप रचना, विहार, पवन, ऋतु चन्द्रोदय आदि अनुभाव कायिक, सात्त्विक, मानसिक तथा विलास आदि संचारी भाव उन्माद आलस्य, मोह, स्वप्न आदि हैं।

इस प्रकार यह शृंगार रस अपनी परिपूर्णता के साथ रीतिकालीन कविता में सर्वत्र व्याप्त है। इस शृंगार रस के अन्तर्गत एकतीस संचारी भाव निहित हैं। आचार्यों ने माना है कि मरण एवं जुगुत्सा ये दो संचारी शृंगार के साथ नहीं आते हैं। महाकवि देव जैसे आचार्य ने 'छल' को भी शृंगार के संचारी भाव के रूप में स्वीकार किया है।

रीतिकालीन काव्य के एकतीस संचारी भाव तथा देव महाकवि द्वारा विवेचित 'छल' नामक संचारी भाव कुल बत्तीस रूपों में शृंगार कविता में अवतरित होते हैं।

रीतिकालीन कविता में आचार्य देव के इस 'छल' नामक संचारी के साथ शृंगार के अन्तर्गत 32 संचारी भाव प्रकट हुए हैं।

इस प्रकार रीतिकालीन कविता की केन्द्रीयवृत्ति शृंगार रस तथा उनके आधार नायक तथा नायिका हैं। साहित्य का यह शृंगार रस रीतिकालीन जीवन वृत्ति से जुड़कर उसका एक व्यावहारिक स्वरूप-सा दिखने लगा था और काम तथा ऐहिकता का भोग यह एक महत्त्वपूर्ण वृत्ति इस युग के समग्र समाज में दिखायी पड़ती है। जीवन में कामविषयक स्वतन्त्रता जैसी एक परिणति इस युग के साहित्य में उमड़ती हुई दृष्टिगत होती.है और साहित्य विलास तथा रसिकता का पदार्थ जैसा बनता दिखायी पड़ता है। आचार्य केशवदास का यह वाक्य समाज तथा काव्य दोनों के लिए मानक बनता दिखायी पड़ता है–

अति रति-गति-भति एक करि, बिबिध विबेक बिलास।

रसिक पाठक एवं विलासमयी रुचि की गतियों से रसिक को रसमय करने के लिए मैंने इस रसिकप्रिया की रचना की है अर्थात् कविता द्वारा सहृदय, पाठक तथा समाज के शृंगार भाव के रसिक तीनों के विलास मापन की दृष्टि से रसिकप्रिया द्रष्टव्य हैं। आचार्य रामचन्द्र शुक्ल ने इसी दृष्टि को ध्यान में रखकर यह सुझाव दिया था कि 'रीतिकाल' का नाम शृंगार-काल रखने में कोई आपत्ति नहीं होनी चाहिए तथा पण्डित विश्वनाथप्रसाद मिश्र ने 'हिन्दी साहित्य का अतीत' इतिहास ग्रन्थ में इसका नामकरण 'शृंगार-काल' ही किया है। जैसा कि सभी रीतिकालीन कवि काव्य की परिभाषा करते

हुए 'रस' को कविता में श्रेष्ठतत्त्व मानते हैं और इस सन्दर्भ में पूर्व कथ्य नितान्त स्पष्ट है कि इस काव्य में यह शृंगार रस काव्य का प्राण तत्त्व है और वह लोक काम भाव का पर्यायवाची भी है।

पण्डित विश्वनाथप्रसाद मिश्र इस 'रीति काल' तथा 'अलंकार-काल' के स्थान पर उसे 'शृंगार-काल' ही कहते हैं वैसे ही शैली और प्रवृत्ति की दृष्टि से 'अलंकार-काल' भी कहने में कोई संकोच नहीं होना चाहिए। अलंकार चमत्कारभेद से सम्बद्ध है और रस भावनाभेद से। भावनाभेद के प्राबल्य के कारण रीति-काल की केन्द्रीय चेतना शृंगारिकता से ही सम्बद्ध है। डॉ. नगेन्द्र ने इस शृंगारिकता का विश्लेषण उसके प्राधान्य के प्रकाश में किया है—शृंगारिकता से सम्बद्ध उनका स्वरूप विश्लेषण इस प्रकार है—

1. "उसका मूलाधार रसिकता है, प्रेम नहीं। यह रसिकता शुद्ध केन्द्रीय है, अतएव उपभोगप्रधान है।
2. इसीलिए वासना को उसमें अपने प्राकृतिक रूप में ग्रहण करते हुए उसी की तुष्टि को निश्छल रीति से प्रेम के रूप में स्वीकार किया गया है। उनको न आध्यात्मिक रूप देने का प्रयत्न किया गया है, न उदात्त, न परिष्कृत करने का।
3. यह शृंगार उपभोगप्रधान एवं गार्हस्थिक है, जो एक बाजारी इश्क या दरबारी वेश्या विलास से भिन्न है।
4. इसलिए इसमें तरलता और छटा अधिक है, आत्मा का प्रकाश एवं तीव्रता कम है।"

डॉ. नगेन्द्र इस शृंगार भाव को उपभोगप्रधान गार्हस्थिक रूप देते हैं, गार्हस्थिक प्रेम का स्वरूप संयमबद्ध है—भारतीय गृहस्थ जीवन, स्वकीया नायिका से जुड़ा है और स्वकीया की परिभाषा है—

'पति को तजि और युवा जगतीतल चौथ को चंदहिं जानती है।

ऐसी स्वकीया नायिका जो भारतीय गृहस्थ जीवन के शृंगार के रूप में रीतिकाल नायिका जैसी रीतिकाल की कविता में विर्णित हैं, वह इस कविता के लिए आधारभूत नहीं है, हाँ, उपभोक्ता रूप से सम्बद्ध सामन्त, राजपरिवार, छोटे-छोटे नरेश, धन सम्पन्न वर्ग इस रीतिकालीन शृंगार से सम्बद्ध हैं। आचार्य भरत के नाट्यशास्त्र से जुड़ी नायिकाएँ राजकुल के ऐश्वर्य की व्यवस्था से सम्बद्ध शृंगार का प्रतिनिधित्व करती हैं। वात्स्यायन कृत कामसूत्र से सम्बद्ध—कामभावना व्यापार की यहाँ अधिकता के साथ देखी जाती है, यद्यपि यहाँ लोकजीवन से सम्बद्ध प्रेम तथा कामभावना है किन्तु वह उतनी दीप्त तथा प्रखर नहीं है। डॉ. रामकुमार वर्मा ने रीतिकालीन शृंगार रस से सम्बद्ध नायिकाभेद को **'सुन्दरी साहित्य'** के नाम से पुकारा है। कवि के लिए राजाश्रय

अनिवार्य था और राजाश्रय के लिए 'सुन्दरी साहित्य' की कामोपभोगप्रधान अभिव्यक्ति उसकी विलासाकांक्षा की निष्पत्ति थी।

रीतिकाल का शृंगारवर्णन नायिकाभेद तक ही सीमित नहीं रहा है, उनकी विलासयुक्त, दैनन्दिनी (टाइम टेबिल) बनाना भी इन रीतिकालीन कवियों का दायित्व बन गया था। नायक-नायिका के विश्राम की अष्टकालिक दैनन्दिनी 'अष्टयाम' के रूप में आती है। उनका सम्पूर्ण दैनिक कार्यक्रम 'अष्टयाम' पर आधारित इस प्रकार है—

1. प्रथम भाग	–	6 बजे प्रातः से 9 बजे प्रातः तक
2. द्वितीय भाग	–	9 बजे से प्रातः से 12 बजे मध्याह्न तक
3. तृतीय भाग	–	12 बजे मध्याह्न से 3 बजे अपराह्न तक
4. चतुर्थ भाग	–	3 बजे अपराह्न से 6 बजे सन्ध्या तक
5. पंचम भाग	–	6 बजे सन्ध्या से 9 बजे रात्रि तक
6. षष्ठ भाग	–	9 बजे रात्रि से 12 बजे रात्रि तक
7. सप्तम भाग	–	12 बजे रात्रि से 3 बजे रात्रि तक
8. अष्टम भाग	–	3 बजे रात्रि से 6 बजे प्रातः तक

कामोपभोगमूलक इस अष्टकालिक सेवा में भोजन, विश्राम और परिवार जन की देख-भाल के लिए कोई स्थान नहीं था। 6 बजे प्रातः नायिका तथा नायक शीतल जलपान के बाद हास-परिहास से दिनचर्या शुरू करते थे और अष्टयाम के समापन-काल अर्थात् 3 बजे रात्रि से 6 बजे प्रातः अर्थात् अन्तिम घड़ी तक नायिका की सिसकी तथा नायक के आलिंगन का क्रम चलता रहता था और प्रातः के बाद दूसरे अष्टयाम की चर्चा की आवृत्ति हो उठती थी। इस अष्टयाम पर महाकवि देव की टिप्पणी भी द्रष्टव्य है—

दंपति नीके देव कवि बरनन विविध विलास।
आठ पहर चौंसठ घड़ी पूरन प्रेम प्रकास।।

इस प्रकार, रीतिकालीन प्रेम की परिणति शृंगार में और शृंगार की परिणति भोगप्रधान कामभावना से सम्बद्ध है। गृहस्थ जीवन से यह शृंगार विलास कैसे जोड़ा जाय, यह महत्त्वपूर्ण प्रश्न है। जीवनयापन आम जनता की दैनन्दिनी से भिन्न है।

इन कवियों की इस भोगप्राधान्य से मण्डित कामभावना की स्थिति नारी-सौन्दर्य के अनुक्रम में ही दिखायी पड़ती है। नारी-सौन्दर्य वर्णन को अतीन्द्रिय, आध्यात्मिक एवं प्रत्ययमूलक सौन्दर्य वर्णन से भिन्न रूप एवं कामाचारी चेष्टाओं के द्वारा उभारा गया है और सम्पूर्ण नायिकाभेद के द्वारा कामोपभोग की सर्वाधिक तृप्तिदायी वासनामयी क्रियाओं द्वारा रूप सौन्दर्य की अभिव्यक्ति रीतिकालीन कविता में वर्णित नायिकाभेद की प्रवृत्ति रही है—यहाँ नायिकाभेद के तीन रूप हैं—

1. कृष्णभक्तिपरक नायिकाभेद
2. शास्त्रपरक नायिकाभेद
3. लोकपरक नायिकाभेद

1. नायक-नायिकाभेद और कृष्णभक्तिकाव्य परम्परा :

राधाकृष्ण का भारतीय काव्यशास्त्र में प्रवेश 8वीं शती में हो चुका था और इसका सबसे महत्त्वपूर्ण साक्ष्य आचार्य आनन्दवर्द्धन कृत ध्वन्यालोक है। इसके बाद बँगला साहित्य में चण्डीदास के राधा-कृष्णविषयक गीत अधिक प्रसिद्ध हुए ततश्च जयदेव के गीत गोविन्द में राधा-कृष्ण का स्वरूप उन्मुक्त प्रणय के साथ अभिव्यक्त होकर प्रकाश में आया। कृष्णभक्ति साहित्य के विकास के फलस्वरूप रूपगोस्वामी ने उज्ज्वलनीलमणि नामक शास्त्र ग्रन्थ में नायक-नायिका ग्रन्थ की रचना की। श्रीकृष्णभक्ति रति से सम्बद्ध नायक-नायिकाभेद का इसे प्रथम ग्रन्थ स्वीकार किया गया है। हिन्दी में इस दिशा में आचार्य केशवदास कृत 'रसिकप्रिया' श्रीराधाकृष्ण की शृंगाररति की भावना से जुड़ी प्रथम मानी गयी है। उज्ज्वलनीलमणि एवं रसिकप्रिया के नायक-नायिकाभेद के रचनाविधा में अन्तर है। उज्ज्वलनीलमणि कृति लीलाभाव की कान्ताभक्ति के साक्ष्य के रूप में सामने आती है, जबकि रसिकप्रिया में प्रेमरति के 'कृष्ण-गोपी तथा राधा' नायक-नायिकाएँ हैं और इस कृति में भक्ति नहीं, शृंगार विहारभाव की स्वच्छन्दता है। विद्यापति पदावली आचार्य केशवदास के पूर्व की रचना है जहाँ राधाकृष्ण से सम्बद्ध रति शृंगार को भक्तिभावना अपने से जोड़े रहती है किन्तु आचार्य केशवदास की रसिकप्रिया में यह परम्परा टूटती है—शृंगार की शास्त्रीयता अर्थात् नायक-नायिका भेद के कारण परवर्ती हिन्दी रीतिकाल के नायक-नायिका भेद पर कृष्णभक्ति के लीलाभाव के प्रभाव की वह परम्परा नहीं दिखायी पड़ती जो उज्ज्वलनीलमणि से सम्बद्ध है—राधा-कन्हाई-पर आचार्य केशवदास की रसिकप्रिया की स्वच्छन्द प्रेम तथा विहारमयी शृंगार भावना हावी है। 'राधा-कृष्ण' के आध्यात्मिक व्यक्तित्व के पक्ष यहाँ क्षीणभाव में लोकानुवर्ती 'नायक-नायिका' भाव के रूप में दिखायी पड़ते हैं।

2. शास्त्रपरक नायक-नायिकाभेद :

कृष्णभक्ति साहित्य में चित्रित नायक-नायिकाभेद परम्परित काव्यशास्त्रीय प्रतिमानों पर ही पूरी तरह से आधारित है किन्तु सन्दर्भ कृष्ण-कथा एवं राधा तथा गोपिकाओं के हैं। यहाँ नायक-नायिकाभेद आदि के स्वरूप आचार्य भरत के नाट्यशास्त्र एवं वात्स्यायन के कामसूत्र से ग्रहण किये गये थे। आचार्य भरत ने सामन्तवादी तथा लोकजीवन की विलासवादी मान्यताओं को केन्द्र में रखकर नायिकाभेद का निरूपण किया है और इसके लिए उनका नाट्यशास्त्र ही आधार माना जाता है। आचार्य भरत की नायिकाओं के छह रूप हैं—लोकव्यवहारपरक, वियोग-संयोगपरक, प्रेमपरक, प्रकृति से सम्बद्ध स्वभावपरक, यौवनपरक तथा गुणपरक। इन क्रमों को बढ़ाते हुए नायिकभेद की परम्परा आगे चल पड़ी। आचार्य रुद्रभट, धनिक, धनंजय, आचार्य भानुदत्त तथा परवर्ती आचार्यों में भोज, कविराज विश्वनाथ, पण्डितराज जगन्नाथ आदि ने इस प्रकरण को स्वीकृत दी। हिन्दी में यह नायक-नायिकाओं की प्रवृत्ति भक्त कवि नन्ददास की 'रस-मंजरी' से शुरू होती है किन्तु रीतिकालीन कविता के लिए आधार रस-मंजरी न होकर आचार्य केशवदास कृत 'रसिकप्रिया' ही रही है। इस रसिकप्रिया ने परवर्ती

रीतिकालीन आचार्यों को उसी सन्दर्भ के अनुरूप इसके प्रणयन के लिए प्रोत्साहित किया। आचार्य केशवदास की दृष्टि इस सन्दर्भ में अन्त तक शास्त्रपरक रही है और यही कारण है कि परवर्ती रीतिकाल में नायक-नायिका वर्णन ग्रन्थ लक्षण तथा उदाहरण के रूप में ही दिखायी पड़ते हैं।

3. लोकपरक नायिकाभेद :

रीतिकालीन आचार्यों ने लोकपरक आधारों पर नायिकाभेद की परम्परा स्थापित की जो संस्कृत की नायक-नायिका भेद परम्पराओं में अप्राप्त है। इस परम्परा के प्रवर्तन का श्रेय अब्दुर्रहीम खानखाना को दिया जाता है। उनके द्वारा रचित 'बरवै नायिका भेद' इस व्याख्या का प्रथम ग्रन्थ है। उनके दोहों में भी 'नगर शोभा' के प्रकरण में विभिन्न जाति की नारियों के रूप में दृष्टिगत होते हैं–

ब्राह्मणी, तरानी, जौहरिन, कैथिन, नाइन सहित 56 जातियों की नायिकाएँ इसके लिए यहाँ दृष्टन्त है। इन वर्णनों में लोक की विविध जातियों की नारियों के शृंगारकाव्यभावनासम्बद्ध मनोदशाओं का वर्णन किया गया है। परवर्ती साहित्य पर इसका पूरी तरह से प्रभाव पड़ा है। कवि दीनदयाल, महाकवि देव एवं भूषण जैसे कवियों ने भी अपने काव्यों में इस परम्परा को पूर्णतः प्रसंगबद्ध किया। महाकवि देव ने देव सुधा में राजशेखर की काव्यमीमांसा की परम्परा को अक्षुण्ण रखते हुए प्रदेशाभिधान्यवाद अर्थात् कश्मीर, असम, गुजरात के नारियों की सौन्दर्य सज्जा तथा परम्परा का वर्णन किया है। उनका अहीरिन जाति की नारी का वर्णन लोकजीवन से सम्बद्ध नितान्त प्रिय रहा है–

माखन सो मन दूध सो जौवन है दधि ते अधिकै उर ईठी।
जा छवि आगे छपाकर छाँछ बिलोकि सुधा बसुधा सब सीठी।।
नैनन नेह चुवै कवि देव बनावति बैन बियोग अँगीठी।
ऐसी रसीली अहीरी अहो कहों क्यों न लगै मनमोहन मीठी।।

इस प्रकार, रीतिकालीन नायिकाभेद के सन्दर्भ में निम्नलिखत निष्कर्ष निकाले जा सकते हैं–

(1) नायक वर्णन का सन्दर्भ गौण था और उसमें सामन्तवादी भोगवृत्ति की व्यंजना स्पष्ट रूप से निकलती है। रीतिकारिता के नायक श्रीकृष्ण में श्रद्धाभाव न व्यंजित करके लोक प्रचलित 'रसिकता भाव' की व्यंजना करायी गयी है।

(2) नायिकाभेद पूरी तरह से कामभावना से सम्बद्ध विलासपरक रतिभाव की भंगिमा व्यक्त करता हुआ शृंगार रस का पोषक बनकर सामने आया है।

(3) रीतिकालीन कवियों की काव्यचेतना सम्पूर्णतः शृंगारमय ही दिखायी पड़ती है और उस युग के कवियों ने अध्यात्म भाव, शास्त्रभाव तथा लोकभाव इन तीनों को भोगपरक रति सम्बद्ध कामभाव से पूरी तरह से जोड़ दिया है। रीतिकाल की केन्द्रीय चेतना कामभाव शृंगार की है–और इसका स्वरूप पूर्णतः भौतिक भोग-वासना से सम्बद्ध हैं।

●

अलंकार वृत्ति

भारतीय काव्यशास्त्र में अलंकार की काव्यवृत्ति को प्रमुखता देने का प्रसंग सातवीं शती से ही चल रहा है। आचार्य भामह ने अपने ग्रन्थ काव्यालंकार में अपने किसी पूर्ववर्ती आचार्य के मत का उल्लेख करते हुए बताया है कि–

"न कान्तमपि निर्भूषं विभाति वनितामुखम्"

"रमणीक होते हुए भी किसी कविता-बनिता का मुख अलंकार के बिना शोभित नहीं प्रतीत होता।"

"कविता-बनिता, के इस रूपक में अलंकरण को समाविष्ट करने का सन्दर्भ बराबर चलता रहा है और आचार्य भोज ने तो यहाँ तक कह डाला कि–

"अलंकाररहिता विधवेव सरस्वती"

अर्थात्, अलंकारविहीन कविता (सरस्वती) विधवा जैसी है। अलंकार मत के समर्थक आचार्य संस्कृत साहित्य के अन्तर्गत अनेक रूपों में काव्यालंकार के महत्त्व को इंगित करते हुए उसकी श्रेष्ठता के सम्बन्ध में अपने तर्क देते रहे हैं और हिन्दी में सर्वप्रथम आचार्य केशवदास ने कविप्रिया के अन्तर्गत कविशिक्षा प्रकरण में अलंकार को कविता का अनिवार्य तत्त्व स्वीकार किया है–

जदपि सुजाति सुलच्छिनी सुबरन सरस सुबृत्त।
भूषन बिनु न बिराजहीं, कबिता बनिता मित्त।।

उनके इस कथन की प्रेरणा रीतिकालीन कविता के लिए मानक व्यवस्था जैसी दिखायी पड़ती है। उनके परवर्ती अनेक कवियों ने इस मन्तव्य को बार-बार स्वीकारा है। उत्तमचन्द भण्डारी जैसे कई कवि उनके मन्तव्य को दुहराते हुए कहते हैं–

कविता बनिता रसभरी सुन्दर होइ सुसाख।
बिनु भूषन नहिं भूषहीं यहै जगत की साख।।

इस काल की आलंकारिक परम्परा के ग्रन्थों की एक लम्बी तालिका इस प्रकार दिखायी पड़ती है–

1. अलंकार चन्द्रिका — गोप कवि
2. भाषा भूषण — जसवन्त सिंह
3. ललितललाम — मतिराम
4. शिवराज भूषण — भूषण
5. उपमालंकार — बलवीर
6. रसिक मोहन — रघुनाथ
7. अलंकार माला — सूरत मिश्र
8. रामचन्द्र भूषण — गोप कवि
9. अलंकार चन्द्रोदय — रसिक सुमति
10. अलंकार रत्नाकर — वंशीधर
11. कर्णाभरण — गोविन्द कवि
12. अलंकार दीपक — शम्भूनाथ
13. अलंकार दर्पण — गुरुजन मिश्र
14. अलंकार दर्पण — रतनेश
15. साहित्य लता — दत्त कवि
16. अलंकार दर्पण — महाराज रामसिंह
17. अलंकारमणि मंजरी — ऋषि नाथ
18. रघुनाथ अलंकार — सेवादास
19. काव्याभरण — चन्दन
20. नरेन्द्र भूषण — मानकवि
21. काव्यवर्णन — संग्राम सिंह
22. पद्माभरण — पद्माकर
23. अलंकार चिन्तामणि — प्रतापसाहि
24. चित्र चन्द्रिका — भगवान सिंह
25. लघु भूषण — लेखराज
26. अलंकार भ्रम भंजन — ग्वाल कवि
27. अलंकार दर्पण — रतन कवि
28. अलंकार चन्द्रोदय — रसिक सुमति
29. अलंकार कलानिधि — कर्ण भट्ट

इसके अतिरिक्त रीतिकालीन 'सर्वांग सिद्धान्त निरूपण' जैसे शास्त्रीय ग्रन्थों में अलंकार सिद्धान्त का विवेचन व्यापक रूप में मिलता है। इनमें से कतिपय प्रमुख ग्रन्थ इस प्रकार हैं—काव्यकुल कल्पतरु (चिन्तामणि), भावविलास तथा काव्य रसायन (देव कवि), काव्य कल्पद्रुम (श्रीपति), काव्य निर्णय (भिखारीदास), व्यंग्यार्थ कौमुदी (प्रतापसाहि), दीपक—प्रकास (ब्रह्मदत्त) आदि।

अलंकार निरूपण के सन्दर्भ में जहाँ तक अलंकार को परिभाषित करने का प्रश्न है, इनकी दृष्टि प्रायः परम्परावादी ही रही है। एकाध को छोड़कर प्रायः सभी अलंकार विवेचकों ने परम्पराबद्ध दृष्टि तथा परिभाषाओं को इस प्रकरण में रखने का प्रयत्न किया है। सर्बाङ्ग विवेचक चिन्तामणि अलंकार को इस प्रकार परिभाषित करते हैं—

अलंकार ज्यों पुरुष को, हारादिक मन आनि।
प्रासोपम आदिक कवित अलंकार ज्यों जानि।।

कुलपति की अलंकार विषयक परिभाषा इस प्रकार है—

रसहिं बढ़ावै होय जहँ, कबहुँक अंग निवास।
अनुप्रास उपमादि है, अलंकार यह जानि।
वक्र उक्ति यही वाही, विधि प्रथम बखानि।।

आचार्य देव अलंकार के विषय में कहते हैं कि—

कविता कामिनि सुखद पर सुबरन सरस सुजाति।
अलंकार पहिरे अधिक अद्‌भुत रूप लखाति।।

ग्वाल कवि की अलंकार की परिभाषा रीतिकालीन आचार्यों से किंचित् भिन्न है। वे इसे परिभाषित करते हुए कहते हैं कि—

रस आदिक तें व्यंग्य ते होइ भिन्नता जाहिं।
सब्दारथ तैं भिन्न है, सब्दारथ के माँहि।।
होइ विषम सम्बन्ध करि चमत्कार के कर्म।
ताहीं सो सब कहत हैं अलंकार इमि बर्न।।

आचार्य विश्वनाथ प्रसाद मिश्र इन पंक्तियों का अर्थ स्पष्ट करते हुए कहते हैं कि ग्वाल कहना चाहते हैं कि रस जिस प्रकार शब्द से भिन्न है और व्यंग्य जिस प्रकार शब्द से भिन्न होता है, उसी प्रकार अलंकार भी शब्द से भिन्न होता है। पर ऐसा कहते हुए ये उसे शब्द और अर्थ से भिन्न कह रहे हैं। तत्त्वतः रस और व्यंग्य पदार्थ रूप होते हैं। यह दूसरी बात है कि रस आस्वाद्य भी होता है, इसलिए वह रस कहलाता है।

रस व्यंग्यार्थ होता है, इसलिए वह रस कहलाता है, वह व्यंग्यार्थ रूप में काव्य में आया करता है, अलंकार का सम्बन्ध वाच्यार्थ से होता है—अलंकार एक प्रकार से अर्थाभिव्यंजन की प्रणाली है।

ग्वाल के कहने का तात्पर्य यह है कि अलंकार रूप में जो कुछ प्राप्त होता है, वह कोश व्याकरण आदि नियत मुख्यार्थ से कुछ भिन्न चमत्कार होता है। इसी भिन्नता को लक्षित कर इन्होंने अलंकार को शब्दार्थ से भिन्न कहा है।

मूलतः अलंकार शब्दार्थ रूप होते हुए भी काव्यभाषा के अन्तर्गत एक भिन्न काव्यविधान व्यापार है और कविता में इस विधान व्यापार का आधार शब्दार्थ के अतिरिक्त और क्या हो सकता है? आचार्य ग्वाल कहते हैं कि यह शब्दार्थविधान न

होकर काव्य का 'संरचनात्मक विधान तन्त्र' है और यह परिभाषा सर्वथा आधुनिक है। इसीलिए इस सन्दर्भ में पं. विश्वनाथ प्रसाद मिश्र का यह विवेचन मान्य नहीं हो सकता। पूर्ववर्ती परिभाषाओं के कुलपति, चिन्तामणि, देव आदि आचार्यगण अलंकार का अर्थ या परिभाषा न बताकर कविता में उसके सौन्दर्यविधान की उस परम्परा को निर्मित करते हैं—जिसे आचार्य भामह ने स्थापित किया था और हिन्दी में आचार्य केशवदास उसके प्रथम पुरस्कर्त्ता थे। उपर्युक्त ये परिभाषाएँ परिभाषा न होकर अलंकार रचना से सम्बद्ध परम्परागत प्रशस्तियाँ हैं।

जहाँ तक अलंकारों के भेद विवेचन का प्रश्न है, रीतिकालीन आचार्यों ने शब्दालंकार तथा अर्थालंकार को ही स्वीकार किया है, कई आचार्यों ने उभयालंकार की स्थिति का भी विवेचन किया है। आचार्य केशवदास की कविप्रिया का अलंकार विवेचन 'कविशिक्षा तथा वर्णक परम्परा' से सम्बद्ध है। उनके सामान्यालंकार काव्य वर्णकविधान के विविध रूप हैं और विशेषालंकार के अन्तर्गत परम्परा के ही अलंकार रखे गये हैं। अतः रीतिकवियों के अलंकारों के विभाजन के सन्दर्भ में केवल सामान्य परम्परा ही दिखायी पड़ती है।

जहाँ तक अलंकारों के वर्गीकरण का प्रश्न है, इस प्रश्न पर इन आलंकारिकों ने कोई विचार नहीं किया है।

लक्षण तथा उदाहरण पद्धति इनकी अलंकार निरूपण की प्रचलित शैली है—इसके यहाँ दो रूप हैं—प्रथम, दोह की एक पंक्ति में उसका लक्षण और फिर दूसरी पंक्ति में उदाहरण तथा दूसरी शैली लक्षण के लिए पृथक् छन्द और उदाहरण के लिए कवित्त आदि छन्द पृथक् हैं। इस लक्षण एवं उदाहरण निरूपण की एक और भी शैली यहाँ मिलती है—लक्षण अलंकार से सम्बद्ध है तो उदाहरण का सम्बन्ध आश्रयदाता राजा की प्रशस्ति से। महाकवि भूषण कृत शिवराज भूषण इसका सबसे बड़ा साक्ष्य है। इसी परम्परा के अन्तर्गत अन्य ग्रन्थ जैसे पद्माभरण आदि आते हैं।

अलंकार विषयक मौलिकता का जहाँ तक प्रश्न है, इस विषय पर डॉ. नगेन्द्र ने **रीतिकाव्य कवियों की मौलिक देन** शीर्षक निबन्धों के अन्तर्गत विवेचन किया है, इनके द्वारा नये मौलिक अलंकारों की उद्भावना नहीं की गयी है। इनकी सम्पूर्ण आलंकारिक मौलिकता अलंकारों के भेदोपभेद निरूपण की है—जहाँ इनमें दृष्टिगत परिपक्वता की सर्वथा कमी दिखायी पड़ती है, जैसे-जैसे मिश्रितालंकार (दो अलंकारों का समन्वय), भाषा की प्रकृति के अनुसार कतिपय अलंकारों की उद्भावना, तुक समस्या पर पुनर्विचार आदि इनकी नयी आलंकारिक उद्भावनाएँ हैं जो अति सामान्य हैं। इस सन्दर्भ में डॉ. नगेन्द्र का यह निष्कर्ष सर्वथा युक्ति संगत दिखायी पड़ता है—

"ये (रीतिकालीन शास्त्रकार) आचार्य वास्तविक रूप से आलोचक नहीं थे। इनकी रीतिनिरूपण भी वास्तविक आलोचना न होकर आलोचनाभास ही कहा जा सकता है संस्कृत के पतनकाल की वर्णनात्मक परिपाटी को अनुकूल पाकर उसका अनुसरण भी

नहीं कर पाये, मौलिक उद्‌भावनाएँ करना तो दूर की बात थी।'' वैसे इस कालखण्ड में 'चित्रालंकार काव्य' पर भी विचार हुआ है।

इस प्रकरण में एक तथ्य यह भी प्रमुखतः विचारणीय है कि आचार्य केशवदास ने अलंकार के अर्थ, स्वरूप, भेद-प्रभेद की परम्परागत काव्यशास्त्रीय में व्यापक परिवर्तन किया था। वे अलंकार शब्द का अर्थ भामह आदि द्वारा प्रयुक्त काव्य की एक सीमित प्रणाली तक ही नहीं स्वीकार करते अपितु काव्य में आनेवाली समग्र सौन्दर्यविधा दृष्टि को अलंकार के नाम से पुकारते हैं। भामह आदि के अलंकारनिरूपण उस समग्र सौन्दर्यविधा दृष्टि के एक भेदमात्र हैं। वर्ण, वर्ण्य, भूमिश्री, राज्यश्री, आदि-आदि समग्र रचना सौन्दर्यविधायिनी वृत्तियाँ अलंकार ही हैं और इस प्रकार वे वर्णक, कविशिक्षा काव्यपरम्पराओं आदि को अलंकार श्रेणी में ही रखते हैं। यह दृष्टि परम्परावादी अलंकारचिन्तन से एकदम भिन्न।[1]

---

1. विशेष के लिए देखिये—कविशिक्षा और आचार्य केशवदास।

ध्वनि तथा शब्दशक्ति सिद्धान्त

इस कालखण्ड की तीसरी विशेषता ध्वनि तथा शब्दशक्ति सिद्धान्त के विवेचन की रही है। प्रायः सर्वाङ्ग निरूपण के अन्तर्गत इस युग के आचार्यों ने ध्वनि तथा शब्दशक्ति पर विचार किया है। एकाध-दो मौलिक रीतिग्रन्थ इस विषय पर मिलते हैं—जैसे, व्यंग्यार्थ कौमुदी—प्रतापसाहि आदि। सर्वाङ्गनिरूपण के अन्तर्गत ध्वनि तथा शब्दशक्ति के विषय में 'कवि कुल कल्पतरु' चिन्तामणि रस रहस्य (कुलपति), शब्द रसायन (देव), रसपीयूष निधि (सोमनाथ), काव्य निर्णय (भिखारीदास), कविता रस विनोद (जनराजा), काव्य कल्पद्रुम (नारायण दास) आदि ग्रन्थ उल्लिखित किये जा सकते हैं।

रीतिकालीन आचार्य सोमनाथ शब्दशक्ति का वर्णन इस प्रकार करते हैं—

बरन शब्द हैं, तीनि विधि वाचक प्रथम अनूप।
लक्षण अरु व्यंजक बहुरि, त्रिविध अर्थ को रूप।।
वाच्य अरथ लक्ष्यार्थ पुनि, व्यंगारथ अभिराम।
बिना शब्द को अर्थ की, तात परम सुख धाम।।

इस वाचक शब्द के साथ लक्षक शब्द या लक्षणाशक्ति तथा व्यंजना शक्ति को सामान्य ढंग से परिभाषित किया है। इसी प्रकार यहाँ ध्वनि की भी परिभाषा दी गयी है—जो अति सामान्य में है—

होय लक्षणा मूल जहँ गूढ़ व्यंग्य परकास।
वाच्य अर्थ है वृथा जहँ सो ध्वनि कह सविलास।।

यह समग्रतः ध्वनि की परिभाषा न होकर केवल लक्ष्यसम्भवाध्वनि की ही परिभाषा है।

आचार्य भिखारीदास का शब्दशक्ति प्रकरण आचार्य मम्मट का रूपान्तरण मात्र है। वे अभिधा, लक्षणा तथा व्यंजना की परिभाषाएँ इस प्रकार देते हैं—

अभिधा— *जो अनेकार्थहू शब्द में एक अर्थ की व्यक्ति।*
ये को कहैं सज्जन लच्छन अभिधासक्ति।।

लक्षणा— *मुख्य अर्थ के बाध ते, शब्द लाच्छनिक होत।*
रूढ़ि औ प्रयोजनवती, है लच्छना उदोत।।

व्यंजना— *व्यंग्य व्यंजक जुत पद व्यंग्य तासु से अर्थ।*
थाहिं बुझैबे की सकति है व्यंजना समर्थ।।
सूधे अर्थ जु वचन को तेहिं तजि तजि औरे बैन।
समुझि परै तहँ कहत हैं, सक्ति व्यंजना ऐन।।

प्रतापसाहि काव्य विकास के अन्तर्गत ध्वनि को परिभाषित करते हुए कहते हैं कि—

वाच्य उपेक्षा अरथ की व्यंग्य चमत्कृत होइ।
सब्द अर्थ में प्रगट जो धुनि कहियत है सोइ।।

ध्वनि की यह परिभाषा आनन्दवर्द्धन की परिभाषा का हिन्दीकरण है—जहाँ शब्द तथा अर्थ अपने मुख्यार्थ की उपेक्षा करके अपने शब्दों तथा अभिव्यक्ति के अर्थ से पृथक् व्यंग्यार्थ को प्रकट करते हैं—वह ध्वनि है। आनन्दवर्द्धन इसे इस प्रकार कहते हैं—

***यथार्थ** : शब्दो वा तमर्थमुपसर्जनीकृत स्वार्थौ।*
***व्यक्त** : काव्यविशेषः स ध्वनिरितिसूरिभिः कथितः।*

हिन्दी भाषा में परिमार्जन के अभाव के के कारण यह अनुवाद पूरी तरह से रूपायित नहीं हो पाया है, किन्तु यहाँ अभिप्राय आचार्य आनन्दवर्द्धन के ही मन्तव्य को व्यंजित करना है।

ध्वनि तथा शब्दशक्ति प्रकरण रीतिकालीन काव्य में विश्लेषणात्मक एवं प्रायोगिक रूप में नहीं है और सैद्धान्तिक दृष्टि से शृंगाररस, रूप निरूपण तथा सौन्दर्य को ये कवि लाक्षणिकता प्रदान करते हैं, किन्तु वस्तु वर्णन का विवेच्यपक्ष लाक्षणिक एवं व्यंजनाप्रधान कम है। संस्कृत साहित्य में रसानुभूति को प्राथमिकता देने के कारण अभिधा ही यहाँ प्रमुखता के साथ वर्णित है। इसीलिए देव कवि कहते हैं कि—

अभिधा उत्तम काव्य है, मध्य लक्षणा लीन।
अधम व्यंजना रस विरस, उलटी कहत कबीन।।

व्यंजना रस विरस है और अभिधा सहज रसानुभूति करानेवाली प्रत्यक्ष अनुभूति से जुड़ी काव्यशक्ति है, अतः प्रत्यक्ष अनुभूति से जुड़ी शृंगार भावना के लिए व्यंजना नहीं चाहिए क्योंकि वह रसानुभूति के क्षणों में अर्थ की संगति की अस्पष्टता के कारण टेढ़ी बन जाती है। अभिधाशक्ति में अर्थ का प्रत्यक्ष प्रकाश पाठक को अभिभूत करने में विलम्ब नहीं होने देता—अतः लक्षणा एवं व्यंजना शब्दशक्तियों से आचार्य देव की शब्द रसायन कृति के अनुसार, अभिधाशक्ति श्रेष्ठ एवं द्रुतरूप है।

अभिधा, इस प्रकार, रीतिकालीन काव्य की शृंगारिकता तथा उसकी आनन्दमयी अनुभूति की त्वरा का बोध करानेवाली श्रेष्ठतम शब्दशक्ति है। इसी सन्दर्भ में, यह भी

प्रतीत होता है कि कल्पनाशक्ति की उत्कृष्टता के अभाव में रीतिकाल के ये कवि अपनी कविता को केवल सामान्य वाच्यार्थ तक नियन्त्रित रखना चाहते हैं ताकि अल्पशिक्षित युगीनसमाज इनकी कविता का भली-भाँति आनन्द ले सकें। बिहारी सतसई जैसी कृतियाँ इस सन्दर्भ में अपवाद कही जा सकती हैं।

रीतिकालीन आचार्यों ने रस के अन्तर्गत शृंगार निरूपण एवं नायक-नायिकाभेद को सर्वाधिक प्राथमिकता दी है और रीति, गुण, ध्वनि, वक्रोक्ति एवं शब्दशक्तियों का उल्लेख केवल प्रासंगिक रूप में ही किया है। इस काल के कतिपय कवि इस अवधारणा के अपवाद हैं और काव्यरचना के सन्दर्भ में वे लक्षणा तथा व्यंजनाओं की झड़ी लगा देते हैं। इस युग के श्रेष्ठ कविगण देव, बिहारी भिखारीदास तथा स्वच्छन्दवृत्ति के कवि रसखान, घन आनन्द आदि व्यंजना तथा ध्वनि के प्रयोग सन्दर्भों को रचना की ऊँचाई पर पहुँचा देते हैं। इस सन्दर्भों को पढ़कर ऐसा प्रतीत होता है कि इनकी शास्त्रवृत्ति मात्र परम्परा का अनुकरण मात्र है किन्तु काव्यरचनावृत्ति नितान्त मौलिक और उनकी कविता शास्त्रदृष्टि की सीमा को तोड़कर बहुत आगे निकल जाती है।

●

रीतिकालीन काव्य : कविसमय, काव्यवर्णक तथा परिपाटियाँ

(क) कविसमय तथा कविप्रसिद्ध :

जैसे कि इस पुस्तक की भूमिका में कविसमय, कविशिक्षा तथा काव्यवर्णक के विषय में बताया गया है कि भारतीय काव्यशास्त्र के प्रारम्भिक काल से ही काव्यशास्त्रीय चिन्तन के साथ-साथ कविशिक्षा की समानान्तर परिपाटियाँ चलती रही हैं और धीरे-धीरे प्राकृत, अपभ्रंश तथा हिन्दी साहित्य अर्थात् बारहवीं शती तक आते-आते शास्त्रीय चिन्तन की अपेक्षा कविशिक्षा परम्परा का विकास अधिक हुआ। मैथिली में लिखित ज्योतीश्वर ठाकुर कृत वर्णरत्नाकर एवं आचार्य केशवदास कृत कविप्रिया ये दो ग्रन्थ इसके साक्ष्य के रूप में हैं। परम्परित कविता के स्वीकृत वर्ण्यविषक तथा वर्णनविधान इन दो परिपाटियों के लिए कविशिक्षा के अन्तर्गत मान्य वर्णन सन्दर्भ अनिवार्य हैं–

(1) वर्ण्यविषय से सम्बद्ध परम्परित प्रसिद्धियाँ (कविसमय)

(2) वर्णन परिपाटियों से सम्बद्ध काव्यवर्णक

क. कविसमय :

लोक में असत्य होते हुए भी कविजगत् में सत्य के रूप में स्वीकृत मान्यताएँ कविप्रसिद्धि या कविसमय से सम्बद्ध हैं और ये निरन्तर हजारों-हजारों वर्षों से कवियों द्वारा स्थापित तथा पोषित आज भी ज्यों-की-त्यों चली आ रही हैं। ठीक इसी के समानान्तर 'काव्यवर्णक' काव्यपरिपाटी के विषय रूप में चला रहे हैं–जिन्हें परिपाटियों के रूप में कविजन स्वीकार करते हुए वर्णित करते आये हैं। गोस्वामी तुलसीदास जी ने इसे काव्य प्रौढ़ि शब्द के नाम से पुकारा है–

प्रौढ़ि सुजन जन जानहिं जन की। कहेउँ प्रतीति प्रीति रुचि मन की।।

अर्थात्, मैं जो कुछ वर्णित कर रहा हूँ, उसे लोक काव्य वर्णन की आगत परम्परा या परिपाटी न समझें–मेरा वर्णन तो मेरी तात्कालिक अपनी रामविषयक अनुरक्ति का साक्ष्य है। इस प्रकार रीतिकाल और उसके पूर्व से हिन्दी कविता का एक वह स्वरूप

चल रहा था—जो काव्यवर्णक या परिपाटी के रूप में स्वीकृत है। तुलसीदास के ठीक विपरीत आचार्य केशवदास कहते हैं कि—

समझैं बाला-बालकनि बरनन पंथ अगाध।
कविप्रिया 'केसव' करी, छमिजौ बुध अपराध।।

कविता की शिक्षा रीति-परम्परा में बालक एवं बालिकाएँ (राय प्रवीण जैसी गणिकाएँ) तथा राजपुत्र एवं राजपुत्रियाँ समान रूप से ग्रहण करती हैं। देश-देशान्तर में निकलने तथा व्यापक लोक-जीवन को देखने का इन बालकों तथा बालिकाओं के लिए न साधन था और न व्यवस्थागत स्वतन्त्रता थी—अतः परम्परा एवं लोक की प्रचलित व्यवस्थाओं, उनके विविध रूपों, देश-देशान्तर की प्रादेशिक भिन्नताओं, जीवन के विविध सन्दर्भों के विविध रूपों के व्यापक अनुभव का काव्य-रचना कोश इस वर्णक के रूप में तैयार किया गया और बिना उस ज्ञान के अभाव में परम्परित काव्यरचना सम्भव नहीं थी। इस परिपाटी के अनुसार श्रेष्ठ काव्य-रचना का मानक काव्य-परिपाटियों की विशाल परम्परा का ज्ञान था और इसके लिए काव्यवर्णक ग्रन्थ एवं कवि शिक्षक गुरु तथा पाठशालाएँ आवश्यक थीं। गुजरात के 'कच्छ' तथा 'भुज' राज्यों में काव्यशिक्षा की पाठशालाएँ भी थीं। काव्य-रचना के सन्दर्भ में इन परिपाटियों का कविगण बराबर उल्लेख करते हैं।

ख. कविवर्णक :

आचार्य केशवदास ने वर्णकों को सामान्य एवं विशिष्ट अलंकार इन दो रूपों में रखकर उनका वर्णन किया है। सामान्य अलंकार के चार भेद हैं—वर्ण, वर्ण्य, भूमिश्री, राज्यश्री तथा विशिष्ट के अन्तर्गत अलंकारों का वर्णन किया है—और इसमें चित्रालंकार के वर्णन की परिपाटी भी सम्मिलित है।

(1) वर्ण—इस अलंकार (वर्णक) के सात भेद हैं—श्वेत, पीत, श्याम, अरुण, धूम्र, नील तथा मिश्रित।

कवि को यदि यश, इन्द्र के अश्व आदि का वर्णन करना है तो उन्हें श्वेतरंग में, ही वर्णित करें अन्य रंगों में नहीं, यदि द्वापर युग, दीपक, बृहस्पति आदि का वर्णन करना है तो उन्हें पीले रंग में ही वर्णित करें अन्यथा कविता दोषयुक्त हो उठेगी। इस क्रम में, सृष्टि की समस्त ज्ञात वस्तुओं के रंगों की पूर्व परिपाटी काव्य-रचना के लिए निर्मित की गयी है। कवि के लिए इस परिपाटी का अनुपालन अनिवार्य है।

(2) वर्ण्यवस्तु—भावजगत् की विषयवस्तु प्रायः भाववाचक संज्ञाओं या विशेषताओं के रूपवर्णन की विविध परिपाटियों से सम्बद्ध है और ये 28 प्रकार के हैं। सम्पूर्ण, आवर्त, कुटिल, त्रिवेणी, सुवृत्त, तीक्ष्ण, गुरु, कोमल, कठोर, निश्चल, चंचल, सुखद, दुःखद, मन्दगति, शीतल, तृप्त, सुन्दर, क्रूरस्वर, सुस्वर, मधुर, अबल, कनिष्ठ, सत्य, झूठ, मण्डलाकार, अगति, गति-दानशील-दयाशील आदि भाववाचक संज्ञाओं या विशेषणों के रूप हैं—जो वर्ण्यविषय के स्वभाव को इंगित करते हैं। जैसे कामदेव का वर्णन सदैव

सुन्दर होगा, पतिव्रता स्त्री सदैव सुखद होगी, भुजदण्ड के वर्णन में कठोरता का निरूपण होगा आदि-आदि।

(3) भूमिश्री—आचार्य केशवदास ने भूमिश्री का तात्पर्य भूमि से सम्बद्ध सम्पूर्ण वैभव को कविवर्णन के लिए आधार बताया है। पृथ्वी के वैभव के रूप में पशु-पक्षी, वन, सूर्य, चन्द्र, समुद्र आदि सन्दर्भित हैं। इस सन्दर्भ में यह चित्रित किया गया है कि भूमिश्री के खण्डों से सम्बद्ध विषयों में कौन-कौन-से वर्णक होने चाहिए। ये हैं, देश वर्णन, नगर, वन, पर्वत, नदी, सरोवर, सागर, वसन्त, ग्रीष्म, वर्षा, शरद, हेमन्त, शिशिर आदि। आचार्य मिश्र इस प्रकरण को वर्णक के अन्तर्गत रखते हुए कई प्रसंगों को एक साथ मिला लेते हैं। सरोवर, समुद्र, अरण्य, पर्वत, उद्यान आदि के सन्दर्भ इससे सम्बद्ध हैं किन्तु यहाँ केशवदास जैसा स्पष्ट विभाजन नहीं है।

(4) राज्यश्री—इस वर्णन सन्दर्भ का आधार सामन्तवादी परिवेश है। इस परिवेश के अन्तर्गत राजा, रानी, पुरोहित, राजकुमार, दलपति, दूत, राजविलास, युद्ध, युद्ध प्रयाण, सैन्य आदि राजविलास के सन्दर्भ में वर्णित हैं। आचार्य केशवदास के ये वर्णक यहाँ वर्गबद्ध कर दिये गये हैं जबकि आचार्य केशव मिश्र इन्हें सामान्य वर्णक के ही अन्तर्गत रखते हैं।

गणना-संख्या रूप

आचार्य केशवदास द्वारा वर्णित इन वर्णकों में अनेक प्रकार की वर्णन रूढ़ियाँ और भी प्रचलित रही हैं। इन रूढ़ियों में संख्यावाची वस्तुओं का सांकेतिक विवरण निर्दिष्ट है। आचार्य केशवदास की कविप्रिया में इन संख्याओं के निर्धारण की स्थिति इस प्रकार की है—

शून्य — आकाश
एंक — चन्द्र, भूमि, गणेशदन्त, शुक्राचार्य के नेत्रादि।
दो — नेत्र, भुजा, उरोज, रथ चक्रादि
तीन — शिवनेत्र, अग्नि आदि
चार — आश्रम, वर्ण, वेदादि
पाँच — पण्डित, शिवमुख, कामदेव के बाण आदि

इन वस्तुओं का बीस संख्या तक व्यवस्थित क्रम है और इसके बाद यह क्रम टूटकर अव्यवस्थित हो जाता है। अन्तिम संख्या दस सहस्त्र तक पहुँच जाती है। गणना वर्णन के सन्दर्भ में वस्तु वैशिष्ट्य का पूर्व निर्धारित निरूपण यहाँ अपेक्षित है।

वर्णक सन्दर्भ में नायिका के विविध अंगों के निर्धारित उपमान इस कालखण्ड में इस परम्परा के अन्तर्गत प्राप्त होते हैं। ये नखशिख वर्णन या शिखनख वर्णक दो रूपों में मिलते हैं। रीतिकालीन कवियों ने 'शिखनख' वर्णन को प्राथमिकता दी है। ये उपमेय रूप अंग इस प्रकार हैं—

नायिका का शरीर, केश, ललाट, भ्रू (भौंह), नेत्र, कपोल, मुख, नासिका, कण्ठ, अधर, दन्त, वाणी, बाहु, कर, नख, स्तन, रोम, नाभि, त्रिवली, पीठ, मध्य, रोमवली, जाँघ, स्तन, नितम्ब, उरु, चरण, अंगुष्ठ तथा उनकी अंग चेष्टाएँ, कटाक्ष, हास्य, दर्शन, श्वास, नूपुर ध्वनि आदि। पुरुष वर्णन के सन्दर्भ केवल वक्ष, भुज, मस्तक, मध्य, चरण आदि ही हैं। रीतिकालीन कविता में श्रृंगार वर्णन के साथ नारी के नखशिख या शिखनख आदि वर्णकों को प्रायः परम्परित आधार से ही सम्बद्ध किया गया है। यदि नारी शरीर का वर्णन करना है तो उसकी उपमा दीपक, चन्द्रकला, कमलनाल, कनक लता, विद्युत्धारा, स्वर्णयष्टि आदि से देनी चाहिए। इसी प्रकार अन्य नखशिख से सम्बद्ध उपमाओं के लिए इन वर्णकों में उपमान निर्दिष्टि हैं

हिन्दी के रीतिकालीन कवियों ने काव्य-वर्णन की परिपाटियों पर विशेष ध्यान दिया है। विशेषकर मुक्तक काव्यधारा के अन्तर्गत बिहारी जैसे कवियों ने इन काव्यरूढ़ियों को ही आधार बनाकर अपनी सतसई की रचना की है। यद्यपि ये रूढ़ साधन उनकी मुक्तक रचना के रूप में आधार का कार्य कर रहें हैं किन्तु उनकी काव्यशक्ति, सर्जनात्मक प्रतिभा एवं कलात्मक संरचना की निर्माणशक्ति तथा उनके द्वारा अभिव्यक्त काव्य-सौन्दर्य विलक्षण बन पड़ा है। इस प्रकार इन कवियों की काव्यरूढ़ियों के प्रयोग के सन्दर्भ में यह निर्विवाद रूप से कहा जा सकता है कि परम्परा की वर्णक रूढ़ियों की सम्बद्धता के बाद भी उनकी मौलिक कल्पनात्मक प्रतिभा एवं सर्जनशक्ति परम्परा के ऊपर हावी हैं और ये उनके काव्य की उत्कृष्टता के आधार हैं।

●

कविसमय (कविप्रसिद्धि) एवं हिन्दी का रीतिकालीन काव्य

कविसमय अर्थात् काव्या कविप्रसिद्धियों के विषय में प्रारम्भ से ही सन्देह के प्रश्न उठाये जाते रहे हैं। राजशेखर जब कविसमय को इस रूप में परिभाषित करते हैं कि–
"अशास्त्रीयं अलौकिकं च परम्परागतं यमर्थमुपनिबन्धति कवयः इति कवि समयः"

अर्थात्, "अशास्त्रीय (शास्त्र से बहिर्भूत), अलौकिक अर्थात् लोक व्यवहार से बहिर्भूत केवल परम्परा प्रचलित जिस अर्थ का कविजन प्रयोग करते हैं, वही कविसमय है।" इस परिभाषा का कवि के काव्यार्थ को अशास्त्रीय और लोकव्यवहार से विरुद्ध कहना क्या उचित है? इसी प्रकार आचार्य केशव मिश्र भी कहते हैं कि–

असतोऽपि निबन्धेन सतामप्य निबन्धनात्।
नियमस्य पुरस्कारात् सम्प्रदायस्त्रिधा कवे।।

अर्थात्, "असत्य की रचना, सत्य की न रचना करना और नियम विरुद्ध वर्णन करना ये कवियों की तीन प्रकार की कविप्रसिद्धियाँ हैं।"

राजशेखर ने काव्यमीमांसा के सन्दर्भ में इस संरचना के औचित्य पर प्रश्न उठाते हुए कहा है कि शास्त्र तथा लोक दोनों के विषय में मनमानी करना क्या काव्यदोष नहीं है? उनका उत्तर है–नहीं। इन कविसमयों के द्वारा कवियों का उपकार होता है और ये कविसमय काव्यमार्ग के दर्शक हैं–अतः दोष कैसे हैं–**कवि मार्गानुग्राही कथमेव दोषः**। हाँ, यह अवश्य है, कि अनेक कवि इन कविसमयों (प्रसिद्धियों) के प्रकरण में स्वेच्छाचारिता बरतते हैं–राजशेखर के अनुसार वे कवि नहीं धूर्त हैं।

रामायण तथा कालिदास की कृतियों से लेकर यह कविसमय आज तक संस्कृत तथा हिन्दी दोनों काव्यरचनाओं के संरचनात्मक सौन्दर्यविधान का साक्ष्य बना हुआ है। प्राकृत, अपभ्रंश, देशीभाषा एवं हिन्दी काव्य-रचना के लिए यह निरन्तर कलात्मक अर्थविन्यास के लिए स्रोत है। हिन्दी साहित्य के आदिकाल, भक्तिकाल में बराबर

इसका प्रयोग होता रहा है। हिन्दी का सम्पूर्ण रीतिकाल कविसमयों (काव्यप्रसिद्धियों) की वर्णन परिपाटियों से पूरी तरह से समृद्ध है।

यद्यपि कविसमय को अशास्त्रीय एवं अलोकगत कहा गया है, फिर भी, ये दोनों शब्द व्यंग्यार्थ हैं—निश्चित ही, कविसमय के अन्तर्गत कविता की कल्पनामण्डित विश्वसनीयता से उत्पन्न ऊर्जा एवं लोक के प्रचलित विश्वासों को ही आधार बनाया गया है। यहाँ तर्कशक्ति के स्थान पर भाव-निर्मात्री कविकल्पना शक्ति ही सर्वत्र दिखायी पड़ती है। आचार्य केशवदास के अनुसार कविता में **झूठी बात को सच की तरह बताकर कहना और सत्य को असत्य की तरह बताकर कहना** कविसमय है। कविसमय के अन्तर्गत कविकल्पना शक्ति की अतिशयता तथा उनके द्वारा बनायी गयी वर्णन परम्पराओं की आश्चर्यमयी काव्य परिपाटियाँ कविप्रसिद्धि या कविसमय के अन्तर्गत स्वीकार की जाती है।

कतिपय कविसमयों के रूप इस प्रकार हैं—

1. सारे पर्वतों पर रत्नों की प्राप्ति
2. सम्पूर्ण नदियों में हंसों का पाया जाना
3. सम्पूर्ण नदियों में कमल का होना
4. चकोर का ज्योत्स्ना पान करना (चन्द्र किरणपान)
5. चन्दन में पुष्प-फल का न होना
6. वसन्त ऋतु में मालती का पुष्पित न होना
7. मलय पर्वत पर चन्दन का होना
8. हिमालय पर भोजपत्र के वृक्षों का होना
9. कमल का हेमन्त तथा शिशिर ऋतु में न खिलना
10. सम्पूर्ण सरोवरों में शैवालों का होना
11. वर्षा ऋतु में मयूर-मयूरियों का नृत्य
12. वसन्त में ही कोकिल के स्वर
13. बादलों के बीच उड़ते हुए बगुलियों का गर्भाधान
14. कामदेव की पताका पर मकर का होना
15. दानव असुर दैत्य की एकमेवता
16. शिववाहन वृषभ का वर्णन
17. शिव के सिर पर द्वितीया के चन्द्र तथा गंगा का होना
18. चातक का स्वाति नक्षत्र के जल का पान
19. ऋषि आश्रम में मयूर-सर्प तथा मृग एवं व्याघ्र का साथ-साथ रहना
20. चन्द्रिका के प्रकाश से चन्द्रकान्त मणि का पिघलना तथा द्रवित होना
21. सूर्य के प्रकाश में सूर्यकान्त मणिक का द्रवित होना
22. चक्रवाक और चक्रवाकी का रात्रि में बिछुड़ना

23. सर्प और हस्ति मस्तकों में मणि की कल्पना
24. हंस का मोती चुगना
25. हारिल पक्षी का अपने चंगुल में निरन्तर लकड़ी को दबाये रखना
26. चकोर का अंगार खाना
27. मानसरोवर में मोती का होना
28. कमलकोष में भ्रमर का रात्रि में निवास
29. दिन में कमल का एवं रात्रि में कमलिनी का पुष्पति होना
30. चम्पक पुष्प से भ्रमर का वैर
31. मुग्धा के पदाघात से अशोक वृक्ष का पुष्पित होना
32. रमणी नृत्य से कर्णिकार का पुष्पित होना
33. मेघ मल्हार राग के गायन से वर्षा का प्रारम्भ हो उठना
34. मुग्धा नायिका के मुख-वायु से आम्रवृक्ष में बौर का आ जाना
35. दीप के आकर्षण से पतंग का जल मरना
36. अठारह विद्याओं एवं चौंसठ कलाओं की कल्पना
37. गंगा प्रवाह में नील कमल का वर्णन
38. समुद्र में मकर का निवास
39. ताम्रपर्णी नदी में मोती का होना
40. गजमुक्ता की कल्पना
41. अँधेरे में मुष्टि प्रहार की अशक्यता, या सुई को न खोज पाना
42. संस्कृत भाषा में 'पद्य' शब्द का निरन्तर नपुंसक लिंग में प्रयोग
43. वर्षा ऋतु में प्रवासगमन पर रोक आदि-आदि।

इस प्रकार के अनेक कविसमय, रीतिकालीन लक्षण तथा मुक्तक काव्यों के अन्तर्गत इन परिपाटियों से जुड़े हैं। बिहारी के मुक्तकों में कविसमयों के ये सन्दर्भ भरे पड़े हैं—यथा—

माघ मास सुनि सखिन सन साईं चलत सबार।
लै कर बीन प्रवीन तिय गायो राग मल्हार।।

मेघ मल्हार राग गाने से वर्षा होगी और वर्षा होने पर प्रिय का प्रवास गमन रुक जायगा इसलिए नायिका ने रात्रि में मेघ मल्हार राग गाया ताकि प्रातः पति का प्रवास गमन रुक जाय। कविसमय की व्यंजना का यह श्रेष्ठतम उदाहरण है।

भक्त कवियों में तुलसीदास ने कई स्थलों पर चातक के स्वाती जलप्रेम की निष्ठा का कविसमयगत सुन्दर प्रयोग किया है—एक उदाहरण देखें—

बध्यो बधिक पर्‌यो पुन्य जल उलटि उठाई चोंच।
तुलसी चातक प्रेम पुट मरतहुँ लगी न खोंच।।

मृत्यु के समय भी गंगाजल पान से मुक्ति की प्राप्ति का भी तिरस्कार करके चातक स्वाती जल की प्रेमाकांक्षा के लिए जीवन अर्पित कर देता है।

रीतिकालीन कवि घनानन्द ने सुजान के प्रेम की उत्कृष्टता के लिए इन कविसमयों का बराबर प्रयोग किया है। बिहारी के दोहों में इन कविसमयों के आधार पर मुक्तकों में कलात्मक सक्षमता की अभिव्यक्ति के अनेक सन्दर्भ पद-पद पर दिखायी पड़ते हैं और ये कविसमय मुक्तक कला के आधार रहे हैं।

हिन्दी का रीतिकाल वर्णकों तथा कविसमयों की वर्णन प्रणाली की दृष्टि से अत्यन्त समृद्ध है।

•

नायक–नायिकाभेद

रीतिकालीन कविता की सबसे महत्त्वपूर्ण प्रवृत्ति शृंगारिकता की है। इस शृंगारिकता के दो प्रमुख कारण हैं–प्रथम है, काव्यशास्त्रीय परम्परा और द्वितीय है, राजाश्रय। शृंगारिक परम्परा का सम्बन्ध चौदहवीं शती से लेकर सत्रहवीं शती तक लिखे गये काव्यों में बराबर दिखायी पड़ता है। संस्कृत में शृंगार रस, नायक-नायिकाभेद आदि के विविध शास्त्रीय ग्रन्थ तथा लक्षण-उदाहरण के काव्य-लेखन के सन्दर्भ-ग्रन्थों ने इन आचार्यों को इस दिशा में विशेष प्रभावित किया है। इन स्थितियों का संक्षिप्त रूप इस प्रकार है–

विरह की दशाएँ

विरह की दशाएँ–(1) पूर्वराग (2) मान (3) प्रवास

इन दशाओं के विभिन्न रूप यहाँ दृष्टिगत होते हैं–

पूर्वराग के कारण–श्रवण दर्शन, चित्र दर्शन, स्वप्न दर्शन, प्रत्यक्ष-दर्शन

मान के रूप–लघुमान, मध्यमान, गुरुमान

प्रवास के रूप–भूत प्रवास तथा भविष्य प्रवास हैं।

वियोग शृंगार की एकदशा दशाएँ–

अभिलाषा, चिन्ता, स्मरण, गुणकथन, उद्वेग, प्रलाप, उन्माद, व्याधि, जड़ता, मूर्च्छा, मरण हैं।

नायक-नायिकाएँ :

नायकभेद

व्यवहारपरक नायक (1) उत्तम, मध्यम, अन्य

आचरणपरक नायक (1) धीरोदात्त, (2) धीरललित (3) धीरोद्धत (4) धीरललित

प्रेम विलक्षणतापरक–

चतुर

उत्तम

मध्यम
अधम
सम्प्रबुद्ध

कामस्वभावपरक—

अनुकूल
दक्षिण
शठ
धृष्ट

सामान्य भेद—

नायक
उपनायक
प्रतिनायक
नायकाभास
उमयाभास
तिर्यगाभास

सम्बन्धपरकनायक—

पति
उपपति
वैशिक

इन नायकों के उपभेद भी इन रीतिकालीन कवियों ने किया है। नायकभेद का आधार प्रायः काव्यशास्त्र परम्परा का ही रहा है और इन कवियों ने वर्णन सन्दर्भ में इनका पूर्णतः उपयोग काव्यवर्णक के सन्दर्भों में किया है।

नायिकाभेद :

रीतिकाल का नायिकाभेद विलक्षण है। इन कवियों को देखकर ऐसा लगता है कि सम्पूर्ण सामाजिक सन्दर्भ नारीवर्ग के कामसौन्दर्य तथा आकर्षण का केन्द्र रहा है। शृंगार के साथ विलास इस नायिकाभेद के केन्द्र में दिखायी पड़ता है। इस युग के कवियों ने मुगलशासकों तथा समकालीन हिन्दू नरेशों की विलासिता तथा राजमहलों में नारियों की अच्छी खासी संख्या में संग्रह, नर्तकियों तथा शृंगार रस से जुड़े आमोद, प्रमोद, नृत्य, संगीत, कविता आदि द्वारा रीतिकवि उनका इस प्रकार का वर्णन शृंगारिक विलासिता एवं नायिकाभेदों की प्रचुरता के साथ निरन्तर करता है। वैसे, नायिका भेद एवं उसके साथ शृंगार रस की परम्परा आचार्य भरत से ही प्राप्त होने लगती है किन्तु धीरे-धीरे इसका विस्तार होता गया और रीतिकाल तक आते-आते जातियों के आधार पर इनके वर्णन मिलने लगते हैं। सम्पूर्णतः रीतिकाल तक शृंगार रस से सम्बद्ध नायिकाभेद तथा नारीवर्णन सन्दर्भ वर्णनक्रम इस प्रकार के मिलते हैं—

विविध कामभावनाओं से सम्बद्ध नायिकाएँ–

(1) वासकसज्जा

(2) विरहोत्कण्ठिता

(3) स्वाधीनपतिका

(4) कलहान्तरिता

(5) खण्डिता

(6) विप्रलब्धा

(7) प्रोषित पतिका

(8) अभिसारिका

शृंगारभावनाओं से सम्बद्ध नायिकाएँ–

मदनातुरा

अनुरक्ता

विरक्ता

श्रेष्ठता के आधार पर नायिकाएँ–

उत्तम

मध्यमा

अधमा

आचरण के आधार पर नायिकाएँ–

आभ्यान्तरा (वरवधू)

बाह्या (कुलवधू)

बाह्याभ्यान्तरा (वरवधू तथा कुलवधू के आचरण से सम्बद्ध)

गुणपरक नायिकाएँ

दिव्या

नृपपुत्री

कुलस्त्री

गणिका

आचार्य रुद्रट ने नायिकाभेद की एक अन्य सरणि तैयार की है। वह इस प्रकार है–

(1) स्वकीया

(2) परकीया

(3) वेश्या

इसमें वेश्या के दो भेद हैं—ये हैं—अभिसारिका तथा खण्डिता, परकीया के चार भेद—कन्या, अनूठा, अभिसारिका तथा खण्डिता एवं स्वकीया के भेद **आयुक्रम** के अनुसार—मुग्धा, मध्या, **प्रगल्भा, सम्बन्ध क्रम** में—ज्येष्ठा, कनिष्ठा, **दशाक्रम** में धीरा, अधीरा एवं मध्या तथा **प्रेमक्रम** में स्वाधीनपतिका एवं प्रोषित पतिका आदि हैं।

यह नायिका क्रम सम्पूर्ण संस्कृत साहित्य में आगे बढ़ता गया और आचार्य भोज, कविराज विश्वनाथ, पण्डितराज जगन्नाथ आदि ने इसकी विशाल तालिका तैयार करके विस्तृत वर्णन किया है।

संस्कृत तथा हिन्दी काव्य में 'राधा तथा कृष्ण' को इस परम्परित नायिकाभेद से आठवीं शती से ही जोड़ा गया और परवर्ती संस्कृति एवं हिन्दी की मुक्तक परम्परा में इनका शृंगार वर्णन विशेष रूप से जुड़ा। भक्तिरस की उज्ज्वलनीलमणि कृति सम्पूर्णतः भक्तिशास्त्र से सम्बद्ध होते हुए भी राधा के नायिका के रूप की प्रखरता से सम्बद्ध है। हिन्दी का सम्पूर्ण रीतिकालीन आलंकारिक लक्ष्य काव्य, शृंगाररस से सम्बद्ध नायिकाभेद, नखशिख आदि वर्णन प्रायः राधा से जोड़े गये हैं।

नायिकाभेद के शृंगार वर्णन ने रीतिकालीन लोक को पूरी तरह से छूने की चेष्टा की है। इस रूप में समाज के सभी कर्मजीवियों की नारियों को शृंगार रस के साथ जोड़ने की चेष्टा मिलती है—जैसे अहीरिन, कलवारिन, चुड़िहारिन, रँगरेजिन, कुम्हारिन, लुहारिन, सुनारिन आदि-आदि। इस नायिकाभेद के सन्दर्भ में डॉ. नगेन्द्र ने निम्नलिखित आधारों की खोज की है—

(1) जाति (2) कर्म (3) पतिप्रेत (4) वय (5) मान (6) दशा तथा (7) काल।

रीतिकालीन कवियों ने नायिकाभेद तथा शृंगार के प्रकरण में व्यापकता तथा विस्तार दिया है। विशेष रूप से शृंगार रस की प्रौढ़ियों, लक्षणों, नखशिख तथा अष्टयाम (अष्टकालिकता) से सम्बद्ध सेवाओं को जोड़कर शृंगार-प्रेम को व्यापकता प्रदान की है।

रीतिकालीन शृंगार की इस व्यापकता का परिक्षेत्र अत्यन्त विशाल है। कामशास्त्र, संगीतशास्त्र, वाद्य तथा नृत्य, दैनिक जीवनचर्या, शरीर वर्णन, अंग-प्रत्यंग से जुड़ी सूक्ष्मतम भंगिमाओं, रूपसज्जा, शृंगार वर्णन, भक्ति, उपासना, देवपूजा आदि सभी-कुछ इस शृंगार एवं प्रेम प्रसंग से निरन्तर जुड़े इस रीतिकाल में दिखायी पड़ते हैं। साहित्यिक कलाओं के अलंकार वर्णन, रीतिदृष्टि, वर्णक तथा कविसमय सभी इससे ओतप्रोत हैं रीतिकालीन शृंगार वर्णन की यह शास्त्रीयता इस कालखण्ड में रीतिमुक्त कवियों तथा स्वच्छन्द परम्परा के अशास्त्रीय काव्यविधाओं में बराबर मिलती है। घनानन्द जैसे स्वच्छन्द काव्यधारा के कवियों में यह उन्मुक्त प्रेमविधान, वैयक्तिक प्रेममयी पीड़ा तथा उन्माद के साथ निरन्तर अभिव्यक्त दिखायी पड़ता है।

रीतिकालीन शृंगार का मूल्यांकन करने पर यह ज्ञात होता है कि यहाँ इस शृंगारिकता के तीन पक्ष हैं—

(1) भोग तथा वासना का पक्ष

(2) मुक्तक वृत्ति के साथ कलात्मक रंजन की प्रवृत्ति

(3) राधाकृष्ण के प्रेम प्रतीकों से सम्बद्ध श्रद्धामयता की वृत्ति

रीतिकालीन साहित्य के अंग-प्रत्यंग वर्णन की अतिशय व्याप्ति, नखशिख वर्णन की शृंगारिकता तथा अष्टकालिक सेवाओं का शृंगारविहारक्रम वासना से सम्पृक्त हैं। विलासमय जीवन की मानसिकता से जुड़ी नायक-नायिकाओं की अष्टकालिक सेवाएँ कहीं भी और किसी भी तरह से प्रेम की भव्यता तथा कामभावना से जुड़ी उत्कृष्टता की दृष्टि से किसी भी रूप में श्लाघ्य नहीं है।

मुक्तक काव्य की शृंगार वृत्ति में वर्णकविधान तथा कविसमयों से जुड़ी चमत्कारविधान की परिपाटियाँ इन काव्यों में बराबर मिलती हैं। यह परिपाटी परम्परित कलाविधान की चमत्कार निष्ठा से सम्पृक्त है। जहाँ तक राधा-कृष्ण से जुड़े शृंगार एवं प्रेमनिरूपण का प्रश्न है, उसमें प्रायः लौकिक एवं परम्परित नायिकाभेद की भोगमयी वासना ही परिव्याप्त है। ,

राधा तथा कृष्ण का यहाँ समग्र प्रेमलीला वर्णनपरक है और यह वर्णनपरकता शृंगारवृत्ति को अन्ततया लीलाभाव से जोड़कर वासना की ओर बढ़ने से रोक देती है। रीतिकाल कविता की समग्र शृंगारानुभूति परिपक्व होते-होते राधा-कृष्ण की भक्तिमयता से ढँक उठती है–अतः शृंगार के बहाने यह प्रेमवर्णन अपनी आध्यात्मिक व्यंजना की पृथक्ता के कारण शृंगारिकता को आबद्ध किये हुए है। इस प्रकार रीतिकालीन शृंगारिकता के मूल में तीन वृत्तियाँ ही द्रष्टव्य हैं–लोकात्मक भोगपरकता तथा वासनामयता, मुक्तक कलावृत्ति तथा भक्तिमयी प्रेम-शृंगार व्यंजना का व्यंग्यरूप।

द्रष्टव्य ग्रन्थ :

क. हिन्दी साहित्य का इतिहास भाग-2 : आचार्य विश्वनाथप्रसाद मिश्र

ख. रीतिकालीन साहित्य का पुनर्मूल्यांकन : डॉ. रामकुमार वर्मा

ग. रीतिकाव्य की भूमिका : डॉ. नगेन्द्र

घ. रीतिकालीन कवियों की प्रेम व्यंजना : डॉ. बच्चन सिंह

रीतिकाल की कलात्मक सजगता

डॉ. रामकुमार वर्मा ने रीतिकाल को 'कला-काल' के नाम से पुकारा है। उनके कला-काल कहने के पीछे मन्तव्य यह रहा है कि यह सम्पूर्ण काल सौन्दर्य तथा कलात्मक प्रतिमानों का श्रेष्ठतम आदर्श है। तानसेन जैसा संगीतज्ञ, नृत्यकला में नितान्त प्रवीण प्रवीणराय जैसी वारांगना, ताजमहल जैसे श्रेष्ठतम कलात्मक **स्थापत्य आदि कलाओं के प्रतिमान** राजाश्रय पाकर यहाँ कला के उच्चतम मानदण्ड बनकर सामने आये फिर इस राजाश्रय में कविता जिसे उसने पूरी तरह से अपनी छाया में पनपने के लिए सहृदयता एवं सहानुभूति दी थी, वह क्यों न अपने कलात्मक मानदण्डों को पूर्णतः विकसित करें? डॉ. रामकुमार वर्मा उस युग की कविता में व्याप्त शब्दार्थ रचना की कलात्मक सजगता को देखते हुए ही इसे **कला-काल** का नाम देते हैं—जो उस युग की परिस्थितियों के सन्दर्भ में उचित ही प्रतीत होता है। वे अपने गन्तव्य को स्पष्ट करते हुए कहते हैं कि—

"इस काल को कला नाम देना समीचीन ज्ञात होता है। रीतिकाव्य और शृंगारकाव्य के साथ इस काल की इतनी अधिक प्रवृत्तियाँ, विचारधाराएँ और ललित शिल्प की साधनाएँ दृष्टिगत होती हैं कि उनमें कला का प्रांजल रूप अनायास ही दृष्टिगत होता है।"[1]

उन्होंने इस सन्दर्भ में उस युग की बाह्य परिस्थितियों राजनीति, धर्म, समाज, आन्तरिक परिस्थितियों के सारे तथ्यों पर विचार करते हुए यह सिद्ध किया है कि इस युग का वैभव, उसकी सम्पन्नता, समृद्धि, लोकरुचि सभी-कुछ कलात्मक अभिरुचि आनन्दमयी भोग की समृद्धि की ओर उन्मुख थी। ऐसे में आनन्द, भोग, वासना, उत्तेजना एवं कलात्मक चमत्कार वृत्तियों से काव्य क्यों अधूरा रहता? इस वातावरण में खानपान, वेशभूषा, रहन-सहन, जीवन-शैली आदि में सर्वत्र व्याप्त आभिजात्यवाद राजाश्रय के कवियों की कलात्मक अभिरुचि के उन्मेष का कारण क्यों नहीं बनेगा?

1. रीतिकालीन साहित्य का पुनर्मूल्यांकन, डॉ. रामकुमार वर्मा, पृ. 84 से 204 तक साहित्य का वस्तु विश्लेषण।

वस्तुविषय विवेचन की दृष्टि से ये कवि नखशिख वर्णन से जुड़े सौन्दर्य को उसकी पराकाष्ठा पर पहुँचाते हैं। नेत्र के वर्णन के सन्दर्भ में वरुणी, पलक, भृकुटी, नेत्रविलास, नेत्र वार्त्ता आदि कितने प्रकरण जुड़ते हैं। मुख का वर्णन तो अनन्त कलात्मक सम्भावनाओं से दीप्त है—अधर, ओष्ठ, मुस्कान, हास्य के विविध रूप, कपोल, कपोल-तिल, कपोल-कूप आदि इतने विस्तार से वर्णित हैं कि सम्पूर्ण संस्कृत साहित्य में वैसी सौन्दर्य चित्रण दृष्टि नहीं मिलेगी। चेष्टा, क्रिया-कलापों, कामदेव को व्यंजित करनेवाली भंगिमाएँ—ये सब केवल भारतीय साहित्य के केवल रीतिकविता में ही दिखायी देती हैं। इन कवियों ने संचारी-भावों आदि के माध्यम से अपनी नायिकाओं का जो शब्दार्थ बिम्बित चित्र खींचा है—वैसे उदाहरण शायद ही अन्यत्र प्राप्त हों।

कलात्मक मानदण्डों की संरचना का सन्दर्भ सौन्दर्य रचना तथा तद्विषयक आस्वादनमयी अनुभूति से है। जैसे चित्रों में सौन्दर्यविधायक तत्त्व मानव-मन को आकर्षित करके तन्मयीभूत करते हैं, ठीक उसी प्रकार कविता में शब्दों के बनाये गये बिम्बात्मक बोध के चित्र पाठक के मन में तन्मयीभूतता तथा आनन्द के उपकरण बनते हैं। रीतिकालीन कवियों की कविताओं को केन्द्र में रखकर इस प्रकार के चित्रों के उदाहरण रखे जा सकते हैं। मतिराम की यह कविता यहाँ द्रष्टव्य है—

गौने के द्यौस सिंगारन को मतिराम सहेलिन के गनु आयो।
कंचन से बिछुआ पहिरावत प्यारी सखी परिहास बढ़ायो।।
प्रीतम स्रोन समीप सदा बसै यों कहि के पहिलें पहिरायो।
कामिनी कौल चलावन को कर ऊँचे कियो पै चलाइ न पायो।

रति अवस्था का संकेत-लज्जा और विलासभंगिमा की चित्रमयता इन तीनों को एक साथ मिलकर कवि काव्यरचना सौन्दर्य को अद्वितीयता पर पहुँचा रहा है। अपनी सखी की धृष्टता से पीड़ित वह कामिनी उसे दण्डित करने के लिए हाथ उठाती है किन्तु लज्जावश वह उठा ही रहता है, चलता नहीं। शब्दरचना और अर्थभंगिमा के विन्यास का इसी प्रकार का एक दूसरा उदाहरण द्रष्टव्य है। पद्माकर का यह प्रसिद्ध छन्द इस कलात्मक विन्यासभंगिमा के सन्दर्भ में देखें—

फागु की भीर अभीरिन में गहि गोविंद लै गई भीतर गोरी।
भाई करी मन की पदमाकर, ऊपर नाई अबीर की झोरी।।
छीनि पितम्बर कम्मर तें सु विदा दई मीड़ि कपोलन रोरी।
नैन नचाय कही मुसुकाय, लला फिर आइयो खेलन होरी।।

कलात्मक बिम्ब रचना तथा अर्थ विकास की दृष्टि से उक्त छन्द भंगिमापूर्ण विलास तथा परिहास का आकर्षण उदाहरण है। बिहारी, देव, मतिराम तथा पद्माकर इस काल

के उन श्रेष्ठतम कवियों में हैं—जो शब्द-रचना के कलात्मक विन्यास, अर्थभंगिमाओं के सौन्दर्यपूर्ण संयोजन तथा पदरचना के चमत्कारिक रूपों से अपनी कविता को बार-बार सजाते चलते हैं। उक्ति को विलासमयता से जोड़कर अद्‌भुतवक्रता के दृश्यों से सम्पूर्ण रीतिकाल को सजाया गया है। एक उदाहरण यहाँ इस सन्दर्भ में द्रष्टव्य है—

खेलिये फाग निसंग है आज मयंकमुखी कहै भाग हमारो।
लेहु गुलाल दुहू कर में पिचकारिन रंग हिये मह मारो।
भावै तुम्हैं सो करौ तुम लाल पै पाँव परौं जिन घूँघट टारो।
बीर की सौ हम देखि हैं कैसे अबीर तो आँख बचाय के डारो।

सब-कुछ करना, किन्तु उस नायिका की प्रार्थना है कि, आँखों में अबीर न डालना क्योंकि अबीर पड़ जाने पर मैं आपको कैसे देख पाऊँगी? बिना आपके रूप को देखे, आनन्द की सारी क्रीड़ाएँ व्यर्थ हैं।

इन रीतिकालीन कवियों ने प्रेम से सम्बद्ध सूक्ष्मातिसूक्ष्म चेष्टाओं का जितना आकर्षक स्वरूप अपनी कविता में चित्रित किया है, शायद ही, वह किसी अन्य भाषारचना में प्राप्त हो। शृंगार से सम्बद्ध चेष्टाओं, क्रियाओं, संकेतों, व्यंजनाओं, भंगिमामुद्राओं के अद्‌भुत चित्रण से सम्पूर्ण रीतिकाव्य भरा पड़ा है। शब्दार्थविन्यास की परम रमणीक रचना की कुशलता भरी चित्रात्मक संरचना रीतिकालीन काव्य-कला का अद्‌भुत दृष्टान्त है। कलात्मक सजगता की दृष्टि से रीतिकालीन काव्य की सौन्दर्य संवेदन शक्ति निश्चित ही, समग्र हिन्दी साहित्य में अद्वितीय है और इनके इस अद्वितीय सृजनकौशल की समीक्षात्मक विवेचना हिन्दी साहित्य में पुनः अपेक्षित है। काव्यसृजन कौशल की इन विलासमयी कलात्मक भंगिमाओं को देखकर डॉ. रामकुमार वर्मा ने यदि इस कालखण्ड को कला-काल कहा है तो वह ठीक ही है।

इस काल के नामकरण का अभिप्राय यह है कि मुगल-काल के प्रारम्भ से लेकर उसके समापन तक हिन्दी संस्कृति ने अपने को संगीत, नृत्य, स्थापत्य, चित्रकला तथा कविता को पूरी तरह से समृद्ध किया और इस समृद्धि के मूल में शास्त्रीय दृष्टि की प्रमुखता रही है। भारतीय संगीत तथा चित्रकला का इतिहास नितान्त प्राचीन है। वात्स्यायन के कामसूत्र में चौंसठ कलाओं की सूची में गीत, नृत्य, वाद्य, नाट्य, क्रियाकल्प (काव्यरचनाविधि), आलेख्य (चित्रकला) आदि की सूचनाएँ मिलती हैं। हिन्दी साहित्य के आदिकाल में हिन्दू राजाश्रय के अन्तर्गत संगीत, नृत्य, वाद्य, चित्र एवं कविता आदि को विशेष प्रोत्साहन मिलता रहा है और कोटा, बूँदी, बीकानेर, अजमेर, जयपुर, जोधपुर आदि राज्यों में कलाओं को अधिक समृद्धि मिली उसी का असर मुगलकालीन शासन में भी दिखायी पड़ता है। सन् 1530 के आसपास से हुमायूँ, अकबर (सन् 1556-1605), जहाँगीर (सन् 1605-1627), शाहजहाँ (सन् 1627-1658),

औरंगजेब (सन् 1665-1707), बहादुरशाह प्रथम (सन् 1707-1712) से लेकर बहादुरशाह जफर द्वितीय अर्थात् (सन् 1837-1857) अर्थात् संवत् 1587 से संवत् 1914 तक इस साम्राज्य के अन्तर्गत हिन्दी साहित्य के भक्ति काल का उत्तरार्द्ध एवं सम्पूर्ण रीतिकाल का साहित्य लिखा गया। रीतिकाल का सामान्यतः प्रारम्भ शाहजहाँ शासनकाल के समापन के आसपास हुआ किन्तु आचार्य केशवदास तथा अनेक कवि एवं आचार्य संवत् 1375 से 1700 के बीच कलात्मक रीतिनिष्ठा के साथ शृंगार रस एवं नायक-नायिकाभेद से सम्बद्ध काव्य संरचना में प्रवृत्ति दिखायी पड़ते हैं। इस युग की सम्पूर्ण चित्रकला राजपूत एवं मुगल इन दो शैलियों से विभिक्त दिखायी पड़ती है और संगीत के क्षेत्र में राग तथा रागिनियों का समन्वय 'नायक-नायिका' के रूप में किया गया। प्रत्येक राग की रागिनियाँ निर्धारित की गयीं—(पुरुष नायक) का स्वर तीव्र राग एवं रागिनी (स्त्री-नायिका) का उच्चरित संगीत का आरोह-अवरोह कोमल बनाया गया है। साहित्य में 'नायक-नायिका' भेद की भाँति 'राग-रागिनी' समन्वय या मिलाप की स्वर रचनाएँ की गयीं। चित्रकला के क्षेत्र में यह कालखण्ड अद्वितीय रहा है। राजस्थान की बीकानेर शैली में आचार्य केशवदास की रसिकप्रिया में वर्णित अनेक नायिकाओं के मार्मिक चित्र बनाये गये हैं। बारहमासा तथा विभिन्न नायिकाओं से सम्बद्ध रीतिकालीन छन्दों के आधार पर इस युग में इतने विलक्षण एवं अद्भुत चित्र निर्मित किये गये हैं कि देखकर आश्चर्य होता है। जयपुरी (राजस्थानी) शैली में बिहारी सतसई के दोहों एवं अन्य कवियों के छन्दों पर अनेक चित्र निर्मित किये गये हैं और नाकय-नायिकाभेद सन्दर्भों से जुड़े चित्रों को देखकर ऐसा लगता है कि ये चित्रकार उनके समग्र भेद एवं लक्षणों को अपनी चित्र-रचना में रेखाओं एवं रंगों द्वारा उसी तरह अंकित कर रहे हैं, जैसे कविगण ने अपनी विविध शब्द भंगिमाओं द्वारा उन्हें अंकित किया है। रीतिकाल के संगीत, नृत्य, चित्र एवं काव्य कौशल के चारों कलात्मक रूपों को देखकर ऐसा प्रतीत होता है कि ये सभी-के-सभी परस्पर एक-दूसरे के अभिन्न अंग हो गये हैं। इस विषय पर नितान्त गम्भीर कार्य इलाहाबाद विश्वविद्यालय के चित्रकला विभाग के अवकाश प्राप्त प्रो. डॉ. श्यामबिहारी अग्रवाल जी ने किया है। उन्होंने केशवदास, देव, बिहारी, मतिराम तथा नागरीदास जी की कविताओं की सर्जित चित्रकला-परम्परा का उदाहरण सहित सूक्ष्म एवं विस्तृत विश्लेषण किया है।[1] इसी प्रकार का सन्दर्भ डॉ. रामकुमार वर्मा कृत 'रीतिकालीन साहित्य का पुनर्मूल्यांकन' ग्रन्थ भी द्रष्टव्य है और उन्होंने इस काल की कलावादी चेतना के उन तत्त्वों का पूरी तरह से सुगमतापूर्वक विश्लेषण किया है—जिनसे यह सिद्ध होता है कि यह युग पूरी तरह के परम्परा द्वारा स्वीकृत कविता की साहित्यिक एवं कलात्मक अभिव्यक्ति के प्रति

1. देखें—पुस्तक, भारतीय चित्रकला और काव्य—डॉ. श्यामबिहारी अग्रवाल, पृ. 46 से 132 तक—विषय—साहित्य के आधार पर चित्रकला की परम्परा।

प्रतिबद्ध हैं। इन कवियों की कलात्मक सजगता को देखते हुए प्रतीत होता है कि आचार्य शुक्ल जैसे साहित्येतिहासकार आलोचकों द्वारा इन पर लगाये गये आरोप सर्वथा मिथ्य प्रतीत होते हैं। ये रीतिकालीन कवि कलात्मक सजगता, शब्दार्थ की अलंकारमयी सज्जा-रचना, भावव्यंजना की सूक्ष्मातिसूक्ष्म एवं आवेगमयी अभिव्यक्ति तथा विलास चेष्टा की मार्मिक व्यंजकता की सृष्टि के प्रति निरन्तर सजग हैं। ये सन्दर्भ कहीं भी और किसी भी रूप में काव्यरचना के हीन मानदण्ड नहीं हो सकते। हिन्दी साहित्य का रीतिकाल जैसा कलात्मक विलक्षणता का काव्यसृजन विश्व में दुर्लभ है, शाहजहाँ के ताजमहल की भाँति, तानसेन की संगीत-कला की भाँति। इस प्रकार रीतिकाल का हिन्दी काव्य सर्जनात्मक कलारचना का श्रेष्ठतम मानक है, इसमें किसी भी प्रकार के सन्देह का प्रश्न ही नहीं उठता।

●

पंचम खण्ड

रीतिकाव्यचिन्तन के नवीन सन्दर्भ

बारहमासा

संस्कृत भाषा में षड्ऋतु वर्णन की परम्परा नितान्त प्राचीन है। कालिदास के मेघदूत से ही इसकी वर्णन परम्परा दिखायी पड़ने लगती है। दण्डी के काव्यादर्श एवं भामह के काव्यालंकार में षड्ऋतु वर्णन के सन्दर्भ प्राप्त होने लगते हैं—यह ऋतु-विभाजन भारतीय ज्योतिषशास्त्र से सम्बद्ध कविता के अन्तर्गत काव्यशास्त्र तथा अनुभूति का विषय बन गया है। इस ऋतु वर्णन के ठीक समानान्तर बारहमासे की परम्परा का विकास सम्भवतया अपभ्रंश साहित्य से शुरू हुआ क्योंकि प्राकृत कविता-काल में षड्ऋतु वर्णन की ही परम्परा प्रायः मिलती है। डॉ. नामवर सिंह ने इस दिशा में अपने शोध-प्रबन्ध **हिन्दी के विकास में अपभ्रंश का योगदान** के अन्तर्गत मुनि पुण्य विजय द्वारा सम्पादित प्राकृत भाषा के ग्रन्थ 'अंगविज्या' में बारहमासे के होने का उल्लेख किया है, लगता है, यह परम्परा इस काल में प्रचलन में आयी थी। कविता-प्रकृति एवं लोकजीवन की तरलतम अनुभूति का एक विशिष्ट रूप यह बारहमासा वर्णन है और अपभ्रंश साहित्य में यह दसवीं शती से प्रारम्भ होता है। इसका सबसे प्राचीनतम साक्ष्य अब्दुल रहमान कृत सन्देश रासक का विरह प्रसंग है। पृथ्वीराज रासो, बीसलदेव रास तथा अन्य अपभ्रंशकालीन कृतियों में लोकानुभव से सम्पृक्त इस बारहमासा-विधान का विलक्षण रूप दिखायी पड़ता है।

डॉ. हरीश ने अपने महत्वपूर्ण ग्रन्थ—**'आदिकालीन हिन्दी साहित्य शोध'** के अन्तर्गत जैन काव्य के अन्तर्गत बारहमासा की एक लम्बी परम्परा का उल्लेख किया है। उन्होंने अगरचन्द नाहटा द्वारा हिन्दी के सबसे प्राचीन बारहमासा का उल्लेख 'बारहनाऊँ' का सन्दर्भ दिया है किन्तु उसका समय निर्दिष्ट नहीं है। वैसे, जैन साहित्य में बारहमासा काव्य से सम्बद्ध कृतियों की एक लम्बी सूची मिलती है—यथा—

नेमिनाथ–चतुष्पदिका, नेमिनाथ बारहमासारासो, स्थूलिभद्र, बारहमासा, नेमिनाथ फाग–बारहमासा आदि। इन बारहमासा काव्यों में विरह वर्णन का नैसर्गिक स्वरूप और उद्दीपन के रूप में बारहऋतु सन्दर्भों को उनसे जोड़कर वर्ण्यविषय को उद्दीप्त बनाने की दृष्टि दिखायी पड़ती है। भक्तिकाल में यह बारहमासा प्रेमाख्यानक परम्परा के कवियों में विशेष उद्दामकारी रूप में चित्रित है।

रीतिकाल तक आते-आते 'बारहमासा' को कविशिक्षा का अंग बना दिया गया और विभिन्न मासों के वर्ण्यविषय निर्धारित कर दिये गये। आचार्य केशवदास ने कविप्रिया के अन्तर्गत बारहमासा वर्णन को 'कविशिक्षाक्षेप' के नाम से पुकारा है–जिसका अर्थ है, नायिकाओं द्वारा ऋतुओं के उन्मादकारी स्वरूप का चित्रण करके नायक को भावविह्वल बनाना तथा उन्हें प्रवासगमन से रोकना। आचार्य केशवदास शिक्षाक्षेप का लक्षण कविप्रिया में इस प्रकार देते हैं–

सुख ही सुख जहँ राखिये सिख ही सिख सुखदानि।
शिक्षाक्षेप कहौं बरनि छप्पय बारह बानि।।[1]

चैत्रमास का वर्णन करती हुई नायिका नायक को प्रवासगमन के पूर्व समझाती है कि–ऋतु सौन्दर्य के आनन्द को देखकर विरह न उत्पन्न करें तथा वह साथ-साथ रहें। पृथ्वीराज रासो में ऋतुवर्णन का यही रूप है।

सामान्यतया बारहमासे का उपयोग वियोग शृंगार के उद्दीपन सन्दर्भ से जोड़ा गया है और रीतिकालीन कविता के अन्तर्गत इसका विशेष उपयोग हुआ है।

बारहमासा का प्रारम्भ कहाँ से स्वीकार किया जाय, यह एक विवादास्पद प्रश्न है। सामान्य रूप से षड्ऋतु वर्णन का प्रारम्भ वसन्त से होता है, इसलिए आचार्य केशवदास आदि इसका प्रारम्भ चैत्रमास से मानते हैं। सूफ़ी कवियों ने प्रायः इसका वर्णन वर्षाऋतु से किया है। साहित्य के अन्तर्गत एक मान्य परिपाटी है कि वर्षाकाल में प्रवासगमन नहीं होता–चूँकि प्रवासगमन वर्षा के बाद शुरू होता है, अतः इसका प्रारम्भ कार्त्तिकमास से ही करना अभीष्ट है।

षड्ऋतु वर्णन का सम्बन्ध संस्कृत काव्यशास्त्र से रहा है तो ठीक उसी के समानान्तर हिन्दी के कवियों ने अपभ्रंशकाल से ही इसे काव्यवर्णन की परिपाटी के रूप में स्वीकृति दी और बाद में यह रीतिकाल तक पहुँचते-पहुँचते 'कविशिक्षा' का अंग बन गया और इसका उद्भव तथा विघटन इस प्रकार हिन्दी की अपनी रचनात्मक लोकवर्णन शैली के विधान से सम्बद्ध है।

नखशिख या शिखनख

संस्कृत साहित्य में सोलह शृंगार तथा शिखनख के सौन्दर्यवर्णन की परिपाटी मिलती है। जहाँ तक शिखनख का प्रश्न है, नायिका के रूप-सौन्दर्य को चित्रित करने के लिए

1. सम्पादक, लाला भगवानदीन, पृ. 120

मस्तक या उस पर स्थित केशराशि से इसका वर्णन शुरू होता है। आँख, कान, नाक, मुख, अधर एवं उनके अलंकरण से सम्बद्ध विविध आभूषण यथा कर्णफूल, नथ, कज्जल आदि द्वारा उस सौन्दर्य को निरन्तर द्विगुणित करने की चेष्टा हिन्दी परम्परा में मिलती है।

हिन्दी साहित्य में भक्ति के दबाव के फलस्वरूप संस्कृत साहित्य का शिखनख पूरी तरह से 'नखशिख' में परिवर्तित हो उठा। सूरदास जब राधा के सौन्दर्य का वर्णन करते हैं तो कूटात्मक शब्दों द्वारा ताकि उसके व्यंग्यार्थ ही चित्त में आये और यह वर्णन पद्धति पूर्णतः नखशिख की है–

अद्भुत एक अनूपम बाग
जुगल कमल पर गजवर क्रीडत तापर सिंह करत अनुराग।

'चरण कमलवत्' में वर्णन का आधार मुख न होकर पद है–जो कवि की श्रद्धा तथा भक्ति से जुड़कर वन्दनीय बन जाता है।

गोस्वामी तुलसीदास रंगभूमि में प्रवेश करते समय सीता के जिस सौन्दर्य का चित्रण करते हैं, वह इस प्रकार है–

चलीं संग लै सखीं सयानी। गावत गीत मनोहर बानी।।
रंगभूमि जब सिय पगु धारी। देखि रूप मोहे नर नारी।।

रंगशाला में सीता के चरण रखने की चर्चा से उनके सौन्दर्य का चित्रण शुरू हो रहा है। आचार्य केशवदास इसीलिए नखशिख एवं शिखनख दोनों को परिभाषित करते हुए कहते हैं कि–

नख ते सिख लौ बरनिये देवी दीपक देखि।
सिख ते नख लौ मानुषी केसवदास विसेषि।।

नारी सौन्दर्यचित्रण का दूसरा मानक अर्थात् नख से शिख तक का सौन्दर्यचित्रण देवियों से सम्बद्ध है और रीतिकालीन कवियों ने इसका पूर्णतः परिपालन किया। आचार्य केशवदास का नखशिख, सूरत मिश्र कृत नखशिख, वृन्दकवि कृत शृंगार विरह आदि ग्रन्थ कविशिक्षा से सम्बद्ध हैं।

नखशिख का वर्णन क्रम आचार्य **सूरत मिश्र** के अनुसार इस प्रकार है–

जावक वर्णन, पदनख, एड़ी, आभूषण सहित चरणांगुलि तथा चरणांगुलि भूषण, अनवट, नुपूर, पायजेब, जेहरि, गति, त्रिवली, रोमराजि, उरोज, हाथ, करभूषण, पीठ, ग्रीवा, तिल वर्णन, मुख वर्णन, रसना, हँसी, वाणी, नासिका, नथ, नेत्र, अंजन, नेत्रभाव, वरुणी, भौं भंगिमाएँ, श्रवण, माल, अलक, केश, माँग, वेणी।

इस नखशिख में अलंकरण सन्दर्भों को जोड़कर दो रूपों में वर्णन मिलता है, एक है, नायिकासापेक्ष्य सौन्दर्यचित्रण एवं द्वितीय है–ऋतुवर्णन के सन्दर्भ के रूप में। दोनों

प्रणालियाँ, इस प्रकार नखशिख निरूपण के सन्दर्भ में रीतिकाल की शृंगारप्रियता को स्पष्ट करती हैं। जहाँ तक वस्तु निरूपण का प्रश्न है, इसकी प्रवृत्ति शास्त्रीय तथा कविशिक्षा से सन्दर्भित मिलती है। इसके एक-दो उदाहरण द्रष्टव्य हैं–

कटि वर्णन–*सूप मनि पट दोऊ, देखैं न प्रगट तेरी*
कटि सुनि सबहीं के, मन कटि जात हैं।

त्रिबली वर्णन–*एक बली सबहीं को बस करि राखतु है,*
त्रिबली करै बस, अजरज कौन है।

किन्तु दूसरी ओर, नायिका के सौन्दर्यवर्णन के सन्दर्भ में नखशिख या शिखनख शृंगार निरूपण के आधार बनकर सामने आते हैं।

जहाँ तक, अंग-प्रत्यंगों के अलंकरण का प्रश्न है, वहाँ उनकी अपनी परिपाटियाँ ही इनकी सीमा हैं। चरण की नखांगुलि का अलंकरण–आलक्तक, नखांगुलि की मुद्रिका, जावक आदि रूपों में दर्शित किया जाता है और रीतिकालीन कविशिक्षा के अन्तर्गत यह निर्दिष्ट है कि किस अंग का वर्णन करते समय किन अलंकरणों का उल्लेख किया जाना चाहिए। दूसरी ओर संस्कृत या हिन्दी रीतिकाल के शिखनख निरूपण में अलंकरण के वर्णकों का उल्लेख नहीं है। इस सम्बन्ध में आचार्य विश्वनाथप्रसाद मिश्र का कथन पूर्णतः संगत है कि–"**शिखनख और नखशिख** में एक अन्तर और भी है। नखशिख के वर्णनों में यह बताया गया है कि अमुक अंगों का वर्णन करते समय किन-किन उपमानों की योजना करनी चाहिए पर शिखनख में यह योजना नहीं है।"[1]

भक्तिकालीन नखशिख वर्णन में स्थल-स्थल पर प्रतीकात्मक विलक्षणता दिखायी पड़ती है। और वहाँ पाठक रूपमाधुरी के शृंगार की लौकिक अनुभूति का आभास मात्र करता है। किन्तु रीतिकालीन नखशिख वर्णन में यह सांकेतिकता समाप्त हो उठी है। रामचरितमानस में श्रीराम के सन्दर्भ में सीता का वर्णन देखें–

हे खग मृग हे मधुकर स्रेनी। तुम्ह देखी सीता मृगनयनी।
खंजन सुक कपोत मृग मीना। मधुप निकर कोकिला प्रबीना।।

यहाँ सीता का सौन्दर्यवर्णन उनके पति राम के मुख से किया जा रहा है–अतः नखशिख न होकर 'शिखनख' है और वह रूपकातिशयोक्ति के प्रतीकात्मक रूप में वर्णित है। अंग वर्णन का यह स्पष्ट अभिधामूलक चित्रण नहीं है किन्तु रीतिकाल में राधानिरूपण में यह दृष्टि लोकशृंगार या कामशृंगार के अधिक समीप दिखायी पड़ती है।

रीतिकालीन हिन्दी के 'नखशिख' वर्णन की शृंगारिक परिपाटी बड़ी ही समृद्ध रही है और हिन्दी साहित्य के आधुनिक काल तक उसका सन्दर्भ प्राप्त होता है।

1. हिन्दी साहित्य का अतीत, भाग-2, पृ. 82

भारतेन्दुयुगीन, द्विवेदीयुगीन तथा छायावादी कविता तक इस अंग-प्रत्यंग निरूपण के लाक्षणिक रूपसन्दर्भ बराबर दिखायी पड़ते हैं—छायावादी कवियों में प्रसाद, महादेवी एवं डॉ. रामकुमार वर्मा की कविताओं में ये सन्दर्भ बराबर प्रयुक्त दिखायी देते हैं। प्रसाद की कामायनी में अंग-प्रत्यंग निरूपण के ये सन्दर्भ पर्याप्त रूप में दृष्टिगत होते हैं—विशेषकर प्रतीक तथा रूपक योजना से जुड़े रूपसन्दर्भ के वर्णनक्रम रीतिकालीन 'शिखनख' या 'नखशिख' की वर्णक परिपाटियों से टकराते चलते हैं। यह सत्य है सम्पूर्ण संस्कृत वाङ्मय में अंग-प्रत्यंग वर्णन तथा उनकी साज-सज्जा की परिपाटी बहुत पहले से चली आ रही है किन्तु काव्य में वर्णक व्यवस्था विधान ने नखशिख परम्परा को प्रारम्भ करने के लिए विवश किया और इस प्रकार की वर्णन विधान की परिपाटी चल पड़ी। इस सन्दर्भ में हिन्दी का रीतिकाल इससे पूरी तरह से समृद्ध है। डॉ. सज्जनराम केणी ने इस परम्परा से सम्बद्ध कृतियों की लम्बी सूची दी है और खोज करने पर आगे सम्भव है और भी कृतियाँ मिलें। डॉ. सज्जनराम केणी की इस नखशिख परम्परा की सूची इस प्रकार है—

1. गंग कवि	सन् 1538 से 1545	नखशिख
2. ध्रुवदास	सन् 1624 से 1676	श्रृंगार शतक के अन्तर्गत
3. केशवदास	संवत् 1624 से 1679	नखशिख-शिखनख
4. बलभद्र मिश्र	संवत् 1642	नखशिख
5. मुबारक अली	संवत् 1660	अलकशतक एवं तिलकशतक
6. लीलाधर	संवत् 1676	नखशिख
7. पजनेश	संवत् 1900	नखशिख
8. सुखदेव मिश्र	संवत् 1720 से 1760	नखशिख
9. कुलपति मिश्र	संवत् 1727	नखशिख
10. कालिदास त्रिवेदी	संवत् 1749	नखशिख
11. मान	संवत् 1734	नखशिख
12. सूरत मिश्र	संवत् 1766-1794	नखशिख
13. नागरीदास	संवत् 1756 से 1814	शिखनख, नखशिख
14. देव	संवत् 1783	नखशिख
15. तोष	संवत् 1794	नखशिख

16. प्रेमसखी	संवत् 1791 से 1881	श्रीराम तथा सीता जी का नखशिख
17. प्रतापसाहि	संवत् 1880 से 1900	जुगल नखशिख
18. चन्द्रशेख वाजपेयी	संवत् 1880 से 1919	नखशिख[1]
19. ग्वाल कवि	संवत् 1884	श्री कृष्णजू को नखशिख

ये ग्रन्थ इस नखशिख परम्परा में आते हैं। शिखनख से सम्बन्धित कृतियों की संख्या कम है।

●

1. यह तालिका डॉ. सज्जनराम केणी की कृति 'हिन्दी की नखशिख परम्परा' एवं बलभद्र कृत शिखनख–प्रकाशक, हिन्दुस्तानी एकेडमी, इलाहाबाद से साभार उद्धृत की गयी है।

लोकजीवन और नायिकाभेद

नायिका भेद सन्दर्भ 'कामसूत्र' से सम्बद्ध है जो ई.पू. पाँचवीं शती में लिखा गया है। भारतीय सामन्तवादी व्यवस्था के अन्तर्गत इस शास्त्र की आवश्यकता प्रारम्भ से ही दिखायी पड़ती है और नाट्य तथा विलास से सम्बन्धित प्रकरणों में इसका प्रयोग पहली शती से होने लगा था। आचार्य भरतकृत नाट्शास्त्र इसका सबसे बड़ा साक्ष्य है। हिन्दी साहित्य के प्रचार-प्रसार तक नायिका भेद के आठ रूप प्रकाश में आ चुके थे। आचार्य केशवदास की रसिकप्रिया हिन्दी-नायिकाभेद के लिए सबसे बड़ा साक्ष्य है। नायिका भेद के सन्दर्भ में कथनभंगिमा का विलास, नेत्रभंगिमाओं का विलास, सुगन्धि का विलास, शरीर की गति-यतिभंगिमाओं का विलास आदि सन्दर्भों को इससे जोड़कर एक ओर कल्पनात्मक सौन्दर्यवृत्ति को प्रोत्साहित किया गया है तो दूसरी ओर काम और भोग की यथार्थ स्थितियों का चित्रण किया गया है–फिर भी, नायक-नायिकाभेद की स्थिति सामन्तवादी ही रही है। नायक-नायिका से सम्बद्ध यह सामन्तवादी दृष्टि हिन्दी साहित्य के भक्तिकाल तथा रीतिकाल तक आते-आते टूटकर लोकजीवन के यथार्थ से जुड़ी और इस प्रकार कामभोग की सामन्ती वृत्ति लोकजीवन के बीच भी फैलनी शुरू थी।

आचार्य केशवदास तथा अब्दुर्रहीम खानखाना प्रायः दोनों समकालीन रहे हैं–किन्तु नायिकाभेद के सन्दर्भ में दोनों की दृष्टि समान नहीं रही है। गोस्वामी तुलसीदासकृत रामललानहछू में भी लोकात्मक एवं सामन्तवादी शृंगार के बीच समन्वय दृष्टि दिखायी पड़ने लगती है–

अहिरिनि हाथ दहेड़ि सगुन लेइ आवइ हो।
उतरत जोवन देखि नृपति मन भावइ हो।।

फिर इसी क्रम में गोस्वामी तुलसीदास लोकजीवन के सन्दर्भ को नायिकाभेद की पृष्ठभूमि से जोड़ते दिखायी पड़ते हैं–लुहारिन, तमोलिन, दरजिन, मोचिन, मालिन, बारिन, नाइन आदि लोकजातियों के सौन्दर्य को सामन्त दशरथ के परिवार के बीच नहछू प्रसंग में चित्रित करने में किसी भी प्रकार की मर्यादा तथा संकोच का अनुभव नहीं करते किन्तु आचार्य केशवदास परम्परावादी कवि तथा आचार्य के रूप में इन

सबका वर्णन नायिका के रूप में न करके नायिका की सखी तथा दूती के रूप में करते हैं—

धाई जनी नाइन नटी अपर परोसिनि नारी।
मालिन बरइन सिल्पिनी धुर हेरिनी सुनारि।।
रामजनी संन्यासिनी पटु पटु वाकी चाल।
केसव नाइक नायिका सखी करहिं सब काल।।

धाइ (दाई), सेविका (जनी), नाइन, नटी, पड़ोसिन, मालिन, बरइन, शिल्पिनी, चुड़िहारिन, सुनारिन, रामभक्ति या मन्दिर की दासी (रामजनी) संन्यासिनी ये सब आचार्य केशवदास की दृष्टि में नायिकाओं की सखियाँ हैं और समय-समय पर मिलन का दौत्यकर्म करती रहती हैं।

इस सखी प्रकरण को इस भक्तिकाल में नायिकाभेद के अन्तर्गत स्वीकृति दी गयी और लोक की समस्त कर्मकार जातियों की स्त्रियों को नायिका के रूप में माना गया। इस दिशा में प्रथम साक्ष्य अब्दुर्रहीम खानखाना का है। डॉ. रामकुमार वर्मा का अनुमान है कि रहीम अकबर के मीरा बाजार में सजी-सँवरी विविध दूकानों पर बैठी विविध जातियों की स्त्रियों का वर्णन नायिका सापेक्ष्य सन्दर्भ में करते हैं।[1] रहीम ने 56 जाति की स्त्रियों का श्रृंगारिक नायिकापरक वर्णन किया है—जिसके अन्तर्गत—ब्राह्मणी, खतरानी, कैथिन, बरइन, रँगरेजिन, कसाइन, तेलिन आदि हैं—मध्यकाल की इन उपेक्षित जातियों के नारी-सौन्दर्य को साहित्य के श्रृंगार रस का गरिमामय विषय बनाना, एक प्रकार का साहित्यिक प्रयोग माना जा सकता है। इनमें से एकाध-दो निम्न जाति से सम्बद्ध इन नायिकाओं के दृष्टान्त इसके लिए साक्ष्य होंगे—

डोमिनी— *लेत चुराए डोमिनी मोहन रूप सुजान।*
गाइ गाइ कछु लेत हैं बाँकी तिरछी तान।।
डफालिनी— *रीझी रहै डफालिनी अपने प्रिय के राग।*
ना जानै संयोगरस न जानै बैराग।।

हिन्दी के रीतिकालीन कवियों में देव, पद्माकर, भूषण आदि ने इस सन्दर्भ को विस्तार दिया और प्रदेशाभिन्य सन्दर्भों को केन्द्र में रखकर नायिकाभेद का वर्णन किया है। अहीरिन का वर्णन करते हुए देवकवि उसके रूप-सौन्दर्य को आभिजात्य एवं लोकसीमा की संरचना के द्वन्द्व के बीच विलक्षणता से समेटने में कोई कोर-कसर नहीं छोड़ते—

माखन सो मन दूध सो जौबन है दधि ते अधिकै डर ईठी।
जा छवि आगे छपाकर छाछ बिलोकि सुधा बसुधा सब सीठी।
नैनन नेह चुवै कवि देव बुलावति बैन वियोग अँगीठी।
ऐसी रसीली अहीरी अहो कहो क्यों न लगै मनमोहनै मीठी।

1. रीतिकालीन साहित्य का पुनर्मूल्यांकन, डॉ. रामकुमार वर्मा, पृ. 211

इस प्रकार शृंगार सन्दर्भ को भक्ति तथा रीतिकालीन कवियों ने लोकजीवन से सम्बद्ध करके उसमें संकीर्णता के स्थान पर विस्तार उत्पन्न करने की चेष्टा की। इन सन्दर्भों में लोकानुभूति, जातिगत जीवनयापनी व्यवस्था तथा परम्परागत साहित्यिक शृंगार को परस्पर सम्मिलित करके निश्चत रूप से एक बदली हुई परिवेशगत दृष्टि को एक नया परिवेश देने का प्रयास किया है।

अष्टयाम

हिन्दी नायक-नायिका भेद से सम्बद्ध काव्य में सामन्ती जीवन-यापन की प्रणाली का भोग एवं ऐश्वर्य्रपरक रूप अनेक सन्दर्भों में व्यक्त हुआ है और उसी का एक सन्दर्भ अष्टयाम या अष्टकालिक विलास जीवनचर्या प्रकरण भी है। डॉ. रामकुमार वर्मा इस अष्टकालिक चर्यापद्धति पर टिप्पणी देते हुए कहते हैं कि—"चौबीस घण्टे में आठयाम अथवा प्रहर होते हैं और चौंसठ घड़ियाँ होती हैं, इस प्रकार, प्रत्येक याम में आठ घड़ियाँ हुईं कलाकाल (रीतिकाल) के कवियों ने विभिन्न प्रकार के अष्टयाम को एक प्रिय प्रसंग बनाकर उसके अधिकाधिक शृंगार का वर्णन किया है। इस तरह से यह अष्टयाम नायक-नायिका की समय-सारिणी का टाइम टेबिल है।"[1]

इस अष्टकालिक अष्टयाम सेवा का प्रारम्भिक प्रकरण भक्ति साहित्य के अन्तर्गत कृष्ण सेवा सन्दर्भ में दिखता है। गोवर्द्धन पर्वत पर वल्लभ सम्प्रदाय के अन्तर्गत यह अष्टकालिक या अष्टयाम की सेवा पूजाभाव से स्वीकार हुई और बाद में कृष्णभक्ति शाखा के कई सम्प्रदायों ने इसे स्वीकार किया। यह अष्टकालिक सेवा आगे चलकर रीतिकालीन साहित्य के अन्तर्गत संयोग शृंगार से लगता है जुड़ गयी।

इस 'अष्टयाम' व्यवस्था को रीतिकाल के अन्तर्गत एक प्रकार से मुक्तकयुक्त प्रबन्धात्मक काव्य रूप के रूप में स्वीकृति मिली और परवर्ती भक्ति तथा रीतिकालीन कवियों ने इसे इसी प्रबन्धात्मक काव्य रूप के सन्दर्भ में प्रस्तुत किया है। चाचा हित वृन्दावनदास कृत 'अष्टयाम' भक्ति परम्परा से सम्बद्ध है और इसी के समानान्तर रीतिकालीन कई कवियों द्वारा इस प्रकार के काव्यरूप को प्रस्तुत किया गया है, जैसे देवकृत अष्टयाम, महाराज विश्वनाथ सिंह कृत—अष्टयाम आह्निक, कवि खुमान कृत अष्टयाम, रघुराज सिंह कृत अष्टयाम आदि। आचार्य केशवदास—अष्टयाम को परिभाषिल करते हुए कहते हैं कि—

दंपति नीके देव कवि बरनन विविध विलास।
आठ पहर चौंसठ घड़ी पूरन प्रेम प्रकास।।

यह अष्टयाम क्रम इस प्रकार है—

---

1. रीतिकालीन साहित्य का पुनर्मूल्यांकन, पृ. 163

प्रथम याम	—	6 बजे प्रातः से 9 बजे प्रातः तक
द्वितीय याम	—	9 बजे प्रातः से 12 बजे मध्याह्न तक
तृतीय याम	—	12 बजे मध्याह्न से 3 बजे अपराह्न तक
चतुर्थ याम	—	3 बजे अपराह्न से 6 बजे सायंकाल तक
पंचम याम	—	6 बजे सायंकाल से 9 बजे रात्रि तक
षष्ठ याम	—	9 बजे रात्रि से 12 बजे रात्रि तक
सप्तम याम	—	12 बजे रात्रि से 3 बजे रात्रि तक
अष्टम याम	—	3 बजे रात्रि से 6 बजे प्रातः तक

यह अष्टकालिक सेवा प्रातः दम्पति द्वारा सेज त्याग से प्रारम्भ होकर दूसरे प्रातःकाल के समय उनके जगने के साथ उनकी ईर्ष्या, करुणा, क्रोध, शिथिलता आदि के वर्णन से समापन किया जाता है। इन आठ यामों को चौंसठ घड़ियों (घटिकाओं) में विभक्त किया गया है। और प्रत्येक घड़ी की प्रणय क्रीड़ा का विवरण और वर्णन इसका उद्देश्य है।[1]

यह अष्टयाम वर्णन रीतिकालीन शृंगार तथा भोग-विलासिता की पराकाष्ठा है और इन कृतियों का उद्देश्य केवल विलासचर्या की समय-सारिणी तैयार करना रहा है किन्तु राम तथा कृष्णभक्त कवियों ने उनकी सेवा के लिए दिनचर्या का स्वरूप इस अष्टयाम के द्वारा इंगित किया है। कृष्णभक्ति साहित्य के अष्टछाप के कवि कृष्ण की अष्टकालिक सेवा से ही सम्बद्ध हैं। यह परम्परा पूर्णतः भक्ति से सम्बद्ध है।

1. विस्तार के लिए देखिये—रीतिकालीन साहित्य का मूल्यांकन, डॉ. रामकुमार वर्मा, पृ. 163 से 167 तक

षोडश श्रृंगार वर्णन

रीतिकालीन कविता का एक विशेष सन्दर्भ षोडश श्रृंगार वर्णन है। यह षोडश श्रृंगार वर्णन संस्कृत साहित्य में प्रायः बारहवीं-तेरहवीं शती से चला आ रहा है। रीतिकाल में इस श्रृंगार वर्णन का सम्पूर्णतः या अंशतः बराबर व्यवहार होता रहा है। अलंकरण तथा सज्जा संयोग श्रृंगार का मुख्य विषय है और उसके उद्‌दीपक का कार्य ये सोलह श्रृंगार अर्थात् रूपसज्जा, वस्त्रसज्जा, अलंकरणसज्जा एवं सुगन्धि से सुवासित होने की रचनासज्जा आदि करते हैं। संस्कृत साहित्य में सोलह श्रृंगार की तालिका इस प्रकार है–

आदौ मज्जनचीर हार तिलकं नेत्रांजनं कुण्डलं।
नासामौक्तिककेशपाश रचना सत्कंचुकं नूपुरौ।।
सौगन्ध्यं कर कंकणं चरणयो रागोरणन्मेखला।
ताम्बूलं करदर्पणं चतुरता श्रृंगारका षोडशं।।

1. मंज्जन, 2. चीर, 3. हार धारण, 4. तिलक, 5. अंजन, 6. कुण्डल, 7. नासामौक्तिक (नाक में मोती धारण), 8. केशपाश रचना, 9. कंचुक, 10. नूपुर, 11. सुगन्ध (अङ्गराग) 12. कंकण, 13. चरणराग (आलक्तक), 14. मेखलारणन (छुद्रघण्टिका), 15. ताम्बूल, 16. करदर्पण।

हिन्दी साहित्य में यह सोलह श्रृंगार की परम्परा नायिकासौन्दर्य वर्णन के लिए आधार रही है। मिलन, प्रथम सौन्दर्यचित्रण आदि प्रसंगों में कवि इन षोडश श्रृंगारों का वर्णन प्राथमिकता के साथ करता रहा है।[1] हिन्दी के सम्पूर्ण आदि, भक्ति एवं रीतिकालीन काव्यों में यह परम्परा बराबर चलती रही है। आचार्य केशवदास रसिकप्रिया के अन्तर्गत इन सोलह श्रृंगारों का वर्णन इस प्रकार करते हैं–

प्रथम सकल सुचि मंजन अमल बास
जावक सुदेस केस-पास को सुधारिबो।

1. रीतिकालीन कवियों की प्रेमव्यंजना, डॉ. बच्चन सिंह, पृ. 290-292.

अंगराग भूषन विबिध मुख-बास-राग,
कज्जल-कलित लोल लोचन निहारिबो।
बोलनि हँसनि मदु चातुरीं चितौनि चारु,
पल पल प्रति पतिव्रत प्रतिपारिबो।
'केसोदास' सबिलास करहू कुंवरि राधे,
इहिं बिधि सोरह सिंगारनि सिंगारियो।

आचार्य केशवदास बोलने, हँसने, चलने तथा देखने के सन्दर्भ को आकर्षक बनाने के लिए सोलह शृंगारों से अलंकृत होने की चर्चा करते हैं। इस सोलह शृंगार के सन्दर्भ में डॉ. बच्चन सिंह के निष्कर्ष नितान्त प्रामाणिक हैं। उनके निष्कर्ष इस प्रकार हैं–

1. षोडश शृंगार की धारणा मध्ययुग की उपज है।

2. इसमें किन सोलह शृंगारों को परिगणित किया जाय, यह कभी भी निश्चित नहीं हो सका।

3. समय-समय पर षोडश शृंगार के अन्तर्गत नये शृंगारिक तत्त्वों का भी समावेश होता रहा है।[1]

रीतिकालीन काव्य में षोडश शृंगार के प्रसंग उद्दीपन के रूप में चित्रित किये गये हैं और इनका मुख्य लक्ष्य नायिका के प्रति नायक का कामभाव तथा तीक्ष्ण आकर्षण है।

●

1. रीतिकालीन कवियों की प्रेम व्यंजना, पृ. 294

कविशिक्षा और आचार्य केशवदास

भारतीय काव्यशास्त्र में काव्यसिद्धान्त एवं कविशिक्षा की समानान्तर परम्पराएँ चलती रही हैं। आचार्य भरत, भामह, दण्डी, वामन आदि संस्कृत के प्रारम्भिक आचार्यों ने कविशिक्षा परम्परा तथा सिद्धान्तों का बराबर उल्लेख किया है। सामान्यतया संस्कृत साहित्य में यह स्वीकार किया जाता रहा है कि इसकी परम्परा 10वीं शती से प्रारम्भ हुई है और राजशेखर कृत काव्यमीमांसा इसका प्रारम्भिक स्रोत है। इस प्रकार की अवधारणा पूर्णतः संगत नहीं प्रतीत होती। राजशेखर ने काव्यमीमांसा में परम्परित कविसमय तथा कविशिक्षा के सन्दर्भों को पूरी तरह से व्यवस्थित करके रखने का कार्य किया है। कविसमय तथा शिक्षा सम्बन्धी सन्दर्भ के परम्परासम्मत साक्ष्य इस प्रकार हैं–

1. आचार्य भामह कविशिक्षा के सन्दर्भ में इस प्रकार की टिप्पणी देते हैं–"शब्दार्थ का ज्ञान प्राप्त कर, शब्दार्थ सुविज्ञों की सेवा करके तथा अन्य कवियों के काव्यनिबन्धनों को देखकर किसी कवि को काव्यक्रिया में प्रवृत्त होना चाहिए।"[1]
2. आचार्य वामन का मत है कि–"कवि के लिए व्यवहार, शब्दशास्त्र, अभिधान, कोश, छन्दशास्त्र, कला, कामशास्त्र, दण्डनीति का ज्ञान तथा काव्यशास्त्र के उपदेशक गुरुओं की सेवा काव्यरचना के लिए आवश्यक है।"[2]
3. आचार्य क्षेमेन्द्र बताते हैं कि–"कवि बनने के लिए अभिलाषी अधिकारी शिष्य को साहित्य मर्मज्ञ गुरु की सेवा करनी चाहिए, वाक्यार्थ शून्य पदों के सन्निवेश से पदरचना का अभ्यास करना चाहिए तथा नाटक शिल्पियों के कौशल, सुन्दर चित्त, प्राणियों के स्वभाव तथा सुन्दर नदी तथा समुद्र, नदी, पर्वत इत्यादि विभिन्न स्थानों का निरीक्षण करना चाहिए।"[3]

---

1. काव्यालंकार, अध्याय-1, श्लोक 10
2. काव्यालंकार सूत्र-1-3, 1, 11
3. कवि संस्मरण सन्धि–1-2.

4. राजशेखर काव्यमीमांसा में बताते हैं कि–"कविशिक्षा के लिए उपयोगी विविध विषयों, शास्त्र परिचय, पद वाक्य विवेक, पदपाठ प्रतिष्ठा, काव्य के स्रोत, अर्थप्राप्ति, काव्यचर्चा, कव्य-हरण, कविसमय, देशविभाग, कालविभाग आदि का गहन ज्ञान कवि के लिए आवश्यक है।"

इस सन्दर्भ में सम्पूर्ण कविशिक्षा के इतिहास को ध्यान में रखकर देखें तो ज्ञात होता है कि आचार्य केशवदास तक यह परम्परा अधिक व्यापक हो उठी थी। इस पुस्तक के प्रारम्भ में इसके इतिहास पर प्रकाश डाला जा चुका है। आचार्य केशवदास की कविशिक्षा सम्बन्धी कृत 'कविप्रिया' है। यह कृति उनके युग की काव्यरचना में प्रवृत्त होनेवाले कवियों के लिए कविशिक्षा का ग्रन्थ है। इस कविशिक्षा की भूमिका बताते हुए वे इंगित करते हैं कि–

समझैं बाला-बालकनि बरनन पंथ अगाध।
कविप्रिया 'केसव' करी, छमिजौ बुध अपराध।।

आचार्य केशवदास सर्वप्रथम अपने कवि शिष्यों के लिए आदेश देते हैं कि किस प्रकार के काव्यसृजन करणीय हैं और कौन अकरणीय, इसका ज्ञान उनके लिए अति आवश्यक है और वे वही काव्यसृजन करें जो करणीय हैं, करणीय काव्यसृजन तथा अकरणीय काव्यसृजन का इस प्रकार श्रेणी विभाजन करते हैं–

कवि के लिए करणीय सन्दर्भ–

सगुन पदारथ अर्थजुत सुबरनमय सुभ साज।
कण्डमाल ज्यों कवि प्रिया कण्ठकरो कविराज।।
चरनधरत चिन्ता करत नींद न भावत सोर।
सुबरन को खोजत फिरत कवि व्यभिचारी चोर।।

कवि के लिए अकरणीय सन्दर्भ–

राजत रंच न दोषयुत कविता बनिता मित्र।
बुन्दक हालान्परत ज्यों गंगाघट अपवित्र।।
विप्र न नेगी कीजिये मूढ न कीजै मित्र।
प्रभु न कृतश्री सेइये दूषन सहित कवित्त।।

आचार्य केशवदास के काव्यदोष की श्रेणी इस प्रकार है–

1. रीतिविरुद्ध काव्य : अन्ध कविता
2. विरोधी शब्दों का काव्य : बधिर कविता
3. छन्दोषमुक्त काव्य : पंगु कविता
4. अलंकाररहित काव्य : नग्न कविता
5. अशुद्ध तथा निरर्थक अर्थयुक्त काव्य : मृतक कविता

इस प्रकार केशवदास पाँच श्रेणी के काव्यों को क्रमशः अन्ध, वधिर, पंगु, नग्न तथा मृतक काव्य की संज्ञा देते हैं।

आचार्य केशवदास अपन युग के कवियों के लिए स्वीकृति तथा निषेध द्वारा गुणयुक्त, शब्दार्थ के औचित्य से मण्डित, नाना प्रकार से अलंकृत, गुणमयी, वक्रतापूर्ण सुकुमारशब्दार्थ से सम्पन्न एवं पूर्ण सज्जित कविता को कवि के लिए कण्ठमाला की भाँति धारण योग्य बताते हैं। गुण रचना, अलंकार सौष्ठव एवं सुष्ठु शब्दार्थरचना की भंगिमामयी वक्रता उनके लिए काव्याधार है। सुष्ठु वर्णरचना की खोज यह आचार्य केशवदास की काव्यशिक्षा की मूलाकांक्षा है और इसके माध्यम से वे ब्रजभाषा काव्य में सौन्दर्यशालिनी मधुर गुणयुक्त पदावली के विन्यास के प्रति सजगता व्यक्त करते हैं। लोकभाषा काव्य की प्रारम्भिक रचनात्मक प्रकृति में मधुरता की तलाश उनकी पहली आकांक्षा है और उन्होंने अपनी रचनाओं में बराबर इस काव्यभाषा की निर्मिति की ओर सजगता दिखायी है। रीतिकालीन कवियों में ब्रजभाषा कविता की सजगता इस प्रथम हिन्दी कविशिक्षा ग्रन्थ में अधिक मिलती है और जिनकी प्रायोगिक शिक्षा का परिणाम यह हुआ कि आगे चलकर ब्रजभाषा ललित, मधुर, चित्ताकर्षक एवं रसविलासमयी काव्यभाषा बनी। आचार्य केशवदास की कविशिक्षा के प्रथम सोपान का सन्दर्भ काव्यभाष-निर्मित का ही है और अभी तक हिन्दी के आलोचकों का ध्यान इस दिशा में नहीं गया है। आचार्य केशवदासकृत रसिकप्रिया लक्षणग्रन्थ ब्रजभाषा कविता में शृंगार रस की उद्भावना का मूलस्रोत है। यह कृति ब्रजभाषा की बनावट के मानकों का साक्ष्य है और यही स्थिति कविप्रिया की भी है। कवि शिक्षक के रूप में आचार्य केशवदास का मूलदायित्व ब्रजभाषा काव्य की भाषिक निर्मिति के स्वरूप को सरसता एवं संवेदनशीलता की ओर उन्मुख करना रहा है।

आचार्य केशवदास पाँच दोषों के अतिरिक्त अन्य दोषों की ओर ध्यान आकर्षित करते हैं। ये हैं, हीन रसत्व, गतिअंग, व्यर्थ, अपार्थ, क्रमहीन, कर्णकटु, पुनरुक्ति, देशविरोध, कालविरोध, लोकविरोध, नीतिविरोध। ये दोष परम्परागत शास्त्रपरिपाटी एवं कविशिक्षा ग्रन्थों में उल्लिखित हैं। इन दोषों के साथ इन्हीं क्रम में इन दोषों की मुक्ति का सन्दर्भ रखा गया है। कविता की भाषा का एक स्वतन्त्र व्याकरण भी है, जो गद्य व्याकरण से भिन्न है। आचार्यगण कविशिक्षा के अन्तर्गत इन दोष विवेचनों के द्वारा काव्य को लयात्मक, रसात्मक, लोक प्रचलन एवं प्रतीति आदि सन्दर्भों से जोड़ते हैं ताकि कविता लोकजीवन के बीच सहज स्वीकार्य हो सके। यही नहीं, आचार्य केशवदास यह भी चाहते हैं कि संस्कृत काव्य की निर्दोष तथा गौरवपूर्ण परिपाटी के समानान्तर यह ब्रजभाषा में लिखा जानेवाला लोककाव्य भी प्रतिष्ठित हो सके। इस सन्दर्भ में एकाध उदाहरण द्रष्टव्य है–

मलयानिल मन हरत हठि सुखद नर्मदा कूल।
सुबन सघन घनसारमय तरुवर तरल सुफूल।।

कविसमय के अनुसार मलयानिल मलयगिरि से सम्बद्ध है जो नर्मदा नदी के तट पर न होकर मैसूर में है और इसी प्रकार घनसार कपूर कदलीबन में होता है, नर्मदा नदी के तट पर नहीं।

इस प्रकार दोष विरोधी यह कथन लोकप्रचलन और कविसमय के विरुद्ध है। इसलिए आचार्य केशवदास इन दोषों के प्रति सावधान रहने के लिए कविगण को चेतावनी देते हैं।

काव्य की सरसता के सन्दर्भ को लेकर उन्होंने रसिकप्रिया के अन्तर्गत कवियों को रस दोषों से युक्त रहने की चेतावनी दी है और उनके द्वारा वर्णित ये दोष परम्परा से ही सम्बद्ध हैं।

इस प्रकार आचार्य केशवदास अपनी कविप्रिया तथा रसिकप्रिया दोनों में व्रजभाषा कविता की उस परिपाटी को व्यवहार में लाना चाहते हैं जो प्रत्येक रूपों में दोषमुक्त हो क्योंकि हिन्दी कविता को संस्कृत कविता की गौरवपूर्ण परिपाटी के समान्तर ले आने का दायित्व वे अपने काव्यकर्म एवं कविशिक्षा व्यवस्था से जोड़ते हैं।

आचार्य केशवदास कविसमय को नया नाम देकर काव्यरीति के नाम से पुकारते हैं।[1] इस प्रकार, कविप्रिया में प्रयुक्त रीति शब्द कविसमय का अर्थापन करता है। वे इसे परिभाषित करते हुए कहते हैं कि—

साँची बात न बरनहीं झूठी बरनति बानि।
एकनि बरनै नियम के कविमत त्रिविध बखानि।।

इसका अर्थ लाला भगवानदीन ने इस प्रकार किया है—1. कतिपय सच्ची बातों को झूठी कहकर वर्णन करते हैं। 2. कतिपय झूठी बातों को सत्य कह करके वर्णन करते हैं तथा 3. कुछ बातों को नियमबद्ध करके वर्णन करते हैं—इस प्रकार कवियों की वर्णन शैलियाँ तीन प्रकार की है।[2]

आचार्य केशव मिश्र कविसमय को परिभाषित करते हुए उसे इस प्रकार कहते हैं—

असतोऽपि निबन्धेन सतामप्य निबन्धनात्।
नियमस्य पुरस्कारात् सम्प्रदायस्त्रिधा कवे।।

अर्थात, "असत्य की रचना, सत्य की न रचना करना और नियम विरुद्ध वर्णन करना ये कवियों की तीन प्रकार की कवि प्रसिद्धियाँ हैं।"

यहाँ इस सन्दर्भ में जिसे आचार्य केशवदास कविरीति कहते हैं, उसे आचार्य केशव मिश्र कविप्रसिद्धि कहते हैं।

इस सन्दर्भ को राजशेखर काव्यमीमांसा के अन्तर्गत इसे कविसमय के रूप में स्वीकार करके इस प्रकार परिभाषित करते हैं—

1. कविप्रिया—चौथा प्रभाव : छन्द संख्या 4
2. प्रिया प्रकाश—लाला भगवानदीन (कविप्रिया की टीका, पृ. 28)

"अशास्त्रीयं अलौकिकं च परम्परागतं यमर्थमुपनिबन्धति कवयः इति कवि समयः" अर्थात्, "अशास्त्रीय (शास्त्र से बहिर्भूत), अलौकिक अर्थात् लोकव्यवहार से बहिर्भूत केवल परम्परा प्रचलित जिस अर्थ का कविजन प्रयोग करते हैं वही कविसमय है।"

न शास्त्र में स्वीकृत और न लोकव्यवहार में प्रचलित अर्थ को काव्य में परिपाटी के रूप में प्रयोग करना, कविसमय है। यहाँ असत्यता एवं झूठेपन का यही अर्थ है और रीतिकाल के अन्य कवियों ने भी इस कविसमय को इसी रूप में परिभाषित किया है—आचार्य लच्छीराम कहते हैं कि—

कतहुँ सत्य को झूठ करि बरनत बारहिं बार।
कतहुँ झूठ को कहत हैं परम सत्य निरधार।।

आचार्य भिखारीदास भी इन्हीं शब्दों के साथ आचार्य केशवदास के मन्तव्य को स्वीकार करते हुए कहते हैं कि—

साँची बातनि युक्तिबल झूठी कत बनाय।
झूठी बातन को प्रगट साँच देते ठहराय।।

आचार्य केशवदास चन्दन में फल-फूल होने, शुक्लपक्ष तथा कृष्णपक्ष के अन्धकार एवं प्रकाश को बराबर मानना, प्रत्येक समुद्र में रसों का होना, हंसों का केवल मानसरोवर में रहना, रात्रि के अन्धकार को मुट्ठी में भरना, रात्रि को चाँदनी के अंजुलि से भरकर पीना, कृष्णाभिसारिका का रात्रि के अन्धकार में काले वस्त्रों को पहनकर अभिसार के लिए निकलना, शुक्लाभिसारिका का कपूर के आभूषण एवं चाँदनी में स्नान आदि-आदि कविसमयों के उदाहरण हैं।

यह कविसमय की परम्परा शास्त्रबद्ध कविता की परम्परा है और आचार्य केशवदास चाहते हैं कि हिन्दी व्रजभाषा काव्य परम्परागत शास्त्रबद्धता से पूरी तरह से अलंकृत हो।

आचार्य केशवदास का सबसे बड़ा प्रयास यह रहा है कि सम्पूर्ण कविता वर्णक व्यवस्था एवं अलंकार रचना से अलंकृत होकर तथा एक श्रेष्ठतम काव्य बनकर संस्कृत कविता के समानान्तर खड़ी हो। देशी बानी की मधुर भाषा युक्त कविता दण्डी एवं वामन जैसी कविता हो और केशवदास उससे जुड़कर अपने युग की संस्कृत कविता की परम्परा से प्राप्त गौरव के ठीक समानान्तर हिन्दी व्रजभाषा की कविता को देना चाहते थे—जो उस युग के लिए एक महनीय कार्य था। आचार्य रामचन्द्र शुक्ल जैसे आलोचकों का आचार्य केशवदास के मन्तव्यों को न समझना, उनकी कविता के परम्परासम्मत प्रयोगों को देखकर उनका अधूरा तथा एकपक्षीय मूल्यांकन है—आचार्य केशवदास कठिन आत्मा के प्रेत नहीं हैं, वे लोकजन की हिन्दी भाषा को श्रेष्ठतम भारतीय काव्यरचना के मानकों से मण्डित करके उसकी लोकात्मक स्वीकृति दिलाना चाहते थे और अपने इस प्रयास में वे सफल रहे और अपनी कविता की इस परम्परा

में उनका स्थान सूर तथा तुलसी से किसी भी प्रकार से कम नहीं है। वे इस श्रेष्ठ कविता के मानक को स्थिर करते हुए कहते हैं कि–

जदपि सुजाति सुलच्छनी सुबरन सरस सुबृत्त।
भूषन बिनु न बिराजहीं, कबिता बनिता मित्त।।

हिन्दी के आलोचकों ने इसे आचार्य भामह की उक्ति का रूपान्तरण समझ लिया जो असत्य है–

"न कान्तमपि निर्भूषं विभाति वनितामुखम्"

आचार्य भामह का 'भूष' शब्द केवल अलंकरण के लिए है, जबकि आचार्य केशवदास द्वारा प्रयुक्त 'भूषण' शब्द-काव्यवर्णक एवं अलंकारों दोनों के लिए है। आचार्य केशवदास भूषण से युक्त कविता की श्रेणी इस प्रकार बताते हैं–

1. सुन्दर जातियुक्त स्वभावोक्ति सम्पन्न कविता
2. सुन्दर लक्षणाशक्ति से युक्त कविता
3. सुन्दर वर्णों से शोभित कविता
4. रसमयी कविता
5. अच्छे छन्दों से युक्त कविता
6. परम्परा कविशिक्षा एवं वर्णकों से युक्त कविता।

यदि इस कविता में सुन्दर अर्थयोजना जो काव्यवर्णकों तथा अलंकारों से निर्मित है, न हो तो वह श्रेष्ठ काव्य नहीं है। मध्यकालीन कविता में काव्यवर्णकों की परम्परा कविसमयों से भिन्न रही है। लोकव्यवहार के किन प्रकरणों में कौन-सा आचरण स्वीकार्य है, 12वीं शती से संस्कृत कविता में इसका एक मानक बन चुका था। आचार्य केशवदास के पूर्व के व्रजभाषा कवि सूर आदि उन वर्णकों का पूरी तरह से उपयोग करते हैं। आचार्य केशवदास इन वर्णकों को सामान्यालंकार मान लेते हैं क्योंकि इनमें भारतीय लोकव्यवहार की अनिवार्यताएँ उसी प्रकार अनिवार्य हैं, जैसे शब्दालंकार या अर्थालंकार की। इन्हें चार कोटियों में रखा गया है–वर्ण, वर्ण्य, भूमिश्री, राजश्री।

इस सृष्टि जगत् में वर्ण्यविषय के रूप में जितनी भी वस्तुएँ हैं, उनके औचित्य का सन्दर्भ सामान्यालंकार में निहित है। यदि इन सन्दर्भों को हम काव्यरचना के प्रकाश में उपेक्षित करते हैं तो रचना दूषित हो उठेगी। यथा–'वर्ण' सन्दर्भ में किसी कवि को नारद के रूप का वर्णन करना है, सुदर्शन चक्र तथा ऐरावत का वर्णन करना है तो किन वर्णों में किया जाय–आचार्य केशवदास कहते हैं–श्वेत वर्ण में गरुड़, वसन्त ऋतु, बृहस्पति, कमल के बीज कोश का वर्णन करना है तो किस वर्ण में हो–इसके लिए पीतवर्ण की व्यवस्था है–यदि गरुड़ को श्वेत कहेंगे तथा सुदर्शन चक्र को पीत कहेंगे तो हम परम्पराच्युत काव्य वर्णनपरिपाटी से भ्रष्ट माने जायेंगे। यही कारण है कि आचार्य केशवदास ने वर्णकों को भी अलंकार रचना की श्रेणी में स्वीकार किया है और

जैसे अलंकारविहीन कविता हीनकोटि की समझी जाती है, ठीक उसी प्रकार वर्णकविहीन कविता भी निरन्तर कलुषित मानी जायेगी।

वर्णकों से चार सन्दर्भों से भिन्न इनके शुद्धालंकार सन्दर्भ को लिया जा सकता है। आचार्य केशवदास ही नहीं, वरन् संस्कृत साहित्य के अधिकांश आचार्य आलंकारिक वाग्विदग्धता के बिना कविता को विधवा नारी की भाँति स्वीकार करते हैं। आचार्य केशवदास शब्दालंकार, अर्थालंकार तथा उभयालंकार जैसा अलंकारों का विभाजन नहीं करते। वे विशिष्टालंकार के अन्तर्गत अलंकारों की नामावली देते हैं। इसमें आठ संवर्ग हैं—

1. स्वभाव से उत्प्रेक्षा तक
2. आक्षेप से लेकर बारहमासा तक
3. क्रम से अपह्नुति तक—इसी के अन्तर्गत 9 रसवत् अलंकारों को भी रखा है।
4. उक्ति से युक्ति तक
5. समाहित से परिवृत्त तक
6. उपमा वर्णन
7. यमक वर्णन
8. चित्रालंकार वर्णन

आचार्य केशवदास के इस अलंकार वर्णन को आचार्य रामचन्द्रशुक्ल आदि ने परम्परागत अलंकारशास्त्र मानकर विश्लेषण करने का प्रयास किया है, जो सर्वथा गलत है। आचार्य केशवदास यहाँ अलंकार को काव्य-वर्णन का अलंकार स्वीकार करते हैं और यह रीतिकालीन कविता के लिए काव्यवर्णन व्यवस्था से सम्बद्ध है न कि अलंकारशास्त्र से। अलंकार वर्णन का सन्दर्भ रीतिकाव्य की कलात्मक अभिव्यक्ति का अनिवार्य अंग है—यहाँ शब्दालंकार, अर्थालंकार तथा उभयालंकार जैसा विभाजन नहीं है। उनका द्वितीय अलंकार वर्णन सन्दर्भ बारहमासा से सम्बद्ध है। उनके अलंकार का सन्दर्भ 'कवि कथन' से है, शास्त्र कथन से नहीं। जैसे, आक्षेप की ओर संकेत करते हुए कहते हैं—

तीनों काल बखानिये भावी भयो जु होइ।
कवि कुल कोऊ कहत हैं यहिं प्रतिबन्धहिं दोइ।।

यहाँ 'प्रतिबन्ध' का अर्थ शास्त्ररूप नहीं कवि व्यवहार रूप है। इसका **बारहमासा शिक्षाक्षेप** अलंकार के अन्तर्गत आता है। वह शिक्षाक्षेप को बारहमासे की भूमिका के साथ यों जोड़ते हैं—

सुख ही सुख जहँ राखिये सिख ही सिख सुखदानि।
शिक्षाक्षेप कहौं बरनि छप्पय बारह बानि।।

अर्थात्, नायक को तसल्ली दे-देकर समझा-बुझाकर नायिका अपने प्रियतम को कार्यारम्भ (विदेश गमनादि) से रोके, वही शिक्षाक्षेप है। केशव के इस शिक्षाक्षेप को

बारहमासा में बदल दिया है। उदाहरण के लिए चैत महीने का शिक्षाक्षेप बारहमासा सन्दर्भ देखें—

फूली लतिका ललित तरुणितर फूले तरुवर।
फूली सरिता सुभग सरस फूले सब सरवर।।
फूल कामिनी काम रूप करि केतन पूजहिं
शुक सारी कुल हँसै फूलि कोकिल कल गूँजहिं।।
कहि केशव ऐसी फूल महँ फूलहिं शूल न लाइये।
प्रिय आजु चलनि की का चली चित्त न चैत चलाइये।।

बारहमासा का ठीक यही सन्दर्भ पृथ्वीराज रासो में मिलता है। यदि आचार्य रामचन्द्र शुक्ल इस काव्य वर्णन परिपाटी से सम्बद्ध आक्षेपालंकार को काव्यशास्त्र से जोड़कर देखते हैं तो यह उनकी नासमझी ही समझी जायगी। आचार्य केशवदास का अलंकारवर्णन पूर्णतः कविवर्णन परम्परा की प्रचलित व्यवस्था की व्यावहारिक परिपाटी है और उनकी कविप्रिया की रचना इसी मन्तव्य की पूर्ति के लिए की गयी है—परम्परागत काव्यशास्त्र में विवेचित अलंकार सिद्धान्त के विवेचन से इसका सम्बन्ध नहीं है।

जैसा कि, कहा गया है, आचार्य केशवदास लक्षणनिरूपण में शास्त्र या शास्त्रकार शब्द का प्रयोग न करके कविप्रयोग, कविबुद्धि, कविविचार, कविकथन जैसे पदों का प्रयोग करते हैं। एकाध स्थल इसके लिए द्रष्टव्य है—

मन की बात दुराय मुख औरे कहिये बात।
कहत अपह्नुति सकल कवि ताहिं बुद्धि अवदात।।

कवि जहाँ मन की बात छिपाकर, बहाने से उसी के समान कोई और बात कहे, वह काव्य रचना में अपह्नुति है।

यहाँ कवि का कहना प्रायोगिक काव्य रचना है, शास्त्र चिन्तन नहीं। इस प्रकार, आचार्य केशवदास की शास्त्रनिष्ठा वैचारिक चिन्तनगत शास्त्रनिष्ठा न होकर कवि व्यवहार की रचनात्मक शास्त्रीयता है और उसका विवेचन काव्य रचना प्रणाली के व्यावहारिक एवं प्रायोगिक वैदुष्य से किया जाना चाहिए। आचार्य रामचन्द्र शुक्ल ने आचार्य केशवदास का विश्लेषण संस्कृत के काव्यशास्त्रीय मानकों के आधार पर किया है, जो सर्वथा असंगत तथा त्रुटिपूर्ण है। इस प्रकार, आचार्य शुक्ल का सिद्धान्त चिन्तन आचार्य केशवदास की सर्जनात्मक प्रतिभा से निर्मित प्रायोगिक काव्यसृजन का स्पर्श तक नहीं कर पाता।

●

षष्टम खण्ड

आधुनिकता और हिन्दी प्रदेश का नवजागरण

सन् 1757 के प्लासी के युद्ध के बाद विजय के फलस्वरूप अंग्रेज़ों ने अपनी सैन्यसत्ता बिहार सहित बंग प्रदेश में क़ायम की क्योंकि उस समय बिहार प्रदेश बंग प्रदेश का एक हिस्सा था। अपनी इस सत्ता की राजधानी अंग्रेज़ों ने कलकत्ता बनायी। उसके सौ वर्षों के आसपास अवध प्रदेश (वर्तमान उत्तर प्रदेश) अंग्रेज़ी आधिपत्य का अंग बना था और सन् 1857 के पूर्व ईस्ट इण्डिया कम्पनी का इन तीन महत्त्वपूर्ण राज्यों पर पूर्णतः अधिकार हो चुका था। इस समय तक कुल मिलाकर, भारत में तीन प्रकार की राज्य व्यवस्थाओं के सन्दर्भ वर्तमान थे–

प्रथम भारत की परम्परावादी सामन्ती व्यवस्था जो क्षत्रियों की बाहुबल शक्ति से जुड़ी सनातनी भारतीय मूल्यों के साथ चल रही थी।

दूसरी व्यवस्था, इसके बाद विदेशी साम्राज्यवादी मुसलमान शासकों की थी जिसमें हिन्दू एवं मुस्लिम जातियों तथा संस्कृतियों का अलगाव रूप दिखायी पड़ता था।

इन दोनों के बीच **तीसरी** यूरोपीय पूँजीवादी व्यवस्था से सम्बद्ध ईसाइयत के धार्मिक मतवाद के साथ ब्रिटिश साम्राज्यवादी उपनिवेशवाद के रूप में आयी। यह ब्रिटिश उपनिवेशवादी संस्था अपने व्यापक फैलाव को सामाजिक बदलाव के साथ धनार्जन की प्राथमिकता के साथ जुड़ी प्रशासनिक एवं अपने सांस्कृतिक नियन्त्रण द्वारा भारत को इस रूप में परिवर्तित करना चाहती थी कि जन-जीवन तथा सामाजिकचर्या पूरी तरह से उसके ढाँचे में ढले और भारतीय समाज की जीवन-शैली तथा मानसिकता दोनों यूरोपीय पूँजीवादी व्यवस्था का रूप धारण कर ले। सन् 1857 में भारतीय जन क्रान्ति के बाद ईस्ट इण्डिया कम्पनी के अधिकारों को ब्रिटिश सत्ता ने अधिग्रहण कर लिया और भारत महारानी विक्टोरिया द्वारा अनुशासित गुलाम देश बन गया। ईस्ट इण्डिया कम्पनी ने कलकत्ता में भारतीय व्यवस्था के बदलाव की जो पहल की थी–उसका परिणाम सन् 1800 में फोर्ट विलियम कॉलेज के रूप में दिखायी पड़ा। यूरोपीय सत्तावाद

सामाजिक संरचना का संकल्प लिया गया—जिसका स्वरूप **लोकतान्त्रिक संवैधानिक समाजवादी**—रूप सामने आया और यह लोकतान्त्रिक समाजवादी संवैधानिक संघर्ष 6 दशकों से अधिक समय से चल रहा है। इस संविधानवादी लोकतान्त्रिक व्यवस्था के माध्यम से देश की जनता को सर्वाधिकार सौंपा गया। इस प्रकार, भारतीय इतिहास के आदिकाल से लेकर समसामयिक सन्दर्भों के परिवेश में सम्पूर्ण भारतीय सामाजिक तन्त्रवाद को देखें तो उसके चार रूप हमारे सामने आते हैं—

(1) परम्परावादी भारतीय साम्राज्यवाद

(2) मुस्लिम साम्राज्यवाद से सम्बद्ध सामन्तवादी व्यवस्था

(3) यूरोपीय पूँजीवादी औपनिवेशक साम्राज्यवाद

(4) संविधानवाद द्वारा अनुशासित वर्तमान लोकतान्त्रिक समाजवादी व्यवस्था

हजारों-हजारों वर्षों से चली आ रही भारतीय समाज रचना की घुमावदार व्यवस्थाओं की ये कड़ियाँ आज भी संविधानवाद से अनुशासित वर्तमान लोकतान्त्रिक भारतीय सामाजिक व्यवस्था को समय-समय पर नियन्त्रित करके दबाने में जरा भी संकोच नहीं करतीं फिर भी, लोकतान्त्रिक समाजवादी संवैधानिक अन्वितियों के साथ आगे बढ़ने में भारत कोई कोर-कसर नहीं छोड़ रहा है। आज भारत परम्परावाद के विरोधी तत्त्वों एवं विदेशी उपनिवेशवादी शक्तियों के बीच द्वन्द्वों को पूरी तरह से धक्के देता हुआ आगे बढ़ने की ओर सक्रिय है और इसके फलस्वरूप बदलती हुई नयी सामाजिक व्यवस्था के स्वरूपों में भी भारी परिवर्तन आ रहा है। वैसे, अंग्रेज़ों ने भारतीय जीवन-शैली, भारतीयों के मानसिक बदलाव के लिए नये उपायों, वैज्ञानिकता तथा आधुनिकता के सापेक्ष्य में वैज्ञानिक माध्यमों तथा नयी शिक्षण व्यवस्थाओं के जो प्रचलन शुरू किये थे, उनका आज भी हम भारतीयों पर पूरा प्रभाव है। भारतीय जीवन-शैली और उसकी औद्योगिक उपनिवेशवादी व्यवस्था का सन्दर्भ उनके इन सूत्रों में देखा जा सकता है—

(1) ईसाई मिशनरियों द्वारा धार्मिक आन्दोलन का फैलाव।

(2) सूचना संस्कृति को सामयिक बनाने के लिए अखबारों तथा पत्रिकाओं का प्रकाशन।

(3) नवीन शिक्षा व्यवस्था की स्थापना और उसके द्वारा सामाजिक तन्त्र को अनुशासित करने के साथ-साथ स्थायी आजीविका की व्यवस्था।

(4) प्रशासनिक नौकरशाही एवं नौकरशाही की प्रवृत्ति का विकास तथा सामाजिक व्यवस्था पर नियन्त्रण का तन्त्र।

(5) न्यायपालिकाओं की स्थापना तथा लोक एवं समाज को उनसे जोड़ने का उपक्रम।

(6) हस्तकौशल तथा कला के लिए मशीनी-युग का श्रीगणेश विशेषकर बुनकरी आदि के सन्दर्भ में।

(7) रेल, तार, डाक जैसी त्वरित व्यवस्थाओं के प्रति त्वरा और तत्परता।

(8) छापेखाने तथा यान्त्रिक छपाई का प्रचलन।

(9) प्रशासनिक एवं व्यावसायिक संचालन के लिए भारत के लिए अंग्रेज़ी के साथ-साथ खड़ीबोली भाषा की खोज, उपयोग तथा प्रचलन।

(10) भारतीय जीवन-शैली, रहन-सहन, वेष-भूषा, जीवनयापन की नयी प्रणालियों का सामान्य लोकजीवन के बीच प्रचलन।

(11) भारतीय संस्कृति के गौरवपूर्ण अतीत का निष्ठापूर्वक अन्वेषण।

इस प्रकार, उपनिवेशवादी व्यवस्था से सम्बद्ध धनार्जन संग्रह की व्यावसायिक प्रवृत्ति को मूल केन्द्र में रखकर अंग्रेज़ों ने भारत में मुस्लिम साम्राज्यवाद से भिन्न एक नयी यूरोपीय जीवन-शैली हम भारतीयों को बिना माँगे दिया। जिसमें बँधकर सम्पूर्ण भारत तथाकथित नया भारत बना और आज भी अपने स्वतन्त्र विकास की भूमिका के सन्दर्भों से जुड़ा रहने में संकोच नहीं कर रहा है। समसामयिक भारतीय नयी वैश्विक समाज रचना का स्वरूप क्या हो, यह प्रश्न आज भी विचारणीय है?

अंग्रेज़ों ने भारत में आकर उसके गौरवपूर्ण इतिहास के विविध सन्दर्भों को तलाशने की भरसक चेष्टा की और दूसरी ओर हम भारतीयों में वैश्विक परिदृश्य के प्रति कौतूहल उत्पन्न किया। 17वीं तथा 18वीं शती में यूरोपीय देशों में होनेवाले सामाजिक परिवर्तनों के प्रति भारतीयों में उत्सुकता प्रकट की। इटली, फ्रान्स, रूस की क्रान्तियों तथा नयी सत्ता व्यवस्था के प्रति हम भारतीयों में उत्सुकता बढ़ी। 19वीं शती में स्वयं राजा राममोहन राय फ्रान्स की राज्य क्रान्ति तथा समाज रचना को समझने के लिए फ्रान्स गये थे। सन् 1893 में स्वामी विवेकानन्द अमरीका में आयोजित 'विश्वधर्म संसद्' में सम्मिलित होने के लिए बिना किसी आमन्त्रण के गये। ब्रिटेन के विश्वविद्यालयों में भारतीयों का गमनागमन बीसवीं शती के प्रारम्भ से शुरू हो चुका था। यही नहीं, इन सबके होते हुए भी, भारतीय समाज में नये बदलावों का माहौल उस समय की विविध संस्थाओं ने बनाना शुरू कर दिया था, इनमें प्रमुख संस्थाएँ इस प्रकार हैं—

(1) ब्रह्म-समाज (कलकत्ता)—20 अगस्त, सन् 1828 संस्थापक—राजा राममोहन राय

(2) प्रार्थना समाज (बम्बई)—सन् 1867 संस्थापक—स्वामी आत्माराम पाण्डुरंग

(3) आर्यसमाज (बम्बई)—1875 संस्थापक—स्वामी दयानन्द सरस्वती

(4) थियोसोफिकल सोसाइटी—1882 संस्थापक—विदेशी महिला एनीबेसेण्ट

(5) रामकृष्ण मिशन (कलकत्ता)—1897 संस्थापनक—स्वामी रामकृष्ण परमहंस

इन सन्दर्भों में हम भारतीय आधुनिकता के कारणों की जब छानबीन करते हैं तो तीन तथ्य हमारे सामने प्रकट होते हैं—

(1) अंग्रेज़ी उपनिवेशवादी व्यवस्था का भारत में प्रवेश तथा वर्तमान यूरोपीय दृष्टि का भारतीय जीवन पर परिवर्तनमूलक प्रभाव।

(2) वैश्विक क्रान्तियों का आधुनिक परिवेश में फैलाव जिसके फलस्वरूप भारतीय जनमानस में धीरे-धीरे नयी समझ के प्रति उत्सुकता तथा उदय। इस सन्दर्भ में सबसे महत्त्वपूर्ण दो मान्यताओं की ओर हमारा ध्यान आकर्षित होता है, प्रथम यह कि भारतीय विद्वानों का एक वर्ग स्वीकार करता है कि अंग्रेज़ी साम्राज्यवादी उपनिवेशवादी व्यवस्था ही भारतीय आधुनिकता का कारण है किन्तु दूसरा वर्ग इसे नहीं स्वीकार करता। वह कहता है कि वैश्विक क्रान्तियों के फलस्वरूप धीरे-धीरे आधुनिकता समग्र विश्व भर में फैली और यह अंग्रेज़ी उपनिवेशवाद न भी होता तो भी भारत में आधुनिकता का वर्तमान सन्दर्भ आता किन्तु थोड़ा पिछड़कर। इस मत के समर्थक डॉ. रामविलास शर्मा आदि विद्वान् हैं। वैश्विक क्रान्तियों के आधुनिक फैलाव का प्रतिफल ही आधुनिकता का मूल कारण है।

(3) भारतीय आधुनिकता के सन्दर्भ में एक तथ्य और भी महत्त्वपूर्ण है। दो संस्कृतियों के द्वन्द्व से उत्पन्न होनेवाली जनसमुदाय की मनःस्थितियों में जीवन की विविध समस्याओं से जुड़े द्वन्द्व तथा उनके समाधानों की खोज के बीच एक नयी विचारधारा एवं जीवनशैली टकराकर प्रचलन में खड़ी हो जाती है और सांस्कृतिक द्वन्द्वों की इस टकराहट का प्रतिफल वर्तमान युग की आधुनिकता है। भारत की आध्यात्मिक एवं यूरोप की भौतिक उद्योगवादी संस्कृति की पारस्परिक टकराहट ही आधुनिक युग की आधुनिकता की निष्पत्ति का मूल कारण है। इन टकराहटों से सामान्य जीवन की निर्वाह शैली से लेकर जीवन के विविध वैयक्तिक, सामाजिक, राष्ट्रीय तथा अन्तरराष्ट्रीय सन्दर्भों तक नये जीवन एवं चिन्तनशैलियों का उद्भव, विकास, फैलाव आदि इसी सन्दर्भ से जुड़े हैं। यह सत्य है कि अंग्रेज़ी उपनिवेशवादी सत्ता इसमें एक महत्त्वपूर्ण कारण है किन्तु वर्तमानकालिक वैश्विक सन्दर्भों में अनेक सर्वथा नवीन एवं समकालीन परिवर्तन इसके प्रमुख प्रेरक तत्त्व हैं।

भारतीय आधुनिकता के विकास सन्दर्भों में सबसे बड़ी भूमिका हिन्दी गद्य रचना की रही है। यदि इस दिशा की ओर, अंग्रेज़ी उपनिवेशवादी साम्राज्यवाद की दृष्टि न जाती, तो भारतीय विकास का सन्दर्भ अभी भी उसके प्रभाव में पीछे रहता क्योंकि जीवनयापन, लोकव्यवहार, सामाजिक प्रचलन शैक्षिक तथा नयी सभ्यता एवं संस्कृति के विविध व्यावहारिक एवं सैद्धान्तिक सन्दर्भों के सम्प्रेषण, साथ ही, प्रशासनिक, न्यायिक एवं अन्य समस्याओं के लोकजीवन के बीच व्यवहार के लिए सर्वसुलभ माध्यम भाषा ही है। अंग्रेज़ों के द्वारा स्थापित हिन्दी खड़ीबोली निश्चित रूप से भारतीय आधुनिकता के विकास का सबसे महत्त्वपूर्ण कारण है। आधुनिक साहित्य के विकास की विविध विधाओं को आगे बढ़ाने पर श्रेय खड़ीबोली की गद्य भाषा को ही है और इसी प्रकार आधुनिक काव्य-रचना का भी सन्दर्भ खड़ीबोली की नयी निर्मिति का ही मुख्य प्रतिफल है, जिसके विषय पर विचार-विनिमय अपेक्षित है।

खड़ीबोली काव्यभाषा (हिन्दी कविता) का उद्भव-सन्दर्भ : सन् 1800-1850 तक

हिन्दी खड़ीबोली के ऐतिहासिक उद्भव-सन्दर्भ के विषय में हिन्दुई, हिन्दुस्तानी तथा खड़ीबोली का ऐतिहासिक सन्दर्भ मुगल सत्ता की बाजारवादी भाषा उर्दू, मेरठ एवं हरियाणा की खड़ीबोली तथा दक्षिण भारत में प्रचलित 'हिन्दुस्तानी' से जोड़कर प्रस्तुत करने की दृष्टि मिलती है, किन्तु आधुनिक युग की प्रचलित खड़ीबोली अंग्रेज़ी उपनिवेशवाद द्वारा अन्वेषित एवं प्रचलन में लायी गयी वह भाषा है जिसका जन्म सन् 1800 में कलकत्ता में स्थापित प्रथम औपनिवेशिक शिक्षण-संस्थान फोर्ट विलियम कॉलेज की खोज का प्रतिफल है। इसके अन्वेषण तथा संस्थापन का श्रेय सर फ्रेजर को दिया जाता है, जिसने तीन वर्षों तक भारतीय प्रदेशों में प्रचलित समस्त भाषाओं के अन्वेषण के पश्चात् शिक्षण, व्यवसाय, प्रशासन, न्याय आदि के लिए अनिवार्य भाषा के रूप में इसकी अन्वेषण द्वारा स्थापना की थी।[1] फोर्ट विलियम कॉलेज में हिन्दी खड़ीबोली के संस्थापन के सन्दर्भ में पाठ्यक्रम में उसकी कविता को पढ़ाने का प्रश्न उठाया और यह युग (सन् 1800 से 1850 तक) भारतेन्दु के पूर्व का युग था। व्रजभाषा कविता अपने स्वर्णिम विकास के शिखर पर थी और खड़ीबोली कविता न के बराबर। उक्त कालखण्ड तक अंग्रेज़ों द्वारा निर्मिति खड़ीबोली गद्य भाषा तो सामने Grand Popular Speech of Hindi के रूप में आ चुकी थी किन्तु कविता के रूप में कहीं-कहीं दिखायी पड़नेवाली खड़ीबोली कविता भाषा प्रहसन एवं विनोद का विषय बनकर, सामने प्रकट होती थी। यह आश्चर्य का विषय है कि खड़ीबोली की काव्य-रचना का प्रथम संकलन इंग्लैण्ड में छपा और इसके सम्पादक थे अंग्रेज़ लेखक सर फ्रेडरिक पिंकाट। फोर्ट विलियम कॉलेज के हिन्दी खड़ीबोली के पाठ्यक्रम के लिए तैयार इस संकलन

1. देखिये—लेखक द्वारा लिखित : हिन्दी साहित्य और इतिहास की समस्याएँ, पृ. 109.

में उस युग के खड़ीबोली के दस कवियों को रखा गया था। ये कवि थे—श्री राधाचरण गोस्वामी, लक्ष्मीप्रसाद योगी, टेक नारायण प्रसाद, मंगल कवि, सोहनलाल, राजा शिवप्रसाद सिंह, बाबू हरिश्चन्द्र आदि। इस संकलन के अधिकांश कवि बिहार के थे। बाद में इससे जुड़कर इसका दूसरा खण्ड भी सर फ्रेडरिक पिंकाट द्वारा तैयार कराकर इसी के साथ आया।

हिन्दी साहित्य के इतिहास ग्रन्थों में हिन्दी खड़ीबोली कविता का उल्लेख केवल काशी के भारतेन्दु-मण्डल से जोड़कर दिया जाता है यह उचित नहीं है, बिना बिहार के कवियों को जोड़े आधुनिक हिन्दी खड़ीबोली कविता के उद्‌भव एवं विकास का सन्दर्भ अप्रामाणिक तथा अधूरा समझा जायगा। हिन्दी खड़ीबोली कविता की उत्पत्ति का सन्दर्भ भी भारतेन्दु-युग से उतना नहीं जुड़ता और न उनके मण्डल से जितना यह बिहार से जुड़ा हुआ है।

●

खड़ीबोली काव्यभाषा की समस्याएँ (सन् 1800–1850 तक)

भारतेन्दु-युग के पूर्व फोर्ट विलियम कॉलेज की स्थापना के बाद अर्थात् सन् 1800 से लेकर सन् 1880 तक हिन्दी के कवि सर्जकों एवं उनकी सर्जनात्मक चेतना व्रजभाषा से जुड़ी दिखायी पड़ती है और उसमें पूरी तरह से आधुनिकता के स्थान पर रीतिकालीन काव्य चेतना का सांगोपांग फैलाव दिखायी पड़ता है। हिन्दी खड़ीबोली की काव्य-रचना की ओर भारतेन्दु हरिश्चन्द्र जैसे कवि पूरी तरह से निराश अपनी असमर्थता इस प्रकार व्यक्त करते हैं। उनके अनुसार बहुत प्रयास करने के बाद भी खड़ीबोली की कविता बन ही नहीं पा रही थी और इस सन्दर्भ में उनकी पीड़ाभरे शब्द इस प्रकार हैं–

"मैंने इसका कारण सोचा कि खड़ीबोली में क्यों नहीं कविता बनती, मुझको सबसे बड़ा कारण यह जान पड़ा कि इसमें क्रिया इत्यादि में दीर्घ मात्रा होती है। इससे कविता अच्छी नहीं बनती।"[1] इसका तात्पर्य यह है कि भारतेन्दु हरिश्चन्द्र के अनुसार कविता की **भाषा की निर्मिति के संरचनात्मक स्वरूप की विशिष्टता** एक महत्त्वपूर्ण तत्त्व है। भारतेन्दु हरिश्चन्द्र के इस मन्तव्य का विरोध उन्हीं के युग में कथाकार चन्द्रधर शर्मा गुलेरी ने जयपुर से प्रकाशित अपनी प्रसिद्ध पत्रिका **'समालोचक'** के प्रवेशांक में इस प्रकार दिया था–"काव्य का हृदयग्राही और सरस कवि की क्षमता पर निर्भर है, भाषा पर नहीं।"

खड़ीबोली कविता के रचनात्मक सामर्थ्य पर भारतेन्दु की ही भाँति अन्य टिप्पणियाँ भी मिलती हैं। भारतेन्दु हरिश्चन्द्र के बाद–खड़ीबोली का पद्य भाग 1 तथा 2 पर सर जार्ज ग्रियर्सन की टिप्पणी इस प्रकार है–I received your Khari Boli Ka Padya and your letter is up for me opinion on it I regret no criticism of mine can be useful to you as I have strongly opinion that all attempt of writing poetry in Khari Boli must be unsuccessful."

1. भारतेन्दु हरिश्चन्द्र और उनके युग की कविता : डॉ शोभनाथ राय भट्ट–पृ. 337

किन्तु, इस टिप्पणी के एक वर्ष बाद ही सर डॉक्टर ग्रियर्सन का खड़ीबोली के पद्यों को पढ़कर अपनी टिप्पणी बदलनी पड़ी—जो इस प्रकार है—

"Ayodhya Prasad Khatri sertainly deserves encouragement in the work he has undertaken in which heart evidently is.

अयोध्याप्रसाद खत्री ने व्रजभाषा बनाम खड़ीबोली का आन्दोलन चलाकर उसके काव्य-लेखन के लिए आधुनिकता के इस प्रारम्भ काल में गहन संघर्ष किया। सन् 1870 में उनके उत्तर प्रदेश तथा बिहार के समर्थक कविगण एवं साहित्य विचारक सम्मिलित होकर इस आन्दोलन के लिए सामने आये। इनमें से खड़ीबोली के समर्थक प्रमुख कवि इस प्रकार हैं—

श्रीधर पाठक, गोविन्दप्रसाद, भुवनेश्वरप्रसाद मिश्र, लक्ष्मीशंकर मिश्र, जयनारायण मिश्र आदि। सन् 1889 में सर फ्रेडरिक पिंकाट महोदय की सहायता से प्रकाशित खड़ीबोली पद्य भाग 1 में निम्नलिखित सात कवि रहे हैं—

राजा शिवप्रसाद सिंह 'सितारे हिन्द', राममोहन लाल, बाबू हरिश्चन्द्र, बाबू महेश नारायण, मौलवी एलताफ़ हुसैन, बाबू लक्ष्मीप्रसाद, सत्यानन्द अग्निहोत्री।

श्रीधर पाठक की खड़ीबोली काव्यभाषा की कृति **एकान्त योगी** सामान्यतया हिन्दी की प्रथम कृति मानी जाती है किन्तु वे इन सातों व्यक्तियों के बाद आठवें स्थान पर हैं। मुख्यतः खड़ीबोली कविता के आन्दोलन का श्रेय अयोध्याप्रसाद खत्री को ही दिया जाना चाहिए। इस कालखण्ड में व्रजभाषा बनाम खड़ीबोली का आन्दोलन हिन्दी आधुनिक हिन्दी काव्य-रचना के क्षेत्र में एक आन्दोलन बनकर इसके बाद चला। यह आन्दोलन सन् 1888 से शुरू हुआ और इस सन्दर्भ में कवियों के दो वर्ग बन गये—

1. खड़ीबोली कविता के पक्षधर कवि—अयोध्याप्रसाद खत्री, श्रीधर पाठक, गोविन्दप्रसाद, भुवनेश्वरप्रसाद मिश्र, लक्ष्मीशंकर मिश्र, जयनारायण मिश्र आदि।

2. व्रजभाषा कविता के पक्षधर कवि—पं. प्रतापनारायण मिश्र, श्री राधाचरण गोस्वामी, पं. विश्वनाथ शर्मा आदि जो खड़ीबोली की कविता को 'बाँस' की तथा व्रजभाषा की कविता को 'ईख' की कविता कहते थे। श्रीधर पाठक का तर्क था कि खड़ीबोली भाषा कच्ची और वयः सन्धि में है किन्तु व्रजभाषा बूढ़ी नायिका की दशा में पहुँच चुकी है।[1] नये विकास तथा काव्य सामर्थ्य की ओर बढ़ने को तत्पर खड़ीबोली वयः सन्धि की नायिका जैसी इसके समर्थकों को लगती है। इस दिशा में डॉ. कपिल देव सिंह अपनी कृति **व्रजभाषा बनाम खड़ीबोली** में विस्तारपूर्वक चर्चा कर चुके हैं।

कुल मिलाकर, नयी आधुनिकता तथा हिन्दी कविता के परम्परावाद का द्वन्द्व इस काव्य खण्ड का खड़ीबोली कविता बनाम व्रजभाषा काव्य का है—और इस सन्दर्भ में

1. डॉ. सोमनाथ राय, भारतेन्दु हरिश्चन्द्र और उनके युग की कविता : पृ. 377

परम्परावाद पर दबाव डालकर आधुनिकता ने हिन्दी काव्य पर अपना वर्चस्व स्थापित किया जो सर्वथा उचित रहा है।

भारतेन्दु-युग के पूर्व फोर्ट विलियम कॉलेज की स्थापना के बाद अर्थात् सन् 1800 से लेकर 1850 तक हिन्दी कविता के काव्यसर्जकों की रचनात्मक चेतना भाषिक अभिव्यक्ति की संवेदनात्मक व्यवस्था को लेकर खड़ीबोली के साथ पूरी तरह से जुड़ नहीं पा रही थी। बड़ी मुश्किल से पचास-साठ वर्षों के बाद हिन्दी नयी चाल में ढली थी और उसकी नयी चाल में ढलना गद्य रचना सन्दर्भ के सामर्थ्य से सम्बद्ध है। हिन्दी खड़ीबोली में गद्यात्मक अभिव्यक्ति, निबन्ध, नाटक, कहानी, अख़बार की ख़बरें, आलोचनात्मक अभिव्यक्ति के विविध रूप इसकी इसी सामर्थ्य के प्रतिफल है कविता की सम्प्रेषणीयता शक्ति एवं भाषिक संवेदनात्मक सामर्थ्य पूरी तरह से नहीं बन पा रही थी और खड़ीबोली के प्रारम्भिक कवि इस सन्दर्भ की सजगता के सन्दर्भ में उत्सुक किन्तु, रचनात्मक प्रायोगिकता के सन्दर्भ में असमर्थ थे। इस युग की खड़बोली काव्यभाषा में दो सन्दर्भों का विशेष रूप से अभाव था–

(1) सर्जक की सर्जनात्मक चेतना की अभिव्यक्ति में नैसर्गिकता का अभाव

(2) भाषा की सार्थक प्रवाहमयता के सन्तुलन का अभाव सामान्य रूप से नयी गद्य भाषा खड़ीबोली की मूल प्रकृति वैचारिकता तथा व्यावहारिकता से सम्बद्ध थी, इसलिए कविता की भाषा बनने और कवि की भावमयता में पूरी तरह इस वैचारिक एवं व्यावहारिक भाषा के ढलने में अधिक समय का लगना अपेक्षित था। इसमें भावात्मक तादात्म्य शक्ति की जो भी कमियाँ दिखायी पड़ती हैं, उसके निम्नलिखित कारण हैं–

(1) खड़ीबोली काव्यभाषा में दीर्घान्त निर्मिति की अत्यधिकता।

(2) व्यवहार तथा लोकजीवन की वैचारिक भाषा होने के कारण इसमें भावात्मक सहृदयता के सन्दर्भों की अल्पता जैसी स्थिति बराबर बनी रही।

(3) व्रजभाषा की लयात्मक अन्विति, भावनात्मक संवेदनशीलता, सहज सम्प्रेषण धर्मिता जैसी शक्ति का इसमें अभाव था।

(4) विदेशी उद्योगवादी संस्कृति के पूर्णतः भारतीय प्रचलन के बाद नयी जीवन जीने की शैली का विकास हो चुका था और इसने समाज को व्रजभाषा काव्य से सम्बद्ध समाजवादी अन्वितियों को एक क्षण नया रूप दे दिया–और इस नयी जीवन-शैली के कारण नयी उद्योग व्यवस्था, नयी शिक्षा-पद्धति, जीवनयापन के नये माध्यम, नयी जीवनचर्या, समाज में नये वर्गों का उदय आदि कितने वैचारिक, लोकव्यवहारपरक तथा नयी जीवन-शैलियाँ विकसित हो उठीं थीं कि समाज धीरे- धीरे परम्परा से मुक्त हो रहा था। व्यावहारिक जगत् में व्रजभाषा और खड़ीबोली की तुलना करने पर दिखायी पड़ता है कि सामयिक लोकजीवन के यथार्थपरक सन्दर्भों की भाषा बनी रहने में अब व्रजभाषा में कोई सामर्थ्य नहीं रह गयी थी और उस युग की वह समसामयिक भाषा तो बन ही

नहीं सकती थी। इस प्रकार, आधुनिकता एवं समसामयिकता के प्रकाश में खड़ीबोली भाषा का भारत में प्रवेश एक नये युग-परिवर्तन के सन्दर्भ से जुड़ता है और इसी के फलस्वरूप खड़ीबोली की काव्यभाषिक निर्मिति का प्रश्न भी इस काव्यान्दोलन से सम्बद्ध होकर सामने आये। जैसा कि, बताया गया है, कि श्री अयोध्या प्रसाद के नेतृत्व में यह खड़ीबोली का काव्यान्दोलन आगे बढ़ा और हिन्दी में निरन्तर भारन्तेदु-युग, पं. महावीरप्रसाद द्विवेदी युग, छायावाद युग, प्रगतिवाद और प्रयोगवाद युग, नयी कविता, राष्ट्रीय काव्यान्दोलन एवं लोकतन्त्रवाद से जुड़कर निरन्तर आज शीर्ष पर पहुँच चुका है। ब्रजभाषा की काव्ययात्रा का समापन सौ वर्षों पूर्व हो चुका है और नयी पीढ़ी उसे भूलती जा रही है।

इस इतिहास की पृष्ठभूमि में जिस ब्रजभाषा बनाम खड़ीबोली का रचनात्मक द्वन्द्व हमारे सामने खड़ा दिखायी पड़ता है, उसके सापेक्ष्य में प्रारम्भिक खड़ीबोली कवियों द्वारा किये गये संघर्षों के चिन्तन पक्षों का इतिहास महत्त्वपूर्ण है और खड़ीबोली की कविता को प्रकाश में ले आने के वैचारिक सन्दर्भ में उनकी महत्त्वपूर्ण भूमिका रही है। भारतेन्दु-युग पूर्व हिन्दी खड़ीबोली कविता के विषय निश्चित ही आधुनिकता एवं हिन्दी साहित्य की समसामयिकता के सन्दर्भों से जुड़े इस प्रकार हैं—

1. भारत के गौरवपूर्ण अतीत के प्रति प्रेम और मोह, भारत प्रेम, स्वदेश गीत आदि।
2. भारत के वर्तमान स्वरूप का पिछड़ापन एवं अतीत के गौरव से तुलना।
3. उर्दू तथा फारसी के शायरी प्रेम से खड़ीबोली को समन्वित करना।
4. सामाजिक, राजनीतिक, जातिगत जीवन-शैली पर व्यंग्य-विनोद।
5. विदेशी सत्ता, शक्ति एवं जीवन-शैली के सन्दर्भ।
6. राजशक्ति एवं राजभक्ति (अंग्रेजी सत्ता) से जुड़ाव।
7. विज्ञान तथा नयी उत्पन्न होनेवाली संस्कृति एवं नये परिवर्तनों के प्रति—क्रिया-प्रतिक्रिया युक्त दृष्टि।
8. खड़ीबोली कविता की निर्मिति के सन्दर्भ में लोकगीतों यथा—लावनी, कजरी, विरहा, आल्हा जैसी शैलियों का अन्वेषण एवं प्रयोग।

खड़ीबोली कविता के विकास तथा उससे जुड़ी आधुनिकता के विविध पक्षों को कविता से जोड़ने के लिए उपर्युक्त वर्ण्यविषय तथा उनकी अभिव्यक्ति की विविध शैलियों का निर्माण हिन्दी खड़ीबोली कविता में 'भारतेन्दु-युग' के पूर्व हो रहा था और इनके फलस्वरूप सन् 1800 से 1850 तक या 1880 तक खड़ीबोली का एक सशक्त पक्ष उभरता हुआ सामने आ रहा था। वह पक्ष 'खड़ीबोली कविता का अभ्युदय पक्ष' है और उसकी सैद्धान्तिक निर्मिति का सन्दर्भ युगीन साक्ष्यों के आधार पर इस प्रकार है।

नयी काव्यभाषा (खड़ीबोली कविता) की सैद्धान्तिक रचना-निर्मिति का सन्दर्भ

खड़ीबोली अंग्रेज़ी उपनिवेशवाद के अन्तर्गत एक नव निर्मिति भाषा है और इसे परम्परा की खड़ीबोली के कवि अमीर खुसरो एवं हिन्दुस्तानी से जोड़ना निरर्थक है क्योंकि यह एक विशेष राजनीतिक सत्तागत व्यवस्था एवं उद्योगवादी तन्त्र के लिए नये अन्वेषण परिणामों के फलस्वरूप निर्मिति भाषा है, जिसे सर फ्रेजर ने सन् 1806 में तीन वर्ष के लगातार अन्वेषणों के पश्चात् स्वीकृति दी थी। प्रचलन के बाद विविध माध्यमों द्वारा गद्यात्मक स्वरूप के परिमार्जन के बाद काव्यरचना के मानकीकरण के रूप में यह प्रस्तुत की गयी। यद्यपि इसके काव्यात्मक स्वरूप का यत्किंचित् विकास भारतेन्दु-काल में हुआ और फिर उसके बाद यह काव्य प्रचलन में सशक्त होती गयी किन्तु भारतेन्दु के पूर्व इसका काव्यभाषागत स्वरूप बड़ा ही अटपटा तथा विभिन्न स्टाइलों में सामयिक जागरूकता से सम्बद्ध दिखायी पड़ता है। अयोध्याप्रसाद खत्री के कथित काव्य-संग्रह में इस खड़ीबोली की कविता की रोचक स्टाइलें इस प्रकार हैं। इनकी संख्या सात है–

(1) मौलवी स्टाइल की खड़ीबोली कविता
(2) पण्डित स्टाइल
(3) मुन्शी स्टाइल
(4) पुराने छन्दों (दोहे, सवैये) की स्टाइलें
(5) स्वच्छन्द स्टाइल
(6) यूरेशियन स्टाइल
(7) उर्दू-अंग्रेज़ी खिचड़ी स्टाइल

इनके उदाहरण इस प्रकार हैं–

1. मौलवी स्टाइल–

भाई मेरा जी जानता है।
जो झलक तूने दिखायी मेरा जी जानता है।

अरे जालिम तेरे तीर निगाह से हमने
चोट जैसी थी खायी मेरा जी जानता है।

2. पण्डित स्टाइल–

अति अमोल रत्नों की जननी सब द्रव्यों की माता है।
सदा सुधारस भरी खरी यह सब प्रकार सुख दाता है?
सब जीवों की भौतिक काया इससे पोषण पाती है
जीव से नाता टूट जाने पर इसी में वह मिल जाती है।

(श्रीधर पाठक)

(3) मुन्शी स्टाइल–

आषाढ़ आया था पहले मास वर्षान्त,
कटेगी किस तरह भला मेरी रात।
कड़क बिजली मेरी छाती दुखावे,
सखी बिन श्याम को यह दुख मिटावे।

(4) पुराने छन्दों की स्टाइल खड़ीबोली कविता–

दोहा छन्द–

अब उदयमान गुरु रानी केतकी दोनों मिले।
आस के फूल कुम्हलाये हुए दोनों खिले।

(शिवप्रसाद सितारे हिन्द)

(5) स्वच्छन्द स्टाइल–(भाव एवं भाषा का तादात्म्य सन्दर्भ)

सिखाइ नहि देत्यो पढ़ाइ नहिं देत्यो।
सैंया फिरिंगिनि बनाइ नहिं देत्यो।
लहँगा दुपट्टा नीक न लागे,
मेमन का गाउन मँगाइ नहिं देत्यो।
वे गोरिन हम रंग सँवरिया
रंग में रंग मिलाइ नहिं देत्यो।

(6) यूरेशियन स्टाइल की कविता–

मैंने अपने फादर से कहा करके यह मिन्नत।
इसके रह जाने से मेरी भलाई है पापा।
कीजिये कीजिये आप कुछ टटाई पापा।

(7) उर्दू-अंग्रेज़ी खिचड़ी–

पीस का नामोनिशा अब वर्ड है बजती नहीं
हर तरफ सुनने में आता है टू फाइट नाउ ए डेज़

थे जो असलह वर्ड के अब हैं सीमी बारबेरियन
और जो सैवेज पहले के वो हैं पोलाइट नाऊ ए डेज़।

इन उद्धरणों से स्पष्ट हो जाता है कि हिन्दी खड़ीबोली कविता को व्यापक जनसमाज से जोड़ने की कोशिश की जा रही थी। मौलवी, मुन्शी, पण्डित, यूरोपियन, स्वच्छन्द स्टाइल की जीवन-शैली ये सभी-के-सभी खड़ी बोली के प्रचलन से सम्बद्ध होने के लिए यहाँ आतुर हैं। ऐसा लगता है कि अंग्रेज़ी उपनिवेशवादी सत्ता के प्रति आकर्षण का भाव अब औरतों को भी पुराने लहँगे और दुपट्टों को त्यागकर 'गाउन' से सजने की ओर आकर्षित करने लगा है। दो भिन्न संस्कृतियों का आमने-सामने आकर पारस्परिक द्वन्द्व तथा आकर्षण के फलस्वरूप अपने मन्तव्यों को रखने के लिए ऐसी भाषा की तलाश में तत्पर है—जो व्रजभाषा एवं अवधी की भाषिक मान्यताओं के परे है। यह खड़ीबोली कविता पुरानी परम्परा से मुक्ति एवं नयी व्यवस्था के साथ तालमेल स्थापित करने के प्रति उत्सुक सर्वथा नयी काव्यभाषा की तलाश में है—जिससे मौलवी, मुन्शी, पण्डित, बाबू आदि सभी जुड़ सकें।

खड़ीबोली कविता-संग्रह के प्रकाशक सर फ्रेडरिक पिंकाट तथा अयोध्याप्रसाद खत्री मिलकर इसके रचना-विधान निम्नलिखित सन्दर्भों की ओर संकेत करते हैं—

(1) इन कविताओं में ध्वनि भंगिमा की उत्कृष्टता है।

(2) प्रकृति प्रेम के प्रति श्रेष्ठता व्यंजित है।

(3) नये समाज के प्रचलन एवं नये सन्दर्भों की ओर आकर्षण का भाव है।

काव्य सिद्धान्त के रूप में यहाँ ध्वनि भंगिमा की उत्कृष्टता एवं नयी समाज रचना से जुड़ने के प्रति सजगता इन दो तत्त्वों की चर्चा की गयी है।

यह आधुनिक खड़ीबोली कविता के उद्भव से सम्बद्ध उसके प्रथम सोपान की चर्चा समझी जा सकती है।

'ध्वनिभंगिमा' का सन्दर्भ संस्कृत ध्वनि सिद्धान्त से न जुड़कर अर्थ सरंचना एवं बोध की विविध भंगिमाओं से हैं—जो सामाजिक परिवेश के विस्तार का सूचक है तथा 'नयी समाज रचना से जुड़ने के प्रति प्रतिबद्धता है। इसका सम्बन्ध उस कालखण्ड में उगती हुई नयी आधुनिकता से है। ये दोनों काव्य तत्त्व भारत में नये युग की आधुनिकता के परिवेशों से सम्बद्ध हैं।

●

खड़ीबोली कविता के विकास का द्वितीय सोपान 'भारतेन्दु-युग और खड़ीबोली काव्य'

इस खड़ीबोली कविता के विकास का द्वितीय सोपान भारतेन्दु-युग से सम्बद्ध है। इस आन्दोलन का श्रीगणेश—जिला-प्रतापगढ़ उत्तर प्रदेश, 11 नवम्बर, सन् 1887 में पं. राधारमन गोस्वामी द्वारा लिखित 'खड़ीबोली का पद्य' लेख से हुआ। पं. महामना मदन मोहन मालवीय सन् 1885 में 'हिन्दुस्तान' पत्रिका के प्रथम सम्पादक और सन् 1891 तक सम्पादक के रूप में रहे हैं। इस युग तक खड़ीबोली कविता का व्रजभाषा कवियों द्वारा निम्नलिखित बिन्दुओं पर विरोध रहा है और इस विरोध एवं उसकी प्रतिक्रिया के बावजूद भी अनेक सन्दर्भों के फलस्वरूप खड़ीबोली का विकास दृढ़ होता चला गया। व्रजभाषा के समर्थकों द्वारा खड़ीबोली काव्यभाषा के विरुद्ध निम्नलिखित बिन्दु प्रकाश में आये—

(1) खड़ीबोली कविता में भाषिक हृदयग्राहिता एवं भावमयता का अभाव है।

(2) मार्मिकता एवं लाक्षणिक शक्ति सामर्थ्य की खड़ीबोली में कमी है।

(3) अर्थशक्ति एवं सामर्थ्य में अपरिपक्वता वर्तमान है।

(4) सम्प्रेषणधर्मिता की असामर्थ्य खड़ीबोली कविता की सर्वाधिक महत्त्वपूर्ण विशेषता है।

(5) **भारतेन्दुयुगीन खड़ीबोली की भाषिक हृदयग्राह्यता एवं भावमयता का अभाव**—अपने युग में भारतेन्दु ने खड़ीबोली की कविताएँ अधिक लिखी हैं, ऐसा डॉ. विष्णुकान्त शास्त्री ने सम्मेलन-पत्रिका, प्रयाग से प्रकाशित विशेषांक में अपना मत प्रकट किया है[1], किन्तु लोकव्यवहार की गद्यभाषा जिसका जन्म भारतेन्दु-युग के पचास-साठ वर्ष पूर्व हुआ था, भाषिक हृदयग्राह्यता एवं भावमयी संवेदनात्मक सामर्थ्य से पूरी तरह से सम्पृक्त नहीं हो पायी थी। स्वयं भारतेन्दु हरिश्चन्द्र खड़ीबोली काव्यलेखन पर अपनी इस प्रकार की टिप्पणियाँ देते हुए खड़ीबोली की भाषिक भावमयता के प्रति वे निरन्तर तत्पर मिलते हैं और उनका यह प्रयास आजीवन चलता

1. देखिये—भारतेन्दु अंक, सम्मेलन-पत्रिका, पृ. 16 से 33 तक

रहा है। भारतेन्दु हरिश्चन्द्र के निरन्तर प्रयासों का प्रतिफल बहुत-कुछ खड़ी काव्यभाषा पर परिलक्षित होने लगा था किन्तु उसमें भावात्मक सम्पृक्ति की सम्पूर्णता पूरी तरह से नहीं आ पायी थी। उनकी खड़ीबोली की कविता का प्रसिद्ध उद्धरण देखें—जो 'वसन्त वर्णन' शीर्षक से सम्बद्ध है—

गरमी का आगम दिखलाये रात लगी कटने।
कुहू कुहू कोयल पेड़ों पर बैठ लगी रटने।
ठण्ढा पानी लगा सुहाने आलस फिर आयी।
सरस सुगन्धी सिरस फूल की कोसों तक छायी।
उपवन में कचनार बनों में टेसू हैं फूले।
मदमादे भौरे फूलों पर फिरते हैं भूले।।

भारतेन्दु हरिश्चन्द्र के हिन्दी परम्परा के सरस विषय 'वसन्त' को आधार बनाया किन्तु कविता वर्णनात्मक अभिधा के अर्थबोध से जुड़ी केवल वासन्तिक घटनाओं की सूचनामात्र देती है—

"वसन्त का घटना, कोयल का बोलना, ठण्ढे पानी का अच्छा लगना, सिरस पुष्पों से सुगन्धि का उठना, कचनार एवं टेसू का फूलना, भ्रमरों का फूलों पर चक्कर लगाना आदि-आदि घटनाएँ केवल सूचनाएँ हैं। वसन्त ऋतु के भावात्मक बोध की संवेदनमयता भरी सम्पृक्ति यहाँ नहीं दिखायी पड़ती किन्तु इतना तो स्वीकार करना पड़ेगा कि इस युग के कवियों ने लोकव्यवहार की व्यापक गद्यभाषा को काव्यमयता में परिवर्तित करने का संकल्प आधुनिकता के साथ जोड़कर तैयार किया था किन्तु भाषिक संवेदनशीलता की सर्जनात्मक अन्वितियाँ धीरे-धीरे बनीं। सन् 1991 के बाद, खड़ीबोली कविता का आन्दोलन अधिक सक्रिय एवं सजग हुआ और इस दिशा में अधिक प्रयास किया जाने लगा कि—

(1) खड़ीबोली कविता को व्रजभाषा जैसी कविता की भाँति भावमयता से सम्पृक्त करके हृदयग्राही कैसे बनाया जाये? यह उनकी मुख्य समस्या थी।

(2) बंगभाषा से हिन्दी भाषा का सम्पर्क तथा आदान-प्रदान एक महत्त्वपूर्ण कारण है खड़ीबोली काव्य (घना का) स्वयं जयशंकर प्रसाद जी ने काव्य और कला तथा अन्य निबन्ध में—बँगला के हिन्दी में आने और हिन्दी का बँगला की ओर जाने का उल्लेख किया है। उनका कहना है कि—श्री हरिश्चन्द्र और श्री हेमचन्द (बँगला लेखक) ने हिन्दी और बँगला में आदान-प्रदान किया।[1]

(3) विषयवस्तु की अभिव्यक्ति एवं काव्य कथन को लाक्षणिक तथा मार्मिक बनाने के लिए अर्थ सामर्थ्य व्यंजक सन्दर्भों का प्रयोग कैसे किया जाये क्योंकि व्यवहार की खड़ीबोली पूरी तरह से विवरणात्मक भाषा थी। इस विवरणात्मक भाषा की संवेदनात्मक

1. काव्यकला और अन्य निबन्ध—श्री जयशंकर प्रसाद—पृ. 60

स्वरूप की अभिव्यक्ति के लिए काव्यात्मक भाषिक शैली की खोज एक जटिल समस्या थी।

इस सन्दर्भ में अयोध्याप्रसाद खत्री की राय थी कि–स्टाइल की भाषिक शैली का खड़ीबोली में प्रयोग करने से ही इसकी काव्य निर्मिति ठीक हो सकती है। वे कहते हैं कि–

"जैसे नयी स्टाइल को तो आने में बँगला भाषा के पद्य का संस्कार हुआ है, वैसे ही हिन्दी भाषा का होना चाहिए।"[1]

किन्तु, स्टाइलों को खोजकर काव्य प्रचलन तथा प्रयोगों का सन्दर्भ सम्भव नहीं हो सका। इस प्रकार खड़ीबोली कविता के इस कालखण्ड में विकास के दो सन्दर्भों की चर्चाएँ मिलती हैं–प्रथम स्टाइल से जुड़ी कविताओं को खड़ीबोली कविता के प्रयोग में ले आकर उसे विस्तार देने की तथा दूसरी समस्या की–व्रजभाषा की समानान्तरता का अनुकरण करके खड़ीबोली को भाषिक संवेदनशीलता तक पहुँचाने का प्रयास। स्टाइल के सन्दर्भ में कहा जा चुका है कि इसकी व्याप्ति इतनी विस्तृत नहीं थी कि उसको खड़ीबोली के व्यापक जनादेश के साथ रखा जा सके और दूसरी ओर व्रजभाषा के सन्दर्भ में खड़ीबोली की कविता को समानान्तरता प्रदान करना इस कालखण्ड में विशेष प्रश्न नहीं रह गया था, कारण कि–

(1) लोक प्रचलन में स्थित खड़ीबोली गद्य का लगभग पूर्णतः अधिकार हो चुका है–जिसका व्रजभाषा लेखन द्वारा व्यक्त करना सम्भव नहीं है। यह व्रजभाषा न तो लोकव्यवहार की भाषा है और न यूरोपीय सन्दर्भों में परिवर्तित युग व्यवस्था के सापेक्ष्य में परिवर्तित सन्दर्भों के अनुकूल एवं अनुरूप है।

(2) नयी व्यवस्था में व्यावहारिकता तथा उनके विविध सन्दर्भों में इतनी विविधता एवं व्यापकता आ चुकी है कि व्रजभाषा व्यावहारिक प्रचलनों के अभाव में पूरी तरह से उपयोग में आ सकने में सर्वथा असमर्थ है। नये यथार्थ के विविध रूपों को व्रजभाषा के नायिका भेद तथा शृंगारिक मन्तव्यों के प्रकरण पूरी तरह से छू सकने में सर्वथा असमर्थ हैं–उन्हें व्यक्त कर पाना तो इस भाषा के लिए सम्भव नहीं है।

(3) नये समाज के व्यापक अनुभवों की अभिव्यक्ति के दायरे में कवित्र, सवैया, दोहा जैसे छन्दों का संकीर्ण दायरा बड़ा ही छोटा पड़ता है, और ऐसी स्थिति में नयी भाषिक संरचना खड़ीबोली का सन्दर्भ इसके लिए समीचीन पड़ रहा था किन्तु खड़ीबोली का व्यवहार भाषा के रूप में सद्यः प्रवेश काव्य सन्दर्भ के लिए कुछ अटपटा-सा प्रतीत होता था। भारतेन्दु ने नये छन्दों का प्रयोग खड़ीबोली के प्रचलन सन्दर्भ को ध्यान में रखकर किया–खड़ीबोली के लिए 16 लावनी छन्दों में सोलह कविताएँ गेय ने लिखीं तथा प्रचलन की दृष्टि से खड़ीबोली की कविता के लिए इन छन्दों को प्रयोग में रखा–

1. खड़ी बोली का गद्य–अयोध्या प्रसाद खत्री–पृ. 47

लोकगीत, उर्दू शैली में कलाम आदि, गीत, ग़ज़ल, शायरी, मुशायरे, व्यंग्यपरक कविताएँ आदि।

ब्रजभाषा की परम्परागत स्टाइलों के होते हुए भी खड़ीबोली की काव्यभाषा निर्मिति और उसके स्वरूप की व्याकरणिक विविधताएँ नयी काव्यभाषा के रूप में उसे आगे आने में जटिलता उत्पन्न कर रही थीं। यद्यपि इस समस्या के समाधान के लिए जैसा कि कहा जा चुका है—खड़ीबोली के कवियों ने नयी स्टाइलों की शैली शुरू की किन्तु इन स्टाइलों से सामाजिक व्यवस्था की विविधताओं को बाँध सकना सम्भव नहीं था। यही नहीं, नयी यूरोपीय विकास की व्यवस्था, सामाजिक स्वीकृति तथा विकास की दृष्टि की तीव्रता से उत्पन्न होता हुआ नयापन अपने परिवेश को बढ़ाता जा रहा था। खड़ीबोली के क्षेत्र में उपन्यास, नाटक, कहानी, निबन्ध रचना के प्रवाह का क्रम एक ओर शुरू हो रहा था, तो दूसरी ओर खड़ीबोली गद्य भाषा के विकास के विविध नये सन्दर्भ निर्मित हो रहे थे और इन सबके बीच ब्रजभाषा का जमा जमाया अस्तित्व समाप्त-सा होता जा रहा था। ऐसी स्थिति में खड़ीबोली काव्यभाषा का आना लगभग तय लग रहा था किन्तु समस्या उसके काव्यात्मक स्वरूप की निर्मिति का था।

भारतेन्दु-युग के खड़ीबोली कवियों की तालिका इस प्रकार है—

(1) पं. प्रतापनारायण मिश्र—संगीत शाकुन्तल, (2) बदरीनारायण उपध्याय—प्रेमधन आनन्द अरुणोदय, (3) अम्बिकादत्त व्यास—शाकुन्तलम् का प्रथम अंक का अनुवाद, (4) राधाचरण गोस्वामी—कतिपय छन्द, (5) राधाकृष्ण दास, कतिपय छन्द।

भारतेन्दु-मण्डल के कवियों में स्वयं भारतेन्दु के साथ चार-पाँच कवि खड़ीबोली काव्यरचना के प्रति थोड़ी-बहुत सचेष्टता दिखाते हैं। भारतेन्दु युग में ही उनके मण्डल से भिन्न अनेक कवि खड़ीबोली कविता से जुड़े हैं—जिनकी तालिका बड़ी लम्बी है। इन कवियों का प्रतिनिधित्व श्रीधर पाठक करते हैं और उस युग की खड़ीबोली की काव्य रचना के सन्दर्भ में उन्हें श्रेष्ठतम कवि के रूप में स्वीकृति मिलनी चाहिए। इनकी खड़ीबोली की रचनाएँ दो श्रेणियों में विभक्त की जा सकती हैं। प्रथम, मौलिक एवं द्वितीय अनुवादित।

(1) **मौलिक काव्यकृतियाँ**—भारत वसुन्धरा, सफल सुनिश्चित, युद्ध पुकार, काव्य की नीति, स्वराज्य स्वागत, स्वदेश विज्ञान आदि।

(2) **अनूदित कृतियाँ**—एकान्तवासी योगी, उजड़ा ग्राम, भ्रान्त पथिक आदि। भारतेन्दु-मण्डल से भिन्न कवियों की सूची पर्याप्त लम्बी है और इसके अन्तर्गत बालमुकुन्द गुप्त, नाथूराम शर्मा, स्वयं पं. महावीरप्रसाद द्विवेदी का प्रारम्भिक लेखन-काल सन् 1889 से 1900 तक का लेखन भारतेन्दु-युग की सीमा में ही बद्ध है और इस प्रकार भारतेन्दु हरिश्चन्द्र युग से लेकर पं. महावीरप्रसाद द्विवेदी का पूर्वयुग तक खड़ीबोली काव्यरचना का एक सशक्त वातावरण निर्मित हुआ है—जिसका भिन्न रूप

से अध्ययन अपेक्षित है। यह सत्य है कि श्रीधर पाठक जैसे रचनाकार भारतेन्दु-युग से ही सम्बद्ध हैं किन्तु खड़ीबोली काव्यरचना के प्रवृत्तिगत विश्लेषण की दृष्टि से उन्हें भारतेन्दु-युग से पृथक् ही रखा जाना चाहिए। यही स्थिति, बालमुकुन्द गुप्त तथा खड़ीबोली के अन्य कवियों के लिए भी है। इन कवियों का मूल्यांकन सन्दर्भ पं. महावीरप्रसाद द्विवेदी-युग के पूर्व के और भारतेन्दु-मण्डल से भिन्न कवि के रूप में देखा जा सकता है।

द्विवेदी-युग के प्रारम्भ काल तथा पूर्व की खड़ीबोली (सन् 1893 से सन् 1913 तक)

पं. महावीरप्रसाद द्विवेदी-युग पूर्व हिन्दी खड़ीबोली कविता—हिन्दी साहित्य के अन्तर्गत पं. महावीरप्रसाद द्विवेदी-युग की पृष्ठभूमि सन् 1888 से लेकर 1910 अर्थात् लगभग 18 वर्षों के आसपास की है क्योंकि उनके काव्यलेखन (खड़ीबोली) की शुरुआत तथा प्रकाशन भारतेन्दु-काल में ही प्रारम्भ हो चुका था और सरस्वती पत्रिका का सम्पादन का दायित्व उन्हें 1910 में सौंपा गया। यहाँ सन् 1910 का सन्दर्भ उनके सम्बन्ध में इसलिए महत्त्वपूर्ण है कि सन् 1908 से 1910 तक उन्होंने हिन्दी साहित्य के अन्तर्गत जिस बदलाव को ले आने की चेष्टा की, उसके फलस्वरूप खड़ीबोली काव्य की अस्मिता का सन्दर्भ समाज में साहित्यिक स्वीकृत का अंग बनने लगा। वैसे सूच्य है कि द्विवेदी जी सन् 1903 में ही 'सरस्वती' पत्रिका के सम्पादक बन चुके थे।

पं. महावीरप्रसाद द्विवेदी-युग के पूर्व या प्रारम्भ काल अर्थात् सन् 1893 से 1913 तक हिन्दी खड़ीबोली कविता अपनी एक विशेष प्रकार की सशक्त पृष्ठभूमि बनाती रही जिसे आचार्य पं. रामचन्द्र शुक्ल ने अपने इतिहास में **सामान्य** जैसे शब्द से पुकारा है किन्तु खड़ीबोली काव्य-रचना के विकास की दृष्टि से यह एक सामान्य काल न होकर एक प्रकार से नवस्वच्छन्दतावादी काव्य प्रवाह का प्रारम्भिक चरण माना जा सकता है। इस युग में अपनी काव्यरचना प्रारम्भ करनेवाले बाबू जयशंकर प्रसाद की प्रथम कृति **कानन कुसुम** देखी जा सकती है जो उस समय खड़ीबोली तथा व्रजभाषा दोनों की काव्यशैलियों एवं भाषारूपों से सम्बद्ध थी। प्रसाद जी ने इस कृति की रचना सन् 1912 में की थी किन्तु सन् 1918 में उसके द्वितीय संस्करण में उसमें से व्रजभाषा की रचनाओं को हटाकर उसे शुद्ध खड़ीबोली का काव्य बनाया और बाद में, उसकी कुछ खड़ीबोली की रचनाएँ दूसरी कृति 'लहर' में जोड़ दी गयीं। सन् 1912 की कृति में

व्रजभाषा बनाम खड़ीबोली काव्यलेखन की प्राथमिकता का यह चुनाव इंगित करता है कि लोकप्रचलन में व्रजभाषा के स्थान पर खड़ीबोली की स्वीकृति बन रही थी।

पं. महावीरप्रसाद द्विवेदी-युग एवं भारतेन्दु-काल के बीच में खड़ीबोली कविता की एक विशेष काव्यधारा बिहार के हिन्दी कवियों से शुरू होती है। हिन्दी साहित्य के इतिहास-ग्रन्थों में इन कवियों की कोई चर्चा नहीं मिलती, छुट-पुट उल्लेख होना एक अलग बात है। इन कवियों का खड़ीबोली की कविता से सम्बद्ध होना आधुनिकता से सम्बद्ध नवजागरण से है। ये कवि इस प्रकार हैं–श्री राधाचरण गोस्वामी, लक्ष्मीप्रसाद योगी, टेक नारायण प्रसाद, मंगल कवि, कवि रामानन्द, अम्बिका दत्त व्यास, राय सोहनलाल आदि।[1] इनमें से कुछ कवि यह सत्य है कि भारतेन्दु-काल के होंगे किन्तु इन्होंने भारतेन्दु हरिश्चन्द्र या बनारस को केन्द्र बनाकर खड़ीबोली का काव्य नहीं लिखा है। खड़ीबोली काव्यरचना बिहार के खड़ीबोली कवियों की अपनी नयी उपलब्धि की चिन्ता दृष्टि थी किसी का प्रभाव नहीं। खड़ीबोली की रचना के लिए उपयुक्त वातावरण बनाकर गद्यभाषा तथा काव्यभाषा को सामाजिक एकरूपता के लिए प्रस्तुत करना इनकी अपनी संकल्प शक्ति है। इस खड़ीबोली की कविता के अन्तर्गत यहाँ दो स्वर अधिक प्रबल रूप से सामने आते हैं–

(1) परम्परावाद से मुक्ति का सन्दर्भ

(2) विदेशी सत्तावाद से मुक्ति की छटपटाहट

और इसी के साथ एक तीसरा भी (3) स्वर सामने आता है, वह है, मनुष्य के वास्तविक यथार्थ को सर्जनात्मक साहित्य के माध्यम से रखने का प्रयास। यदि बिहार की खड़ीबोली कविता के जागरण से जुड़े स्वरों को देखें तो यह राष्ट्रीय समन्वय एवं नवयुग के नवजागरणबोध से सम्बद्ध कविता दिखायी पड़ती है। यह काव्यधारा एक प्रकार से हिन्दी के परम्परावाद से सम्बद्ध न होकर आधुनिकता एवं राष्ट्रीय जागरणबोध से जुड़ती है। यद्यपि खड़ीबोली कविता के इस प्रकार के स्वर भारतेन्दु-युग में सुनायी पड़ते हैं किन्तु बिहार की खड़ीबोली कविता उससे अधिक सशक्त है। भारतेन्दु-युग के बाद एवं पं. महावीरप्रसाद द्विवेदी-युग के पूर्व अर्थात् उनके युगारम्भ (सन् 1910 से 1923) के पूर्व सन् 1893 से सन् 1910 के पूर्व तक उत्तर प्रदेश में विशेषकर भारतेन्दु की नगरी काशी एवं बिहार में खड़ीबोली कवियों का एक नया वर्ग आधुनिकता एवं समसामयिकता से प्रेरित होकर गद्यभाषा एवं काव्यभाषा के अलगाव को समाप्त करते हुए भारतीय नव विकास के लिए कविता तथा गद्य की एक भाषा हो इस रचना को पूर्णतः स्वीकृति दी और खड़ीबोली गद्यभाषा को सुदृढ़ता की ओर आगे बढ़ाया। भारतेन्दु-युग के बाद एवं द्विवेदी-युग के पूर्व इस परम्परा के प्रमुख कवि इस प्रकार हैं–

(1) श्रीधर पाठक–पाठक जी का नाम इस सन्दर्भ में सर्वप्रथम लिया जाता है। इन्होंने सन् 1886 में उन्होंने अंग्रेज़ी कृति का 'एकान्तवासी योगी' नाम से अनुवाद

1. भारतेन्दु-युग के भूले-बिसरे कवि–डॉ. रामनिरंजन परिमलेन्दु, पृ. 284 से 288 तक।

किया फिर उनका यह क्रम चलता रहा। गोल्डस्मिथ के ट्रैवलर काव्य का अनुवाद 'भ्रान्त पथिक' के रूप में और गोल्डस्मिथ की दूसरी कृति डिजर्टेड लैण्ड का अनुवाद–उजड़ा ग्राम नाम से किया। इसके अतिरिक्त खड़ीबोली की कविता से जुड़ी उनकी छह कृतियाँ विशेष प्रचलित रहीं–

(1) जगत् सचाई सार (1887)

(2) कश्मीर सुषुमा (1904)

(3) भारत गीत (राष्ट्रप्रेम) (1912)

(4) मनोविनोद–भाग 1,2,3 (सन् 1882, 1905, 1912)

(5) देहरादून–(1915)

(6) स्वर्ण वीणा (1916)। इनकी कविताओं में आधुनिकता के चार स्वर प्रमुखता के साथ दिखायी पड़ते हैं–

(i) अंग्रेज़ी कविताओं का हिन्दी में अनुवादों द्वारा पश्चिमी काव्यचिन्तनधारा एवं सन्दर्भित व्यवस्थाओं को खड़ीबोली में ले आने का प्रयास।

(ii) कश्मीर सुषुमा में प्रकृति की मानवीकरण की प्रक्रिया द्वारा सामाजिक प्रेम सन्दर्भ को समाज में उन्मुक्तता देने का प्रयास।

(iii) कविता को राष्ट्रप्रेम से जोड़ने का सन्दर्भ।

(iv) राष्ट्रप्रेम को कविता से जोड़ने का प्रयास श्रीधर पाठक की इस परम्परा से हिन्दी के कई परवर्ती कवि उनके बाद उनसे जुड़ते हैं–

(1) पं. रूपनारायण पाण्डेय (2) पं. मुकुटधर पाठक आदि। इन कवियों की कृतियों के द्वारा हिन्दी में खड़ीबोली कविता का एक समृद्ध वातावरण तैयार हुआ। इस खड़ीबोली काव्य के प्रचलन एवं प्रयोग के बाद कई नये सन्दर्भ हिन्दी साहित्य में आये। ये इस प्रकार हैं–

(1) पाश्चात्य संस्कृति एवं सभ्यता में व्याप्त व्यक्तिवादी अवधारणाओं का अभ्युदय।

(2) सामन्तवादी तथा प्रभुत्ववादी संस्कृति से मुक्ति का प्रयास।

(3) आत्माभिव्यक्ति से जुड़ी भावनाओं के प्रति सचेष्टता।

(4) प्रकृति प्रेम।

(5) स्वच्छन्दतावादी कृति को काव्य में उतारने का आग्रह।

(6) राष्ट्र प्रेम, राष्ट्र गौरव एवं अतीत का गौरवपूर्ण भारतीयता की पहचान प्रति निष्ठा।

सन् 1886 से लेकर सन् 1910 तक करने का यह काव्यान्दोलन अनेक रूपों में अनेक कवियों के द्वारा स्वीकृत एवं आन्दोलित किया गया। इसकी संक्षिप्त विवरणिका इस प्रकार है–

पं. महावीरप्रसाद द्विवेदी-युग के पूर्व का लेखन का प्रारम्भ पं. महावीरप्रसाद द्विवेदी से ही शुरू किया जाय तो कोई अतिवाद नहीं होगा। द्विवेदी जी ने सन् 1885 में व्रजभाषा में काव्यलेखन प्रारम्भ किया था किन्तु श्रीधर पाठक की अंग्रेज़ी से अनूदित कृति 'एकान्तवासी योगी' का हिन्दी खड़ीबोली के क्षेत्र पर अत्यधिक प्रभाव पड़ा। यही नहीं, मैथिलीशरण गुप्त भी 'रसिकेश' उपनाम सें सन् 1986 तक व्रजभाषा में ही कविता करते थे। श्रीधर पाठक से ही प्रेरणा पाकर इन दोनों कवियों ने सन् 1890 से 1900 तक इन दो कवियों ने अपनी काव्यरचनाधारा खड़ीबोली काव्यधारा की ओर मोड़ी ही नहीं, द्विवेदी जी तो सन् 1910 के बाद द्विवेदीयुगीन खड़ीबोली कविता के प्रवर्तक बन गये किन्तु इसमें सन्देह नहीं कि खड़ीबोली काव्य को आन्दोलन का रूप देने का श्रेय श्रीधर पाठक को ही है।[1]

श्रीनारायण चतुर्वेदी अपनी प्रसिद्ध कृति—**आधुनिक हिन्दी का आदिकाल** के अन्तर्गत खड़ीबोली के भारतेन्दु के बाद एवं पं. महावीरप्रसाद द्विवेदी-युग के पूर्व खड़ीबोली के कवियों के तीन वर्ग बनाते हैं—

(1) प्रथम वर्ग तो स्वयं श्रीधर पाठक से सम्बद्ध है और उनकी प्रेरणा से जुड़े उनके अनुवर्ती कवि उनके साथ जुड़े रहे। ये कवि हैं—लोचनप्रसाद पाण्डेय, गयाप्रसाद अग्निहोत्री, अयोध्यासिंह उपाध्याय 'हरिऔध', रामचरित उपाध्याय, गिरिधर शर्मा नवरत्न, मन्नन द्विवेदी, सनेही जी आदि।

(2) दूसरे वर्ग के वे कवि हैं, जिन्होंने अपने काव्यलेखन बराबर व्रजभाषा तथा खड़ीबोली दोनों में लिखते रहे। श्री बालमुकुन्द गुप्त इसके सबसे बड़े साक्ष्य हैं।

(3) तीसरे वर्ग के वे कवि हैं—जिन्होंने काव्य लेखन व्रजभाषा से प्रारम्भ किया किन्तु बाद में वे खड़ीबोली काव्यरचना को आजीवन स्वीकृति देकर उसी में लिखते रहे। ये कवि हैं—पं. महावीरप्रसाद द्विवेदी, बाबू मैथिलीशरण गुप्त, किशोरीलाल गोस्वामी, मधुसूदन गोस्वामी आदि।[2]

इसमें से कुछ ऐसे कवि हैं—जिनकी रचना का प्रारम्भिक काल भारतेन्दु-युग है और समापन-काल पं. महावीरप्रसाद द्विवेदी-युग। आचार्य रामचन्द्र शुक्ल ने अपने हिन्दी साहित्य के इतिहास में इस कालखण्ड के ऐतिहासिक विवेचन में यह स्वीकार किया है कि द्विवेदी-युग की खड़ीबोली कविता में तत्सम बहुलता एवं भाषिक शुद्धता का प्रभाव अधिक बढ़ा और उसके फलस्वरूप खड़ीबोली की भाषिक संरचना में उसके बाद बदलाव आ गया और खड़ीबोली काव्यभाषा में तत्समता का प्रभाव छायावाद तक बराबर दिखायी पड़ता है। तत्सम शब्दों के प्रयोग की काव्यात्मक बहुलता तथा विषय की गहनता दोनों विधानतन्त्र पं. महावीरप्रसाद द्विवेदी-युग से शुद्ध हुए और छायावाद तक

1. आधुनिक हिन्दी का आदिकाल—श्रीनारायण चतुर्वेदी, पृ. 190 से 198 तक
2. आधुनिक हिन्दी साहित्य का आदिकाल—पृ. 232

चलते रहे। प्रसाद, पन्त, महादेवी, निराला के काव्यसर्जन की छन्दात्मकलयता की सहज अनुभूति से जुड़ी भाषा को बनाने का श्रेय उनके उत्तरवर्त्ती कवियों को नहीं, उनके पूर्ववर्त्ती कवियों को ही है। उत्तरवर्त्ती कवियों को नयी काव्यभाषा की निर्मिति का श्रेय उस पृष्ठभूमि को है, जिसने खड़ीबोली की काव्यभाषा में रचनात्मक सहजता के घटकों को अपनी रचनात्मक शक्ति से उकेर-उकेर करके एक सहज लयात्मक अन्विति के रूप में भाषिक संरचना को ढालने की कोशिश की। छायावाद के साथ भारतीय आजादी के आन्दोलन एवं राष्ट्रप्रेम की कविताओं द्वारा खड़ीबोली का जो काव्यभाषिक अवतरण हिन्दी साहित्य में अवतरित हुआ—उसने प्रयोगवाद, नयी कविता तथा संविधानवादी काव्यान्वितियों के वातावरण को सशक्त बनाने में पूरी मदद पहुँचायी है। साहित्यिक भाषा को आध्यात्मिक रहस्यमयता, स्वच्छन्दतावादी दृष्टि, वैयक्तिकता, कल्पनाशीलता, कौतूहलमयता आदि तत्त्वों से समन्वित करने का सम्पूर्ण दायित्व ले आने का श्रेय छायावादी कविता की पृष्ठभूमि को दिया गया और उनकी अभिव्यक्तिकी भाषिक परिपक्वता को पूर्णता पर पहुँचाने का श्रेय छायावाद को है। महावीरप्रसाद द्विवेदी पूर्व काव्य की पृष्ठभूमि की भाषा के उदाहरणों द्वारा यह मन्तव्य और भी स्पष्टतापूर्वक सामने आता है।

(1) द्विवेदी-युग के पूर्व काव्य की भाषा की उस रहस्यमयता की पृष्ठभूमि को देखें जो छायावाद में रहस्यवादी काव्य बनकर सामने आया है—

उदाहरण—

इस त्रिताप हरनी पद पंकज छाया में निश्चित रहे।
अनुभव कर जो झूठे होय तो मुझे एक की लाख कहो।
तुम जानोगे कैसा है, और कहाँ है, उसका क्या आकार।
खुली आँख से देख सकोगे सब उसका लीला विस्तार।

'खुली आँख' प्रज्ञाचक्षुता का सन्दर्भ है, जिसके द्वारा उस दिव्य शक्ति का आभास विश्व के विविध सन्दर्भों में होता है। यह रहस्यवादी आध्यात्मिक चेतना भारत में उपनिषद् काल से प्रचलन में रही है और हिन्दी में निर्गुण भक्तिकाव्य के अन्तर्गत विशेष रूप से पल्लवित होकर सामने आयी। ऐसे अनेक साक्ष्य हैं कि यह प्राच्यवादी मान्यता के रूप में 'सर विल्किंग्स' द्वारा उनकी कृति **सांग्स टू भगवतगीता** रूप में फ्रान्स तथा इटली में प्रचार में आयी फिर सम्पूर्ण यूरोप में फैल गयी। अंग्रेज़ी में रोमाण्टिसिज़्म जैसी अवधारणा साहित्य में आयी और आधुनिक कवियों में रवीन्द्रनाथ ठाकुर की प्रसिद्ध कृति 'गीतांजलि' के रूप में बँगला द्वारा हिन्दी भाषा में छायावाद के रूप में विकसित हुई किन्तु जहाँ तक हिन्दी खड़ीबोली की युगीन काव्यभाषा के काव्यात्मक प्रस्तुति की भाषिक परिपक्वता का प्रश्न है, इस अज्ञात प्रेम की कविता ने भाषा को एक प्रवाहमयी काव्यशैली चिन्तन तथा लयात्मक प्रवाहपूर्ण शैली भी प्रदान की। खड़ीबोली की लयात्मक काव्यभाषा की निर्मिति में छायावादी काव्यसृजन का विशेष हाथ है।

(2) राष्ट्रीय स्वतन्त्रता तथा लोकजागरण का सन्दर्भ–द्विवेदी-युग के पूर्व की खड़ीबोली कविता में राष्ट्रीय स्वतन्त्रता एवं लोकजागरण के सन्दर्भ अत्यधिक व्यापक रूप में दिखायी पड़ते हैं। प्रसिद्ध कहानीकार चन्द्रधर शर्मा 'गुलेरी' जी की प्रसिद्ध कविता 'झुकी कमान' को देखें। कविता मानवीकरण की शैली में भारतीय जीवन को अंग्रेजी की दासता से मुक्ति का सन्दर्भ कितना प्रोत्साहनपूर्ण है–

सुना नहीं क्या रण शंखनाद।
चलो पके खेत किसान छोड़ो।
पक्षी इन्हें खायें तुझे पड़ा क्या।
भाले भिड़ाओ अब खड्ग खोलो।
स्वाधीन का सुत किसान सशस्त्र दौड़ा।
आगे गयी धनुष के संग व्योम वाणी।।

धनुष के साथ व्योमवाणी (आकाश का स्वर) सबको प्रेरित करते हुए आगे बढ़ता है। यह धनुष के साथ चलनेवाली व्योमवाणी भारतीय अस्मिता के प्रतीक का मानवीकरण है।

(3) रोमांस भरी नवीनता के प्रति अत्यधिक मोह–द्विवेदी-युग के बाद छायावादी काव्यचेतना में जिस रोमांस एवं स्वच्छन्दतावादी प्रणय वृत्ति को बहुत विस्तार दिया गया है, इस प्रवृत्ति का जन्म द्विवेदी-युग के पूर्व ही हो चुका था। यहाँ जीवन के साथ जुड़ी आनन्दमयी भोगवृत्ति बनकर रोमांस साहित्य में निरन्तर दिखायी पड़ती है। प्रसाद, महादेवी तथा निराला में यह प्रवृत्ति परवर्ती काव्य में कविता की संवेदना का अभिन्न अंग बनकर लोकजीवन एवं आध्यात्मिक दोनों धरातलों पर अपने विविध रूपों को व्यक्त करती दिखायी पड़ती है किन्तु इसका लेखन सन्दर्भ हिन्दी कविता में सन् 1890 के आसपास से शुरू हो चुका था। श्रीधर पाठक की कई कविताएँ इसके साक्ष्य के रूप में रखी जा सकती हैं। पाठक के समसामयिक कवि हेमचन्द्र जोशी कृत 'प्रेमिका का प्रताप' की निम्नलिखित पंक्तियों को देखें–

तेरे अधर मेरे प्रार्थना के श्लोक हैं।
तेरे नेत्र मेरे प्रकाश के देवालय हैं।।

श्रीधर पाठक के पूर्व के खड़ीबोली के रचनाकार रूप किशोर एक नवयुवती को यमुना में स्नान करके पूर्णतः डूबी हुई केवल जूड़ा शेष शीश सहित दिखायी पड़ती है। इसका रोमाण्टिक विम्बात्मक अंकन कवि कितनी भावुकता से करता है–देखें–

लगा न अंजन गुमान गंजन ये प्राण रंजन हैं दृगर्दनी के
करेंगे खण्डन के मान भंजन कटाक्ष कर कर कुटिल अनी के
कपोल पर लट पलट न प्यारी डिगेंगे आसन सहस फनों के
डसेंगे किस किसके जी में जानो करेंगे ये काम नागिनी के

सौन्दर्य का विम्बात्मक चित्र यद्यपि पूरी तरह उतर नहीं पा रहा है, फिर भी, उसकी पृष्ठभूमि की सटीक निर्मिति हो रही है।

(4) नयी स्वच्छन्दता—भारत में प्रचलन के रूप में चल पड़ी अंग्रेज़ी संस्कृति सन्दर्भों से जुड़ी स्वच्छन्दतावादी प्रवृत्ति प्रतीक के रूप में हिन्दी काव्य लेखन के अन्तर्गत मिलना शुरू हो चुका था। द्विवेदी-युग के पूर्व नारी की स्वच्छन्दता तथा समानाधिकार का सन्दर्भ बन रहा था। श्री मधुसूदन गोस्वामी की कई कविताओं में समानाधिकार के स्वर पूरी स्वच्छन्दता के साथ कविता में सामने आते हैं। उनकी प्रसिद्ध कविता 'कैप-शूज़' संवाद है कैप पुरुष वर्ग का प्रतीक है तो शूज नारी वर्ग की। इनके एकाध-दो सन्दर्भों के उदाहरण इस प्रकार देखे जा सकते हैं—

कैप कहै — मेरे बाबू बड़े बुद्धिमान्।
शू कहै — बीबी नित मलै उनके कान।
जब करैं अभिमान।
कैप कहै — मेरे बाबू परम सुन्दर।
शू कहै — मेरी बीबी के खेल के बन्दर।
कैप कहै — बाबू कोट-पतलून सम्हारा।
शू कहै — बीबी ने लहँगा छोड़ गाउन धारा। आदि-आदि।

नारी के स्वाधिकार तथा वर्चस्व को देखते हुए हिन्दी कविता में नारी जागरण और विशेष रूप से स्वच्छन्दता एवं मुक्ति का जीवन जीने की नयी परम्परा भारतेन्दु-युग से शुरू हो चुकी थी। श्रीधर पाठक के कालखण्ड में प्रेम, रोमांस, स्वच्छन्दता, नारी मुक्ति जीवन जीने की नयी परम्परा की शुरुआत से जुड़कर कविता का परिवेश उसे अपने से सम्बद्ध करके प्रकाश में आ चुका था।

(5) व्यक्तिवाद—हिन्दी कविता का सन्दर्भ सामाजिक परिवेश से बराबर जुड़ा दिखायी पड़ता है किन्तु विदेशी जीवनशैली तथा उनके रचनात्मक प्रभावों के फलस्वरूप हिन्दी कविता में व्यक्तिवादी निजता से जुड़ी व्यक्तिवादी कविता (Subjective Poetry) की शुरुआत इस कालखण्ड से हो चुकी थी। इस वैयक्तिक कविता द्वारा अपनेपन की निजता की अभिव्यक्ति साहित्यिक प्रचलन यथार्थवाद के रूप में साहित्य के अन्तर्गत आया और बाद में, यह आधुनिक काव्यान्दोलन का एक अनिवार्य अंग बन गया। हिन्दी साहित्य में छायावादी कविता के अन्तर्गत यह व्यक्तिवादी काव्यचेतना पूरी तरह से उभरकर आयी—जिसका सृजनात्मक सन्दर्भ द्विवेदी-युग-पूर्व काव्य में हो चुका था। उदाहरण के लिए इस प्रवृत्ति की कविता का सन्दर्भ देखें—

अरी कौन है बाला,
कहाँ से आज आयी है।
कि फुलवारी को मथ डाला
बता क्या बीन लायी है।

इस कविता का शीर्षक है–'हेमन्त'। कवि ने उसका मानवीकरण एवं उसकी निजता की ओर कितनी सटीक व्यंजना की है।

पं. महावीरप्रसाद द्विवेदी का समय तो सन् 1903 से शुरू होता है किन्तु सरस्वती पत्रिका के बाद रचनात्मक निर्माण प्रक्रिया को प्रचलन में लाने का समय 7 से 8 वर्षों बाद अर्थात् सन् 1910 के बाद शुरू हुआ किन्तु उसकी पूर्व पीठिका उनके पूर्व पश्चिमी साहित्य के प्रभाव से भारत में तैयार हो चुकी थी। पं. श्रीनारायण चतुर्वेदी ने इस कालखण्ड की शुरुआत सन् 1900 से स्वीकार की है। वैसे, अयोध्याप्रसाद खत्री ने सन् 1900 सर पिंकाट महोदय के सहयोग से 'खड़ीबोली का पद्य' पहला काव्य-संकलन प्रकाशित किया था किन्तु उसे इस आन्दोलन से नहीं जोड़ा जा सकता। खड़ीबोली कविता का आन्दोलन सन् 1878 से बिहार में शुरू हुआ था किन्तु उसका प्रतिफल बाबू हरिश्चन्द्र की खड़ीबोली कविता के काव्यान्दोलन से नहीं है। द्विवेदी-युग के पूर्व अंग्रेज़ी सभ्यता, संस्कृति, भाषा तथा साहित्य के प्रभावपूर्ण प्रचलन के बाद हिन्दी खड़ीबोली के काव्य में पश्चिमी सन्दर्भों का उदय हो चुका था। यही नहीं, कई हिन्दी कवियों ने अंग्रेज़ी कविताओं का अनुवाद किया। इस दिशा में अयोध्याप्रसाद खत्री के पश्चात् श्रीधर पाठक की अनूदित खड़ीबोली काव्यरचना **'एकान्त योगी'** की साहित्यिक क्षेत्र में पर्याप्त चर्चा रही और इस कविता ने युगीन कवियों को काव्यरचना की नयी दिशा की प्रेरणा दी और द्विवेदी-युग के पूर्व श्रीधर पाठक की ही भाँति गोविन्द प्रसाद, भुवनेश्वर मिश्र, लक्ष्मीशंकर मिश्र, जयनारायण मिश्र आदि कवि प्रकाश में आये। इसके सन्दर्भ में विशेष तथ्य यह है कि इस युग में खड़ीबोली कवियों की तीन श्रेणियाँ रही हैं–

1. केवल खड़ीबोली में कविता लिखनेवाले कवि।
2. व्रजभाषा के वे कवि जिन्होंने व्रजभाषा काव्यलेखन को छोड़कर खड़ीबोली में काव्य-रचना प्रारम्भ किया।
3. खड़ीबोली तथा व्रजभाषा दोनों में समान रूप से रचना करनेवाले कवि।

इस द्वितीय उत्थान में आचार्य शुक्ल अपने 'हिन्दी साहित्य का इतिहास' शीर्षक ग्रन्थ के प्रथम संस्करण सन् 1929 में श्रीधर पाठक का नाम नहीं दिया था किन्तु अन्तिम संस्करण सन् 1942 में उन्होंने श्रीधर पाठक को मान्यता देते हुए उन्हें द्विवदीयुगीन कवि माना और उस खड़ीबोली के काव्यान्दोलन पर पर्दा डाल दिया–जिसका जन्म लावनी (ख्यालबाजी) गीति-परम्परा से द्विवेदी-युग के पूर्व हुआ था। द्विवेदी-युग के पूर्व प्रचलन में स्वीकृत यह परम्परा द्विवेदी-युग में तीन धाराओं में विभक्त होकर काव्य रचना में प्रवृत्त थी और अंग्रेज़ी साहित्य के महत्त्वपूर्ण एवं समसामयिक कवियों एवं पश्चिमी विचारधारा के सम्पर्क से निरन्तर जुड़े ये कवि खड़ीबोली काव्यरचना के इस प्रारम्भिक काल में काव्य रचना में निरन्तर प्रवृत्त रहे। यद्यपि हिन्दी साहित्य में

द्विवेदी-युग के बाद छायावाद का युग आता है किन्तु इस छायावादी प्रवृत्ति के निर्माण में द्विवेदी-युग का विशेष योगदान नहीं है। द्विवेदी-युग के पूर्व अंग्रेज़ी साहित्य के प्रभाव के फलस्वरूप प्रारम्भ काव्यरचना प्रवृत्ति जो इस युग में जागृत हुई थी–उसी का प्रतिफल छायावाद है–द्विवेदी-युग का इस पर प्रभाव न के बराबर है। स्वयं आचार्य रामचन्द्र शुक्ल ने अपने इतिहास में प्रच्छन्न भाव से इस तथ्य का समर्थन किया है–"द्विवेदी जी सरस्वती पत्रिका द्वारा बराबर कविता में बोलचाल की सीधी भाषा का आग्रह करते रहे जिससे इतिवृत्तात्मक (Matter of fact) पद्यों का ढेर लगने लगा।"[1] द्विवेदी-युग के बाद आनेवाला काव्यान्दोलन–जिसे छायावाद के नाम से पुकारा जाता है–वह इतिवृत्तात्मक एकदम नहीं है। अतः इस आन्दोलन की पृष्ठभूमि वह काव्यधारा हैं–जो द्विवेदी-युग पूर्व पाश्चात्य विशेष रूप से अंग्रेज़ी साहित्य के प्रभाव से आ चुकी थी। हिन्दी के इतिहासकारों ने इस काव्यधारा की इतिहास लेखन में पूर्णतः उपेक्षा की है। हिन्दी छायावादी कविता सन् 1920 से सन् 1940 तक की न तो आकस्मिक अभिव्यक्ति है, यह न द्विवेदीयुगीन काव्य का प्रतिफल है–वरन् यह द्विवेदीयुगीन काव्य परम्परा के पूर्व लावनी गायकों की गीति परम्परा से जुड़ी तथा अंग्रेज़ी साहित्य के रचनात्मक परिवेश से सम्पृक्त होकर हिन्दी में रोमाण्टिक परम्परा का श्रीगणेश किया। यह पृष्ठभूमि इतनी सशक्त होकर हिन्दी साहित्य के अन्तर्गत आयी थी सामयिक व्रजभाषा तथा अन्य परम्पराओं के समानान्तर हिन्दी के इन कवियों ने एक नयी काव्यधारा निर्मित की जिसे हम हिन्दी छायावादी कविता की पृष्ठभूमि कह सकते हैं।

●

1. हिन्दी साहित्य का इतिहास–आचार्य रामचन्द्र शुक्ल, पृ. 425.

पं. महावीरप्रसाद द्विवेदीयुगीन हिन्दी काव्यधारा तथा काव्यसृजन सन्दर्भ

(सन् 1910 से लेकर सन् 1920 तक)

सामान्यतया आचार्य रामचन्द्र शुक्ल ने नयी काव्यधारा के द्वितीय खण्ड को द्विवेदी-युग के रूप में स्वीकृति प्रदान की है किन्तु उनका यह विभाजन हिन्दी खड़ीबोली काव्यभाषा विकास की परिपूर्णता एवं सम्पन्नता तथा साहित्यिक मान्यताओं की स्वीकृतियों को लेकर स्वीकार नहीं किया जा सकता। सरस्वती पत्रिका का सम्पादन कार्य उन्हें सन् 1903 में सौंपा गया और उन्होंने अपनी नियन्त्रण शक्ति से प्रभावित करने एवं काव्यभाषा तथा प्रचलन को प्रभावपूर्ण तथा अपनी विशिष्ट शैली में लाने के लिए पाँच वर्ष अर्थात् सन् 1908 तक प्रयास करना पड़ा। उसके सन् 1903 से लेकर सन् 1908 तक हिन्दी खड़ीबोली काव्यभाषा का सामान्य ही रहा और इसके लिए खड़ीबोली काव्यभाषा में निर्मित उनकी सन् 1907 में लिखी गयी कृति–'कान्यकुब्ज अबला विलाप' देखी जा सकती है। सरस्वती सम्पादन काल में उनकी दो कृतियाँ आयीं–जो इस प्रकार हैं–(1) काव्य मंजूषा (1903), कविता कलाप (1907)। सन् 1907 की कान्यकुब्ज अबला विलाप लिखी पहले गयी थी किन्तु प्रकाशित सन् 1907 की है। इसके अतिरिक्त, उनकी और कई काव्य-कृतियाँ हैं किन्तु काव्यमंजूषा तथा कविता-कलाप ये दोनों कृतियाँ द्विवेदी जी द्वारा सरस्वती पत्रिका के सम्पादन-काल में लिखी गयी थीं।

द्विवेदी जी का सरस्वती पत्रिका के साथ मूलधर्म खड़ीबोली काव्यभाषा का प्रोत्साहन था और सन् 1920 से **सरस्वती पत्रिका** से हट जाने के बाद भी आगे 5-6 वर्षों तक हिन्दी खड़ीबोली कविता को वे प्रोत्साहित करते रहे हैं। आचार्य रामचन्द्र शुक्ल ने इनके दो काव्य-संकलनों का इस कालखण्ड में उल्लेख किया है–काव्य मंजूषा और सुमन।

द्विवेदी जी की मूल अभिरुचि तत्सम भाषा प्रणाली की प्रमुखता एवं परम्परावादी छन्दों की पुनरावृत्ति से जुड़ी थी और उनके इस दृष्टिकोण को समझकर हिन्दी के

आलोचकों ने उनके कालखण्ड को **हिन्दी खड़ीबोली काव्य का पुनरुत्थान काल** कहा है। यहाँ पुनरुत्थान का अर्थ द्विवेदी जी के सन्दर्भ में है, भाषा की पूर्व प्रचलित तत्सम प्रणाली की बहुलता का प्रयोग है। जैसा कि प्रारम्भ में इसके पूर्व अध्याय में कहा जा चुका है कि हिन्दी की छायावादी कविता का उदय श्रीधर पाठक आदि के द्वारा प्रचलन में लायी गयी गीति शैली एवं अंग्रेज़ी कविता के विविध सन्दर्भों के प्रचलन से है—और इस दिशा में द्विवेदी जी का योगदान अल्प है। आचार्य महावीरप्रसाद द्विवेदी की मान्यताओं को यदि हम रखना चाहें तो इस प्रकार रख सकते हैं—

भाषिक अनुशासन एवं नैतिक मूल्यवादी समस्याओं से संयुक्त उनकी साहित्यिक भाषा सरलता तथा प्रवाहमयता से पृथक् प्रचलन एवं प्रयोग की दिशा में व्यवहारपूर्ण अवश्य थी किन्तु कविता की प्रवाहपूर्ण संवेदनशीलता से दूर थी। यह सत्य है कि स्वयं द्विवेदी जी ने संस्कृत के वर्णवृत्तों का पूर्णतः प्रयोग अपने छन्दों के रूप में रखा है और उनकी देखादेखी अयोध्यासिंह उपाध्याय 'हरिऔध' की 'प्रिय प्रवास' रचना प्रकाश में आयी—बाद में तो हिन्दी में हरिगीतिका तथा रूप माला छन्दों की लहर-सी दौड़ने लगी। किन्तु इसके विपरीत हिन्दी खड़ीबोली में लावनी छन्दों की गीतात्मक बहार, अंग्रेज़ी के सॉनेट के अनुकरण तथा बंगाली भाषा में प्रचलित बयार छन्दों की धूम ने काव्य-रचना की प्रचलित शैली के निर्माण में तत्पर दिखी और हिन्दी का छायावाद इस प्रकार पं. महावीरप्रसाद द्विवेदी की काव्यभाषा निर्मिति की परम्परा से सम्बद्ध नहीं है। महाकाव्य लेखन की इतिवृत्तात्मक परम्परा में मैथिलीशरण गुप्त एवं जयशंकर प्रसाद ने अपनी कृति की परिपूर्णता के लिए **'गीति शैली'** का प्रयोग साकेत तथा कामायनी में किया।

खड़ीबोली कविता की भाषा की निर्मिति के सन्दर्भ में उनकी भाषिक व्यवस्था के परिष्कार की दृष्टि की बराबर चर्चा होती रही है। उनकी भाषा परिष्कार एवं काट-छाँट की दृष्टि के माध्यम से संस्कृत की तत्समबहुला भाषान्वितियों के सन्दर्भ बढ़े किन्तु कई कवियों ने उर्दू-हिन्दी की मिश्रित एवं लोकजीवन में प्रचलित शब्दों को काव्यभाषा प्रयोग के सन्दर्भ में विशेष रूप से स्वीकृति दी। हरिऔध जी कृत चोखे चौपदे और चुभते चौपदे जैसी कृतियाँ इसी दृष्टि के साक्ष्य हैं। आचार्य रामचन्द्र शुक्ल ने द्विवेदीयुगीन कविता की इस परिष्कृति को 'काव्य सौष्ठव के साथ भाषा का मँजना' के रूप में स्वीकार किया है। भाषिक सरलता एवं पाठक की चित्तदशा के साथ जुड़ती हुई तादात्म्यीकरण की इस भाषिक विशेषता को मिलती हुई स्वीकृति ने हिन्दी कविता की भाषा के सँवारने का एक अतिरिक्त अवसर प्रदान किया जो द्विवेदीयुगीन कविता के अन्तिम चरण की उपलब्धि है।

पं. महावीरप्रसाद द्विवेदी काल में छन्दविधान की संरचना परम्परावाद एवं वस्तु-विषय के चुनाव में प्रकृति की ओर ध्यान दिया जाने लगा। आचार्य रामचन्द्र शुक्ल अपने इतिहास में इस तरफ संकेत करते हुए बताते हैं कि "इस द्वितीय उत्थान में

स्वतन्त्र वर्णन के लिए मनुष्येतर प्रकृति पर अधिकार उसके ऊपरी प्रभाव तक ही रहे। उसके रूप व्यापार कैसे सुखद, सजीले और सुहावने लगते हैं, अधिकतर यही देख-दिखाकर उन्होंने सन्तोष किया।"[1] श्रीधर पाठक आदि गीति परम्परा से जुड़े खड़ीबोली के कवि यद्यपि अन्त में द्विवेदी- युग से जुड़ जाते हैं किन्तु इन दोनों की पृथक्-पृथक् दो परम्पराएँ हैं। जहाँ तक द्विवेदी- परम्परा का प्रश्न है, उसके सम्बन्ध में आचार्य शुक्ल जी द्वारा की गयी टिप्पणियों के निष्कर्ष पूर्णतः सत्य हैं—

"रहस्यमयी सत्ता के अक्षर प्रसार के भीतर व्यंजित भावों एवं मार्मिक तथ्यों के साक्षात्कार तथा प्रत्यक्षीकरण की ओर झुकाव न देखने में आया। किसी प्रकार विश्व के अत्यन्त सूक्ष्म और अत्यन्त महान् विधानों के बीच जहाँ तक हमारा ज्ञान पहुँचा है, वहाँ तक हृदय को भी कुछ पहुँचाने का प्रयास होना चाहिए, पर न हुआ।"[2]

खड़ीबोली काव्यधारा का द्विवेदी-युग-पूर्व श्रीधर पाठक एवं उनके पूर्व अयोध्याप्रसाद खत्री द्वारा किये गये अत्यधिक प्रयास और दोनों के संयोग से सन् 1908 तक खड़ीबोली कविता की जिस भाषिक निर्मिति का स्वरूप बनकर सामने आ चुका था, उस पर द्विवेदी-युग का गम्भीर नियन्त्रण तथा अंकुश लगता दिखायी दे रहा था और काव्यभाषा का द्विवेदी जी द्वारा माँजने का जो प्रकरण पहले दिखायी पड़ रहा था उसका परिणाम **संस्कृतनिष्ठ हिन्दी** फिर उसके बाद लोकव्यवहार से सम्बद्ध **प्रचलन की हिन्दी** के रूपों में प्रकाश में आया। मैथिलीशरण गुप्त द्वारा रचित 'भारत-भारती' जैसी काव्यकृति का प्रत्यक्ष उदाहरण सामने है, जो पं. महावीरप्रसाद द्विवेदी के ही आशीर्वाद का प्रतिफल है। द्विवेदी-युग के कवियों के खड़ीबोली के मण्डल दो भागों में विभक्त हैं। इनकी तालिका इस प्रकार है—द्विवेदी-युग के प्रथम मण्डल में अयोध्यासिंह उपाध्याय 'हरिऔध', मैथिलीशरण गुप्त, बाबू सियाराम शरण गुप्त, लोचनप्रसाद पाण्डेय आदि तथा इस युग के दूसरे मण्डल के कवि थे राय देवीप्रसाद पूर्ण, पं. नाथूराम शर्मा, पं. गयाप्रसाद शुक्ल सनेही, पं. सत्यनारायण कविरत्न, पं. रामनरेश त्रिपाठी, पं. श्यामनारायण पाण्डेय आदि।

इस युग के इन दोनों काव्यधाराओं के कवियों का मुख्य उद्देश्य रहा है न केवल व्यापक काव्यानुभूति के रचनात्मक धरातल का चुनाव साथ-ही-साथ खड़ीबोली की काव्यरचना का श्रेष्ठतम वातावरण का निर्माण जो काव्य तादात्म्य का भावात्मक एवं स्थिर रूप पाठकों तक रख सके। यह सत्य है कि द्विवेदी-युग के दोनों मण्डलों के कवियों ने इस दिशा में अत्यधिक प्रयास किया किन्तु सामाजिक परम्पराबोध के जकड़न एवं काव्यभाषा निर्मिति की सहज लयात्मक प्रवाह की कमी से अधिक प्रसार नहीं हो सका। इसके लिए सन् 1912 (संवत् 1969) में सृजित, 'भारत-भारती' का

1. हिन्दी साहित्य का इतिहास : आचार्य रामचन्द्र शुक्ल, पृ. 452
2. हिन्दी साहित्य का इतिहास, आचार्य रामचन्द्र शुक्ल, पृ. 452

साक्ष्य सामने रखा जा सकता है। गुप्त जी ने इस भारत-भारती की भूमिका में पं. महावीरप्रसाद द्विवेदी के प्रति कृतज्ञता प्रकट करते हुए कहा है कि–

"मैं नहीं जानता कि अपने पूज्यवर श्रीमान् पं. महावीरप्रसाद द्विवेदी जी महाराज ... उनकी अमूल्य सम्मतियों के लिए जिन्होंने मुझे इस विषय में कृतार्थ किया है, किस प्रकार कृतज्ञता प्रकट करूँ।"[1]

इस सन्दर्भ में श्री मैथिलीशरण गुप्त की अवधारणा थी कि द्विवेदी जी ने सन् 1912 तक फैली भारत की सामाजिक दुर्व्यवस्था की दुर्गतियों से भारत को मुक्ति दिलाने के लिए इस कृति के लेखन का मेरे द्वारा जो प्रयास हुआ है, उन दुर्गतियों को ध्यान से देखें तो ऐतिहासिक, परम्परावादी एवं अतीत की सुखद कल्पनाओं से जुड़ी हुई हैं। अतीत का भारत आज कैसा बन उठा है, उस अतीत का पुनः लोक के भाव सम्प्रेषण एवं भावान्वेषण का विषय बनाना ही इस कृति का दायित्व आज सामने है। भारत के अतीत की परम्परा तथा उसकी समृद्धि, सम्पन्नता एवं वर्तमान की दरिद्रता, दुर्भिक्षता दोनों सामने रखकर भारत के अपने अतीत के गौरव से जोड़ना इस कृति का लक्ष्य है।

विज्ञान का वैभव दिखाया समय से परिचित किया।
उससे हमारी कीर्ति का भी हो रहा उपकार है।
बहु पूर्व चिह्नों का हुआ वा हो रहा उद्धार है।[2]

अंग्रेज़ी राज्य की व्यवस्था के फलस्वरूप नयी वैज्ञानिक एवं विकसनशील प्रवृत्तियों का जागरण हो रहा है किन्तु इस सन्दर्भ में एक महत्त्वपूर्ण बात है, हमारा अतीत के गौरव का पुनरुद्धार।

भारत का अतीत तथा वर्तमान इन दो खण्डों में बँटी यह कृति भारत के प्राचीन ऐतिहासिक गौरव के बोध के साथ-साथ वर्तमान सन्दर्भों का भी स्पर्श करती है।

---

1. भारत-भारती–भूमिका-पृ. 6
2. वही

द्वितीय उत्थान : श्रीधर पाठक–युग तथा पं. महावीरप्रसाद द्विवेदी–युग के काव्य की विशेषताएँ

इस द्वितीय उत्थान काल की चर्चा में प्रायः द्विवेदी जी का ही सन्दर्भ रखा जाता है, जबकि द्विवेदी-युग के बाद की काव्यधारा : छायावादी काव्यधारा के निर्माण में उस युग की दूसरी काव्य परम्परा : श्रीधर पाठक द्वारा स्थापित काव्यधारा का विशेष महत्त्व है। श्रीधर पाठक के पूर्व–जैसा कि कहा जा चुका है, इन दोनों कवियों के संवेग से सन् 1908 तक जो स्वच्छन्दतावादी काव्य-परम्परा चली–हिन्दी का छायावाद उसी का प्रतिफल है। द्विवेदी जी के प्रबल समर्थक आचार्य रामचन्द्र शुक्ल ने भी इस काव्यधारा की मान्यता को स्पष्ट रूप से स्वीकार किया है–

"द्वितीय उत्थान काल का अधिकांश भाग खड़ीबोली को भिन्न-भिन्न प्रकार के पद्यों में ही ढालने में लगा।[1] भिन्न-भिन्न प्रकार के पद्यों में कविता को ढालना यह प्रवृत्ति स्वच्छन्दवादी काव्य दृष्टि की और उसकी प्रबलता को देखकर आचार्य शुक्ल ने साहित्यप्रेमियों का ध्यान उस तरफ आकर्षित किया। छायावादी कविता की प्रारम्भिक पृष्ठभूमि का यह सन्दर्भ नितान्त महत्त्वपूर्ण एवं पाश्चात्य सन्दर्भों से परिपूर्ण भारतीय आधुनिकता से जुड़कर एक नया परिवेश बना रहा था किन्तु द्विवेदी जी के समर्थक इतिहासकारों ने इसकी द्विवेदी-युग सन्दर्भ में उपेक्षा की थी। इस आधुनिकतावादी काव्य परिवेश के सन्दर्भ में इस द्विवेदीयुगीन उनसे सम्बद्ध काव्य-परम्परा से भिन्न प्रवृत्तियाँ द्रष्टव्य हैं–

(1) प्रेम से सन्दर्भ-पीड़ाबोध

(2) कविता की परम्परावादी मान्यताओं से मुक्ति

(3) व्यक्तिवादिता का कविता में प्रवेश

(4) रोमानियत से जुड़े सन्दर्भों का प्रयोग

(5) कविता में मानवीकरण जैसी रचना शैली का जन्म

1. हिन्दी साहित्य का इतिहास–आचार्य रामचन्द्र शुक्ल, पृ. 425.

श्रीधर पाठक की काव्य-परम्परा में ये प्रवृत्तियाँ मुखरित होकर आयीं और आधुनिक कविता के परिवेश निर्माण में इन कवियों ने जो तत्परता दिखाकर उन्हें रचना कौशल से जोड़ा, उनका निरन्तर आगे विकास होता गया।

द्विवेदीयुगीन काव्य के समापन सन्दर्भ में हिन्दी के युगीन नये कवियों ने एक व्यापक रचना परिवेश से कविता को जोड़ना प्रारम्भ किया। हिन्दी कविता की परम्परावादी, उपदेशात्मक, स्थूल आदर्शवादी तथा इति वृत्तात्मक विधानतन्त्रों के विरुद्ध जयशंकर प्रसाद, सुमित्रानन्दन पन्त जैसे कवियों की रचनाएँ प्रथम प्रयास में आयीं। धीरे-धीरे महादेवी तथा 'निराला' के कृतित्व के स्वच्छन्दवादी प्रयोगों के सामने प्रायः द्विवेदी-युग में केवल राष्ट्रवादी कविता बची और स्वाधीनता के आन्दोलन से जुड़कर वह धीरे-धीरे चलती रही किन्तु छायावाद के समापन के आसपास उसका भी समापन हो चला। फिर नयी काव्यधाराएँ प्रगतिवाद, प्रयोगवाद तथा नयी कविता एवं लोकतान्त्रिक काव्य-कृतियों का प्रचलन तथा प्रवाह आगे बढ़ता गया। सन् 1913 में प्रसाद ने अपनी व्रजभाषा की कृति **प्रेम पथिक** का रूपान्तरण खड़ीबोली में किया। उनकी छायावादी कृति **झरना** का प्रकाशन सन् 1918 में हुआ और उनकी 'इन्दु' नामक **पत्रिका** सन् 1913 में आ चुकी थी। सन् 1918 में पं. सुमित्रानन्दन पन्त अपनी **उच्छ्वास** एवं **ग्रन्थि** रचनाएँ लिख चुके थे। महादेवी वर्मा अपने विद्यार्थी जीवन से राष्ट्रप्रेम सम्बन्धी लेखन प्रारम्भ कर दिया था। उन्होंने अपनी इन कविताओं को अपनी काव्यरचना परिवेश तथा सामर्थ्य का 'शैशवकाल' कहकर पुकारा है।

यद्यपि, इस कालखण्ड में द्विवेदी-युग का वर्चस्व सर्वोपरि था। इस युग में परम्परावाद से मुक्ति उनके समर्थक कई कवियों ने लिया है—जिनमें गयाप्रसाद शुक्ल 'सनेही' का विशेष स्थान है। उन्होंने समसामयिक कृषि दशा तथा कृषकों की पीड़ा से सम्बद्ध कई कविताएँ लिखीं—जिन्हें उदाहरण के रूप में देखा जा सकता है—

अन्न नहीं अब बिपुल देश में काल पड़ा है।
पापी पामर प्लेग पसारे पाँव पड़ा है।
सुधरने में है, जाके देर, अभी है बहुत बड़ी अँधेर।
अन्नदाता है छोटे किसान, सिपाही सिखलाते हैं शान।

सनेही की पहली कविता 'कृषक क्रन्दन' सन् 1913 में प्रकाशित हुई थी। उनका प्रसिद्ध काव्य-संग्रह 'करुण कादम्बिनी' निश्चित ही द्विवेदीयुगीन शोषित, पीड़ित एवं दलित कृषक एवं मजदूर वर्ग की करुणाभरी गाथा है।

इसी सन्दर्भ में द्विवेदीयुगीन परम्परा के कवि पं. रामनरेश त्रिपाठी की कविता को छायावादयुगीन काव्यसृजन की पृष्ठभूमि के रूप में देखा जा सकता है। इनकी तीन काव्यकृतियाँ विशेष महत्त्वपूर्ण हैं—पथिक (सन् 1921), 2. मानस (सन् 1927) एवं (3) स्वप्न (1929)। इसी सन्दर्भ में इनकी प्रारम्भिक कृति 'मिलन' जिसका रचनाकाल सन् 1918 है। इन कृतियों में त्रिपाठी जी की रचनात्मक वृत्ति निरन्तर आधुनिकता

की ओर उन्मुख है—प्रेम की स्वप्निल अवस्थाएँ, स्वच्छन्द एवं मुक्त प्रेम, कल्पित प्रणय कथाओं के विविध सन्दर्भ आधुनिकता के सामाजिक जीवन-सन्दर्भों से विशेष रूप से जुड़े हैं। व्यक्तिवादी स्वरों की प्रधानता तथा प्रतिबन्धों से मुक्त स्वच्छन्दता के सन्दर्भों से परिपूर्ण कविताएँ उन्हें इन कृतियों के सापेक्ष्य में छायावाद की पृष्ठभूमि से जोड़ देती हैं। उनकी प्रणय कथाओं के सन्दर्भ समसामयिकता से जुड़ी आधुनिकता के सापेक्ष्य के सन्दर्भों में डूबी हुई हैं। मुक्त प्रेम की अभिव्यंजना तथा प्रकृति की रमणीकता से भरी मानवीकरण की प्रवृत्ति उनकी कविता का छायावादी परिदृश्य का उत्कृष्ट वैशिष्ट्य है—

प्रतिक्षण नूतन नये बनाकर रंग बिरंग निराला।
रवि के सम्मुख थिरक रही है नभ में वारिद माला।।

पं. महावीरप्रसाद द्विवेदी-युग के चतुर्थ चरण में उनकी कठोरता जैसे सिकुड़ने लगी थी और उनके समक्ष इन नये कवियों का रचनाकाल अपने कृतित्व द्वारा उन्हें झकझोर रहा था। इसी कालखण्ड में छायावादी काव्यधारा अपनी सम्पूर्णता के साथ पूरी तरह से निर्मित हिन्दी काव्य मंच पर अवतरित हो उठती है और इसके बाद हिन्दी कविता में एक नयी आधुनिकता के बदलाव का युग प्रारम्भ हो जाता है, जो अपने विविध परिवेशों में परिवर्तित होता हुआ आज भी समसामयिक आधुनिकता के अपने नयेपन एवं उसके नये परिवेश की मान्यताओं से जुड़ता है।

●

छायावादी काव्यधारा के अभ्युदय की पृष्ठभूमि

द्विवेदीयुगीन काव्य की पृष्ठभूमि, द्विवेदी-युग तथा उसकी उपलब्धियों की चर्चा के सन्दर्भ में इस कालखण्ड में हिन्दी कविता की धाराओं का उल्लेख किया जा चुका है और इस तथ्य का संकेत है कि भारतेन्दु-युग के पूर्व से ही हिन्दी कविता की एक भिन्न पृष्ठभूमि बन रही थी और भारतेन्दु-युग तथा द्विवेदी-युग के पूर्व खड़ीबोली के लावनी-वालों का अपना काव्य प्रसार व्रजभाषा जैसी लाक्षणिक शक्ति के समानान्तर तेजी से बढ़ती चल पड़ी थी। खड़ीबोली कविता की एक सशक्त पृष्ठभूमि यदि हम द्विवेदी-काल सन् 1908 से स्वीकार करें तो उन कारणों की खोज करना भी आवश्यक होगा जिनके फलस्वरूप इस कालखण्ड के अवसान काल में छायावादी कविता अपने नये रचनात्मक आवेगों, निर्मितिविधानों एवं अभिव्यक्ति कौशल की सघन शक्ति के साथ प्रायः सम्पूर्ण हिन्दी क्षेत्र में छा उठी। इसके प्रमुख कारण क्या हैं—यह एक विचारणीय प्रश्न है। इस सम्बन्ध में प्रायः निम्नलिखित बिन्दुओं की चर्चा की जाती है–

(1) हिन्दी प्रदेश में पश्चिमी साहित्यिक मान्यताओं का प्रवेश एवं प्रसार।

(2) परम्परावाद से मुक्ति तथा नयी आधुनिकता के प्रति स्वीकृति।

(3) भारतीय कृषि व्यवस्था, सामन्तवादी प्रवृत्ति तथा रूढ़ आस्थावाद के प्रति विद्रोहात्मक प्रवृत्ति।

(4) भारतीय जीवन-शैली में बदलाव तथा एक नये मध्यवर्गीय समाज का अभ्युदय।

(5) पश्चिमी काव्यशैलियों तथा मानकों की तलाश आधुनिकता के रूप में स्वीकृति।

(6) विदेशी जीवनशैली की अतिशयता के कारण व्यक्तिवाद, आध्यात्मिक रूढ़ियों से मुक्ति, यथार्थवादी मान्यताओं की स्वीकृति, स्वच्छन्दतावादी प्रवृत्तियों की स्वीकृति-जैसे सन्दर्भों के प्रति आग्रह का भाव आदि।

हिन्दी साहित्य के अन्तर्गत इन वृत्तियों को अधिकांशतया आलोचक साहित्यिक प्रवृत्तियों के साहित्यिक बदलाव से जोड़कर विवेचित करते हैं किन्तु इस बदलाव का सम्बन्ध भारतीय जीवन-चेतना तथा मूल्यों के परिवर्तित सन्दर्भों से जुड़ी नयी समाज-

रचना से है—जो अंग्रेज़ी शासन-व्यवस्था के कारण विदेशी (बाह्य) प्रभावों से जुड़कर भारतीय समाज रचना के मूल्यों तथा जीवन-शैली के विविध सन्दर्भों को बदलने की चेष्टाओं से सम्बद्ध है। डॉ. शम्भुनाथ सिंह ने इसका मूलकारण भारत में नयी मध्यवर्गीय जीवनशैली के अभ्युदय तथा विकास को स्वीकृति दी है। इस विकास के फलस्वरूप ही भारत में नयी सामाजिक समस्याएँ, आवश्यकताएँ, नयी जीवन-शैली का अभ्युदय एवं रहन-सहन के तौर-तरीकों में परिवर्तन आदि के प्रकरण सामने आये और विदेशी सत्ता की निरन्तर स्थिरता तथा दबाव के कारण निम्नलिखित नये जीवन-सन्दर्भों का तेजी से विकास हुआ—

(1) वैयक्तिक स्वतन्त्रता तथा व्यक्तिवाद के प्रति आग्रह।

(2) बौद्धिक अतिशयता के कारण वैज्ञानिक दृष्टि का विकास।

(3) औद्योगिक विकासवादी व्यवस्था के प्रति आग्रह एवं नये मूल्यों की स्वीकृति।

(4) यथार्थवाद के प्रति आग्रहपूर्ण दृष्टि।

सामाजिक कारणों के इन सन्दर्भों से भिन्न आचार्य पं. रामचन्द्र शुक्ल एवं आचार्य पं. हजारीप्रसाद द्विवेदी इस कालखण्ड के काव्यान्दोलन के बदलाव का कारण साहित्यिक परिवेश के बदलाव से करते हैं, जो पूर्णतः नयी जीवन-शैली के परिवर्तन का प्रतिफल है—अतः साहित्यिक मान्यताओं को साहित्यिक परिवेश से जोड़कर उसका अन्तिम निष्कर्ष निकालना सम्भव नहीं है। बिना जीवन जीने की उत्पन्न नयी व्यवस्था के बदलावों को विवेचित किये, हम सही निष्कर्षों तक नहीं पहुँचे सकते। इस बदलाव को मात्र एक साहित्यिक धारा के बदलाव की बात कह देना बहुत संगत तथा समीचीन नहीं है।

डॉ. रामस्वरूप चतुर्वेदी छायावादी परिवर्तनों को भारतेन्दु-युग से जोड़ने का प्रयास करते हैं। उनके अनुसार इस नये साहित्यिक परिवर्तन के सन्दर्भ इस प्रकार हैं—

"हिन्दी की आधुनिक कविता की शुरुआत व्रजभाषा को छोड़कर खड़ीबोली में होती है, वैसे ही भक्ति और शृंगार से उपराम छोकर राष्ट्रीयता से (जुड़ती है)। ...राष्ट्रीयता की तीव्र अनुभूति भारतेन्दु-युग से ही उभरने लगती है पर खड़ीबोली और राष्ट्रीयता का सहकार सम्भव होता है, मैथिलीशरण गुप्त के यहाँ।"

आध्यात्मिकता से, इस युग में, ऐतिहासिकता की ओर झुकाव पहली बड़ी विशेषता है। इसी काल खण्ड की पूर्व पृष्ठभूमि में स्वामी विवेकानन्द ने दुर्गा देवी की कल्पना माँ के रूप में करके उन्हें भारत माता के रूप में ढाल दिया।

यही नहीं, उन्होंने इस सन्दर्भ में, अपना एक अन्य विचार प्रस्तुत किया है कि—

"छायावाद के दौर में प्रसाद तथा निराला भारतीयता के नैतिक पक्ष के बजाय, उसके सांस्कृतिक पक्ष पर अधिक बल रखते हैं।"[1] उनके अनुसार आधुनिक कविता के विकास का सन्दर्भ राष्ट्रीयता तथा आधुनिक सांस्कृतिक चेतना में देखना चाहिए।

1. हिन्दी काव्य संवेदना का विकास—डॉ. रामस्वरूप चतुर्वेदी, पृ. 141 से 159 तक।

उन्होंने इसी सन्दर्भ पर विचार करते हुए छायावाद कविता के शिल्प विधान पर भी टिप्पणी की है और बताया है कि कवि कर्म की दृष्टि से सबसे महत्त्वपूर्ण वैशिष्ट्य जो नयी कविता में उभरा है, वह बिम्ब प्रयोग है। उन्होंने इस सन्दर्भ को और भी स्पष्ट करते हुए बताया है कि "हिन्दी कविता में व्रजभाषा से खड़ीबोली में रूपान्तरण का समय बिम्ब के उदय का भी समय है।"[1]

इन सबका विवेचन करते हुए डॉ. रामस्वरूप चतुर्वेदी ने छायावादी कविता के उन दो तन्त्रों की पूरी उपेक्षा कर दी—एक है—जो द्विवेदी-युग के समापन-काल में पूरी तरह से उभरकर हिन्दी कविता में आये थे—वे हैं—

(1) मानवीकरण की शैली तथा (2) प्रतीकविधान की रचनात्मक चेतना।

डॉ. रामस्वरूप चतुर्वेदी छायावादी कविता का विश्लेषण करते समय उसके सामाजिक परिवेश की स्पष्टता को सामने न रखकर उसे साहित्यिक पृष्ठभूमि से ही जोड़ते चलते हैं। इनसे भिन्न, डॉ. नामवर सिंह छायावाद की पृष्ठभूमि में वर्तमान उसके सामाजिक परिवेशों को स्पष्ट करने के बाद उनसे निकली साहित्यिक उपलब्धियों की व्याख्या अधिक स्पष्टता एवं विस्तार से करते हैं। उनका कथन है कि—

"मध्ययुग की धार्मिकता का स्थान आधुनिक युग की ऐहिकता ने ले लिया। फलतः छायावादी कवि भी वैयक्तिक अभिव्यक्ति के लिए इस ऐहिक युग में कोई आवरण नहीं रह गया। प्राचीन मर्यादा के रक्षकों के लिए यह नग्नता और वैयक्तिकता कितनी अभिरुचिकर प्रतीत हुई, यह उनके विरोध से ही प्रकट होता है।"[2]

जिसे डॉ. नामवर सिंह आधुनिकता कहकर व्यक्तिवाद का मूल कारण मानते हैं, वह पश्चिमी उद्योगवादी व्यवस्था से प्रभावित एक महत्त्वपूर्ण राष्ट्र भारत जैसे उदारवादी देश के लिए अभिशाप है, जिसने अंग्रेज़ी सत्ता के साथ अपनी संस्कृति को छोड़कर दूसरी संस्कृति की ओर उन्मुख हुआ। इस व्यवस्था के ही फलस्वरूप भारत में दिनों-दिन उद्योगवादी संस्कृति का विस्तार होता गया और धीरे-धीरे सम्पूर्ण रूप से एक नया बदलाव आया और देश की सम्पूर्ण जीवन-शैली व्यक्तिवादी बन गयी।

इसी पूँजीवादी व्यवस्था से उत्पन्न व्यक्तिवाद तथा आत्मवादी प्रवृत्तियों का समाज में बाहुल्य आया और अहमूवाद की आत्म केन्द्रीयता का स्वर सर्वाधिक ऊँचा बन गया।

भारत में यूरोपीय साम्राज्यवाद की प्रभावपूर्ण अन्वितियों का प्रतिफल व्यक्तिवादी एवं उद्योगवादी व्यवस्था का परिणाम छायावादी (एक प्रकार की रोमाण्टिक काव्यधारा) या काव्य को बताया जाता है—किन्तु इससे भिन्न इस सन्दर्भ में एक भिन्न मतवाद इस प्रकार है—

यह अभिमत बताता है कि पश्चिमी यूरोपीय काव्यधारा रोमाण्टिसिज़्म जो हिन्दी खड़ीबोली काव्यधारा के लिए मूलस्रोत है, इसका निष्कर्ष सर्वथा भ्रान्त है। यूरोपीय

1. हिन्दी काव्य संवेदना का विकास—डॉ. रामस्वरूप चतुर्वेदी, पृ. 131.
2. छायावाद—डॉ. नामवर सिंह, पृ. 19.

काव्यचिन्तन के बीच रोमाण्टिक कविता का समय इंग्लैण्ड में सन् 1750 से लेकर सन् 1825 तक रहा है। उसके बाद, यह रोमाण्टिक कविता धीरे-धीरे यथार्थवाद की ओर मुड़ गयी। डॉ. गोपालकृष्ण श्रीवास्तव–पूर्व विभागाध्यक्ष, अंग्रेज़ी तथा कुलपति, इलाहाबाद विश्वविद्यालय का यह अभिमत है कि–मूलतः सर चार्ल्स विलिकिन्स ने जो सन् 1785 में **सांग्स टू भगवद्गीता** लिखी और उसके प्रकाशन के बाद उसी से प्रेरित होकर सन् 1789 में सर चार्ल्स विलिकिन्स ने अपनी दो काव्य कृतियाँ आगे प्रस्तुत कीं–

(1) सांग्स ऑव इनोसेन्स

(2) सांग्स ऑव एक्सपीरियन्स

फिर बाद में, इन दोनों कृतियों को मिलाकर उन्होंने निम्नलिखित नाम से एक कर दिया–

सांग्स ऑव इनोसेन्स ऐण्ड एक्सपीरियन्स

उनके बाद इस रोमाण्टिक काव्य परम्परा की फ्रान्स, इटली आदि देशों में बाढ़-सी आ गयी। अंग्रेज़ी साहित्य के अन्तर्गत वर्ड्सवर्थ, शेली, कीट्स, कॉलरिज आदि कवियों की इस काव्य मान्यता ने धूम मचा दी। इस युग में रोमाण्टिसिज़्म कविता की रचनाधारा के जो वैचारिक सन्दर्भ आये हैं, वे इस प्रकार हैं–

(1) सामन्तवादी सत्ता के विरुद्ध स्वतन्त्रता (Liberty) की भावना।

(2) आध्यात्मिक चिन्तन के सन्दर्भ–जिस पर भारतीय अद्वैतवादी एकात्मवाद का प्रभाव है।

(3) रोमाण्टिसिज़्म एक प्रकार से 'नवता' या नव्यता का पर्यायवाची शब्द है।

(4) प्रकृति के प्रति प्रेम।

(5) ईश्वर के प्रति सूफियों जैसा खुलकर प्रेम।

(6) रचना में प्रतीक पद्धति का प्रयोग।

जहाँ तक हिन्दी साहित्य में छायावादी कविता का प्रश्न है, वह यूरोपीय विचारधारा के प्रभाव से जुड़कर आधुनिक युग में सन् 1920 से सन् 1940 के आसपास तक रही और इस काव्यधारा के मूल स्रोत अंग्रेज़ी के कवि विलियम ब्लेक, वर्ड्सवर्थ, कॉलरिज, कीट्स, शेली आदि रहे हैं। अंग्रेज़ी साहित्य में यह रोमाण्टिक कविता ऐतिहासिक दृष्टि से वहाँ की सांस्कृतिक जागृति तथा नवीन सामाजिक चेतना से सम्बद्ध रही है किन्तु छायावादी हिन्दी कविता में यह बदलाव भिन्न प्रकार का रहा है। यह भारत की सामाजिक परिवर्तन से सम्बद्ध क्रान्तिकारिता से जुड़कर नहीं आयी है। डॉ. शम्भुनाथ सिंह ठीक ही कहते हैं कि "छायावादी कविता (हिन्दी) उस अर्थ में क्रान्तिकारी कविता नहीं थी, जिस अर्थ में यूरोपीय रोमाण्टिक कविता थी।"

अंग्रेज़ी रोमाण्टिक कविता धारा के प्रेरणास्रोत भारतीय अद्वैत वेदान्तमूलक सन्दर्भ भले ही रहे हों किन्तु हिन्दी छायावादी कविता के लिए प्रेरणा स्रोत अंग्रेज़ी का

रोमाण्टिसिज़्म ही रहा है और बँगला के महाकवि रवीन्द्रनाथ टैगोर की गीतांजलि के प्रभाव एवं उसकी ख्याति ने इस धारा की काव्यरचना के मार्ग को प्रशस्त करने के लिए इसने हिन्दी कविता को शक्ति दी।

इस प्रकार निष्कर्ष रूप से कहा जा सकता है कि सन् 1920 से लेकर सन् 1940 तक की हिन्दी कविता यूरोपीय भौतिकवादी व्यवस्था से सम्बद्ध प्रयोगवादी प्रवृत्तियों के बीच पनपी। रोमाण्टिसिज़्म साहित्यिक धारा के सन्दर्भों के साथ बहुत बाद में यह 'छायावाद' के रूप में हिन्दी में आयी। इसकी आध्यात्मिक चेतना से जुड़ी अद्वैतवादी आध्यात्मिक चिन्तन दृष्टि भारतीय मान्यताओं से निश्चित रूप से अपना ऐक्य रखती है फिर भी, यूरोपीय रोमाण्टिक काव्यधारा के इस भारतीय प्रभाव से हिन्दी के छायावाद की पूर्णतः व्याख्या सम्भव नहीं है। इसके लिए, यूरोप से भारत में आयी उद्योगवादी व्यवस्था के तान्त्रिक विधानों को छोड़कर हिन्दी छायावाद की व्याख्या कैस हो सकती है, अर्थात् यह सम्भव नहीं है।

●

छायावादी काव्यधारा : सामाजिक तथा साहित्यिक मूल्यबोध

डॉ. नामवर सिंह अपनी कृति—छायावाद की समस्या का मूल प्रश्न **'केवल मैं केवल मैं'** के रूप में रखते हैं। निश्चित ही, यह छायावाद की व्यक्तिवादिता और-आत्माभिव्यंजन की प्रथम कड़ी है। यूरोपीय बाजारवादी व्यवस्था के अन्तर्गत सामाजिकता का केन्द्रीय सन्दर्भ व्यक्तिवाद बना क्योंकि वह अपने निर्णय एवं उसके परिणामों के लिए स्वयं जिम्मेदार है—डॉ. नामवर सिंह का 'मैं और केवल मैं' ही इस सम्पूर्ण व्यवस्था के सन्दर्भ का निर्णयकर्त्ता है। इस निर्णय शक्ति के पीछे उसके व्यक्तिवादी सन्दर्भ को किसी भी प्रकार से सामाजिक सन्दर्भों से हटाया नहीं जा सकता। यूरोपीय पूँजीवादी व्यवस्था तथा लोकतान्त्रिक सन्दर्भों का दबाव व्यक्तिवाद का मूल कारण है जो सम्पूर्णतः सामाजिक, व्यक्तिवादिता से जुड़कर स्वकेन्द्रित होता गया। अंग्रेज़ी साहित्य में यह स्वनिष्ठ वैयक्तिकता भारत के लिए ब्रिटिश साम्राज्यवाद की देन है और विशेषकर हिन्दी छायावादी कविताकाल में साहित्यिक मान्यताओं का आधुनिक बौद्धिक चिन्तन बनकर सम्पूर्ण देश भर में नहीं तो हिन्दी प्रदेश में छा गया—और बाद में पूरा देश इसी का अंग बन गया। यूरोप में स्वच्छन्दता एवं व्यक्तिवादिता को भारतीय अध्यात्मवाद से जोड़कर जो रूप बनाया गया था—भारत में उन सबका प्रवेश एक साथ विदेशी सन्दर्भों के साथ हुआ—ये तीनों सन्दर्भ हैं (1) व्यक्तिवादिता, (2) स्वच्छन्दवादिता एवं (3) आध्यात्मिकता। छायावादी काव्य के हिन्दी जगत् में पूर्ण प्रचलन के बाद व्यक्तिवादी प्रणय के सुख-दुःख की पीड़ा की विदेशी मान्यताओं से व्याकुल हिन्दी के इस दिशा की शीर्षतम धारा के कवियों जयशंकर प्रसाद, महोदवी वर्मा एवं निराला आदि के स्वरों में परिवर्तन आये। महादेवी प्रणय की प्रच्छन्न पीड़ा को खींचकर बुद्ध के करुणावाद की ओर ले जाती है और प्रसाद जी ने छायावादी मान्यताओं को सम्पूर्णतया शैवागम के अध्यात्मवादी आत्मचिन्तन से जोड़ा तो महाकवि निराला अद्वैतवेदान्तवाद की निष्ठा से जुड़कर अपने गीतों को नयी आध्यात्मिक सन्दर्भ रचना का रूप देते हैं।

इस कालखण्ड के अन्तर्गत डॉ. हरिवंशराय 'बच्चन' ही एक ऐसे कवि हैं, जो अपने समीप के कवियों के साथ रोमानियत के यथार्थवाद तथा व्यक्तिवाद से जुड़े उसके भोग सन्दर्भों को समेटकर भौतिक भोगवाद के आधुनिक दायरे में अपनी कविता को रखने में कोई ना-नुकर नहीं की और 'हालावाद' जैसी मान्यता को हिन्दी साहित्य में पूरे विश्वास के साथ रखा। यह कविता, परवर्ती आधुनिक कविता की यथार्थवादी रोमानियत की रीढ़ है, जो प्रयोगवाद तथा नयी कविता में अनेक रूपों में व्यक्त हुई है। इस सन्दर्भ का सबसे महत्त्वपूर्ण कारण यह है कि भारत की नयी सामाजिक संरचना में पश्चिमी उपनिवेश तथा उद्योगवाद की प्रवृत्ति के व्यापक प्रचार-प्रसार तथा यूरोपीय साहित्य के दिन दूने, रात चौगुने बढ़ते अंग्रेज़ी साहित्य के प्रभाव के कारण बदलावों में जो तेजी आयी सम्पूर्ण आध्यात्मिकता विनष्ट होकर भौतिक यथार्थवाद के अनेक संवेदनशील रूपों में परिवर्तित हो गयी। आज का भौतिक यथार्थवाद, स्वच्छन्दता एवं व्यक्तिवादी निजता भारतीय लोकतान्त्रिक समाज रचना के अंग से बने दिखायी पड़ते हैं किन्तु छायावाद युग में व्यक्तिवादिता तथा रोमानियत के प्रच्छन्न रूप ये ही दो स्वर मुखरित हैं। कुल मिलाकर, यदि हम छायावादी कविता की व्यक्तिवादिता का विवेचन करें तो उसके तीन सन्दर्भ विशेष मुखर दिखायी पड़ते हैं–

(1) आत्मरति, आत्माभिव्यक्ति एवं मौखिक-मुखर आत्मविश्वास।

(2) जीवन की निराशावादी प्रवृत्ति–जो एक ओर प्रणय पीड़ा की गहन अनुभूति से जुड़ती है तो दूसरी ओर आध्यात्मिक निष्ठा का अंग बनकर सामने आती है।

(3) प्रकृति की स्वच्छन्द उन्मुक्तता के साथ व्यक्ति की उन्मुक्तताओं का फैलाव और सौन्दर्य के विविध प्रच्छन्न रूपों को आँखों के सामने ले आने का प्रभाव।

(4) छायावादी कविता की आत्मरति को यदि फ्रायड के मनोवैज्ञानिक परिवेश द्वारा विश्लेषित करें तो हम उसे प्रच्छन्न भोगवाद की आत्मिक आकांक्षा का रूप देंगे और यदि उसे अध्यात्मवादी दायरे में ले जायें तो 'मैं और तुम' की कथा आध्यात्मिक सन्दर्भों से जुड़ जाती है क्योंकि भारत जैसा व्यापक अध्यात्मवादी परिवेश शायद विश्व में अन्यत्र न मिले, केवल 'सूफीवादी' मान्यताओं को छोड़कर।

1. छायावादी कविता में अभिव्यक्त आत्मरति की कामना का आध्यात्मिक सन्दर्भ तथा काम वासना से सम्बद्ध भोगवाद की वृत्तियों के अलगाव के सन्दर्भ दिखायी तो पड़ते हैं किन्तु कहीं-कहीं अलगाव न के बराबर हो जाते हैं। रूप चित्रण में सौन्दर्याकांक्षाओं की अतृप्ति एवं तृप्ति के सन्दर्भ बराबर टकराते चलते हैं। नये दृश्यों एवं प्रतीकों का गढ़ना तथा सामाजिक संरचना के स्थान पर उन्हें व्यक्तिवाद से जोड़ देना व्यक्तिवादी रोमाण्टिक भावनाओं का प्रतिफल है। जयशंकर प्रसाद कृत 'आँसू' रचना को देखें तो आध्यात्मिक प्रतीकों की रचना के अभाव में सम्पूर्ण प्रसंग लोकात्मक शृंगार की पीड़ा से भरे हुए प्रेम और उसकी आकांक्षाओं के आलेख लगते हैं। निश्चित ही, सम्पूर्ण कृति व्यक्तिवादी प्रेम-पीड़ा की छटपटाहट से जुड़ी व्यवस्थाओं से प्रत्येक दृष्टि

से अभिन्न हैं। निराला की **जुही की कली** शीर्षक कविता का सन्दर्भ देखें तो प्रतीक एवं लोकान्तक प्रणय भोग के सन्दर्भ एक-दूसरे से जुड़े हुए बराबर दिखायी पड़ते हैं–

हेर प्यारे को सेज पास
नम्रमुखी, हँसी खिली
उगा अमर अंकुर उर भीतर
संस्कृति भीति भगी।।

इस कविता का सन्दर्भ यदि बदलकर इसका शीर्षक **सद्यः पतिका** रख दिया जाये तो जुही का सन्दर्भ प्रतीक भी खोजने से न मिलेगा। 'जुही की कली' का प्रसंग इतना ही है कि सायंकालीन वायु के स्पर्श से झुकी हुई कली (नम्रमुखी) खिल पड़ी और उसके हृदय में आनन्द का अकुंरण हो उठा और समाज का भय लुप्त हो उठा। अब वह अपने प्रणयी वायु से स्वच्छन्द विहार के लिए आतुर हो उठी है। इस जुही की कली का प्रसंग सद्यः परिणीता नायिका जैसा है और उस नव विवाहिता की प्रणय आकांक्षाएँ ही जैसे अपने को सामने रख रही हों।

महादेवी वर्मा जैसी कवयित्री आत्मरति की छिपी आकांक्षाओं को पूरी शालीनता से मुँह ढँककर रखने की चेष्टा करती हैं किन्तु काव्य जगत् में अभिव्यंजनाओं को छिपा पाना मुश्किल है। प्रसाद, निराला, पन्त निरन्तर इस ओर आकर्षित सम्पूर्ण प्रेम कल्पना के जाल को निरन्तर बिछाते चलते हैं किन्तु अन्तः वृत्ति में छिपी प्रेम की शृंगारमयी वासनाएँ निरन्तर सामने आती रहती हैं। पन्त प्रकृति के आरोप को केन्द्र में रखकर जिस रोमाण्टिक भावमयता को रखने की चेष्टा करते हैं, वहाँ वह प्रच्छन्न छद्म व्यापार खुलासा होता चलता है। उदाहरण देखें–

प्रिये! कलि कुसुम कुसुम में आज
मधुरिमा मधु सुषमा सुविकास
तुम्हारी रोम रोम छवि व्याज
छा गया मधुबन में मधुमास।

आध्यात्मिक प्रतीकवाद एवं प्रकृति के मानवीकरण के विविध लोकात्मक सन्दर्भों से जुड़े रोमांस सन्दर्भ हिन्दी छायावादी युग में इसलिए प्रचलित हुए क्योंकि अभी तक भारत का जनसमुदाय पश्चिमी संस्कृति में पूरी तरह से डूबा हुआ नहीं था। परम्परागत भारतीय नैतिकवादी दृष्टि अभी तक पूरी तरह से प्रचलन में थी और सामाजिक जीवन में उन्हें तोड़ना सम्भव नहीं था। यूरोपीय देशों में प्रचलित स्वच्छन्द रोमाण्टिक जीवन-शैली भारत में पैठ तो रख रही थी किन्तु भारत की परम्परावादी नैतिकताभरी जीवन-शैली के बीच उसका आना दबे पाँव ही हो रहा था।

छायावादी कविता का स्वच्छन्दतावादी सन्दर्भ सर्वथा आडम्बरों से मुक्त यथार्थवाद से जुड़ा था। वर्ण्यवस्तु का छायावादी सन्दर्भ स्वच्छन्दता से आक्रान्त न होकर अनेक

प्रकार की जटिलताओं से घिरा दिखायी पड़ता है। विषयवस्तु की प्रस्तुति के सारे-के-सारे उपकरण—प्रतीकविधान, बिम्बविधान, मानवीकरण, बिम्बात्मक चित्रण के सचेष्ट आग्रह यथार्थ को व्यंजित करते हैं—जिनकी व्याख्या पाठक की मनोचेतना में है और सम्पूर्ण सृजन भारतीय परम्परा के सन्दर्भों से अपने को बदले हुए अपनी नवता की व्याख्येय वस्तु के रूप में अप्रत्यक्ष एवं प्रत्यक्ष दोनों व्यापारों से उन्हें प्रभावित करते हैं। पं. सुमित्रानन्दन पन्त की इन पंक्तियों का वर्ण्यविषय क्या है, उसे खोजना कितना मुश्किल है—

मिलिन्दों से उनकी गुंजार,
मृणालों से मृदु तार।
मेघ से सन्ध्या का संसार,
वारि से उर्मि उभार।

इन पंक्तियों के सन्दर्भ से नारी रूप को खोजना कितना मुश्किल काम है।

(2) व्यक्तिगत जीवन का अपना निजी सन्दर्भ—निराशा, अतृप्ति, पीड़ा, कुण्ठा, आत्महीनता जैसी प्रवृत्तियाँ इस हिन्दी रोमाण्टिक कविता में बराबर अभिव्यक्त होती चली आयीं और पश्चिमी रोमाण्टिसिज़्म के इस अध्यात्मवाद में 'आत्मा एवं ब्रह्म' के असम्मिलन के सन्दर्भ केवल प्राप्ति की मनोकामना भर हैं। पश्चिमी साहित्य में यह आध्यात्मिक पीड़ावाद या दुःखवाद है—किन्तु भारतीय सन्दर्भ में जीव एवं ब्रह्म का तादात्म्य **आनन्दवाद** के सन्दर्भों से जुड़ा है। शंकराचार्य कृत **आनन्दलहरी** एवं **सौन्दर्य- लहरी**, मधुसूदन सरस्वती कृत जैसी कृतियाँ इसके लिए साक्ष्य का कार्य करती हैं। भारतीय परम्परा से भिन्न पूँजीवादी परम्परा में पहुँचकर आध्यात्मिक कविता **रोमाण्टिक कविता** अवश्य बनी किन्तु सामाजिक जीवन की व्यक्तिवादिता, भोगवादी जीवनदृष्टि के प्रति आग्रह, यथार्थवादिता आदि के स्वरों ने भारतीय आध्यात्मिक कविता का सन्दर्भ बदल डाला और उसको नया रूप दिया। आध्यात्मिक साधना का भारतीय सन्दर्भ में वैयक्तिक है किन्तु वह व्यक्तिवाद सर्वमयता से जुड़ा है। पश्चिमी वैयक्तिकता का सन्दर्भ निजता से है और उसमें किसी का प्रवेश नहीं है—इसलिए यह विदेशी रोमाण्टिक कविता जब भारत में आयी तो 'मैं' और 'तू' तथा 'लोक' के बीच का समन्वय 'मैं' और 'तुम' तक रहा और वह भी नितान्त व्यक्तिगत। इस सन्दर्भ में सुमित्रानन्दन पन्त की कविता को देखें—

तड़ित्-सा सुमुखि तुम्हारा ध्यान,
प्रभा के पलक मार उर चीर।
गूढ़ गर्जन कर जब गम्भीर,
मुझे करता है अधिक अधीर।
जुगनुँओं से उड़ मेरे प्राण।
खोजते हैं तब तुम्हें निदान।।

कल्पनापूर्ण वातावरण का यथार्थबोध इस कविता के कवि की निजता को जोड़कर लोक से जोड़ती है, आध्यात्मिकता से नहीं। पश्चिमी कविता में सम्पूर्णतः यथार्थ भरे व्यक्तिवादी जीवन के सन्दर्भ आकाश में बादलों की भाँति घिरते एक निश्चल रहस्यमयता को सामने रखकर शान्त हो जाते हैं किन्तु भारतीय कविता का मूल सन्दर्भ जो आध्यात्मिकता से जुड़ता है—वह आत्ममय होते हुए भी लोकमयता के प्रति विसर्जित है। कल्पना की निखरी आध्यात्मिक अनुभवशून्य छायावादी कविता न लोक के लिए रह जाती है और न आध्यात्मिक जगत् के लिए। महादेवी वर्मा की एक कविता के उदाहरण से इसे स्पष्ट किया जा सकता है।

मैं अनन्त पथ में लिखती जो,
सस्मित सपनों की बातें।
उनको कभी न धो पायेगी,
अपने आँसू की रातें।

हिन्दी कविता के आलोचकों ने हिन्दी की इस रोमाण्टिक कविता को छायावाद तथा रहस्यवाद इन दो खण्डों में बाँटने का प्रयास किया है। एक ओर प्रकृति का मानवीकृत रूप है, दूसरी और वैयक्तिक यथार्थ की रोमाण्टिक अभिव्यक्तियाँ हैं तो तीसरी ओर अध्यात्म के उन सन्दर्भों का संकेत है—जिसकी ओर जाने पर सत्ता की अनन्तता और उस अनन्तता के प्रति कवि का जिज्ञासा एवं आत्ममयता का भाव सन्दर्भ को भौतिक सीमाओं के ऊपर पहुँचा देता है। अपने आराध्य एवं अनन्यतम सत्ता की ओर संकेत करती हुई महादेवी वर्मा जब कहती हैं कि—

रंगमय है देव दूरी
छू तुझे रह जायेगी यह
चित्रमय क्रीडा अधूरी

दूर रहकर खेलना पर मन न मेरा मानता है। देव एवं आराध्य के बीच के फासले की दूरी केवल कल्पनामयी क्रीड़ा बनेगी क्योंकि हम दोनों के बीच एकात्मकता का सम्बन्ध कैसे बन पायेगा—असम्भव है। आध्यात्मिक साधना का यह रहस्यमय व्यक्तिवादी स्वच्छन्दता से कहीं नहीं जुड़ता और यह उस कविता की एक प्रवृत्ति है जो पश्चिम से जुड़कर आने के बाद संस्कारों से भारतीय है। यथार्थ की स्वप्निल आकांक्षाओं के बीच उत्पन्न निराशा, अतृप्ति, कुण्ठित एषणाएँ जिस तरह जगत् से जुड़ती हैं, उसी तरह से कल्पनामयी सृजन संसार में उन्हें आध्यात्मिकता से भी जोड़ा जा सकता है और जोड़ा जाता भी है किन्तु, केवल कल्पित अभीष्ट की प्राप्ति और स्वप्निल आकांक्षाओं की लालसाएँ लोक तथा अध्यात्म के सन्तुलन को साथ लिये चलती हैं। महादेवी वर्मा जब अपने प्रियतम सन्दर्भ को जन्म-जन्मान्तर से आध्यात्मिक आकांक्षाओं के साथ जोड़ती हैं—तो उनमें आध्यात्मिक व्यंजना तो बनती है किन्तु सन्दर्भ काल्पनिक तथा यथार्थ जीवन से जुड़ते प्रतीत होते हैं और इसका विवेचन करते समय लोक तथा अध्यात्म दोनों काल्पनिक तथा यथार्थमुक्त प्रतीत होते हैं।

(3) छायावादी कविता में आध्यात्मिक सम्मिलन के सन्दर्भ आनन्दमयता के हैं किन्तु उसकी सम्पूर्ण सीमाएँ लोकानुभव के उस परिवेश के बाहर नहीं जा पातीं, जिनका भोग आज का कवि यथार्थ के जीवन में कर रहा है। प्रसाद की सम्पूर्ण रहस्यमयी कविताएँ लौकिक जीवन की भोगी जानेवाली आकांक्षाओं के स्पर्शों से सजी हैं। शारीरिक रोमांस की अभिव्यंजनाएँ, प्रतीकमयता, रतिक्रीडा के रोमांचक छद्‌म सन्दर्भ उन्मादकारी गतिमयता आदि सारे-के-सारे तत्त्व पश्चिमी संस्कृति की स्वच्छन्दता के मानक हैं और हिन्दी छायावादी कविता में ये सारे-के-सारे तत्त्व भारतीय नैतिकता तथा आध्यात्मिक परिवेश के साथ अपनी सम्मिलित द्वन्द्वमयता से घिरते हैं तो एक ओर पश्चिमी और दूसरी ओर भारतीय परिवेशों का सम्मिलित रूप थोड़ी देर के लिए पाठकों की उचित दशा को यथार्थवादी रोमाण्टिसिज़्म के परिवेश से प्रभावित कर देते हैं। उदाहरण के लिए जयशंकर प्रसाद की कविता का एक उदाहरण लें–

छूने में हिचक देखने में पलकें आँखों पर झुकती हैं।
कलरव परिहास भरी गूँजें अधरों पर सहसा करती हैं।

प्रथम प्रणय का प्रथम अनुराग भरी प्रणयिनी के प्रति रागभरी आकांक्षा की इस कविता जीवन यथार्थ लोक है–आध्यात्मिक परिवेश नहीं। पूरी कविता के सन्दर्भ स्पष्ट हैं–आँखों पर पलकों का झुकना, स्पर्श में हिचकिचाहट, ओष्ठों पर स्वरों का रुक जाना–ये सम्पूर्ण वातावरण लोक कामोन्माद से जुड़े प्रणय के प्रथम सोपान के हैं। प्रणय एवं रोमांस की यह कल्पनात्मक वृत्तियाँ थोड़ा और आगे बढ़कर निरन्तर सघन होती चलती हैं और लगता है कि भारतीय कामशास्त्र के सम्पूर्ण व्यावहारिक सन्दर्भ पुनः लोक में आ बैठे हैं। पं. सुमित्रानन्दन पन्त की इस कविता को उदाहरण के रूप में देखें–

अर्द्ध विवृत अधरों पर तरुण सत्य के सिर धर।
लेटी थी वह दामिनी-सी रुचि गौर कलेवर।
गगन अंग से लहराये मृदु कुच अंगों पर।
वक्षोजों के खुले घरों पर लसित सत्य कर।

आध्यात्मिकता के सेक्सीय अंगों एवं सन्दर्भों से जोड़कर उपमानीकृत करना निश्चित ही छायावादी आध्यात्मिकता की पृष्ठभूमि का गर्हित रूप है।

इस छायावादी परम्परा के परवर्ती कवियों में रोमांस भरे जीवनानुभूति के यथार्थ के स्वर अधिक आये हैं और भारतीय जीवन में यथार्थ के रोमाण्टिक जीवन के विकास के सन्दर्भों में हिन्दी कविता के जो स्वरूप सामने आये, उसे नंगी पीढ़ी, भूखी पीढ़ी आदि-आदि प्रकरणों में देखा जा सकता है। परवर्ती हालावादी हिन्दी कविता का विकास भी इसी पाश्चात्य परम्परा की देन है। भारत में क्लासिक प्रेम का सन्दर्भ रीतिकालीन परम्परावादी काव्यों से जुड़ा रहने के कारण वह इस स्वच्छन्दतावादी रोमांस प्रेम के साथ नहीं आ पाया।

छायावाद का विधेयवाद

विभिन्न मानवीय संस्कृतियों की समाज के बीच विचार तथा संस्कृति दोनों दृष्टियों से आपसी आदान-प्रदान की अपनी महत्त्वपूर्ण भूमिका है—जो उनके भावी विकास का मार्ग प्रशस्त करती है। वैचारिक जीवनचर्या, रहन-सहन की जीवनशैली तथा विकासशील चिन्तन की दिशाएँ इस पारस्परिक अन्तर्सम्बन्धों की महत्त्वपूर्ण देन है। यद्यपि सम्पूर्ण विश्वव्यापिनी मानव-जाति के रहन-सहन, वैचारिक जीवन तथा व्यवस्था में अनिवार्य तथा अपरिहार्य रूप से अलगाव दिखायी पड़ते हैं किन्तु जब दो मानव जातियाँ परस्पर एक-दूसरे के सम्पर्क में आती हैं तो नयी संस्कृति तथा नये परिवेश का अभ्युदय अनिवार्य है। यूरोपीय देशों की भौगोलक परिस्थितियाँ तथा सामाजिक बदलाव के कारण जीवन-पद्धति तथा सामाजिक सन्दर्भों के जो प्राकृतिक बदलाव हैं, वे कभी-कभी भिन्न-भिन्न परिस्थितियों पर अपने बदलाव की छाप छोड़ते चलते हैं। यूरोपीय सन्दर्भों के ही समानान्तर एशिया के देशों के बदलावों के अपने पृथक् सन्दर्भ हैं, किन्तु कभी-कभी उनका भी यूरोपीय परिवेश पर अपना पृथक् प्रभाव दिखायी पड़ता है। वैश्विक मानव जाति जब किन्हीं परिस्थितियों में अपने से भिन्न मानव समूहों में प्रवेश करती है तो निश्चित रूप से एक-दूसरे के लिए जीवनचर्या, बौद्धिक, वैचारिक तथा सांस्कारिक सन्दर्भों का आदान-प्रदान परस्पर एक-दूसरे को प्रभावित करता है। डॉ. रामस्वरूप चतुर्वेदी ने ठीक ही कहा है कि "पुनर्जागरण जातीय संस्कृतियों की टकराहट से उत्पन्न सांस्कृतिक ऊर्जा है।"[1] उन्होंने उन्नीसवीं शती में नये यूरोपीय एवं पुरानी भारतीय संस्कृति की परस्पर टकराहट को भारत में आधुनिकता के प्रवेश एवं नवजागरण का कारण बताते हुए इसी तथ्य का समर्थन किया है कि दो संस्कृतियों का परस्पर एक-दूसरे के समीप आना और परस्पर एक-दूसरे से प्रभावित होना सर्वथा एक नयी संस्कृति के अंकुरण तथा विकास का कारण बनता है और वर्तमान भारतीय आधुनिकता का आज सन्दर्भ इसी से ही जुड़ा है।

डॉ. बच्चन सिंह दो संस्कृतियों के पारस्परिक टकराव को इतना महत्त्व नहीं देते जितना महत्त्व उसे डॉ. रामस्वरूप चतुर्वेदी देते हैं। वे कहते हैं कि दो संस्कृतियाँ पारस्परिक सम्पर्क में आकर आर्थिक कारणों से अपने में टूटती तथा स्वतः नये परिवर्तनों की ओर झुकती हैं। वे कहते हैं कि—"दो संस्कृतियों का अन्तरावलम्बन परिवर्तन के लिए उतना कारगर नहीं होता, जितना समाज के बुनियादी ढाँचे को बदलनेवाले आर्थिक कारण।"[2]

---

1. साहित्य और संवेदना का विकास, पृ. 79
2. आधुनिक हिन्दी साहित्य का इतिहास—डॉ. बच्चन सिंह, पृ. 15

यहाँ पर मूल प्रश्न विचारणीय है कि भारतीय समाज के बुनियादी ढाँचे में बदलाव क्या अंग्रेज़ों के सौमनस्य से आये या उनके व्यावसायिक दबाव के कारण जो भारत में सत्ता तथा सामाजिक दोनों परिवर्तनों के मूल कारण के रूप में रहे हैं। उनके कारण 'ईस्ट इण्डिया कम्पनी' ये शासन के व्यावसायिक प्रतिफल के बाद सन् 1857 में ब्रिटिश साम्राज्य का भारत पर सत्तामूलक अधिकार हुआ और ब्रिटेन की साम्राज्ञी महारानी विक्टोरिया का राजतन्त्र भारत के लिए मानक बना। ईस्ट इण्डिया कम्पनी की व्यावसायिक सत्ता व्यवस्था ने भारत में एक नये सामाजिक वर्ग का अपने नियन्त्रण के प्रकाश में प्रतिष्ठित किया—उसे मध्यवर्ग के रूप में जाना जाने लगा और ब्रिटिश साम्राज्यवाद में यह मध्यवर्ग पूरी बुलन्दी पर चढ़ गया और भारत में आज भी इसके वर्चस्व को अस्वीकार कैसे किया जा सकता है? मध्यवर्ग की संस्कृति है, सत्ता के साथ मिलकर उसकी पूर्ण स्वीकारोक्ति प्राप्त किये हुए अपने सामाजिक वर्चस्व को निरन्तर बनाये रखना। अंग्रेज़ों के सच्चे सहयोगी, हितैषी एवं समर्थक के रूप में निरन्तर साथ देता रहा है। अंग्रेज़ों की शिक्षानीति, व्यावसायिक नीति तथा उनके व्यवहार सन्दर्भों से इस वर्ग का उद्भव तथा विकास हुआ है। भारत में अंग्रेज़ों के साम्राज्यवाद के बाद अंग्रेज़ 20वीं शती के प्रारम्भ से श्रेष्ठता के मानकों की तलाश, अंग्रेज़ी संस्कृति, भाषा, चिन्तन तथा जीवन-शैली में खोज-खोजकर स्थापित करने लगा। यह सम्पूर्ण प्रभाव भारतेन्दु एवं द्विवेदी-युग के लेखन तथा उसके समानान्तर नयी वैदेशिक साहित्य व्यवस्था को लेकर हिन्दी में अवतरित होना शुरू हुआ और छायावाद, प्रयोगवाद तथा नयी कविता की मान्यताओं को लेकर हिन्दी जगत् में उतरा। इसका स्वर आज भी मन्द नहीं हो रहा है। भारतेन्दु-युग में इसके सन्दर्भ को व्यंग्य रूप में व्यंजित करते हुए स्वयं भारतेन्दु हरिश्चन्द्र कहते हैं—

"हे अंग्रेज़! हम तुमको प्रणाम करते हैं।

हे वरद! हमको वर दो, हम सिर पर शमला बाँधकर तुम्हारे पीछे दौड़ेंगे। हे अन्तर्यामिन्! तुम परोपकारी कहो इस हेतु हम परोपकार करते हैं, तुम विद्वान् कहो, इस हेतु विद्या पढ़ते हैं, अतएव हे अंग्रेज़! हम पर प्रसन्न हो, हे मिष्टभाषण! हम मातृभाषा त्याग करके तुम्हारी भाषा बोलेंगे, पैतृक धर्म छोड़कर ब्राह्म धर्मावलम्बन करेंगे, बाबू नाम छोड़कर मिस्टर लिखवायेंगे, तुम हम पर प्रसन्न हो, हम तुमको प्रणाम करते हैं।"

अंग्रेज़ी सत्ता के दबाव को स्वीकार करते हुए हम अंग्रेज़ी भाषा तथा समग्र यूरोपीय साहित्य से प्रभावित हुए और कविता ही नहीं साहित्य के विविध क्षेत्रों की ओर अपना ध्यान आकर्षित किया, लेखन में प्रवृत्त हुए और वैश्विक मान्यताओं को साहित्य ही नहीं, जीवन में भी उतारते आये। अंग्रेज़ी सत्ता, उसके वैचारिक सन्दर्भों से जो बदलाव भारतीयों में आया, उसके फलस्वरूप हम भारतीयों की जीवन-शैली में पर्याप्त विकास हुआ और हम निम्नलिखित प्रवृत्तियों की ओर बढ़े—

(1) सामाजिक स्वच्छन्दतावाद

(2) वैय्रक्तिक स्वतन्त्रता

(3) यथार्थवादी जीवन-दृष्टि की ओर सचेतनता सन् 1758 तक भारत में किसी भी रूप में आयी अंग्रेज़ी सत्ता ने हम भारतीयों को परम्परावाद की संकीणता, रूढ़िवादिता, मध्यकालीन जीवन भोग के सामन्ती दृष्टिकोण, ब्राह्मणवादी मान्यताओं की परम्परावादी व्यवस्थाएँ एवं जीवन-शैली, नारी जाति के शोषण एवं संकीर्णताओं के सन्दर्भ, अशिक्षा आदि कितने सन्दर्भ हैं, जिनसे मुक्ति इस नयी अंग्रेज़ी सामाजिक व्यवस्था का प्रतिफल है। डॉ. रामविलास शर्मा ने यद्यपि इस तथ्य पर अधिक बल देकर अपना मत व्यक्त किया है कि यदि अंग्रेज़ी सत्ता भारत में न भी आती तो देर-सबेर वैश्विक परिवर्तन के फलस्वरूप भारत में बदलाव आता और अवश्य आता किन्तु उस वैश्विक सत्ता के आने के पूर्व ही यदि ये बदलाव भारत में अंग्रेज़ी सत्ता के कारण आये तो भारतीय सामाजिक एवं सांस्कृतिक परिवर्तनों के नवजागरण के सन्दर्भों से हम उनसे पृथक् करके अपने को मुक्त कैसे कर सकते हैं?

हिन्दी कविता का छायावाद का सन्दर्भ भी पूर्णतः अंग्रेज़ी प्रभाव का प्रतिफल है। सामयिक वैश्विक आधुनिकता से हम भारतीयों की भावात्मक चेतना जितनी तेजी से छायावादी कविता के द्वारा हिन्दी क्षेत्र में प्रचलन में आयी, यह सामाजिक निषेधवादी प्रवृत्ति न होकर, स्वयं में विधेयवादी दृष्टि है—भले ही, यह कविता केवल तीस-चालीस वर्षों तक प्रचलन में रही है, फिर भी परम्परागत सामाजिक संकीर्णताओं से सामाजिक मुक्ति का यह भावात्मक एवं वैचारिक आग्रह माना जायेगा और हिन्दी की परवर्ती साहित्यिक काव्यधारा की पृष्ठभूमि से इसे पूर्णतः पृथक् नहीं किया जा सकता।

●

छायावाद का पतन

हिन्दी साहित्य में सामान्य रूप से छायावादी काव्य परम्परा को आलोचकों द्वारा इसे दो भागों में विभक्त किया जाता है–

(1) छायावाद का उत्थानकाल–सन् 1918-1930 तक

(2) छायावाद का पतन काल–सन् 1930 से 1942 तक

डॉ. देवराज ने अपनी कृति **छायावाद का पतन** के अन्तर्गत इस सन्दर्भ पर बड़ी ही गहराई से विचार किया है। निश्चित रूप से, भारतीय चिन्तन-दृष्टि के अन्तर्गत स्वीकृत आधुनिकता के विचार सूत्र और उनके त्वरा से उत्पन्न होनेवाले परिवर्तन सन्दर्भों की जागृति की भूमिका इस दृष्टि से महत्त्वपूर्ण मानी जाती है। आधुनिकता के भारतीय परिवेश के सन्दर्भों को प्रभावित करनेवाले विचारसूत्रों में बदलावों के क्रम प्रतिवाद के रूप में जितनी तेजी से आये, उनका प्रभाव हम भारतीयों पर बदलाव की त्वरा का प्रमुख कारण है। यूरोपीय देशों में अट्ठारहवीं शती में उत्पन्न हुआ रोमाण्टिसिज़्म बीसवीं शती तक कितने रूपों में बदला और भारतीय चिन्तक एवं सर्जक इन परिवर्तनों से पूरी तरह पूर्ण सजगता से जुड़े दिखायी पड़ते हैं। सन् 1936 तक भारत में प्रगतिवाद की लहर एवं सन् 1947 तक प्रयोगवादी कविता का श्रीगणेश–ये दो ऐसे साहित्यिक सन्दर्भ हैं, जिन्होंने हिन्दी काव्यधारा को आगे बढ़ने के लिए एक व्यापक वैश्विक आधारफलक तैयार किया। प्रगतिवाद की तूफानी हलचल के फलस्वरूप हिन्दी की छायावादी कविता स्वयं सिकुड़ने लगी तथा छायावादी काव्यधारा के प्रमुख कवि पं. सुमित्रानन्दन पन्त तथा सूर्यकान्त त्रिपाठी 'निराला' जैसे कवियों ने प्रगतिवादी चिन्तन की मान्यताओं को स्वीकृति देते हुए उसे सामने ले आने की चेष्टा की।

यही नहीं, सन् 1930 से सन् 1942 तक का कालखण्ड अर्थात् भारतीय राष्ट्रीय स्वाधीनता आन्दोलन का सन्दर्भ सम्पूर्ण भारतीयों के हृदय में प्रवेश कर चुका था। राष्ट्रीय जागरण एवं वैश्विक मान्यताओं के साथ भारतीयों का सम्पर्क तथा विकास, वैचारिकता की नयी हलचलें, कल्पना के स्थान पर यथार्थवादी मान्यताओं की व्यावहारिक स्वीकृति, वैज्ञानिक तथा मनोवैज्ञानिक चिन्तन दृष्टियों के विकास आदि के सम्पूर्ण सन्दर्भ, वैश्विक जागरूकता के साथ जुड़ने की आकांक्षा आदि कई ऐसे महत्त्वपूर्ण तत्त्व

हैं, जो भारतीयों को आगे बढ़ने के लिए प्रेरणास्रोत का कार्य कर रहे थे। वैश्विक विकास की इस बढ़ती हुई लहर के सन्दर्भ में सम्पूर्ण छायावाद-युग थोड़े ही लगभग तीस वर्षों के बाद पुराना लगने लगा और विशेषकर नयेपन की चकाचौंध में उसे छोड़ने के लिए सर्जक कवि समाज प्रगतिवाद, प्रयोगवाद एवं नयी कविता की पृष्ठभूमि की निर्मिति के प्रति सचेष्ट एवं सक्रिय हो उठा। राष्ट्रीय जागरण के साथ समसामयिक वैश्विक बदलावों से भारतीयों का जुड़ना तथा नये निष्कर्षों की गतिशीलता की परख एवं नयी हलचलों की ओर बढ़ने का उत्साह पुराने सन्दर्भों को छूटने का कारण बना। हिन्दी छायावादी कविता के सृजनात्मकता की इसी नयी हलचल में पीछे हटकर खड़ीबोली के नये साहित्य की पृष्ठभूमि बनकर पीछे चली गयी। भारत में छायावादी परिवेश के बीच में ही मार्क्सवादी चिन्तन की मान्यताओं के रूप में विकसित प्रगतिवाद का पदार्पण सन् 1935-38 में भारत में हुआ और इस जनवादी आन्दोलन ने कल्पना और दिवास्वप्न की इस झंझावात को अपने यथार्थ की चमक से क्षीण कर दिया। इसके बाद प्रगतिवादी मान्यताओं की स्वीकृति की तेजी इतनी त्वरा से बढ़ी कि कुछ दिनों के लिए हिन्दी के अन्य काव्यान्दोलन धीरे-धीरे शान्त पड़ने लगे।

इसी सन्दर्भ में हिन्दी-जगत् में एक नये काव्यान्दोलन का जन्म हुआ। यूरोपीय उद्योगवादी व्यवस्था तथा पश्चिम में प्रचलित प्रगतिवादी व्यवस्था के विरुद्ध पूँजीवादी लोकतान्त्रिक व्यवस्था के सूत्रों ने नयी सामाजिक मान्यताओं को प्रकाश में ले आकर नये सामाजिक सन्दर्भों की रचना की। प्रथम और विशेष रूप से सन् 1937 में द्वितीय विश्व महायुद्ध तथा विज्ञानवाद के विकास के फलस्वरूप मानव जाति के संरक्षण से सम्बद्ध नयी क्रान्तिकारी व्यवस्था ने सामाजिक रचना के क्षेत्र में हलचल पैदा कर दी और समाज रचना का नया स्वरूप तैयार होने लगा। अस्तित्ववाद, मानव जाति की वैश्विक स्तर पर रक्षा, मानवतावाद के श्रेष्ठतम, मूल्य के रूप में स्वीकृति, परम्परावाद से मुक्ति और जीवन जीने की नयी दृष्टि आदि-आदि ऐसे अनेक वैचारिक मूल्य आये जिन्होंने उस कालखण्ड के भारतीय जन जीवन तथा समाज पर अपना बहुत गहरा असर डाला। हिन्दी साहित्य में, इस चिन्तन के प्रभावस्वरूप प्रयोगवाद तथा नयी कविता का जन्म हुआ और सन् 1943 से साहित्य की विविध विधाओं के अन्तर्गत अधुनातनता की ये प्रवृत्तियाँ दिखायी पड़ने लगीं। अज्ञेय ने सन् 1939 में इसी से प्रेरित होकर 'तार सप्तक' का प्रकाशन प्रारम्भ किया। सन् 1944 में इलाहाबाद के कवियों तथा लेखकों द्वारा **परिमल** संस्था की स्थापना की गयी, सन् 1946 में प्रयाग से **'प्रतीक'** पत्रिका इसी आन्दोलन से जुड़कर निकली। सन् 1954 में **नयी कविता** पत्रिका का प्रकाशन शुरू हुआ। कुल मिलाकर, छायावादी कविता के ठीक बाद यूरोपीय देशों में प्रगतिवादी कविता का फैलाव एवं प्रथम एवं द्वितीय महायुद्धों के बाद यूरोपीय चिन्तन में तेजी

से घटित सामाजिक परिवर्तनों ने वैश्विक स्तर पर जनसमुदाय एवं उनकी जीवन-शैली तथा संस्कृति को प्रभावित किया। अंग्रेज़ों के बाद उन्हीं की सांस्कृतिक धरोहर के रूप में रोमाण्टिसिज़्म कविता की अनुकृति पर अपने प्रचलन के दो सौ वर्षों बाद भारत में आयी और यूरोपीय सन्दर्भों के आगे आनेवाले व्यापक दबावों के फलस्वरूप वह तीस वर्षों के अन्तर्गत समाप्त हो उठी। नयी आधुनिकता का सामयिक यूरोपीय दौर छायावादी पतन का सबसे महत्त्वपूर्ण कारण है।

●

हिन्दी की प्रगतिवादी (प्रगतिशील) काव्यधारा

प्रारम्भिक काल में यह काव्यधारा **'प्रगतिशील'** शब्द द्वारा प्रचलन में रही है किन्तु बाद में 'प्रगतिशील' शब्द को सामान्य व्यापक मानव जाति के विकास से जोड़कर देखा तथा बाद में एक आन्दोलन के रूप में विकसित चिन्तनधारा मार्क्सवाद को **प्रगतिवाद** शब्द से सम्बोधित किया गया।

हिन्दी खड़ीबोली कविता के अन्तर्गत इसे ले आने का श्रेय श्री सज्जाद जहीर, मुल्कराज आनन्द, राजा राव को दिया जाता है। इन विद्वानों ने अपने साथियों के साथ सन् 1935 में लन्दन में 'प्रगतिशील लेखक संघ' नामधारी एक संस्था की कल्पना करके उसकी वहीं स्थापना की और उसके मसौदों को तैयार करके उसी वर्ष (सन् 1935 में ही) मुन्शी प्रेमचन्द के पास सम्पादित हंस पत्रिका में प्रकाशनार्थ भेजा और उन्होंने पूरी रुचि के साथ अपनी हंस पत्रिका में उसे प्रकाशित किया।[1]

भारत में इस प्रगतिशील संघ की **पहली बैठक** मुन्शी प्रेमचन्द जी की ही अध्यक्षता में लखनऊ में सन् 1936 में हुई।[2] इसके पश्चात् निरन्तर कई वर्षों तक इसके निम्नलिखित अधिवेशन होते रहे–

1. कलकत्ता अधिवेशन – सन् 1938
2. दिल्ली अधिवेशन – सन् 1938
3. इलाहाबाद अधिवेशन – सन् 1947
4. भिवण्डी (मुम्बई) अधिवेशन – सन् 1949
5. दिल्ली अधिवेशन – सन् 1953 आदि

प्रगतिवादी साहित्यिक चिन्तनधारा और हिन्दी में उसका विकास की दृष्टि से उनकी पहली साहित्यिक त्रैमासिक पत्रिका 'काव्यधारा' नाम से सन् 1951 में आयी और इसके सम्पादक शिवदान सिंह चौहान थे। शिवदान सिंह चौहान के ही सम्पादकत्व में सन् 1951 से सन् 1954 तक प्रगतिवादी चिन्तन के विकासक्रम से जुड़ी पत्रिकाएँ–हंस, साहित्यधारा, आलोचना विशेष रूप से प्रगतिवादी काव्यचिन्तन के सन्दर्भ में विशेष महत्त्वपूर्ण हैं।

---

1. हिन्दी साहित्य का संक्षिप्त इतिहास–लेखक–डॉ. शिवकुमार मिश्र।
2. प्रगतिवाद और समानान्तर साहित्य–डॉ. रेखा अवस्थी, पृ. 1 से 18 तक।

सन् 1936 में लखनऊ अधिवेशन के अन्तर्गत प्रगतिशील काव्य परम्परा से सम्बद्ध चार बिन्दुओं पर विशेष ध्यान रखा गया था—

1. सम्पूर्ण भारतवर्ष भर में अनेक स्थानों पर प्रगतिशील लेखक संघ की स्थापनाओं पर दबाव।

2. प्रतिक्रियावादी शक्तियों के विरुद्ध युद्ध तथा साम्यवादी साहित्य की कृतियों का हिन्दी में अनुवाद तथा प्रचार।

3. प्रगतिशील लेखकों की आर्थिक सहायता के प्रति तत्परता।

4. प्राथमिकता के साथ स्वतन्त्रता तथा स्वतन्त्र विचारों की रक्षा।

प्रारम्भिक स्थिति में इन बिन्दुओं को प्रगतिशीलता की व्यवस्था में अनिवार्यता के साथ स्वीकृति का प्रश्न उठाया गया था किन्तु धीरे-धीरे इनमें परिवर्तन के सन्दर्भ आने लगे। भारत की आजादी के बाद, यह प्रगतिशील धारा कांग्रेस सत्ता के विरुद्ध खड़ी होकर अपना स्वरूप प्रतिपक्ष का बनाया। इसी सन्दर्भ में यह भी विचारणीय है कि भारत की आजादी के बाद लोकतान्त्रिक व्यवस्था से सम्बद्ध प्रगतिशील समाज रचना को देखकर इसके साथ सम्बद्ध प्रगतिशील से हटकर इसका नाम बदलकर प्रगतिवाद रख दिया और सन् 1957 तक हिन्दी साहित्य में इसका स्वर तेज रहा फिर धीरे-धीरे मन्द पड़ता गया। इसकी तेजी के मन्द पड़ने का सबसे महत्त्वपूर्ण कारण है—भारतीय आजादी से उत्पन्न समग्र भारतीय परिवेश में लोकतन्त्रवाद का व्यापक प्रचार-प्रसार तथा फैलाव का सन्दर्भ ही नहीं, पश्चिमी पूँजीवादी व्यवस्था से सम्बद्ध उद्योगवाद का पूरे भारत में फैलाव है। इस कालखण्ड में नवीन पश्चिमी जीवनचिन्तन दृष्टि एवं साहित्य लेखन की पश्चिमी विधाएँ देश के पूँजीपतियों तथा बुद्धिजीवियों द्वारा सर्वोच्चता के स्तर पर स्वीकृत हुई। प्रयोगवादी तथा नयी कविता के काव्यचिन्तन का इतना प्रचलन बढ़ा कि कई प्रगतिवादी कवि तथा लेखक अपनी धारा छोड़कर इस नयेपन से जुड़ गये। सन् 1936 से सन् 1951 तक हिन्दी साहित्य में इस प्रगतिवादी काव्यधारा के कई सशक्त रचनाकार सामने आये। इस कालखण्ड में वरीयतापूर्वक स्वीकृति प्राप्त कर चुकी इस साहित्यधारा के चार वैचारिक सन्दर्भ विशेष रूप से स्वीकार्य रहे हैं—

(1) सामाजिक दुर्व्यवस्था—चाहे वह वर्तमान से सम्बद्ध हो या अतीत से उसके प्रति पूर्ण सजग विद्रोह।

(2) वर्ग व्यवस्था से जुड़ी सामाजिक संरचना की पूर्ण समाप्ति पर बल अर्थात् समता, समानता, शोषणविहीनता से सम्बद्ध मूल्यों की स्थापना पर बल।

(3) प्रतिक्रियावादी शक्तियों का सर्वभावेन समापन।

(4) अध्यात्मवादी, आदर्शवादी, परम्परावादी मूल्यों के समापन पर बल तथा यथार्थवादी लोक मान्यताओं को प्राथमिकता।

हिन्दी में प्रगतिवादी काव्यलेखन की परम्परा से जुड़े रचनाकारों की दो श्रेणियाँ हैं—एक वे साहित्यकार जो प्रारम्भ में प्रगतिवाद से जुड़े किन्तु बाद में दूसरी साहित्यिक धाराओं से अपने को जोड़ लिया। इनकी सूची इस प्रकार है—

(क) नागार्जुन—प्रगतिवादी परम्परा से जुड़ी कृतियाँ (1) युगधारा (1956), सतरंगे पंखोंवाली (1959), प्यासी-पथरायी-आँखें (1980), तालाब की मछलियाँ (1980), तुमने कहा था (1980), खिचड़ी विप्लव देखा हमने (1980), हजार-हजार बाँहोंवाली (1981) आदि; नागार्जुन रचनावली में उनकी प्रगतिवादी विचारधारा से सम्बन्धित कृतियों का संकलन है।

(ख) केदारनाथ अग्रवाल—(1) युग की गंगा (1947), (2) नींद के बादल (1947), (3) फूल नहीं रंग बोलते हैं (1965), (4) आग का आइना (1970), समय-समय पर (1970), पंख और पतवार (1979), हे मेरी तुम (1981), और मार प्यार की थापें (1981)

(ग) शिव मंगल सिंह-सुमन—(1) गुनिया का यौवन (2) कलकत्ते का अकाल (3) चल रही कुदाल

(घ) त्रिलोचन शास्त्री—(1) धरती (1945), (2) गुलाब और बुलबुल (1956), (3) दिगन्त (1957), (4) ताप सेताये हुए दिन (1980), (5) सात शब्द (1990), (6) उस जनपद के कवि (1981)

(ङ) रांगेय राघव—(1) पिप्पल के पत्थर (2) अज्ञेय खँडहर (3) मेधावी (1947), (4) पांचाली (1955)।

दूसरी परम्परा के वे प्रगतिवादी कवि हैं जो छायावादी काव्यधारा से जुड़े थे किन्तु काल के प्रवाह को देखकर अपना झुकाव प्रगतिवाद की ओर किया। इन कवियों में हिन्दी के दो प्रबल सर्जक पं. सुमित्रानन्दन पन्त और पं. सूर्यकान्त त्रिपाठी निराला हैं।

पन्त जी ने इस प्रगतिवाद के समर्थन के लिए सर्वप्रथम 'रूपाभ' नामक पत्रिका का प्रकाशन किया तथा उसके बाद इस धारा से सम्बद्ध—युगान्त, युगवाणी और ग्राम्या इन कृतियों का सृजन किया। निराला ने भी इस परम्परा से सम्बद्ध 'कुकुरमुत्ता' और 'नये पत्ते' शीर्षक से दो रचनाओं को प्रस्तुत किया।

पूर्णतः मार्क्सवादी परम्परा से जुड़े आज के कवि नरेन्द्र, गिरिजा कुमार, भवानीप्रसाद मिश्र, शंकर शैलेन्द्र, रामेश्वर करुण, जगन्नाथप्रसाद मिलिन्द आदि की चर्चा बराबर होती रहती है। रामायण-काल की शम्बूक वध एवं महाभारतकालीन कथा एकलव्य का अंगुष्ठदान बराबर भारतीय सन्दर्भ में आज हमारे सामने हैं। आदिकालीन भारतीय वर्णव्यवस्था से जुड़ी जाति क्रम में किसबी तथा चौथे वर्ण अर्थात् नाई, धोबी, बारी, कहार कुम्भकार, धरिकार आदि जैसी जातियाँ कृषि व्यवस्था में सामन्तों तथा लघु सामन्तों एवं

अंग्रेज़ी राज्य में ज़मींदार वर्ग की आश्रित एवं सहयोगी रही हैं। पराश्रित जीवनयापन इनकी मुख्य वृत्ति रही है। तुलसीदासकृत कवितावली को देखें तो किसबी जाति के शोषण की पीड़ा सर्वप्रथम उनमें मिलती है। कृषि सहायकों का मजदूरी से पेट न भर पाना, उदर पोषण के लिए निरन्तर भीख माँगना, त्योहार, शादी, ब्याह आदि उत्सवों में भोजन याचना के लिए दर-दर भटक करके पेट भरना, सामन्तों के दरवाजों पर गाली खाते हुए कुत्तों की तरह रोटी के टुकड़े पाकर सन्तुष्ट रहना। तुलसी के युग अर्थात् मध्यकाल में इस प्रकार उदर पोषण करनेवाला आज वर्तमान युग भृत्य एवं कामगर (किसबी) वर्ग है। भारत की श्रेष्ठ जातियों द्वारा धार्मिक शोषण, नैतिक शोषण, श्रम शोषण, कर्मशोषण आदि के कितने सन्दर्भ मिलते हैं। भारत में आजादी के बाद लोकतान्त्रिक व्यवस्था के अन्तर्गत सामाजिक समता, बन्धुत्व, न्याय, अभिव्यक्ति की स्वतन्त्रता, कर्म और आजीविका के स्वयं द्वारा अर्जित अधिकार आदि अनेक ऐसे सन्दर्भ आये, जिनसे नये सामाजिक परिवर्तनों के सन्दर्भ सामने बनते हैं किन्तु हजारों-हजारों वर्षों से चली आ रही भारतीय वर्ण-व्यवस्था की मान्यताएँ एवं पिछड़े वर्गों के शोषण सन्दर्भों में बदलाव के क्रम अत्यन्त मन्द हैं और नयी भ्रष्टाचार व्यवस्था ने तो इस शोषणविहीन समता को अभी भी दबा रखा है। यद्यपि लोकतान्त्रिक व्यवस्था से जुड़े सामाजिक विषयों में परिवर्तन के क्रम दिखायी पड़ रहे हैं किन्तु चीन और रूस जैसी बदलाव की तेजी भारत में नहीं दिखायी पड़ रही है। रूस तथा चीन के उदाहरण आज हमारे सामने हैं। यद्यपि रूस उद्योगवादी व्यवस्था की प्रधानता से जुड़ा है और भारत में कृषि-व्यवस्था है। कृषि के उत्पादन में वर्ग भेद एवं भारतीय मजदूरों की परम्परागत श्रम एवं अथार्जन-व्यवस्था में अभी तक कोई विशेष परिवर्तन नहीं दिखायी पड़ रहा है। इधर उद्योगवादियों ने यान्त्रिक कृषि-व्यवस्था से जुड़े श्रमिकों का वर्चस्व नष्ट कर दिया है। आजादी के बाद भारतीय शासन-व्यवस्था ने भूमि अधिग्रहण का कानून ठीक बनाया किन्तु भूमि किसे मिली और भ्रष्टाचार के माध्यमों ने उनके वितरण का स्वरूप क्या रखा निश्चित ही, यह चिन्त्य है।

भारत की आजादी के इतने लम्बे अन्तराल के बाद जागरूकता तो आयी है—लेकिन परिवर्तन के सन्दर्भ काफी पीछे हैं। कृषि से निम्न भारतीय उद्योगवादी व्यवस्था में मिल-मालिकों द्वारा अर्जित लाभ के अंशों का कितना प्रतिशत मजदूरों को मिल रहा है—व्यवहार का प्रायोगिक सन्दर्भ अज्ञात है। मिल में मजदूरों की हड़तालें चलती हैं किन्तु निष्कर्ष न के बराबर हैं। भारत में वर्ण, जाति विशेषकर नारी व्यवस्था को लेकर लम्बे आन्दोलन चल रहे हैं, परिवर्तन आ रहे हैं किन्तु त्वरा नहीं है। निम्नवर्गीय भेंड़ आदि पशुपालन कर्मों से जुड़े जनसमुदाय, मछुवारे, खेत के चरवाहे, मुर्गी, सूअर तथा भेंड़ पालनेवाले अब यद्यपि जातीय व्यवस्था से भिन्न आजीविका व्यवस्था से सम्बद्ध वर्गमुक्त लोग निकल रहे हैं किन्तु उनको मिलनेवाले प्रोत्साहन अभी भी न के बराबर हैं।

प्रगतिवादी साहित्य के प्रतिमान

भारतीय सामाजिक व्यवस्था का सन्दर्भ यूरोपीय एवं रूसी नहीं रहा है। जब प्रगतिवादी आलोचक साहित्य को यथार्थ की अभिव्यक्ति मानते हैं तो भारतीय यथार्थ और दलित सन्दर्भ तीन रूपों में दिखायी पड़ता है—

(1) भारतीय वर्ण व्यवस्था से सम्बद्ध दलित तथा उपेक्षित का यथार्थ।

(2) भारत में दूसरी व्यवस्था अंग्रेज़ों तथा सामन्तवादी व्यवस्था रही है और सामन्तवादी व्यवस्था के दलित यथार्थ का सन्दर्भ दूसरा है।

(3) भारत की तीसरी महत्त्वपूर्ण सामाजिक व्यवस्था कृषि-संस्कृति से जुड़ी है और कृषि-संस्कृति के दलित यथार्थ की समस्या भिन्न है।

(4) अंग्रेज़ी उद्योगवाद के फलस्वरूप व्यावसायिक निवेश तथा मिलों से जुड़े कामगरों एवं मजदूर वर्ग नया दलित सन्दर्भ लेकर आया—उसका यथार्थ यूरोपीय उद्योगवादी व्यवस्था का है।

(5) भारतीय समाज का लोकतान्त्रिक समाजवाद जो भारतीय आजादी के बाद संवैधानिक व्यवस्था से जुड़े समाजवाद की चर्चा अपेक्षित है। मार्क्सवादी समाजवाद तथा लोकतान्त्रिक समाजवाद में भिन्नता इस सन्दर्भ को लेकर है कि मार्क्सवाद किसी भी वैधानिक, अवैधानिक माध्यमों से अपने उत्कृष्ट लक्ष्य साम्यवादी समाज रचना के लक्ष्यों को पूरा करने के लिए स्वतन्त्र है। उनका मुख्य मन्तव्य लक्ष्य की पूर्ति है, साधन के औचित्य-अनौचित्य का कोई प्रश्न नहीं है किन्तु भारतीय लोकतन्त्र नैतिक विधेयवादी शुभ मूल्यों से ही अपने समाजवाद के शुभ मूल्यों की प्राप्ति के प्रति संकल्पबद्ध है और इसके लिए संवैधानिक प्रक्रिया तथा न्याय-प्रणाली के तन्त्र एक साथ जुड़े हैं। लोकतन्त्र साम्यवादी व्यवस्था की भाँति समाज में समानता, न्याय पाने का सबको समान अधिकार एवं दायित्व के अनुपालन के सन्दर्भ में संवैधानिक स्वतन्त्रता, अभिव्यक्ति की स्वतन्त्रता आदि के सन्दर्भ हैं और शोषण, उत्पीड़न, प्रवंचन के लिए सार्वजनिक तथा न्यायिक प्रकरणों में खुली छूट है। साम्यवाद विद्रोह से अपने संघर्ष की शुरुआत का पक्षपाती है तो लोकतन्त्रवादी व्यवस्था न्याय तथा समता एवं शान्ति के मार्ग द्वारा अपने लक्ष्य पर पहुँचने के लिए प्रतिबद्ध है। लोकतन्त्रवाद तथा साम्यवाद के बीच साधनों के प्रयोग में ही अन्तर है, वहाँ शोषणविहीन समाज के लिए क्रान्ति एवं विद्रोह का स्वर अनिवार्य है—जबकि लोकतन्त्रवाद इस पर अपनी सहमति नहीं देता।

हिन्दी के प्रगतिवादी कवियों का स्वर निश्चित रूप से विद्रोहात्मक है। क्रान्तिकारिता का सन्दर्भ इस मार्क्सवादी चिन्तन का मूलधर्म है और हिन्दी के मार्क्सवादी आलोचकों शिवदान सिंह से लेकर आज तक और आगे भी विद्रोह के लिए संघर्षपूर्ण क्रान्ति का आवाहन मार्क्सवादी चिन्तन के मूलधर्म से जुड़ा है और भारत जैसे देश में यह नक्सल-पन्थ तक फैल चुका है। लोकतान्त्रिक व्यवस्था जबकि इसके आगे श्रेष्ठतम साधनों

के माध्यम से श्रेष्ठतम सामाजिक माध्यमों को प्रयोग की श्रेष्ठता एवं संकल्पों से प्राप्त किया जाना चाहिए और इस दृष्टि को केन्द्र में रखकर मार्क्सवादी आन्दोलन भारत में फफोलों की तरह निकलते, फूटते और बहते जाते हैं। मार्क्सवादी कवि नरेन्द्र शर्मा प्रगतिवादी कविता के लिए रूस का मानक तो रखते हैं, किन्तु भारत की लोकतान्त्रिक व्यवस्था उससे बहुत दूर है—

वहाँ न राज है न पंचायत वहाँ नहीं बेकारी।
वहाँ न बढ़ती दाढ़ी चोटी वहाँ नहीं साहूकारी।
मीलें वहाँ मजूरों की हैं धरती वहाँ किसानों की।
लाल रूस है ढाल साथियों सब मजदूर किसानों की।

आज क्या लाल रूप का कम्युनिज़्म रूस है—यह तो कम्युनिज़्म के संस्थापन- काल का रूस है। भारत में न्याय व्यवस्था द्वारा सम्पूर्ण सामन्तों, ज़मींदारों तथा राजाओं की भूमि सरकार द्वारा अधिगृहीत करके सामान्य खेतिहरों में किसानों को बाँट दी गयी और कोई विद्रोह का स्वर नहीं दिखा, न लाल झण्डा ही आया। आज भारत का लोकतन्त्रवाद सामाजिक समता तथा एकरूपता की ओर धीर-धीरे आगे बढ़ रहा है—

लोकतान्त्रिक व्यवस्था से करीब चौदह-पन्द्रह वर्षों पूर्व भारत में साम्यवाद आ चुका था तथा कवि, उपन्यासकारों, कथाकारों एवं आलोचकों की एक लम्बी सूची यहाँ दिखायी पड़ने लगी थी किन्तु उन रचनाकारों तथा लेखकों के द्वारा सृजित साहित्य की मान्यताएँ प्रायः पुनरावृत्ति के रूप में मिलती हैं। अंग्रेज़ी सत्ता के समापन के बाद हजारों-हजारों वर्षों से चली आ रही सामन्तवादी व्यवस्था के विरुद्ध शान्ति एवं संयम के लक्ष्य से स्वीकृत लोकतान्त्रिक भारतीय समाजवादी व्यवस्था स्वयं में मार्क्सवाद से श्रेष्ठतम एवं उच्चतम है, समतावाद समाज रचना के मानकों को साहित्य के द्वारा पूरी तरह से प्रकाश में ले आकर उसके निषेधात्मक प्रश्नों की उपेक्षा द्वारा हिन्दी साहित्य का लोकतान्त्रिक समाजवाद आज हिन्दी साहित्य का अभिन्न अंग बन गया है, इधर बहुत कम लोगों की दृष्टि जा रही है।

खड़ीबोली काव्य : राष्ट्रीय जागरण एवं मुक्ति संघर्ष का काव्य

हिन्दी साहित्य के आधुनिक इतिहासकारों की यह अवधारणा है कि सन् 1857 की राष्ट्रीय क्रान्ति तथा आन्दोलन के बाद उसकी प्रेरणा से भारतीय राष्ट्रीयता एवं राष्ट्रप्रेम का एक नया सन्दर्भ भारत में उत्पन्न हुआ। यह अवधारणा पूर्णतः असंगत है—भारतवर्ष एक ऐसा राष्ट्र है, जहाँ राष्ट्रप्रेम हजारों-हजारों वर्षों से जागरण की स्थिति में है। किन्तु यह सत्य है कि राष्ट्रीय क्रान्ति का गम्भीर प्रभाव भारतीयों पर पड़ा। फिर उसी परम्परा के अनुक्रम में ब्रह्मपुराण में भारत की भौगोलिक सीमा का सर्वप्रथम बार अंकन किया गया। यह सीमा इस प्रकार है—

उत्तर यत् समुद्रस्य हिमवत् दक्षिणं च यत्।
वर्ष भारत नाम यत्रेयं भारती प्रजा।।

"समुद्र के उत्तर एवं हिमालय के दक्षिण भूभाग में स्थित पृथ्वी भारतवर्ष है और इस प्रदेश में रहनेवाली जनता भारती (भारतीय) है।"

विष्णु एवं भागवत् पुराणों में इसके आध्यात्मिक माहात्म्य की ओर संकेत करते हुए बताया गया है कि—

गायन्ति देवा किल गीतकानि धन्यास्ते ये भारतभूमिभागे
स्वर्गापवर्गास्पद हेतुभूते भवन्ति भूयः पुरुषः सुरत्वात्।।

अर्थात्, देवगण भी दैव लोक के भोग का तिरस्कार करते हुए भारतवर्ष में अवतरित होने के लिए निरन्तर लालायित रहते हैं।

पौराणिक युग के पूर्व वैदिक एवं संहिता काल में भारतभूमि को माता के रूप में स्वीकार करके अपनी संसक्ति शिशु आकांक्षा के रूप में व्यक्त करते हैं। इस सन्दर्भ में अथर्ववेद का निम्नलिखित मन्त्र-सूत्र साक्ष्य है—

माताभूमिः पुत्रोऽम् पृथिव्याः

"मेरी जन्मभूमि भारतवर्ष मेरी माता हैं और मैं उस पृथ्वी माता का पुत्र हूँ।" अथर्ववेद के अन्तर्गत **भूमि सूक्त** में भारत माता पृथ्वी माता के सन्दर्भ द्रष्टव्य हैं। यहाँ मन्त्रद्रष्टा कृषक अपनी सम्पूर्ण आत्ममयी संसक्ति से सम्पन्न भावसन्दर्भों द्वारा बार-बार पृथ्वी माता का स्तवन करता हुआ पूर्ण समर्पण के भावों को समर्पित करता

है। भारतभूमि के प्रति यह गौरवपूर्ण हम भारतीयों के संस्कारों में अनादिकाल से वर्तमान है। मध्यकाल में गोस्वामी तुलसीदास इस सांस्कारिक गौरवबोध का स्मरण करते हुए कवितावली में कहते हैं कि—

'भलि भारत भूमि भले कुल जन्म... ।'

वे भारतवासियों के लिए संकेत करते हैं कि 'सभी ईर्ष्या द्वेष त्याग करके इसके राष्ट्रीय गौरव वृद्धि को समृद्ध करने के प्रति तत्पर हों।' हिन्दी साहित्य का आदिकाल या वीरगाथाकाल के भी एतद्विषयक सन्दर्भ पराक्रम एवं समर्पण भाव से जुड़े निरन्तर दिखायी पड़ते हैं। देशप्रेम, राज्य प्रेम, भूमि प्रेम, जाति प्रेम के अनेक सन्दर्भों यवनों के आक्रमण के बाद भारतीयों में जागृत हुए। 19वीं शती में ब्रिटिश सत्ता के उत्पीड़न के बाद राष्ट्रीयता जैसा सन्दर्भ भारतवासियों में बनना शुरू हुआ और इतिहासकारों तथा हिन्दी के आलोचकों ने सन् 1857 की क्रान्ति को राष्ट्रीय जागरण के रूप में विश्लेषित करने का प्रयत्न किया है। सन् 1885 में राष्ट्रीय कांग्रेस की स्थापना हुई और सन् 1909 में दादा भाई नौरोजी उसके प्रथम भारतीय अध्यक्ष हुए और उन्होंने इस संस्था द्वारा सार्वजनिक रूप से घोषित किया कि—

''भारतीयों के लिए स्वराज्य प्राप्ति के लिए ही कांग्रेस का जन्म हुआ है।''

विदेशी सत्ता एवं साम्राज्यवाद से भारतीयों की मुक्ति का प्रश्न एक धधक के समान हमें उद्वेलित किया और सम्पूर्ण देश भर में आजादी की गूँज उठ खड़ी हुई। सन् 1908 में अंग्रेज़ों ने 'वन्दे मातरम्' पर प्रतिबन्ध लगाया और उसी सापेक्ष्य में बाल गंगाधर तिलक ने यह सार्वजनिक घोषणा की कि—

''स्वराज्य हमारा जन्मसिद्ध अधिकार है।''

सन् 1910 के बाद, भारत में स्वतन्त्रता की लहर दौड़ पड़ी और इसी बीच महात्मा गाँधी के आगमन के बाद भारतीय आजादी का ओजभरा स्वर सम्पूर्ण देश-भर में गूँज उठा। ब्रिटिश सत्ता से मुक्ति का प्रश्न सम्पूर्ण राष्ट्रीय जागरण का प्रश्न बनकर सम्पूर्ण भारत में राष्ट्रीय आन्दोलन के रूप में सामने आया। इस राष्ट्रीय आन्दोलन के अन्तर्गत तीन बिन्दु सर्वाधिक महत्त्वपूर्ण रहे हैं—**प्रथम**—भारतीय अस्मिता का प्रश्न, **दूसरा,** राष्ट्रीय जागरण का सन्दर्भ एवं **तीसरा** भारतीय स्वातन्त्र्य के लिए राष्ट्रीय स्तर पर विदेशी सत्ता के प्रति विद्रोह।

जहाँ तक इस राष्ट्रीय स्वाधीनता एवं देश मुक्ति के लिए संघर्षपूर्ण उत्तेजना का प्रश्न है, हिन्दी खड़ीबोली कविता के अन्तर्गत यह स्वर भारतेन्दु हरिश्चन्द्र काल से ही दिखायी पड़ने लगता है।

भारतेन्दु-युग का प्रारम्भ सन् 1850 तथा समापन सन् 1885 में होता है। इन पैंतीस वर्षों के अन्तराल में भारतेन्दु-युग में इस राष्ट्रीय जागरण एवं स्वतन्त्रता से सम्बन्धित रचनाकारों की तालिका इस प्रकार है—

भारतेन्दु हरिश्चन्द्र, बदरीनारायण चौधरी 'प्रेमघन', प्रतापनारायण मिश्र, श्रीधर पाठक आदि।

द्विवेदी-युग काव्य का प्रारम्भ सन् 1900 से 1920 तक माना जाता है। इस काल-खण्ड के समापन-काल तक इसमें दो काव्यधाराएँ दिखायी पड़ती हैं। सन् 1900 से लेकर सन् 1920 तक छायावाद के समानान्तर राष्ट्रीय काव्य लेखन की परम्परा चलती दिखायी पड़ती है। द्विवेदी-कालखण्ड की रचना चेतना की राष्ट्रीय काव्यधारा के कवियों की एक लम्बी सूची है। इनके सम्पूर्ण लेखनकाल तक भारतीय स्वतन्त्रता का संघर्ष चलता रहा और कवि सर्जक अपने लेखन द्वारा इस संघर्ष के भागीदार बने रहे हैं। इन कवियों की तालिका इस प्रकार है—

1. बाबू महावीरप्रसाद द्विवेदी
2. बाबू बालमुकुन्द गुप्त
3. नाथूराम शर्मा 'शंकर'
4. अयोध्यासिंह उपाध्याय 'हरिऔध'
5. मैथिलीशरण गुप्त
6. पं. लोचनप्रसाद पाण्डेय
7. पं. रामनरेश त्रिपाठी
8. बाबू सियारामशरण गुप्त
9. पं. मुकुटधर पाण्डेय
10. पं. माखनलाल चतुर्वेदी
11. ठाकुर गोपालशरण सिंह
12. गयाप्रसाद शुक्ल 'सनेही'
13. श्री पदुमलाल पुन्नालाल बख्शी
14. सत्यनारायण कविरत्न
15. पं. जगदम्बाप्रसाद मिश्र
16. बालकृष्ण शर्मा 'नवीन'
17. श्री सुभद्राकुमारी चौहान

इन कवियों के काव्य-विषय प्रत्यक्षतः या परोक्षतः दोनों अंग्रेज़ी सत्ता के विरुद्ध रहे हैं। ये इस प्रकार हैं—

1. साम्राज्यवादी शोषण तथा उत्पीड़न के विरुद्ध तीखे स्वर।
2. स्वराज्य की आकांक्षा।
3. सामाजिक विसंगतियों के विरुद्ध संघर्ष की निरन्तर घोषणाएँ।
4. राष्ट्रगौरव की निरन्तर चिन्ता।

आचार्य रामचन्द्र शुक्ल द्विवेदी-युग के समापन-काल में आये और उसके बाद छायावाद युग आया। छायावाद के कवि रोमाण्टिक कविता से जुड़े होने के बाद भारतीय अस्मिता के प्रति निरन्तर जागरूक रहे। इस सन्दर्भ में छायावाद के तीन प्रमुख कवि- जयशंकर प्रसाद, सूर्यकान्त त्रिपाठी 'निराला' तथा सुमित्रानन्दन पन्त—सभी ने भारतीय अस्मिता के विविध रूपों से जुड़े रहने के कारण निरन्तर स्मरण किये जाते हैं।

द्विवेदी-युग के बाद भी स्वतन्त्र धारा राष्ट्रीयतावाद के रूप में जुड़ी आजादी के बाद अनेक वर्षों तक चलती रही और इस परम्परा के निम्नलिखित कवि विशेष रूप से स्मरण किये जाते रहे हैं—

(1) पण्डित सोहनलाल द्विवेदी
(2) श्री रामधारी सिंह 'दिनकर'
(3) नरेन्द्र शर्मा
(4) रामेश्वर शुक्ल अंचल
(5) रामेश्वर शुक्ल
(6) वंशीधर शुक्ल
(7) पं. श्यामनारायण पाण्डेय
(8) तोरन देवी शुक्ल (लली जी)
(9) रामेश्वरी चकोरी जी
(10) शिवमंगलसिंह सुमन

नयी कविता धारा के अन्तर्गत राष्ट्रीयता का स्वर आजादी के बाद उतना तेज नहीं रह गया किन्तु सच्चिदानन्द हीरानन्द वात्स्यायन अज्ञेय तथा गिरिजा कुमार माथुर की कुछ कविताओं को इसके अन्तर्गत रखा जा सकता है।

जैसा कि कहा जा चुका है, भारतेन्दु-युग से शुरू होनेवाली और भारतीय आजादी के बाद तक चलनेवाली इस कविता की एक लम्बी धारा हिन्दी साहित्य में दिखायी पड़ती है और राष्ट्रकवि मैथिलीशरण गुप्त, श्री रामधारी सिंह दिनकर, पं. श्यामनारायण पाण्डेय, डॉ. शिवमंगल सिंह 'सुमन' आदि कवि भारतीय स्वतन्त्रता की प्राप्ति के बाद भी भारतीय अस्मिता तथा राष्ट्रीयता के तीव्र स्वरों से भारतीय जागरण को जनजीवन के बीच पूर्ण निर्भीकता के साथ रखकर जोड़ते रहे हैं। छायावादी कवियों में 'निराला' के जागरण के गीत और कविताएँ हिन्दी में विशेष चर्चित रही हैं किन्तु खेद का विषय है कि हिन्दी साहित्य के इतिहासकारों ने इस नवजागरण तथा राष्ट्रीय उद्बोधन से जुड़ी कविता की कोई काव्यधारा स्थापित नहीं कि और अपने युग की कविताओं में इनके साहित्य को रखकर उसी में रचा-पचा दिया। भारतीय अस्मिता, राष्ट्रीय जागरण तथा भारतीय स्वाधीनता से जुड़े इन कवियों ने केवल हम भारतीयों के बीच ही राष्ट्रीय

ऐतिहासिक गौरवबोध को रखकर उससे जोड़ने की कोशिश नहीं की अपितु विदेशी शक्तियों को अपने गौरवबोध तथा अन्तरराष्ट्रीय स्तर पर जागृत मानव जाति तथा राष्ट्र स्वातन्त्र्य की वैश्विक लहर से परिचय कराने की कोशिश की। भारतेन्दु हरिश्चन्द्र-युग से चलनेवाली हिन्दी खड़ीबोली कविता की यह धारा, स्वतन्त्रता-प्राप्ति एवं भारतीय आजादी के तीनों मूल्यों का बोध हम भारतीयों को कराती रही है। इस प्रकार इस काव्यधारा के ये तीन मूल्यबोध राष्ट्रीय आन्दोलन की गौरवमयी चेतना के आधार बनकर हम भारतीयों को हिन्दी खड़ीबोली कविता से जोड़ा तथा उसे आगे बढ़ाया है–

(1) भारतीय अस्मिता तथा इतिहास से जुड़े अतीत के इतिहासबोध को भारतीयों से जोड़ना।

(2) वैश्विक सन्दर्भों को मिलाते हुए राष्ट्रीय जागरण का स्वरबोध।

(3) भारतीय स्वातन्त्र्य के लिए विद्रोह चेतना राष्ट्रीय स्तर पर वर्तमान क्षोभ एवं देशमुक्ति के लिए संकल्प। दिनकर जी ने अपनी कविता अरुणोदय में मुक्त राष्ट्र के पाँच सन्दर्भों को भारतीयों के सामने रखा है–

शान्ति, सत्य, समानता, विकास और देश की अखण्डता।

(1) भारतीय अस्मिता तथा इतिहास से जुड़े अतीत के गौरवबोध को भारतीयों से जोड़ना इस कविता परम्परा का सबसे बड़ा एवं महत्त्वपूर्ण सन्दर्भ रहा है। सम्पूर्ण इतिहास में भारतीय अतीत में गौरवपूर्ण व्यक्तियों के त्याग से भारत को जोड़कर इस वर्तमान काल में भी इन क्रान्तिवारी कवियों ने अतीत के भारत के गौरवपूर्ण समर्पण के स्वर को कभी समाप्त नहीं होने दिया–राम, कृष्ण, बुद्ध आदि के जीवन त्याग तथा मानव-मूल्यों की सामाजिक रचना के लिए संघर्ष भारतीय अस्मिता का महत्त्वपूर्ण अंग है। भारतीय इतिहास की मानवीय संरक्षण से जुड़ी समस्त समस्याएँ एवं हल भारतीय गौरवबोध की गाथा का अंग ही नहीं था अपितु उन मूल्यों से जुड़े हम भारतीय निरन्तर मानवजाति के संरक्षण के लिए उन मूल्यों के प्रति समर्पित रहे। श्री मैथिलीशरण गुप्त कृत भारत-भारती, श्री रामधारी सिंह दिनकर की कृति हुंकार आदि में हम उन मूल्यों की सरलतापूर्वक तलाश कर सकते हैं। पं. माखनलाल चतुर्वेदी इन मूल्यों की तरफ संकेत करते हुए कहते हैं कि–

नियति हूँ, निर्माण हूँ, बलिदान हूँ मैं
जिन्दगी हूँ, साधना हूँ, ज्ञान हूँ मैं
सूक्त हूँ भ्रम हूँ प्रखर आदित्य हूँ मैं
मैं जमाना हूँ स्वयं साहित्य हूँ मैं।

भारतीय अस्मिता के सन्दर्भ में इन कवियों में अनेक रूपों एवं अनेक रंगों को देखा जा सकता है। हिन्दी की इस धारा के खड़ीबोली के प्रमुख कवियों के सन्दर्भ इस प्रकार हैं–

(1) मैथिलीशरण गुप्त—भारतीय इतिहासबोध में राष्ट्रीय अस्मिता के गौरव की तलाश।

(2) रामधारी सिंह दिनकर—प्राचीन इतिहासबोध की महनीयता तथा वर्तमान आत्मोत्सर्ग द्वारा अस्मिताबोध की चर्चा।

(३) माखनलाल चतुर्वेदी—सामयिक परतन्त्रता के संकट से मुक्ति के लिए आत्मबलिदान एवं आत्मोत्सर्ग को भारतीय अस्मिता का सर्वोच्च मूल्य स्वीकार कराना।

इन तीनों सन्दर्भों से जुड़ी भारतीय अस्मिता का सन्दर्भ इस काव्य-परम्परा में भारतेन्दु-युग से लेकर वर्तमान समय तक दिखायी पड़ती है। इस राष्ट्रीय सन्दर्भ के सम्बन्ध में निम्नलिखित बिन्दु विचारणीय हैं—

1. अतीत का पुनर्स्मरण—इस सन्दर्भ में भारतीय परम्परा और उससे जुड़े गौरव-बोध के स्मरण द्वारा प्रारम्भ से ही हमारे कवि राष्ट्रीय अस्मिता के संस्थापन के प्रति सजग दिखायी देते हैं। भारतेन्दु हरिश्चन्द्र अपने काव्य का लेखन—'रोवहु सब मिलिके भारत भाई' से शुरू करते हैं और राम, युधिष्ठिर, शर्यान्ति, भीष्म, हनुमान, अर्जुन आदि के सन्दर्भ लाने से लेकर अज्ञेय की राष्ट्रीय अस्मिता की कविता तक अतीत के अनेक गौरवपूर्ण सन्दर्भों से जुड़े हमारे जीवन के ये भारतीय सन्दर्भों के प्रेरणास्रोत बने हुए हैं। भारतीय इतिहास का अतीत और भारतीय अस्मिता का उससे जुड़ा नैतिक सन्दर्भ हमें हर कदम पर शक्ति और उत्साह प्रदान करता है और समग्र भारत निरन्तर उससे सम्बद्ध रहेगा। हमारी राष्ट्रीय कविता भी ऐसे सन्दर्भों को अनेक रूपों और अनेक सन्दर्भों में उनकी व्याख्या बार-बार करती रहती है।

2. भारतीय अस्मिता से जुड़े अतीत के सन्दर्भ तथा आत्मोत्सर्ग के भाव—भारतीय अतीत की कविताएँ जैसे हमारे जीवन से जुड़ चुकी हैं, उनसे सन्दर्भित आज अनेकानेक प्रसंग हमें निरन्तर उद्वेलित करते रहते हैं। भारतीय जनमानस अपने पूर्व के कथित इतिहास को निरन्तर वर्तमान से जोड़कर उसे सक्रिय तथा सजग बनाता रहता है। ऐसी राष्ट्रीय अस्मिता की कविता इतिहासबोध की नहीं, भारतीय अस्मिताबोध की कविताएँ हैं। हिन्दी में इस परम्परा के श्रेष्ठतम कवि रामधारी सिंह 'दिनकर' हैं। इस दृष्टि से उनकी 'आग की भीख' श्रेष्ठतम कविता है—जिसका एक साक्ष्य देखें—

दाता पुकार मेरी सन्दीप्ति को जिला दो।
बुझती हुई शिखा को संजीवनी पिला दो।
प्यारे स्वदेश के हित अंगार माँगता हूँ।
चढ़ती जवानियों का शृंगार माँगता हूँ।।

परम्परा के इतिहासबोध के साथ जुड़े आत्मगौरव इन दोनों तत्त्वों को एक साथ समेटकर राष्ट्रीय दृष्टि को व्यक्त करके भारतीयों को इसकी ओर आकर्षित करना ही इन कविताओं का ध्येय रहा है।

3. राष्ट्रीय जागरण का स्वर—राष्ट्रीय जागरण एवं ब्रिटिश सत्ता की दासता दोनों के बीच परस्पर विद्रोह की स्वर चेतना का उत्साह-भरा भारतीय जनता को आगे बढ़ने के लिए प्रेरणा देता है—देश की रक्षा के लिए। भारतीय कवियों की इन परिस्थितियों के विक्षोभ के स्वर बड़े ही उत्तेजक हैं और हिन्दी कविता में ऐसे साहित्य को हमेशा लोकजागरण का कारण माना गया है। भारतीय साहित्य में भारतीय आजादी के लिए कविगणों का असन्तोष एवं विद्रोह निरन्तर उद्दीप्त दिखता है। यह सत्य है कि मानव मुक्ति आज की महत्त्वपूर्ण समस्या है किन्तु दासता एवं विदेशी शक्ति की राज्यसत्ता से मुक्ति केवल आन्दोलन नहीं—परस्पर संघर्ष एवं विद्रोह है और हमारी स्वतन्त्रता की कविता निश्चित ही संघर्ष और विद्रोह की कविता स्वतन्त्रता से हटकर लोक-जागरण के भी प्रश्न इन कविताओं से जुड़े मिलते हैं किन्तु विद्रोह के स्वर की प्रमुखता को इस सन्दर्भ में विशेष महत्त्व दिया गया है।

भारतीय आजादी के बाद वर्तमान सन्दर्भ अपनी लोकतान्त्रिक सत्ता से जुड़ा हुआ है और जिस असन्तोष को व्यक्त कर रहे हैं, वह सत्ता के विद्रोह नहीं—व्यवस्था की बेईमानी के प्रति आज जीवन की आवाज है। मजदूर, किसान, महिलाएँ, दलित तथा आदिवासी जन आदि की चर्चा का सम्बन्ध लोकतान्त्रिक व्यवस्था से जुड़ा है—यह राष्ट्रीय दासता की मुक्ति का सन्दर्भ नहीं है। इसकी चर्चा विस्तारपूर्वक आगे की जायगी।

प्रयोगवाद तथा नयी कविता का आन्दोलन

पहले कहा जा चुका है कि आजादी प्राप्ति के पहले का भारतीय जनजीवन और विशेष रूप से साहित्यिक आन्दोलन के रूप में आनेवाली प्रगतिशीलता प्रगतिवादी काव्यान्दोलन की सामयिक लोकतान्त्रिक मान्यताओं के आ जाने के कारण भारत में धीरे-धीरे घटने लगी थी। यूरोपीय उद्योगवादी व्यवस्थाओं के अन्तर्गत नयी लोकतान्त्रिक व्यवस्था तथा द्वितीय महायुद्ध के बाद पश्चिमी परिवेश एवं साहित्यिक मान्यताओं में जो परिवर्तन आया, उनका हिन्दी साहित्य पर मार्क्सवाद से अधिक प्रभाव पड़ा और सच तो यह है कि भारत में निर्मित मार्क्सवादी परिवेश का स्थान हिन्दी की इस नयी काव्यधारा ने ग्रहण कर लिया।

हिन्दी साहित्य में प्रयोगवादी कविता की नयी धारा जो यूरोपीय देशों के प्रभाव से उत्पन्न हुई, सन् 1940 के बाद इतनी तेजी से फैली कि हिन्दी में एक ओर छायावाद तथा रहस्यवादी काव्यधारा का प्रवाह रुक गया तो दूसरी ओर प्रगतिवादी कविता का स्वर मन्द पड़ने लगा। इस प्रयोगवाद तथा उसके बाद नयी कविता के अन्दोलन को ले आने का श्रेय प्रसिद्ध आधुनिक कवि हीरानन्द सच्चिदानन्द वात्स्यायन 'अज्ञेय' तथा इलाहाबाद की परिमल संस्था को दिया जाता है। सन् 1943 में अज्ञेय के सम्पादकत्व में तार सप्तक का प्रथम अंक निकला और अज्ञेय ने उसमें दो प्रगतिवादी वाले डॉ. रामविलास शर्मा तथा नरेश मेहता को, प्रगतिवादियों में स्थान दिया। नरेश मेहता प्रगतिवादी आन्दोलन छोड़कर प्रयोगवाद तथा नयी कविता के क्षेत्र में आ गये और तार-सप्तक के बादवाले अंकों में प्रगतिवादी कवि नहीं रखे गये। सन् 1945 में परिमल की स्थापना हुई तथा प्रतीक पत्रिकाओं के बाद सन् 1950 में नयी कविता के अंक आने शुरू हुए। सन् 1943 से सन् 1950 तक प्रयोगवादी तथा नयी कविता का यह आन्दोलन इतना सशक्त हुआ कि हिन्दी में प्रचलित अन्य सारी-की-सारी काव्यधाराएँ न के बराबर रह गयीं और नयी कविता को अनेक रूपों तथा अनेक नामों के प्रकाश में ले आने की चेष्टा की गयी। इस चेष्टा एवं नामकरण के पीछे विविध नामों से उसको विविध सामाजिक रूपों में रखकर अनेक सामाजिक व्यक्तियों से उसे जोड़ने का प्रयास किया गया। डॉ. जगदीश गुप्त ने इन नामों की एक लम्बी तालिका दी है—जैसे

युयुत्सावादी कविता, नूतन कविता, एण्टीकविता, एब्सर्ड कविता, नकेन के प्रपद्य आदि-आदि। इन आन्दोलनों में नकेन के प्रपद्य ने तो साहित्य में अपना खासा स्थान बना लिया किन्तु इन सबके बावजूद भी हिन्दी में प्रगतिवादी आन्दोलन से भिन्न ये नयी कविता लेखन के सन्दर्भ यूरोपीय पूँजीवादी मान्यताओं के बीच लिखे जानेवाले सामयिक कविता तथा कवियों से जुड़कर नयी चिन्तनधारा स्थापित की।

नयी कविता की यूरोपीय पृष्ठभूमि

सन् 1915 में यूरोप में प्रथम विश्व युद्ध के बाद नयी आधुनिकता का जन्म हुआ। सन् 1930 में द्वितीय महायुद्ध के बाद तो सम्पूर्ण यूरोप का सामाजिक सन्दर्भ ही बदल उठा और तब तक रूस का मार्क्सवादी चिन्तन भी समाज के नये परिवर्तन की सामाजिक भूमिका बनाकर सामने आ चुका था। इन दो वैश्विक महायुद्धों तथा रूस के साम्यवादी चिन्तन का प्रभाव सम्पूर्ण यूरोप में दिखायी पड़ चुका था। इसी सन्दर्भ में मार्क्सवाद के समानान्तर फ्रान्स तथा इटली ने अपनी लोकतान्त्रिक समाजवादी व्यवस्थाओं से अपने शासनतन्त्र को बदला और इन सबका गहरा प्रभाव जनजीवन पर दिखायी पड़ा। मार्क्सवादी दबावों से मुक्ति की प्रक्रिया अपनाने के लिए यूरोपीय देशों में परिवर्तन के नये परिवेशों के बीच मानवीय मुक्ति को केन्द्र में रखते हुए जिन प्रक्रियाओं और चिन्तनों के बीच अपने अस्तित्व तथा वैज्ञानिक जीवन दर्शन की व्याख्या की, निश्चित ही, उसके फलस्वरूप उससे यूरोपीय ही नहीं, वैश्विक परिवेश में नया जीवन जीने की आकांक्षा मनुष्य जाति को हुई और भारत जैसे विविध राष्ट्र इनसे जुड़कर इस नयी विचारधारा को अपने व्यवहार एवं चिन्तन का अंग बनाया। इस मानवीय व्यक्तिवादी वैज्ञानिक यथार्थ से जुड़े जीवन-दर्शन ने यूरोपीय साहित्य को अत्यधिक प्रभावित किया और हिन्दी साहित्य भी इस नयी यूरोपीय साहित्यधारा के प्रभाव का अंग बना।

यद्यपि दो महायुद्धों के विध्वसंक प्रतीकों के विरुद्ध अखिल मानव जाति की रक्षा एवं जागरण के सन्दर्भ–व्यापक मानवतावाद से जुड़ा समाज के सामने आया किन्तु यूरोपीय अस्तित्ववादी चिन्तक सार्त्र एवं कीर्केगार्द के अहम्‌वाद एवं अस्तित्ववाद की निजता से जुड़ने के बाद यूरोपीय तथा उनसे प्रभावित चिन्तन व्यक्तिवाद की ओर मुड़ना शुरू हुआ। सन् 1910 से लेकर सन् 1950 तक यूरोपीय देशों में वैज्ञानिक विकास की लहर फैल चुकी थी और इसमें बड़ी तेजी से समाज में वैज्ञानिकता के प्रभाव के फलस्वरूप बदलाव की लहर पूरे विश्व में फैलने लगी। सन् 1910 से 1950 तक के वैज्ञानिक विकास की लहर का पूर्णरूपेण प्रभाव वहाँ के चिन्तन पर है। अभी तक यूरोपीय चिन्तन के दो तत्त्व थे अहम्‌वाद से जुड़ी वैयक्तिक निजता तथा स्वच्छन्दता। अब उसमें एक तीसरी चिन्तन दृष्टि से जुड़ी वह है–नयी वैज्ञानिक चिन्तन की

अवधारणाएँ। इन सबसे जुड़कर यथार्थवाद का दर्शन इस यूरोपीय साहित्य में सर्वथा प्रमुख रहा और ये चारों तत्त्व हिन्दी की नयी कविता में भी आये।

इन सबको मिलाकर जीवन जीने की एक नयी दृष्टि की खोज अब प्रासंगिक बन गयी। नवता से परिपूर्ण जीवन जीने की नयी दृष्टि सम्पूर्ण विश्व के लिए आधार बनी और आधुनिक हिन्दी के नये साहित्य में जीवन जीने का यह नयापन अनेक रूपों में आया। हिन्दी में परम्परावादी लेखन, छायावादी लेखन, प्रगतिवादी लेखन के सन्दर्भ इस प्रयोगवाद तथा नयी कविता-काल में समाप्त से हो उठे। सन् 1910 के आसपास का यूरोपीय नव लेखन सन् 1940 तक भारत के हिन्दी साहित्य के लेखन पर अपना पूरा प्रभाव जमा चुका था।

तार-सप्तक, परिमल जैसी संस्थाओं के संस्थापन के बाद सन् 1940 में इलाहाबाद में **प्रतीक** पत्रिका निकली। उसके पूर्व सन् 1955 में डॉ. धर्मवीर भारती तथा डॉ. जगदीश गुप्त ने मिलकर **नहुष** पत्रिका निकाली थी और इस प्रकार छायावाद तथा प्रगतिवाद के बाद हिन्दी में जो नया काव्यान्दोलन सशक्त होकर सामने आया उसका पूर्ण प्रभाव सन् 1980 तक दिखलायी पड़ता है।

•

नयी कविता के प्रयोग सन्दर्भ

नयी कविता के प्रयोग सन्दर्भ हिन्दी की चली आ रही अपनी परम्परा के मूल्यों, मानकों, अवधारणाओं तथा रचनात्मक विधानतन्त्रों की मुक्ति से सम्बद्ध दिखायी पड़ती हैं। इस मुक्ति का कारण है, यूरोपीय अर्थात् पश्चिमी देशों की नयी सांस्कृतिक जन्म लेती अवधारणाएँ, ज्ञान-विज्ञान से जुड़े चिन्तन एवं दो महायुद्धों से पीड़ित जनसमूह की नयी जीवनाकांक्षा। यहीं नहीं, अंग्रेज़ी सत्ता के बाद पूँजीवादी मान्यताओं से जुड़ी उद्योगवादी संस्कृति का जो प्रभाव आधुनिकता के रूप में भारतीयों पर पड़ा, हम भारतीय उस ओर बढ़ते गये। इस दिशा में प्रमुखतः सन्दर्भ हैं—नव विज्ञानवादी चिन्तनदृष्टि के प्रति पूर्णतः झुकाव, यथार्थ की जीवन में पूर्णतः स्वीकृति, व्यक्तिवाद के सन्दर्भ में निजता और मैं पन का आग्रह, विश्वासभरी मान्यताओं का त्याग और उसके स्थान पर बौद्धिकता का आग्रह, अभिव्यक्ति की स्वतन्त्रता का पूर्णतः अधिकारपूर्वक उपयोग, उपेक्षित उपयोगी-गैर उपयोगी व्यावहारिक सन्दर्भों को तर्कपूर्वक प्राथमिकता देने का आग्रह, परम्परा के त्याग के प्रति प्रतिबद्धता आदि।

सामान्यतया भारतीय कविता एवं शास्त्रीय मानकों का इतिहास नितान्त ही प्राचीन रहा है। भारत की कविता योजना प्रारम्भिक काल से कलात्मक सन्दर्भों की ओर उन्मुख रही है और उसका सामाजिक सन्दर्भ बाद का है। नयी कविता नयी सामाजिकता को केन्द्र में रखकर आगे चलती है और यदि उसमें भारतीयता के काव्य मानकों की खोज करना चाहें तो वह न के बराबर है। सन् 1939-40 के बाद जैसे हमने अपनी कविता से अपने को पृथक् कर लिया और इस नयी कविता में भारतीय परम्परावादी कविता का कहीं भी कोई रूपविधान नहीं दृष्टिगत होता। सन् 1939-40 के बाद की हिन्दी कविता के भावविधान, शिल्पविधान, कथ्यविधान, सामाजिक सम्बन्धों के विश्वास के विविध रूप, बिखराव, प्रतिक्षण घटित नयेपन के आग्रह के प्रति आकर्षण, नये मनुष्य की नयी अवधारणाएँ आदि-आदि परम्परा से मुक्ति की प्रतिबद्धता उत्पन्न कर देते हैं। नये मानव का जन्म एवं उससे जुड़े नये मूल्यों का अवतरण यह नयी कविता के प्रतिक्षण की कविता का सन्दर्भ है। यह नव मानववाद लघुमानव के रूप में साहित्य के अन्तर्गत पर्याप्त चर्चा का विषय बना रहा। इस नव कविता की पृष्ठभूमि में कहीं

भी भारतीय काव्यचिन्तन का कई हजारों वर्षों का स्थापित कोई भी प्रतिमान शेष नहीं रह गया। जहाँ भारतीय एवं पाश्चात्य नव काव्यचिन्तन में सन्दर्भित समरूपता दिखायी पड़ी, नयी कविता के विवेचन आलोचकों तथा कवियों ने उसको नया रूप और रंग देकर पूरी तरह से परिवर्तित कर डाला। भारतीय काव्यचिन्तन की परम्परा में रसानुभूति के प्रश्न सर्जन से अनिवार्यतः जुड़ा हुआ है, इसमें भी इन नयी कविता के चिन्तकों ने 'सह-अनुभूति' तथा सह-भोग का नाम देकर इनके सन्दर्भों को बदल डाला। कविता का सर्जन, चिन्तन-पक्ष, वैचारिक अन्वितियों, मानकों, सृजन रूपों आदि-आदि सन्दर्भों को नयी कविता के इन चिन्तकों ने एकदम नया आयाम देकर भारत के अपने वैयक्तिक स्वरूप को पश्चिमी यूरोपीय परिवेश में बदलने की चेष्टा की, उसका परिणाम आज यह है कि हिन्दी कविता अपनी लोकतान्त्रिक अस्मिता की खोज में अभी भी निरन्तर जागृत दिखायी देती है।

●

हिन्दी नयी कविता की कवि-परम्परा और काव्य विश्लेषण

नयी कविता की परम्परा एवं उसके सन्दर्भों की आज के युग में तलाश करें तो उसकी एक लम्बी तालिका हमारे सामने दिखायी पड़ती है। अज्ञेय के तार सप्तक, प्रतीक, नयी कविता, निकष, परिमल संस्था के सन्दर्भों में इसे खोजें तो इसकी एक लम्बी परम्परा हमारे सामने आकर खड़ी हो जाती है। इस लम्बी कवि-परम्परा के सन्दर्भ इस प्रकार हैं–

(1) हीरानन्द सच्चिदानन्द वात्स्यायन (अज्ञेय)–इनके सन्दर्भ में तीन बिन्दु विशेष महत्त्वपूर्ण हैं–

1. आधुनिकता की स्वीकृति।
2. स्वचेतना या अपने अनुभूत सत्य की प्राथमिकता।
3. बौद्धिकता का आग्रह।

'तार सप्तक' में नयी कविता की अपनी अभिव्यक्ति आधुनिकता से जुड़े उनके सन्दर्भों को स्पष्ट करती हैं।

(2) सर्वेश्वर दयाल सक्सेना–नयी कविता की परम्परा के श्रेष्ठतम कारण चिन्तन तथा अभिव्यक्ति दोनों दृष्टियों से ये महत्त्वपूर्ण कवि हैं। इनके काव्यचिन्तन के निम्नलिखित सन्दर्भ हिन्दी नयी कविता में चर्चा के विषय हैं–

(1) व्यापक लोकतान्त्रिक दृष्टि।

(2) कथ्य के लिए नवीन प्रतीकों की तलाश।

(3) मानवतावाद।

(3) लक्ष्मीकान्त वर्मा–नयी कविता के प्रतिमानकीकरण की दिशा में इनके द्वारा किया गया प्रयास विशेष रूप से चर्चा का विषय है। इनके कविता की निम्नलिखित विशेषताएँ हैं–

(1) विषयवस्तु के लिए निरन्तर आये आत्म अस्तित्व की तलाश।

(2) अपरिष्कृत शिल्प को नयी विशेषताएँ देकर स्वीकृत कराने का आग्रह।

(4) शमशेर बहादुर सिंह–प्रगतिवाद से प्रयोग के क्षेत्र में प्रवेश करनेवाले के प्रथम ज्ञात कवि हैं–

(1) अतियथार्थवाद या भोगे जाते हुए यथार्थ को अपनी कविता का विषय बनाना। उनके मन्तव्य के अनुसार उनकी कविता का रूप इस प्रकार है—

"जो खुद देखा, और पाया उसी की कविता में ख्याल के सुर, ताल, रंग, नक्श और लहर मेरी कविता है।"

(5) गिरिजा कुमार माथुर—रंग तथा रोमांस के कवि

(6) धर्मवीर भारती—(1) नयी कविता ढली है, अंग्रेजी की रोमाण्टिसिज़्म तथा उर्दू की ग़ज़ल शैली में।

(7) जगदीश गुप्त—विरोधी आधारों के अन्वेषण से ढाँचे का निर्माण। बौद्धिकता का सामान्य आग्रह किन्तु पूर्ण सफल नये कवि नहीं हैं।

(8) रघुवीर सहाय—(क) मध्यमवर्गीय जीवन की विद्रूपता।

(ख) विद्रूपता को ही वर्ण्य विषय बनाकर कविता लिखना।

(9) भवानीप्रसाद मिश्र—(क) एक ओर आभिजात्य तो दूसरी ओर औपचारिकता के समन्वय से कविता का निर्माण।

(10) कुँवर नारायण—वैयक्तिक भाव चित्रों (Private Imagery) के कवि।

(11) दुष्यन्त कुमार—(क) तुच्छ घटनाओं तथा वस्तुओं की भावात्मक शक्ति के साथ आभव्यक्ति।

(ख) प्रेम, पीड़ा, आत्मीयता से जुड़ी नवीन संवेदनाओं की निरन्तर तलाश।

इस युग के प्रमुख कवियों तथा उनकी कविताओं के अध्ययन के बाद निम्नलिखित रचनात्मक सन्दर्भों की स्थितियाँ इन कविताओं में मिलती हैं—

(1) परम्परागत भावात्मकता को छोड़कर कविता की केन्द्रीय समस्याओं को बौद्धिकता से जोड़ने का प्रयास। यूरोपीय साहित्य की आधुनिकता से उपजी इस प्रवृत्ति को हिन्दी के नये कवियों ने ज्यों-का-त्यों उतारने का प्रयास किया और नयी कविता का परम्परावादी कविता से अलगाव का केन्द्रीयकारण यही बौद्धिकता है।

(2) **आवेगों के सन्दर्भों की निरर्थकता**—यह निरर्थकता परम्परा विधान से कविता को पूरी तरह से मुक्त करने के प्रति प्रतिबद्ध है। समर्पण, अनन्यता, आवेग, दया, ममता, प्रणय एवं अन्य सन्दर्भों की भावात्मक प्रतिबद्धता कविता से लुप्त दिखायी पड़ती है। पहचान का त्याग और अहम्‌वादी नितान्त स्वालयता इससे सम्बद्ध है। यहाँ भावुकता, फ़ासिज़्म, अधिनायकवाद, टोटैलियनिज़्म, सर्वात्म समर्पित व्यक्तिवाद आदि के सन्दर्भों का पूर्णतः समापन मिलता है।

(3) मानवीय चेतना को विकसित करने के लिए प्रजातान्त्रिक अधिकारों को सर्वाधिक मजबूत बनाने की चेष्टा।

(4) प्रकृति के साथ सहयोग एवं साहचर्य की स्थिति जो रोमाण्टिसिज़्म से कविता को दूर रखे।

(5) यथार्थ के प्रति पूर्ण आग्रह—कल्पनाविधान एवं भावुकता से प्रेरित चेतना को यथार्थ से जोड़ने का प्रयास। वर्तमान क्षण का भोगा जाता हुआ यथार्थ का सत्य ही काव्य जगत् को ग्राह्य एवं स्वीकार्य है।

(6) सामान्य क्षेत्रीयता को छोड़कर कविता को विश्ववादी काव्यान्दोलन एवं वर्तमान की भोगी जाती हुई आधुनिकता से जोड़कर वैश्विक परिवेश का निर्माण।

(7) भावुकता के स्थान पर ध्वन्यात्मक लय को काव्याधार बनाने के प्रति आग्रह

(8) समाज की भोगी जानेवाली नवीनतम संवेदना का सत्य ही आज की कविता का सत्य है और उनके लेखन का केन्द्रीय आधार भी यही है।

(9) नयी कविता के लिए प्रयुक्त नये शब्द की सार्थकता इसी में है कि उसने परम्परावाद से पूर्णतः मुक्ति ले ली है। उसने वैश्विक प्रतिमानों से स्वयं को जोड़कर अपनी कविता का फलक अन्तरराष्ट्रीय बना लिया है—हिन्दी में इस प्रकार की वैचारिकताओं से परिपूर्ण अभी तक कोई कविता नहीं थी और इस वैश्विक प्रतिमानीकरण के लिए ही इस कविता के साथ **'नयी'** शब्द का प्रयोग किया गया है।

डॉ. रामस्वरूप चतुर्वेदी ने अज्ञेय के तार सप्तकों (1943 से प्रारम्भ) तथा **नयी कविता पत्रिका** प्रकाशित इलाहाबाद (1953) दोनों के आधार पर नयी कविता में स्वीकृत मानदण्डों की तलाश की है। इनके अनुसार नयी काव्यधारा से सम्बद्ध नये कवि इस प्रकार हैं—

(1) अज्ञेय (2) सर्वेश्वर दयाल, (3) लक्ष्मीकान्त वर्मा, (4) शमशेर बहादुर सिंह, (5) गिरिजा कुमार माथुर, (6) धर्मवीर भारती, (7) रघुवीर सहाय, (8) जगदीश गुप्त, (9) भवानीप्रसाद मिश्र, (10) कुँवर नारायण, (11) दुष्यन्त कुमार, (12) विजय देव नारायण साही।

इन कवियों की रचनाओं के प्रकाश में उन्होंने इनके निषेधात्मक (Negative) तथा भावात्मक (Positive) मूल्यों को आधार बनाकर इनकी रचनात्मक निष्पत्तियों के आठ मूल्यों की चर्चा की है—

(1) बौद्धिकता।

(2) आवेग, आवेश, ममता आदि के सम्बन्धों तथा सन्दर्भों की निरर्थकता

(3) उनके अनुसार लोकतन्त्र की आधारशिला आज की बौद्धिकता एवं समसामयिकता से जुड़ी तर्क पद्धति है। एकतन्त्रीय अधिनायक प्रणाली, अधिनायकवाद का वर्चस्व एवं शास्त्रादि में निर्धारित मानकों की तलाश में मूल्यों की खोज आज निरर्थकता है।

(4) प्रकृति के सहभोग और साहचर्य की स्थिति से मुक्ति आज की वैज्ञानिकता भरी समझ ही नयी उपलब्धि है। रोमाण्टिसिज़्म या क्लासिक मान्यताओं का आज कोई अर्थ नहीं है।

(5) ध्वन्यात्मकता लय नयी कविता का काव्याधार है।

(6) चिन्तन की दृष्टि से अन्तरराष्ट्रीयता हमारी वैचारिकता का मूलाधार है। इस प्रकार विश्वव्यापी काव्यान्दोलन ही नयी कविता की आधारभूमि है।

(7) कविता का मूल विषय है, समाज के द्वारा भोगी जाती नवीन संवेदनाएँ ही काव्य के लिए आधार हैं।

(8) 'नयी कविता' में **नयी** शब्द का अर्थ है, वैश्विक स्तर पर सुलभ सौन्दर्य की चेतना। यह **नयी** शब्द कविता के साथ-साथ कविता के नव परिवर्तन एवं नवोन्मेष का सूचक है।[1]

डॉ. रामस्वरूप चतुर्वेदी द्वारा उठायी गयी नयी कविता के इन समस्याओं के तीन पक्ष हैं—

(1) विश्वव्यापी काव्यान्दोलन इस समय एक ओर दबाव डाल रहे हैं तो दूसरी ओर वैश्विक सामाजिक बदलावों की स्थिति अलग है। वैज्ञानिक परिवर्तन के फलस्वरूप निरन्तर मनुष्य की जीवन-शैली और चिन्तन में जो बदलाव आ रहे हैं, हमारा साहित्यिक सन्दर्भ उस नवता और आधुनिकता से कैसे पृथक् हो सकता है। नये प्रयोगों तथा अन्वेषणों के विविध रूपों की ओर कविता से जोड़ने का प्रयास इसी नयी कविता का है जो वैश्विक स्तर पर इसी प्रवृत्ति के साथ निरन्तर गतिशील बनी है और बनी रहेगी।

(2) डॉ. रामस्वरूप चतुर्वेदी ने नयी कविता के जो मानक हिन्दी के 12 कवियों को केन्द्र में रखकर पहली बार तैयार किया था, वह इस नयी कविता की सर्जनात्मक भूमि से पूर्णतः सम्बद्ध है। वर्तमान बौद्धिकता की जीवन-दृष्टि एवं नये वैज्ञानिक व्यवस्था में नया जीवन जीने के नये मानव समाज की समझ ही नयी कविता के सर्जनात्मक विधान की समझ है। सामयिक बदलाव एवं नये प्रयोगों के प्रति आबद्धता ही नयी कविता का मूलाधार है।

(3) डॉ. चतुर्वेदी जी का अभिमत है कि एक ओर वैश्विक परिदृश्यों में सृजन के सन्दर्भों के बदलाव हो रहे हैं तो दूसरी ओर हमारी सोच तथा हमारी जीवन-शैली का बदलाव भी। नया काव्य उन्हीं से अभिन्नतः जुड़ा हुआ है, अतः उनके बिना, साहित्य के नये परिदृश्यों की सार्थकता सम्भव नहीं है।

इस सन्दर्भ में सन् 1957 से लेकर सन् 1990 तक नयी कविता के विविध पक्षों के लेखन की भरमार दिखायी पड़ती है—निम्नलिखित सैद्धान्तिक तथा व्यावहारिक समीक्षा से जुड़ी कृतियाँ इस सन्दर्भ में विशेष महत्त्वपूर्ण हैं और इन कृतियों का चिन्तन नयी कविता के निर्माण की नयी परिस्थितियों से लेकर नयी कविता के प्रतिमानीकरण से जुड़ा हुआ है। यहाँ एक ओर वैश्विक विकास के सन्दर्भों में सृजन के परिवर्तन सन्दर्भों की चर्चा हो रही है तो दूसरी ओर चिन्तन की भावी दिशा का निर्धारण एवं

1. हिन्दी नव लेखन—भारतीय ज्ञानपीठ काशी, सन् 1960, प्रकाशक—श्री लक्ष्मीचन्द्र जैन।

साहित्य के आनेवाले विविध परिवेशों की कल्पनाएँ हैं। इस प्रकार, नयी कविता का नव लेखन सन्दर्भ विविध परिदृश्यों से जुड़कर आज हमारे सामने है। इन विविध परिदृश्यों से जुड़ी कृतियाँ इस प्रकार हैं—इस युग में डॉ. रामस्वरूप चतुर्वेदी जी की कृति **हिन्दी नव लेखन** सन् 1964 के प्रकाश में आयी, वैसे, लक्ष्मीकान्त वर्मा ने सन् 1957 में इस दिशा में ऐतिहासिक कृति **नयी कविता के प्रतिमान** की रचना कर चुके थे। श्री लक्ष्मीकान्त वर्मा की यह प्रतिमानीकरण की कृति आज भी नयी कविता के चिन्तनगत मानकों के लिए आधार है। सन् 1996 में लक्ष्मीकान्त वर्मा ने दूसरी पुस्तक इस दिशा में प्रस्तुत की—**नये प्रतिमान : पुराने निकष**। उनकी दोनों कृतियाँ आज भी नयी कविता के लिए आदर्श हैं। इसी सन्दर्भ में इलाहाबाद की परिमल संस्था का उल्लेख करना आवश्यक है। इससे जुड़े कवियों तथा आलोचकों में गण्यमान्य विजयदेव नारायण साही ने नयी कविता पत्रिका के आठवें अंक में अनेक नयी काव्य प्रपत्तियों की चर्चा की है। डॉ. नामवर सिंह ने **नयी कविता के प्रतिमान** के विषय के सात मानकों का इस क्रम में विश्लेषण का आधार बनाया है—

(1) काव्यभाषा और सृजनशीलता

(2) काव्य विम्ब और सपाटबयानी

(3) काव्यरचना प्रतीकात्मक और भारतीय सन्दर्भ

(4) विसंगति और विडम्बना

(5) अनुभूति की जटिलता तथा तनाव

(6) ईमानदारी और प्रामाणिक अनुभूति

(7) परिवेश और मूल्य

नयी कविता के विश्लेषणों के सन्दर्भ—जैसा कि कहा गया है, वैश्विक न सही तो यूरोपीय अवश्य है। उन्होंने उन मूल्यों को, हिन्दी कविता के विश्लेषण के लिए सर्वथा प्रामाणिक तथा नया आधार स्वीकार किया है क्योंकि नयी भारतीय जीवन-शैली तथा विकास प्रक्रिया पर यूरोप का उद्योगवादी तन्त्र पूरी तरह से हावी होता जा रहा है। सन् 1950 के बाद से हिन्दी समालोचना क्षेत्र में यूरोपीय काव्यचिन्तकों की चर्चा डॉ. लीलाधर गुप्त से शुरू हो चुकी थी। सन् 1992 में डॉ. निर्मला जैन की एतद्विषयक कृति 'नयी समीक्षा के प्रतिमान' सन् 1992 में आयी और यूरोपीय नव काव्यचिन्तन के कई नये समीक्षकों के सिद्धान्तों की चर्चा की गयी—

रेन बेलेक, क्लीन ब्रक्स, आइवर विण्टर्स, टी. एस. इलियट, आई. ए. रिचर्ड्स, एलेन टेण्ट, डब्ल्यू. के. विस्माट। सन् 2009 में इन्हीं सन्दर्भों से जुड़ी पुस्तक 'पाश्चात्य काव्यशास्त्र : नयी प्रवृत्तियाँ' लेखक प्रो. राजनाथ अंग्रेज़ी विभाग, इलाहाबाद विश्वविद्यालय की भी कृति अनूदित होकर हिन्दी साहित्य के अन्तर्गत प्रकाश में आ चुकी है।

पश्चिमी आलोचना के क्षेत्र में प्राच्यवाद का एक नया सन्दर्भ चल पड़ा है।

कुल मिलाकर, समसामयिक यूरोपीय कविता तथा उनके नये काव्य चिन्तन इस समय जिस रूप में आ रहे हैं, उनके कारण हिन्दी की व्यावहारिक आलोचना के लेखन का बदलाव सामने है। इन चिन्तनों का परिणाम यह है कि एक दिन हिन्दी का सृजन एवं आलोचना दोनों का परिदृश्य हमें वैश्विक प्रतीत होने लगेगा।

नयी कविता का काव्यचिन्तन

नयी कविता पर सबसे बड़ा आरोप यह लगाया जाता है कि उस पर यूरोपीय सैद्धान्तिक चिन्तन का सर्वाधिक प्रभाव है और इस सत्य की स्वीकृति के प्रति हमारे नये सर्जकों का झुकाव अधिक मिलता है। आज वैश्विक परिवेश एक ऐसे तन्त्र की खोज की ओर उन्मुख है जो परम्परागत तथाकथित साम्राज्यवाद, कम्यून सत्तावाद, अर्थ-संग्रहवादी तथा भोगवादी उद्योगवाद, पुरातन संस्कारवाद आदि से मुक्त वैश्विक एवं राष्ट्रीय जनतन्त्रवाद का निरन्तर विस्तार दे सके—इस दृष्टि को केन्द्र में रखकर विचार करने पर नयी कविता का आन्दोलन हिन्दी साहित्य तथा भारतीय सांस्कृतिक एवं काव्यचिन्तन से सम्बद्ध मान्यताओं के विकास का इस नये बदलाव का आधार सोपान है। यह सत्य है कि यूरोपीय काव्यचिन्तन की परम्परागत मान्यताओं तथा साहित्य सिद्धान्त की अधुनातन मान्यताएँ यथा—विखण्डनवाद, उत्तर आधुनिकतावाद, काव्य का पुनर्पाठ सिद्धान्त तथा पाठकवादी समीक्षा, काव्यभाषा एवं प्रतीकवाद आदि सन्दर्भ हिन्दी की सैद्धान्तिक समीक्षा में आज पूरी तरह से प्रचलन में है और उत्तर उपनिवेशवाद के सन्दर्भ हिन्दी साहित्य में प्रवेश कर चुके हैं। कुल मिलाकर, नयी कविता के काव्यचिन्तन के सिद्धान्त इस प्रकार हैं—

1. बौद्धिकता और विज्ञानवादी दृष्टि का सन्दर्भ।
2. बौद्धिकता की आधारशिला तर्कपद्धति की प्रमुखता कल्पना सन्दर्भ गौण है।
3. मानवीय चेतना के विकास सन्दर्भ को कविता से सम्बद्ध करने का आग्रह।
4. प्रकृति और सहभोग का सिद्धान्त।
5. नयी समाज रचना एवं उसके द्वारा भोगे जाते हुए सत्य की प्रातातिक अनुभूति की अभिव्यक्ति।
6. वैश्विक स्तर के नव परिवर्तन एवं नवोन्मेष की अभिव्यक्ति के प्रति तत्परता।
7. काव्यभाषा में भावात्मकता एवं प्रतीकात्मकता के स्थान पर—

(क) काव्य भाषा की पुनर्रचना

(ख) काव्यभाषा की प्रतिरचना

(ग) काव्य भाषा की पुनर्प्रस्तुति

अर्थात्, कविता उत्कृष्टतम शब्दों का उत्कृष्टतम क्रम है।

8. परम्परागत रसास्वादन चिन्तन के बदलाव में **सहभोग** जैसी व्यवस्थाओं की स्थापनाएँ।
9. संवेग सन्दर्भों की निरर्थकता।
10. साहित्यिक लेखन में नैतिकता-अनैतिकता, अश्लीलता-श्लीलता जैसे सन्दर्भों से दूर यथार्थ की परिस्थिति और उस परिस्थिति से जुड़ी हुई यथार्थ की अभिव्यक्ति, भाषा तथा वैचारिक संवेदना।
11. अहम्वाद एवं नितान्त वैयक्तिकता के अस्तित्व सन्दर्भ की प्राथमिकता।

यहाँ संक्षेप में, नयी कविता के इन मूल्यों का विश्लेषण अपेक्षित है ताकि यूरोपीय व्यवस्था के बदलते उस समाज के सामयिक परिवेश में भारतीय लोकतान्त्रिक व्यवस्था सन्दर्भों के बीच लिखे गये इस काव्यचिन्तन का विश्लेषण किया जा सके।

(1) सामयिक विज्ञानवादी परिवेश में विकसित बौद्धिकता का सन्दर्भ—आज सामाजिक रचना का कारण न परम्परावाद है, न पुरातन व्यवस्था से सम्बद्ध नैतिकतावाद, न मनुष्य का प्राकृतिक प्रवृत्तिगत स्वभाव है और न तरह-तरह के प्रातीतिक विश्वासों से क्षण-क्षण अंकित जीवनदृष्टि और शैली है। आज का नया उभरकर स्थापित होनेवाला नव समाज एवं उसकी सामाजिक संरचना विज्ञानवादी और बौद्धिकता से पूर्णतः अनुशासित है। इन भावनाओं के नीचे जो भी समाज हो, वह सामाजिक संरचना का समाप्त होता हुआ पुरातन एवं पुरातन समाज है—नयी कविता का काव्यचिन्तन उसकी पूर्णतः उपेक्षा करके सामाजिक संरचना के समसामयिक निर्मिति होते हुए बौद्धिकता से नियन्त्रित इस विज्ञानवादी समाज को आगे रखकर अपने काव्य सृजन के प्रति पूर्णतः प्रतिबद्ध है। खड़ीबोली कविता का भारतेन्दु-युग से लेकर आज तक के इतिहास की प्रारम्भ में समीक्षा की जा चुकी है। यद्यपि परम्परावाद की वैचारिक जड़ें हमें छायावादयुगीन कविता तक मिलती हैं—फिर भी, सामाजिक नवजागरण का सन्दर्भ भारतेन्दु-युग के खड़ीबोली काव्य, द्विवेदीयुगीन खड़ीबोली कविता, छायावाद युग तथा उसके बाद भी मिलने लगता है। भारतेन्दु-युग नवजागरण अपनी भारतीय अस्मिता के बोध से सम्बद्ध है—जो विदेशी सत्ता एवं संस्कृति से मुक्ति की आकांक्षा के साथ-साथ नये भारत के निर्माण के स्वप्न से जुड़ा है। द्विवेदीयुगीन के सन्दर्भ में स्वाधीनता तथा भारत मुक्ति (राष्ट्रमुक्ति) जैसा सन्दर्भ सामने आता है और साहित्य के सन्दर्भों से जातीय पिछड़ेपन से मुक्ति, परम्परागत दुर्व्यसनों के त्याग का प्रश्न, सामाजिक संकीर्णताओं का विनाश, शिक्षा-व्यवस्था के प्रचार-प्रसार आदि नये परिवेश में भारतीय

समाज को बदलने की आकांक्षा सामाजिकता से जुड़कर साहित्य के सन्दर्भ-सूत्रों के विकास क्रम की व्यापक भंगिमा प्रदान करती दिखायी पड़ती है। एक राष्ट्र, एक संस्कृति तथा सामाजिक विकास के संकीर्ण सूत्रों को विनष्ट करते हुए सन्दर्भों की भरमार दिखायी पड़ती है।

छायावाद-युग की कविता का सन्दर्भ पश्चिमी साहित्यिक अवधारणाओं से जुड़कर खड़ीबोली कविता को एक नया परिदृश्य प्रदान करने से जुड़ा है, जिसे हम साहित्येतिहास में स्वच्छन्दतावाद के नाम से पुकारते हैं। परम्परागत शृंगार तथा प्रेम की बँधी-बँधायी रूढ़ियों से समाज को मुक्त करने जैसा नया सन्दर्भ नारी स्वातन्त्र्य के साथ अभिव्यक्ति का स्वातन्त्र्य कई वर्षों तक एक विशिष्ट काव्यधारा का रूप धारण करके मुखर रहा है। इसी के साथ उसके अन्तिम दौर में प्रगतिवादी साहित्य का स्वर मुखरित हुआ और समाज के निर्बल, दलित, सताये हुए शोषित वर्ग को सम्मानित स्थान पर प्रतिष्ठित करने एवं सामन्तवादी, अध्यात्मवादी, परम्परावादी, प्रतिक्रियावादी मान्यताओं को तोड़कर जनवादी चेतना को स्थापित करने का गुरुतर कार्य खड़ीबोली कविता में शुरू किया गया।

इसी क्रम में, खड़ीबोली कविता में सन् 1943 का तार सप्तक के श्रीगणेश का क्रम शुरू हुआ और इसी सन्दर्भ से सम्बद्ध इलाहाबाद से **नये पत्ते** पत्रिका निकली। इसी के क्रम में **नयी कविता** पत्रिका 1953 में आयी फिर क, ख, ग के 15 अंक प्रकाशित हुए। उसके बाद नयी कविता के सन्दर्भों से जुड़ी **निकष पत्रिका** प्रकाश में आयी। इसी के सन्दर्भ में 'परिमल' साहित्यिक संस्था का स्मरण करना आवश्यक है जो जिसने कविता के इस नये आन्दोलन को अपने समग्र साहित्यिक परिवेशों के साथ जोड़कर वैश्विक साहित्य चिन्तन के परिदृश्यों से जुड़ने का सजग तथा प्रखर वातावरण निर्मित किया।

इस नयी कविता के पूर्व आदिकाल, भक्तिकाल, रीतिकाल एवं आधुनिक युग की रीतिवादी काव्यदृष्टि के मानकों का सम्बन्ध पूरी तरह से भावात्मक प्रतिस्थापन (Emotive establishment) से रहा है। इसका केन्द्रीय सन्दर्भ रतिभाव (Sextual text) है और यह कविता सामन्तवादी भोगवृत्ति की समृद्धि एवं आनन्द की कविता रही है। भारतेन्दु-युग के बीजवपन से द्विवेदी-युग में इससे मुक्ति की छटपटाहट दिखायी पड़ती है और छायावाद-युग में यह अपना नया परिवेश बनाती है किन्तु प्रयोगवाद एवं नयी कविता के वातावरण की वैश्विक चेतना के नये सन्दर्भों के अंकुरण ने हिन्दी कविता के भावात्मक प्रतिस्थापन के सन्दर्भों को बदलना शुरू किया। यह बदलाव सन् 1939 से चलता हुआ सन् 1980 तक पूरी तरह से साहित्य में सक्रिय रहा है।

सौन्दर्यबोध से जुड़ी कलात्मक सजगता का आधार बौद्धिकता नहीं भावमयता है। मनुष्य के मन के तीन पक्ष—ज्ञान (Knowing), भाव सन्दर्भ (Feeling) एवं कर्म की संकल्प चेतना (Willing) नैसर्गिक हैं। ज्ञान पक्ष की कर्म संकल्प-चेतना—

अध्ययन, चिन्तन, तर्क, विर्तक आदि ज्ञानात्मक सन्दर्भ हैं किन्तु भावजगत् पूर्णतः भावात्मक संवेदनों से कर्म की संकल्प चेतना को अपनी ओर खींचकर उसे कलात्मक सृजन से जोड़ देती है—जहाँ प्रत्यक्षतः ज्ञान का पक्ष भावसत्ता में तिरोहित होकर स्वयं भावमयता में डूबा रहता है। काव्यसृजन के क्षेत्र की मूलसत्ता भावमयता या भावचेतना की है। मानवीय सभ्यता के विकास क्रम में कविता तथा कला की अन्य विधाओं का यह प्रकरण आज तक जुड़ता चला आ रहा है। यह मानव जाति की आदिम और अनादिवासना सन्दर्भ है।

मानव जाति के विकास की अनादिकालीन यह अवधारणा पश्चिमी आलोचकों यथा क्रिस्टाफर काडवेल, इलियट आदि ने कविता एवं बौद्धिकता के सन्दर्भ को एकमेव करने के प्रति जागरूकता प्रदर्शित की है और हिन्दी की नयी कविता में इस सन्दर्भ को रचनात्मक मूलाधार के रूप में स्वीकार किया है किन्तु इसके प्रति सजगता अपेक्षित है। नयी कविता के सैद्धान्तिक तथा व्यावहारिक आलोचकों ने अनुभव को दो भागों में बाँटकर देखने का प्रयास किया है—प्रथम रागात्मक अनुभव (Emotional Experience) तथा (Intellectual Experience) अर्थात् बौद्धिक अनुभूति। मनोविज्ञान के क्षेत्र की अनुभूति अर्थात् feeling का पक्ष पूर्णतः भावचेतना का पक्ष है और उसमें प्रवेश करने के बाद अन्य सत्ताएँ अपना अस्तित्व खो देती हैं। ऐसी स्थिति में, बौद्धिक अनुभूति का अर्थ होगा—वह न जो पूर्णतः बौद्धिक था, भावात्मकता की संवेदना में खो गया किन्तु अपने व्यक्तित्व का कोई-न-कोई अंश बचाये हुए है। यह बचना सर्जक के 'अहम्' का चैतन्य है। कलात्मक सृजन में सर्जक का अहम् सर्वोपरि है या सृजन के प्रति सर्वात्म समर्पण। सर्जक मन, बुद्धि, चित्त आदि वृत्तियों को भावयोग से सम्बद्ध करके पूर्णतः उसी में समाहित हो उठता है और उसके इस भावयोग की तन्मयीभूतता को सृजन सिद्धि का प्रथम आधार माना गया है किन्तु नयी कविता इसे स्वीकार नहीं करती और कहती है कि काव्यसृजन में संलग्न कवि की सर्जनात्मक प्रतिभा केवल विषयीपरक (Subjective) ही नहीं होगी उसे (Objective) वस्तुपरक भी होना पड़ेगा और यह वस्तुपरकता भावना के साथ उसकी बौद्धिक वैचारिकता का द्वन्द्व होगा—जो सौन्दर्यबोध की प्रज्ञा से जुड़ने में असमर्थ होगी।

यह सत्य है कि आज का वैज्ञानिक परिवेश का जगत् और उससे सम्बद्ध जीवन के नये अनुभवों का परिवेश बदल गया है किन्तु इन नये परिवेशों से सम्बद्ध भावनाओं को कला जगत् नया भावात्मक आयाम दे रहा है। कविता भी उसे पूरी तरह से अपनी सद्य; संवेदनामयता का आयाम देने के प्रति सजग है—वह बौद्धिकता नहीं है, बौद्धिक अनुभूति भी (Intellectual Experience) नहीं है, वह है भावात्मक विषयीपरक भावमयता (Subjective emotional Feeling) और उसे उसी रूप में स्वीकार किया जाये। रघुवीर सहाय की एक नयी कविता का उदाहरण देखें—

हिलती हुई मुँडेरें हैं और चटखे हुए हैं पुल
बररे हुए दरवाज़े हैं और धँसते हुए चबूतरे
दुनिया एक चुरमुरायी हुई-सी चीज़ हो गयी है
दुनिया एक पपड़ियायी हुई-सी चीज़ हो गयी है

इस कविता में नये जीवन की संकट से भरी परिस्थितियाँ देखें—

हिलती हुई मुँडेर, चटखे हुए पुल,
बररे दरवाजे, धँसते हुए चबूतरे
दुनिया एक चुरमुरायी जैसी,
दुनिया एक पपड़िआयी जैसी

के समग्र अनुभूति के सन्दर्भ पूर्णरूपेण संवेदना से जुड़े हैं, बौद्धिकता से नहीं।

अज्ञेय अपनी कविता के द्वारा बौद्धिकता के आने की चर्चा करते हैं किन्तु वह बौद्धिकता गलती से बौद्धिकता समझी जाती है—वह है, भावना जगत् का नया बदला हुआ परिवेश। कविता इस प्रकार है—

संसृतियों की संस्कृतियों की
तोड़ सम्यता की चट्टान
नयी व्यंजना को साता बस
इसी तरह से बह सकता है—

नयी सृष्टि, नयी संस्कृति, नयी सभ्यता की चट्टान को तोड़कर नये जल प्रपात का बह निकलना सामयिक कविता की सामयिक भावात्मक संवेदना का परिवेश है बौद्धिकता का नहीं।

वैज्ञानिक परिवर्तनों से बदले नये परिवेशों की भावात्मक अभिव्यक्ति बौद्धिक नहीं काव्य सृजन की युग सापेक्ष्य सजगता है—जो उसके इतिहास-प्रवाह एवं काव्य-परम्परा का ऐतिहासिक रूप निर्मित करता हुआ निरन्तर सबको अपनी चेतनावृत्ति से बाँधे निरन्तर चलता रहता है।

(2) अहम् अर्थात् स्वमयता के अस्तित्व का प्रथम एवं अन्तिम सत्य—नयी कविता का मूल स्वर 'नितान्त व्यक्तिवादिता' से जुड़ता है और यह व्यवस्था मूलतः यूरोपीय उद्योगवाद को अस्तित्व में लाने के लिए इस व्यवस्था से सम्बद्ध चिन्तकों का मूल देय है। मार्क्सवादी आन्दोलन के व्यापक प्रचार-प्रसार के बाद उसके विरुद्ध पूँजीवादी व्यवस्था से जुड़े चिन्तक **किर्के गार्ड** एवं **ज्याँ पाल सार्त्र** ने अस्तित्ववाद सिद्धान्त के द्वारा वैयक्तिक निजता अर्थात् अहम् को विशेष महत्त्व दिया और यूरोपीय चिन्तन में 'मैं' के होने से आत्मसत्ता को जो प्राथमिकता मिली—उससे अस्तित्ववादी चिन्तन प्रकाश में आया और यह 'मैं' के महत्त्वमयी होने की सर्वोच्च आत्मसत्ता यूरोपीय व्यक्तिवादी चिन्तन के लिए मूलाधार बन गयी। यूरोपीय पूँजीवादी तन्त्र का यह 'मैं'

का सर्वाधिक महत्त्वपूर्ण धर्म बन गया और इसने व्यावसायिक 'मैं वाद' को इतना व्यापक बना दिया कि काम तथा साहित्य का भी समग्र आधार यह 'मैं वाद' अतिशय वैयक्तिकता, व्यक्तिवाद, निजता का सर्वाधिक महत्त्व, भोगे जाते हुए क्षण और भोक्ता के अपने अस्तित्व की सर्वाधिक सामाजिकप्रियता जीवन एवं व्यावहारिकता के केन्द्र में बन गयी। यूरोपीय चिन्तन के दबाव से वहाँ से चली रोमाण्टिक कविता में यह व्यक्तिवादिता का तत्त्व पूर्णतः हावी है किन्तु नयी कविता की सृजनात्मक चेतना के लिए यह मूलाधार का कार्य करती है। यह आश्चर्य का विषय है कि डॉ. नामवर सिंह **कविता के नये प्रतिमान** शीर्षक कृति में इस वैयक्तिकता की चर्चा करना भूल जाते हैं किन्तु श्री लक्ष्मीकान्त वर्मा अपनी दोनों कृतियों—**नयी कविता के प्रतिमान**[1] तथा **नये प्रतिमान : पुराने निकष** में इस सन्दर्भ की बराबर चर्चा करते हैं। वैयक्तिक की गहनता एवं स्वार्थ केन्द्रित यथार्थवाद की स्वीकृति इन दोनों तत्त्वों का सन्दर्भ निश्चित ही यूरोपीय पूँजीवादी सामाजिक व्यवस्था से है—और उस व्यवस्था से जुड़े साहित्य के प्रचार-प्रसार और प्रभाव के कारण प्रयोगवाद तथा नयी कविता का स्वर नितान्तवाद से जुड़कर अज्ञेय से प्रारम्भ होकर प्रायः सभी नयी कविता में स्वात्म से सम्बद्ध अन्तर्मुखता का अनिवार्य अंग बना। द्वितीय महायुद्ध के बाद तो पश्चिमी यूरोपीय साहित्य में यह वैयक्तिकता से जुड़ा अतियथार्थवाद अपनी अन्तर्मुखता के कारण विशेष प्रसिद्ध रहा है। हिन्दी की नयी कविता निश्चित ही पश्चिमी अति यथार्थवाद एवं वैयक्तिकता का प्रतिफल है। डॉ. रामस्वरूप चतुर्वेदी इसकी ओर संकेत करते हुए कहते हैं कि—"इन (यूरोपीय आधुनिक विचार पद्धति) विचार पद्धतियों में से कुछ ने मुख्यतः साहित्य (नयी कविता से सम्बद्ध साहित्य) के सृजनात्मक पक्ष को प्रेरणा दी है और कुछ ने साहित्य चिन्तन की दिशा निर्धारित करने में अधिक सहयोग दिया है और कुछ का योगदान दोनों पक्षों में ही समान रूप से रहा है। अतियथार्थवाद पहले पक्ष का उदाहरण है और व्यक्तिवाद दूसरे पक्ष का।"[2] यथार्थ से परिपूर्ण व्यक्तिगत भोगे जाते हुए अपने व्यक्तिगत यथार्थ के क्षण सर्वाधिक महत्त्वपूर्ण हैं। इस प्रकार, नयी कविता का यह व्यक्तिवादी परिवेश पूर्णतः आत्मतन्त्र का अभिन्न अंग है और उसे जीवन जीने के सर्वोच्च भोगे जाते हुए क्षणों से मुक्त नहीं किया जा सकता।

नयी कविता के सन्दर्भ में बड़ा सार्थक प्रश्न उठाया जाता है, कि कवि का सत्य क्या है? कविता का सत्य क्या है? काव्य लेखन का सत्य क्या है? इन तीनों का उत्तर एक है—श्री लक्ष्मीकान्त वर्मा बताते हैं कि "(कवि का सत्य) कवि की अनुभूति होती है जो (और वह) वह उसके व्यक्तिगत सत्य से उपजती है।"[3] सत्य से उपजी हुई

1. नयी कविता के प्रतिमान—लक्ष्मीकान्त वर्मा, पृ. 11
2. हिन्दी नव लेखन—डॉ. रामस्वरूप चतुर्वेदी, पृ. 30
3. नये प्रतिमान : पुराने निकष, पृ. 82

अनुभूति व्यक्तिगत-सामयिक भोगे जाते हुए यथार्थ की अभिव्यक्ति है और यही कविता का सत्य है।

इस प्रकार, नयी कविता के सापेक्ष्य में अनुभूति का यथार्थ एवं भोगे जाते हुए यथार्थ का क्षण मूलतः वैयक्तिकता से सम्बद्ध है, और यही दोनों मिलकर काव्य के वस्तु विषय (Subject matter) एवं उससे जुड़े उसके विविध सन्दर्भों का निर्माण करते हैं।

3. व्यक्ति स्वतन्त्रता एवं सार्वभौमिक अधिकार की तलाश—यूरोप में दो विश्वयुद्धों के फलस्वरूप जिस व्यक्तिस्वातन्त्र्य का गहन दबाव समाज पर पड़ा उसका सम्बन्ध यूरोपीय लोकतान्त्रिक व्यवस्था से है, जिसकी सर्वप्रथम बार स्थापना फ्रान्स के राज्यतन्त्र के रूप में हुई और रूस की साम्यवादी मान्यता के समानान्तर यह सम्पूर्ण यूरोप में फैलती गयी—लोकतन्त्र भारत में सन् 1947 में ब्रिटिश साम्राज्यवादी राज्यसत्ता के समापन के बाद आयी। साहित्य एवं कला के क्षेत्र में जिस प्रकार यूरोप में परम्परावाद से मुक्ति का प्रश्न उठा, ठीक वही सन्दर्भ भारत में आजादी की प्राप्ति के आसपास सन् 1940 से उठा और सन् 1947 में आजादी की प्राप्ति के बाद सन् 1980 तक प्रबल रहा। नयी कविता के पूर्व छायावादी काव्य में नारी-जागरण का उन्मेष उभरता दिखायी पड़ता है किन्तु छायावादी कविता के बाद प्रयोगवादी एवं नयी कविता का स्वर समग्र लोकतान्त्रिक समाजवादी परिवेश का प्रतिनिधि बन गया। इस लोकतान्त्रिक व्यवस्था के सामयिक परिवेश के साहित्य के हिन्दी के आलोचकों ने नवलेखन का साहित्य स्वीकार किया है जो सामाजिक-लोकतान्त्रिक एवं बौद्धिक परिवेश की आधुनिकता के सन्दर्भों से जुड़ा है। एक ओर सामन्तवादी, व्यावसायिक साम्राज्यवादी, पूँजीवादी के प्रति विद्रोह का गम्भीर तथा गहन स्वर सुनायी पड़ता है तो दूसरी ओर हिन्दी साहित्य में नवजनतान्त्रिक सत्ता एवं मूल्यों की खोज से जुड़े बाबा नागार्जुन, निराला, मुक्तिबोध और अज्ञेय जैसे कवि दिखायी पड़ते हैं। हिन्दी नवलेखन के इस आन्दोलन की पृष्ठभूमि में नये काव्य-संग्रहों, पत्र-पत्रिकाओं के सम्पादन परिमल जैसी संस्थाओं के संगठन, राष्ट्रीय सम्मेलनों एवं गोष्ठियों के आन्दोलनों, नये आन्दोलनों से जुड़े आकाशवाणी आदि के प्रचार-प्रसार आदि का विशेष योगदान रहा है—और ये सभी माध्यम मिलकर नये भारत के नये राष्ट्रीय साहित्यिक स्वरूप की परिकल्पनाओं और मान्यताओं की सार्वभौमिक स्थापनाओं के प्रति प्रतिबद्ध थे। कई आलोचक इसका श्रेय अज्ञेय के तार सप्तक एवं इलाहाबाद की संस्था 'परिमल' को देते हैं किन्तु यह संयोग ही है कि इन दो संस्थाओं के समानान्तर पत्र-पत्रिकाओं, गोष्ठियों एवं सम्मेलनों ने लोकतान्त्रिक व्यवस्था के जागरण के इस साहित्यिक परिदृश्य को राष्ट्रीय स्तर पर समृद्ध किया और सैद्धान्तिक तथा व्यावहारिक समीक्षा के क्षेत्र में यूरोपीय पूँजीवादी जनतान्त्रिक व्यवस्था के देशों के आलोचकों के चिन्तन को हिन्दी में ले आकर नये-नये बदलावों को शक्ति प्रदान की। इस दिशा में डॉ. निर्मला जैन, डॉ. नामवर सिंह,

राजनाथ, रामस्वरूप चतुर्वेदी, डॉ. गोपीचन्द नारंग आदि के सैद्धान्तिक समीक्षा के कार्य विशेष महत्त्वपूर्ण रहे हैं।

(4) मानवीय चेतना के विकास सन्दर्भों को काव्यजगत् में ले आने का आग्रह—नये बदलाव तथा वैज्ञानिकता के सन्दर्भ में मानवीय समाज के विकास के विविध रूप, अनुभूति के विविध आयामों, मानव सम्बन्धों के परिवर्तित रूपों, व्यावहारिक जीवन जीने के नये पारिवारिक तथा सामाजिक प्रचलनों आदि को काव्य परिवेश से जोड़कर उन्हें जीवन्तता प्रदान करना नये साहित्य का आज महत्त्वपूर्ण दायित्व है—और ये सन्दर्भ उपन्यास, कहानी, नाटक में विशेष रूप से सामने आ रहे हैं। नयी कविता इस परिवेश से सचेष्ट रूप से अपने को जोड़े हुए आज सामाजिक सजगता की जीवन्तता को अपने से जोड़े हुए चल रही है। प्रयोगवाद तथा नयी कविता-काल में इसे कविता के प्रयोग या नये सन्दर्भ रूप में स्वीकृति मिली थी और धीरे-धीरे यह नयी कविता के रचनात्मक धरातल से पूरी तरह से सम्बद्ध होकर आयी। हिन्दी नव लेखन के अन्तर्गत डॉ. रामस्वरूप चतुर्वेदी ने इसे पाँच पक्षों में विभक्त किया है और यह विभाजन समसामयिकता के भोगे जाते हुए बदलावों के अनिवार्य अंग हैं। ये पाँच पक्ष इस प्रकार हैं—

(1) सामान्य वस्तु एवं अकिंचन परिस्थितियों से रागात्मक सम्बन्ध।

(2) जीवन के प्रति रचनात्मक दृष्टिकोण देनेवाले गहरे और तीखे व्यंग्य।

(3) शब्दों तथा अर्थों का आन्तरिक सम्बन्ध करते हुए नये छन्द

(4) नये भाव चित्रों तथा मुक्त साहचर्य का निःसंकोच प्रयोग।

(5) एक नये व्यापक तथा उदार मानवतावादी दृष्टिकोण को विकसित करने का प्रयोग।[1] **नयी कविता के प्रतिमान के** अन्तर्गत श्री लक्ष्मीकान्त वर्मा ने यूरोपीय द्वितीय युद्ध के बाद जिन सामाजिक नव निर्मित धरातलों का निर्माण समाज रचना के साथ दिखायी पड़ते हैं, वे परम्परागत व्यवस्था रूपों से एकदम अपने को बदले हुए हैं और उदात्त, मानवीय, आदर्शपरक, परम्पराबद्ध के आकस्मिक क्षरण और ह्रास के अंग बनकर समाज से गायब हैं। नये मूल्यों का नये समाज और यह नये पूर्णतः अस्थिर एवं टूटकर नये रूपों में प्रतिदिन, प्रतिक्षण परिवर्तित दिखायी पड़ता है। भवानीप्रसाद मिश्र की 'जाहिल बाने' शीर्षक कविता देखें—

आप सभ्य हैं क्योंकि हवा में उड़ जाते हैं ऊपर,
आप सभ्य है क्योंकि आग बरसा देते हैं, भूपर।
आप सभ्य हैं क्योंकि धान से भरी आपकी कोठी,
आप सभ्य हैं क्योंकि जोर से पढ़ पाते हैं पोथी।
आप सभ्य हैं क्योंकि आपके कपड़े महज बने हैं।
आप सभ्य हैं क्योंकि आपके जबड़े खून सने हैं।

---

1. हिन्दी नव लेखन—डॉ. रामस्वरूप चतुर्वेदी, पृ. 42.

यहाँ कवि सभ्यता तथा सामाजिक एवं मानवीय आदर्शों के श्रेष्ठतम मानकों की तलाश समाज के नये परिवर्तनों में खोजता है जो इस नये परिवेश में परम्परा के आदर्शों से मुक्त है। आज का कवि जीवन में व्यापक नये अनुभवों से जुड़ी अपनी मानसिक संवेदना को जोड़ने तथा उन्हें प्रकाश में ले आने के लिए तत्पर दिखता है और ये नये अनुभव पूर्व आदर्शों के सन्दर्भ में पूरी तरह से छलावा हैं। आज का, आज के भोगे जाते हुए यथार्थ अर्थात् सामयिक क्षणों की अनुभूतिमयी संवेदनाओं की एहसास चेतना जिस सजगता के साथ समाज को अपने में लपेटे हुए है वह पश्चिमी यूरोपीय जीवन की विडम्बना से हम भारतीय कैसे अलग हो सकते हैं क्योंकि समाज का वैश्विक बदलाव आज हमें परम्परा से मुक्त करके नये जीवन से जोड़ रहा है। परम्परा के आदर्शपरक मानकों के टूट जाने के बाद भी नये अटूट मानकों के यह कवि अटूट भाव से जीवित हैं—नये कवि प्रयाग नारायण त्रिपाठी की इन पंक्तियों को देखें—

टूट गया मैं
मुझे व्यथा ने तोड़ दिया
सन्नाटे से जा गिरा फर्श के दर्पण-सा
लेकिन उसने ही मेरे अन्दर
कुछ ऐसा भी जोड़ दिया
हीरक कण-सा
जो था अभीष्ट
जो सुन्दर है
कठोर भी है इतना
दुःख-दर्द सभी सह लेता है।
जो चाहे तो अपूर्ण तोड़ दे मुझे
खुद में अटूट रह लेता है।

प्राचीनतम मानकों के छूटते हुए झटकों से पीड़ा नहीं, अपूर्ण अधूरे एवं सामयिक से जुड़ जाने का पूरा सुख नयी श्रम सेवीय उपनिवेशवादी शैली भारतीय जीवन के अंग के साथ पूर्णतः तादात्म्य कर चुकी है।

(6) प्रयोगवाद तथा नयी कविता के सृजन का स्वरूप भी परम्परा से पूर्णतः मुक्त है क्योंकि नये जीवन का नया परिवेश एवं प्राचीनता से मुक्ति के लिए भाषिक तथा अभिव्यक्ति के तन्त्रात्मक प्रयोगों से मुक्ति नैसर्गिक एवं अनिवार्य है। परम्परागत आवेगवाद एवं रसानुभूति तथा भावानुभूति के विविध सन्दर्भों, अभिव्यक्ति की संवेगात्मक एवं भावमयता से स्पष्टता के साथ पाठक के चित्त से जुड़ जानेवाले विधानतन्त्रों का अलगाव, भाषिक संरचना के व्यंग्य एवं अर्थ वैचित्र्यपरक मानकों का आत्मिक अलगाव इसी वैश्विक परिवर्तनों से ही जुड़ा है। युगानुरूप परिवर्तन के सन्दर्भ में व्यवहार की

भाषा के रचना रूपों में परिवर्तन आता है, किन्तु निरन्तर प्रचलन तथा व्यवहार के कारण परम्परा और नवीनता का यह अलगाव अपने अन्तरों को शीघ्रतापूर्वक नहीं स्पष्ट कर पाता किन्तु कविता की परम्पराओं के बदलाव का जो प्रभाव कविता की भाषा में दिखायी पड़ता है—वह सहज तत्काल ही परिलक्षित होने लगता है, खड़ीबोली कविता के सन् 1940 से विविध सोपान उसकी भाषित संरचना के वैशिष्ट्यों को तत्काल ही स्पष्ट कर देते हैं—

(1) भारतेन्दुयुगीन खड़ीबोली काव्य
(2) द्विवेदीयुगीन खड़ीबोली काव्य
(3) छायावादी खड़ीबोली काव्य
(4) राष्ट्रीयता से सम्बद्ध खड़ीबोली काव्य
(5) प्रगतिवादी खड़ीबोली काव्य
(6) प्रयोगवादी तथा नयी कविता का खड़ीबोली काव्य
(7) लोकतान्त्रिक व्यवस्था से सम्बद्ध खड़ीबोली काव्य

सन् 1850 के आसपास से लेकर आज सन् 2020 तक खड़ीबोली कविता के ये विविध संरचनात्मक स्वरूप काव्यभाषा के संरचनात्मक मानकों एवं तन्त्रों की दृष्टि से विविधता सापेक्ष्य में हिन्दी काव्य संरचना तन्त्र के आधार बने दिखायी पड़ते हैं और परम्परावाद से मुक्ति एवं नये वैश्विक परिवेश को आग्रहपूर्वक स्वीकार करके लिखी जानेवाली नयी कविता की भाषिक संरचना अपने में सर्वथा पृथक् बनी—जिसका सैद्धान्तिक स्वरूप निर्धारित सम्पूर्ण अपेक्षित है।

प्रयोगवाद तथा नयी कविता : वस्तु विषय का सन्दर्भ—काव्य संरचना की सबसे महत्त्वपूर्ण समस्या है—उसकी निर्मिति के सापेक्ष्य में भाषा, चिन्तन एवं विषयवस्तु के स्वरूप इन तीनों को कैसे सर्जनात्मक एकीकरण (Creative Conditioned Formation) दिया जाय। कविता का मुख्य सन्दर्भ वस्तुविधान है जो कवि द्वारा कल्पित आधार भूमि का मूल रूप लेकर सामने आना चाहता है। एक मिट्टी का कुम्भकार, एक दृश्य को चित्रकार, मूर्ति की किस भंगिमावाली रूपाकृति को शिल्पी अभिव्यक्ति का कैसा रूप देना चाहता है—ये सम्पूर्ण प्रश्न सर्जक से सम्बद्ध है। हिन्दी काव्य का प्रयोगवादी तथा नयी कविता का सर्जक जिस परिवेश से अपने को जोड़कर काव्य संरचना जगत् में प्रवेश कर रहा है, उसकी अपनी विवशताएँ तथा सर्जना की नयी आकांक्षाएँ हैं—यह भारतेन्दु-युग से लेकर छायावाद-युग तक के सर्जन के प्रति आक्रोश से भरी हैं। हिन्दी खड़ीबोली कविता में जो परिवर्तन दिखायी पड़ रहे हैं उनका सम्बन्ध-बदलाव की त्वरितता से है—कारण स्पष्ट है, अधुनातनता की त्वरितापूर्वक उदय एवं समापन में बीस वर्ष भी नये विकास की नयी प्रक्रिया एवं जीवन जीने की नयी शैलियों तथा नये विचारों का समन्वय भाषा एवं भाषा के प्रस्तुति रूपों एवं अभिव्यक्ति के तौर-

तरीकों के बदलाव का साहित्य में सामान्य प्रचलन लाता है, आज सब-कुछ बदल गया है। बदलाव का यह नया परिवेश (कुछ आगत और कुछ अनागत) जो यूरोपीय पूँजीवादी व्यवस्था के समसामयिक मानकों से सम्बद्ध है, हमें परम्परा से मुक्त करके पूँजीवाद की व्यक्तिवादी विविधताओं के सामयिक सन्दर्भों से जोड़ने के लिए तत्पर है। नयी संस्कृति का जन्म परम्परावाद की मुक्ति से सम्बद्ध है और पश्चिमी नव लेखन के इस चिन्तन ने हिन्दी में यथार्थवाद और अतियथार्थवाद के स्वरों से अहमूवाद को जोड़कर पूरी तत्परता से रखने का प्रयास किया है। विषयवस्तु चाहे भारतीय सन्दर्भ में कितनी प्राचीन, सामान्य जनजीवन के लिए प्रेरणास्रोत तथा मानवीय संवेदनशीलता के प्रतिक्षण प्रेरक हो—वर्तमान यथार्थ के विषय को भोगे जाते हुए यथार्थ से जोड़कर उसे दरकिनार कर दिया। राम, कृष्ण, गौतम बुद्ध, महात्मा गाँधी आदि के सन्दर्भ इस नयी कविता में ऐसे टूटे कि फिर जुड़ नहीं पाते क्योंकि परिवेश का बदलाव इस नयेपन का निरन्तर नया वातावरण तैयार करता रहा। भवानीप्रसाद नयी कविता के इस सामयिक स्वर को देखें—

किसने क्षण की मर्यादा को थाम लिया है—
मैंने
किसने गति को एक तमाचा मार सदा को रोक लिया है—
मैंने
किसने पल के विष अमृत को कृष्ण सरीखा चूस लिया है।
मैंने

कविता का नया स्वर व्यक्ति के अहम् को उस ऊँचाई पर स्थापित करके आज जीवन जीने का अभ्यस्त हो रहा है जो आज मिथकीय संवेदना के सामाजिक सन्दर्भ रहे हैं।

परम्परा से मुक्ति के बाद अस्तित्व की पहचान से स्वयं जोड़कर नया कवि अपने अस्तित्व को सर्वशक्तिमान् तो बनाता है किन्तु क्षणवाद से जुड़ा तत्काल उसे विद्रूपता तथा विक्षोभ साथ में परिवर्तित करके समय को सर्वोपरि मानकर उससे जुड़ जाता है—

सर्वेश्वर दयाल की कविता देखें—

आज की दुनिया में
विवशता
भूख
मृत्यु
सब सजाने के बाद ही
पहचानी जा सकती है
बिना आकर्षण के
दुकानें टूट जाती हैं।

जीवन को दुकान बनाकर उसे सजाने में लगो और इसी सजाने से यह जीवन समाज को आकर्षित करेगा—सेवा, दया, दान आदि परम्परागत मूल्यों का कोई अर्थ नहीं है।

क्षण के अनुभव की लघुता और उसका वर्तमान अस्तित्व सर्वोपरि बनकर सामने आ गया है। अस्थिरता जीवन से जुड़कर प्रतिक्षण बदलाव की आकांक्षा से ओत-प्रोत मूल सन्दर्भ के रूप में सामने खड़ा है और वह कितनी देर खड़ा रहेगा, यह तय नहीं है कि प्रत्येक क्षण का परिवर्तित स्वीकृत एवं अस्तित्वमान मूल्य एवं मान अपनी महत्ता का आकलन सर्वोच्च बनकर करने के प्रति तत्पर है और ऐसी स्थिति में प्रतिक्षण का बदलाव प्रतिक्षण के मानक एवं उस मूल्य सत्ता की सर्वोच्चता अपने वर्चस्व का साक्ष्य देती रहती है। आज के यान्त्रिक युग और भौतिकवादी चेतना नकार का विकास का मूल्य मानती है और यही सन्दर्भ यूरोपीय भौतिकवादी पूँजीवाद की सर्वोच्च व्यावसायिक चेतना है। आज सत्य का अर्थ प्रतिक्षण का बदलाव हमें अपने साथ जोड़ने के लिए समाज को विवश किये हुए है और हिन्दी की यह नयी कविता सामाजिक बदलाव के प्रतिक्षण के साक्ष्यों से भरी पड़ी है। इस बदलाव की केन्द्रीय सन्दर्भ भोगवृत्ति है—जिससे जुड़कर यह समाज अपने जीवन को नये सन्दर्भों को देने के लिए तत्पर है—और इस बदलाव का स्वरूप क्या बने भोगमयी प्रवृत्ति की जागरूक चेतना। यह प्रवृत्तिगत जागरूकता प्रत्येक क्षण का यथार्थ है और यही सच है। नयी कविता मूलतः यथार्थ के प्रत्येक क्षण की अभिव्यक्ति है। **मेघराज इन्द्र** की **हवा चली** शीर्षक कविता देखें—

मैं कवि हूँ
स्टेनलेस स्टील के बर्तन जैसा कीमती चमकदार सदाबहार
जिसमें कि हर केमिकल
हर आब, शराब, तेजाब, पेशाब या कि गुलाब
अपना प्रयोग कर उड़ जाता है—
बर्तन को बे असर छोड़ जाता है।
मैं भी वैसे ही करता हूँ प्रयोग।[1]

आज का कवि यथार्थ के क्षण के विविध सन्दर्भों को एक साथ रखकर मूल्यांकन करता है—सच है, उसकी अपने यथार्थ की अन्विति। डॉ. जगदीश गुप्त की कविता एक क्षण को मान लो[2]

धर्म दर्शन नीति औ विज्ञान के हर ग्रन्थ का
जो पृष्ठ भी खोले कहीं कोई
वही कोरा दिखायी दे

1. नयी कविता : काव्यपक्ष—सम्पादक डॉ. जगदीश गुप्त आदि पृ. 62
2. नयी कविता : काव्यपक्ष—सम्पादक डॉ. जगदीश गुप्ता आदि पृ. 183

वर्णमाला का धरा से खोज ही मिट जाय, वह जो स्थापित है, अनुभूति के नये यथार्थ क्षण का बदलाव क्या है, इसका कोई मानक नहीं—और सामने का क्षण वह है, जो अन्तिम सत्य के रूप में हमारे सामने हो। नयी कविता से सम्बद्ध वस्तुविषय की स्थिरता सामयिक परिवर्तन और बदलाव के क्षणों की त्वरा का भोग सन्दर्भ का सामाजिक क्षण का सत्य है। वर्तमान के इस क्षण के सन्दर्भ में आनेवाले कल और बीते कल का कोई अस्तित्व नहीं है। इस कविता का अतीत और आगत से कोई लगाव नहीं है क्योंकि समसामयिकता का भोगा जाता हुआ क्षण ही इसके लिए सृजन का एक मात्र आधारसूत्र है—नागार्जुन की इन पंक्तियों को देखें—

आओ हम उस अतीत को भूलें
और आज की अपनी रग-रग में अन्तर को छू लें
छू लें इसी क्षण
क्योंकि कल के वे नहीं रहे
क्योंकि कल हम भी नहीं रहेंगे।।

नयी कविता संरचना तथा काव्यभाषा—कविता का मूलाधार सर्जक के मस्तिष्क की भावात्मक संवेदना से सम्बद्ध भावजगत् या आचार्य रामचन्द्र शुक्ल के शब्दों में भावयोग है। भावयोग की सर्वाधिक सहयोगी शक्ति है—कल्पनाविधान क्योंकि काव्यार्थ के बोध तक पहुँचनेवाली भावयोग की भाषा ज्ञानयोग से सम्बद्ध न होकर तर्कपूर्ण न होकर भावात्मक होती है। कल्पना, सम्भावना, प्रातीतिक सत्य आदि प्रकरणों से जुड़ी यह भाषा लयात्मकता, तुकशक्ति, गेयात्मकता, संगीत के सन्दर्भों से जुड़ी अलंकरण, वक्रताशक्ति, व्यंजनासामर्थ्य, प्रतीकविधान, विम्बात्मकता से परिपूर्ण होकर पाठक के लिए भावात्मक अर्थ प्रतीति का कारण बनती है। भाषिक सर्जन की कलात्मक अन्वितियाँ जो सौन्दर्यमयी भावसत्ता से पाठक के हृदय तथा ज्ञान चेतना की भावसत्ता को उद्वेलित करती हैं, कविता के लिए आधार स्रोत हैं। कविता की परम्परा मानव संस्कृति के आदिकाल से मिलती है और उसका जो लिखित तथा प्रचलित रूप आज मिलता है, उसका अपना इतिहास-सन्दर्भ है और इस इतिहास-सन्दर्भ की भी इतिहास-परम्परा की भाँति परिवर्तन और विकास उसके अपने इतिहास का सर्जन करता है।

नयी कविता का ऐतिहासिक सन्दर्भ विशेष रूप से संरचना एवं काव्यभाषा से सम्बद्ध पर्याप्त रूप से बदला हुआ है और इस बदलाव के अपने सन्दर्भ हैं। डॉ. धर्मवीर भारती इस परम्परा परिवर्तन की ओर संकेत करते हुए कहते हैं कि—

आओ तो सँभलकर ज़रा
पथ पर बिछाये हैं मैंने जो
पूजा के फूल नहीं
दर्पण के टुकड़े हैं।

पाँव में गड़ेंगे जब,
सामने पड़ेंगे अब[1]

परम्परा की ऐतिहासिक कविता के भावात्मक उन्मेष में आनन्द देनेवाले आनन्द लेनेवाले तत्त्व आज नयी कविता के युग में काँटे बनते जा रहे हैं और हम विवशतापूर्वक उन्हें झेलेंगे क्योंकि युग की मजबूरी बन गयी है कि अब वे आनन्ददायी धर्म जो हमारी दैनिक चर्या से निरन्तर अनिवार्यतः जुड़ें हों और हमें पीड़ा पहुँचाते रहेंगे। बदलाव की इन सामाजिक परिस्थितियों की विवशता जब समाज झेलेगा तो निश्चित रूप से काव्यजगत् को भी उन्हीं के बीच से विवशतापूर्वक गुजरना होगा। काव्य के बदलते हुए इन मानकों एवं सृजनात्मक संवेदना के लिए अपेक्षित सन्दर्भों की अनिवार्यताओं को देखकर नयी कविता के बदलाव विशेष रूप से सर्जनात्मक तन्त्र एक काव्यभाषा के काव्य में प्रयुक्त होनेवाली रचनात्मक विविधताओं का एक भिन्न मानदण्ड रखना होगा ताकि उसके तन्त्रात्मक स्वरूप का सही ढंग से विश्लेषण हो सके।

नयी कविता की भाषा का सन्दर्भ काव्य के संवेदनात्मक रूपों एवं साधारणीकरण तथा रसात्मक संवेदनाओं से पाठकों को अभिभूत करके उन्हें भावनाओं के आवेग में बाँधकर आनन्दानुभूति तक ले जाना नहीं है। वस्तुविषय, विधानतंत्र, काव्य की लयान्वितियों एवं भावात्मक अर्थतन्त्र की प्रतीति के सन्दर्भों से हटकर नयी कविता में सन्दर्भ केवल अर्थबोध से जुड़कर उन विसंगतियों की बोध कराते हैं जो बौद्धिकता के छाये से घिरे हुए हैं। 'अज्ञेय' की कविता का एक उदाहरण मात्र इस सन्दर्भ के लिए पर्याप्त होगा—

उतरो थोड़ा और
साँस ले गहरी
और पैर रखो मिट्टी पर
खड़ा मिलेगा
वहाँ सामने तुमको
अनपेक्षित प्रतिरूप तुम्हारा
पार जिसका अनक्षिप आँखों में नारायण की कथा भरी है।

"यथार्थ की भूमि पर थोड़ी समझ एवं प्रबुद्धता के साथ उतरकर देखोगे तो पूजा का आराध्य नारायण अब पीड़ित मनुष्य की भाँति व्यथा से भरा हुआ अपने दुःखों से मुक्ति के लिए मनुष्य की भाँति कष्टों से क्लान्त पीड़ित रो रहा है।"

युग के नये बदलाव में सम्पूर्ण ऐश्वर्यवादी तत्त्व समाप्त हो चुके हैं और अब यथार्थ के संकटों से सन्तप्त उन सामन्तों एवं सेठों की पीड़ा देखो। आज युग के यथार्थ में मानव के केवल पीड़ा भोगने एवं उनसे मुक्ति की छटपटाहट का प्रतीक बन चुका है।

---

1. नयी कविता : सम्पादक—डॉ. जगदीश गुप्ता आदि पृ. 117

इस सामाजिक बदलाव के बीच आदमी का यथार्थ टकराकर जिस रूप में सामने खड़ा है—वह पौराणिक तन्त्रों, सामन्ती तन्त्रों, पूँजीवादी सम्पन्न सेठों के तन्त्रों से भिन्न हो चुका है और आज रोते हुए तथा कष्ट भोगते हुए नारायण की भाषा भागवत् की न होकर यथार्थपरक मानवानुभूति की होगी—और रचनात्मक तन्त्र का यह बदलाव संवेदना के बदलाव के कारण परिवर्तित होकर नये सृजन रूप में आ चुका है। आज के युग में रोटी एवं वस्त्र के लिए लालायित तथा पीड़ित नारायण यथार्थ की सामाजिक स्पर्द्धा का प्रतीक है और पुराण, धर्म एवं भक्ति से जुड़ी भारतीय कविता का मिथक यह तोड़ रही है इसलिए सृजन की पूर्व परम्परा, मिथकीय अवधारणाओं, संवेदनाओं तथा रसास्वादन की प्राचीन परम्परा से इस कविता का कोई सम्बन्ध नहीं है।

नयी कविता के बदलाव के कारण आदिकालीन हिन्दी साहित्य से लेकर आधुनिककाल के छायावाद युग तक के विधानतन्त्र परिवर्तित हो उठे हैं। इन विधानतन्त्रों का सम्बन्ध परम्परा में कविता के संवेदना सूत्रों को सघन बनाना रहा है। आज कविता के विधानतन्त्र परस्पर एक-दूसरे से पृथक, टूटे हुए, भावनाओं को पूरी तरह तोड़ते हुए, आवेगहीन, लयात्मक अन्वितियों से दूर, बिम्बों एवं प्रतीकों के आवरण में घिरे हुए पाठक के मन में विश्वनीयता के बीच अविश्वास, आस्था और अनास्था के द्वन्द्वों से परिपूर्ण, संवेदना के तीखे कटाक्षों से सिमटे पाठक के भावना जगत् पर पूरी तरह से प्रहार करते दिखायी पड़ते हैं। नयी कविता का नया विधानतन्त्र जो आज के नये कवियों द्वारा स्वीकार्य हैं, असहमति एवं परिवेंश की नकारात्मकता से जुड़कर निषेधात्मक सामाजिक परिवेशों की स्वीकृति देते हैं—और इस सन्दर्भ में सबसे महत्त्वपूर्ण बात यह है कि जिसे हम परम्परा में निषेधात्मक मूल्य कहते हैं, उनके सृजन के परिवेश में वे स्वीकार्यात्मक मूल्य (Positive Value) बन चुके हैं—'अंजित कुमार' की प्रसिद्ध कविता 'कवियों का विद्रोह' देखें—

चाँदनी चन्दन सदृश, हम क्यों लिखें
मुख हमें कमलों सरीखे क्यों दिखें?
हम लिखेंगे
चाँदनी उस रुपये-सी है कि जिसमें
चमक है पर खनक गायब है
हम कहेंगे जोर से
मुँह घर अजायब है

(जहाँ पर बेतुके, अनमोल, जिन्दा और मुर्दा मुँह का सादृश्य चाँदी के नकली सिक्के भाव रहते हैं।)

और जिन्दे और मुर्दे सन्दर्भों से संग्रहों से भरे अजायबघर जैसा मुँह है। मुखसादृश्य की भारतीय सृजन परम्परा में हजारों-हजारों वर्षों से चली आ रही सादृश्य की भावात्मक रूढ़ियों के स्वीकारात्मक मूल्य (Value) युगीनपरिवेश में नकारात्मक (Negative)।

कविता की भावपूर्ण अन्विति को वैचारिक समझ के समानान्तर ले आने के लिए आदिकाल से सादृश्यविधान की आवश्यकता समझी गयी और अनिवार्यतापूर्वक उसके प्रयोगों पर बल दिया गया। यहाँ सम्पूर्ण सादृश्यविधान के अन्तर्गत प्रस्तुत एवं अप्रस्तुत के परम्परित सादृश्य का तारतम्य टूट गया और कवियों का आग्रह आज के यथार्थबोध को पाठक के मन तक पहुँचाना और उतारना शेष बचा है। सादृश्यविधान का रमणीकता से जुड़ा सन्दर्भ नकारात्मक (Negative) बनकर सामाजिक विद्रूपता या अर्थ बोध कराने का आज माध्यम है और भारतीय परम्परा के कविता के सम्पूर्ण भावात्मक सन्दर्भ इस नयी कविता के युग के लिए नकली तथा विसंगति भरी व्यवस्थाओं के बोध कराने के माध्यम बन चुके हैं। केशव चन्द्र वर्मा की, 'किंचित् कविता' नयी कविता पर व्यंग्य भी है, परिहास भी है किन्तु वह सम्पूर्णतः यथार्थ है—

कविता के गद्य करो गाओ।
भोंड़ी आवाज में पढ़कर सुनाओ।
चौंकाओ, रूध कर माने भिड़ाओ
श्रोता का शून्यवत् मुँह खुलाओ!
भेजो छपाओ नहीं तो जाओ।[1]

नयी कविता के सृजन एवं उसकी संरचना का यह निषेधात्मक सन्दर्भ उनके अनुसार एक नयी समाज रचना एवं व्यवहार-परिणतियों का आज का सामयिक भोगा जाता रूप है और इसे हम अपनी सर्जनात्मक अनुभूति की भोगी जाती प्रामाणिकता से कैसे अलग कर सकते हैं। डॉ. रामस्वरूप चतुर्वेदी ने इस सन्दर्भ में अपनी टिप्पणी एकदम ठीक दी है—इस दृष्टि से अनिवार्य होते हुए भी आधुनिकता एक यत्नज प्रक्रिया है—

"पूरा-का-पूरा समाज आधुनिक नहीं हो पाता, कुछ अग्रणी संवेदनावाले भविष्य-द्रष्टा आधुनिकता की ओर उन्मुख रहते हैं। अतः आधुनिकता वर्तमान के सन्दर्भ में भविष्योन्मुख दृष्टि है।"[2]

ऐसी स्थिति में नयी कविता के अन्तर्गत सर्जकों का भोगा सत्य एवं उनकी रचनात्मक अभिव्यक्तियाँ जो कविता बनकर समाजोन्मुख हैं, वे न सार्वजनिक हैं, न सार्वभौम, न सार्वदेशीय अपितु एक विशिष्ट काव्यान्दोलन की काव्यात्मक उपज हैं जो समय-समय कवियों के भाव-चिन्तन के सन्दर्भ में उत्पन्न होती रहती है। इस प्रकार, नयी कविता में सन् 1939 से प्रारम्भ होकर सन् 1980 तक का बदलावभरा वातावरण है, जो धीरे-धीरे क्षीण होता जा रहा है।

---

1. नयी कविता : काव्यपक्ष—सम्पादक—डॉ. जगदीश गुप्त, डॉ. रामस्वरूप चतुर्वेदी, विजयदेव नारायण साही, पृ. 58
2. हिन्दी नव लेखन—साहित्य में आधुनिक संवेदना—पृ. 226

नयी कविता की संरचना के सन्दर्भ में भाषा निर्मिति का एक महत्त्वपूर्ण प्रश्न उठकर सामने आता है। कविता की भाषिक संरचना परम्परा में लयात्मक रही है और विशेष रूप से यह लय 'गणात्मक' एवं 'मात्रात्मक अन्वितियों' से सम्बद्ध ह्रस्व एवं दीर्घ उच्चारण के रूप बनकर छन्दात्मक लय का रूप धारण करती है—जिन्हें संगीतशास्त्र में उतारा गया है। हिन्दी साहित्य में आदिकाल से लेकर छायावाद एवं प्रगतिवादी कविता तक यह प्रवृत्ति रही है—मानवीय संवेदनाओं को भाषिक संरचना के द्वारा लयात्मक अन्विति के रूप में रखने की प्रवृत्ति वैदिककाल से भारत में मिलती है किन्तु सन् 1939 से शुरू होनेवाली नयी कविता ने इस लयात्मक भाषिक अन्विति को विच्छिन्न करके उसे आधुनिक सन्दर्भों से जोड़ा। यद्यपि छायावाद-युग में निराला की मुक्तक काव्यशैली शुरू हो चुकी थी किन्तु वह लयात्मक अन्वितियों से सम्पृक्त थी। प्रयोगवाद एवं नयी कविता के काल में इस लयात्मक काव्यान्विति को तोड़कर कविता की रूपात्मक संरचना को गद्योन्मुख किया गया और आगे चलकर, उसका नाम गद्यकविता रखा गया। यह गद्य कविता 'अर्थलय' से संचालित है और 'अर्थलय' का तात्पर्य है—गद्यात्मक शैली में उत्कृष्ट शब्दों का उत्कृष्ट व्याकरणिक क्रम। रघुवीर सहाय की गद्य कविता उदाहरण के रूप में देखें—

आज मैंने एक छोटी-सी सरल-सी कविता पढ़ी
आज मैंने सूरज को डूबते देर तक देखा

जी भर आज मैंने शीतल जल में स्नान किया

आज एक छोटी-सी बच्ची आयी, किलककर मेरे कन्धे चढ़ी
आज मैंने आदि से अन्त तक एक पूरा गान किया

आज फिर जीवन शुरू हुआ।

जीवन की विविध अनुभव-भूमियों के एक सन्दर्भ से बार-बार जोड़ना कविता के सृजन का सन्दर्भ बनता है और एक सन्दर्भ है—'आज मैंने' यह कवि के अनुभवों के संकलन का एक विशिष्ट सन्दर्भ है—जो गद्यवाक्य को कविता में परिवर्तित कर रहा है। यहाँ छन्द, लय, मात्रात्मक एवं गणात्मक अन्वितियों से कविता न बनकर अनुभव के भोगे गये विविध संकलनों से कविता बनती है—और नयी कविता इसके प्रति पूरी तरह से प्रतिबद्ध है। डॉ. रामस्वरूप चतुर्वेदी ने काव्यभाषा सर्जना की इस प्रक्रिया को काव्य की पिछली परम्परा को तोड़कर इसे 'रेचन की प्रक्रिया नहीं घुमड़न की प्रक्रिया'[1] का नाम दिया है। यहाँ कवि भावोद्वेलन के लिए लयों की पुनरावृत्ति न कर मात्र 'भावात्मक घटनाओं की पुनरावृत्ति करता है और उसके शब्दों में रेचन की प्रक्रिया' है।

1. भाषा संवेदना और सर्जन—डॉ. रामस्वरूप चतुर्वेदी—पृ. 106

सामान्य रूप से आज यह माना जाता है कि नयी कविता भाषा एवं अनुभवात्मक सृजन के विकास की परम्परा को निरन्तर आगे बढ़ाती है और बढ़ाती चलती है जबकि छायावाद तक भाषा एवं भाषिक संवेदना सन्दर्भ के अद्वैत से बनी कविता अपने को पूरी तरह परिपूर्ण और उससे जुड़े अनुभवात्मक अद्वैत को अन्तिम अन्विति के रूप में प्रस्तुत करती है किन्तु यूरोपीय उद्योगवादी जनतन्त्र के बीच फैली साहित्यिक चेतना के भारतीय परिवेश में प्रवेश करते ही भारतीय समाज पर यह परिवर्तन इतना तेज नहीं पड़ा जितनी तेजी साहित्य में अभिव्यक्त सामाजिक परिवेश में दिखायी पड़ता है। वह समाज में नहीं पड़ा भले ही, लक्ष्मीकान्त वर्मा बतायें कि आज का मानव किस रूप में बदला है–

सिर पर जूता
पैर में टोपी
बीच कमर में उलटी ऐनक
हाथों में उलटे पाजामें
कोट की बाहें उलटी-सीधी
माथे पर टाई की पट्टी
बीच गले में गेलिस पेटी

सामान्य जीवन का यथार्थ क्या इतना उलट गया है, एकदम नहीं, किन्तु सामाजिक उलटेपन की कविता प्रचलन में यथार्थ की अनुभूति के रूप में आ चुकी है–जिस बदलाव के सन्दर्भों से समाज का बहुसंख्यक जनसमाज़ अभी अपरिचित है।

इस प्रकार, आधुनिक हिन्दी कविता जिसका कार्यकाल सन् 1939-40 से सन् 1980 तक है, ऐसी भाषिक सर्जना के विविध आँयामों को कविता में रखती है–जो सामान्य जन के प्रयोग के बाहर है। पश्चिमी सामाजिक बदलाव यदि इस कालखण्ड में पाँच प्रतिशत उतरा है तो नयी कविता की भाषिक अभिव्यक्ति का सामाजिक परिवेश शत-प्रतिशत है। भारत में नयी कविता के कालखण्ड में यूरोपीय परिवेश जीवन में नये परिवेशों एवं उनसे जुड़े नये अर्थों का प्रवेश तो करा रहा था किन्तु उसमें इतनी त्वरा एवं सक्रियता नहीं थी कि वह देश का सार्वकालिक यथार्थ वाद बन सके किन्तु नयी कविता इस परिवर्तन की पृष्ठभूमि को सार्वकालिक मानकर लिखी जा रही थी, जो संगत नहीं था। प्रारम्भिक स्थिति में इसका नाम **प्रयोगवाद** इसी सन्दर्भ में रखा गया था किन्तु प्रयाग के परिमलवादी साहित्यकारों ने इसे **नयी कविता** का नाम देकर साहित्य की एक धारा बना दी–जिससे साहित्य का लोकतन्त्रवादी विकास सन्दर्भ रुक-सा गया और यूरोपीय उद्योगवादी पूँजीवाद का तन्त्र हिन्दी-जगत् पर हावी हो गया। मुक्तिबोध कविता की सर्जनात्मक भाषिक अन्वितियों का कितना नया सटीक उदाहरण देते हैं–देखें–

झरने पुराने पड़ गये हैं
उनकी उपमा अब कोई नहीं देता
शायद धोबी दे
जो वहाँ कपड़े फचीटते हैं
या किसान
जो उसमें फँसी हुई गाड़ी घसीटते हैं
लेकिन ये सभ्य नहीं हैं
इसलिए झरने की उपमा लक्ष्य नहीं है।

सामाजिक बदलाव का इतना विकृत रूप कि 'झरना' धोबीघाट पर धोबी की संवेदना का केन्द्र और किसान की बैलगाड़ी की गति का अवरोधक जैसा बनकर परम्परा और अपने प्राकृतिक रूप से च्युत हो उठा है? समाज की यह टूटन समसामयिक यथार्थबोध से जुड़ी कविता का काल्पनिक दृष्टान्त हो सकता है, किन्तु सामाजिक परिवर्तन का सब-कुछ नहीं है।

नयी कविता में परिवेश की संवेदनात्मक कल्पनाएँ यथार्थ का समाज में कहीं सन्दर्भ ला दें, यह सत्य है किन्तु सामाजिक संरचना का भारतीय और हिन्दी जगत् का परिवेश निषेधात्मक एवं भावात्मक (Negative and Positive) जनतान्त्रिक मूल्यों से भरा हुआ, सामयिक भोगा हुआ समग्र यथार्थ न होकर लोकतान्त्रिक व्यवस्था का एक नया परिवेश है, जहाँ नयी कविता पूरी तरह से टकरा नहीं पा रही है। इस नयी कविता को कई कवियों तथा कवि आलोचकों ने **ताजी कविता** का नाम दिया है, जो उस कविता को पढ़ने के बाद विश्वसनीय नहीं लगता।

नयी कविता काल में शब्दार्थ के परम्परित प्रयोग, प्रचलन, व्यवहार-संगति आदि सभी-के-सभी इस कविता के काल्पनिक संसार में घिस-पिटकर अर्थविहीन हो रहे हैं, ऐसी इन नये कवियों की अवधारणा है। अज्ञेय तो समग्र **उपमानों** एवं **प्रतिमानों** को मैला मान लिया है क्योंकि सत्ता तथा समाज परिवर्तनों के फलस्वरूप शब्दों की प्रायोगिक अर्थ सत्ता क्षीण दिखायी पड़ने लगती है या **विलोमार्थी** बन जाती है या फिर अर्थ भी सामर्थ्य से हीन। इसके कुछ उदाहरण इस प्रकार हैं—

"प्यार शब्द घिसते-घिसते
चपटा हो गया है
अब हमारी समझ में
सहवास आता है।"

* * *

वह उठा और गधे की दुम थाम
वह लाचार गति से
अनुदार (1) का वह

देखता था अगल-बगल
उखड़े हुए दरवाजे
धुँधवाये साइन बोर्ड
बदसूरत मकानों के धब्बे
और खिड़कियों के पार
बुझती हुई इस्पात की दो आँखें
वह मुस्कुरा रहा था खुलेआम
गधे की दुम थाम

सामाजिक बदलाव के ये सन्दर्भ प्रतीकात्मक रूप में अप्रयोग्य को प्रयोग्य एवं आचरणीय बता रहे हैं—क्या नयी कविता के सर्जक को इतना ही दिखायी पड़ रहा है, सम्पूर्ण लोकतान्त्रिक व्यवस्था के बदलाव के फलस्वरूप भारत में जो भावात्मक या निषेधात्मक सामाजिक परिवर्तन हो रहे हैं, क्यों नहीं दिखायी पड़ते? क्या नयी कविता का समसामयिक भोगा जाता हुआ भारतीय जीवन के बदलाव का भोग्य यथार्थ का मुखरित स्वर इतना ही हैं। एक कविता और भी देखें—

दिदिव्यदि
व्यदि दिव्य दि दि दि
दि दि दि व्य व्य
दिव्यदि
व्य दिव्य
दि दि

'दिव्य' की अनर्गलता का उपहास 'शब्दों के सह-संयोजन' से रचकर बनायी गयी कविता किस नयी कविता के नये समाज को बनाती है, यह स्पष्ट नहीं होता।[1]

शिल्पविधान की दृष्टि से नयी कविता के मानकों की चर्चा विशेष महत्त्वपूर्ण है। नयी कविता सर्वथा नये परिवेश तथा नये चिन्तन को प्रस्तुत करने के प्रति प्रतिबद्ध है और इस प्रतिबद्धता के फलस्वरूप इस **कविता की भाषा, शैल्पिक सन्दर्भ,** विम्बविधान तथा अभिव्यक्ति के स्वरूप सन्दभ की दृष्टि एवं रचनाविधान में बदलाव आया है, कारण है—मनुष्य का वह वैश्विक परिदृश्य जो अब तक भारत के लिए सर्वथा नया तथा इतिहास-संस्कार मुक्त है, वह समाज में कवि के मन और चिन्तनगत बदलाव में बड़ी तेजी से आ रहा है। काव्यभाषा अपनी भावात्मक सत्ता त्यागकर सांकेतिक और प्रतीकात्मक अधिक बनती चल रही है और इस बदलाव का कारण नयी संवेदात्मक सर्जना है और नयी कविता इस भाषिक रचनावृत्ति के विकास के प्रति पूरी तरह से प्रतिबद्ध है।

1. देखिये—नये प्रतिमान : पुरो निकष—लक्ष्मीकान्त वर्मा, पृ. 190ण 191, 192

नयी कविता की नवीनता का सन्दर्भ कई पक्षों से जुड़ा है। जैसे यथार्थ का पक्ष, अनुभूति के सत्य का पक्ष, बौद्धिकता का पक्ष, आदि सन्दर्भ कविता के शैल्पिक सन्दर्भों को नया बनाकर परम्परा से मुक्त करती है। शैल्पिक-संरचना की यह परम्परा मुक्ति का सन्दर्भ एक भाषिक आन्दोलन के रूप में समग्र साहित्य भर में व्याप्त है और सम्पूर्ण देश तथा काल का यह वर्तमान परिवेश परम्परा से पूरी तरह अलग हो चुका है। इन्हें इस सन्दर्भ के कतिपय उदाहरणों द्वारा देखा जा सकता है। 'सौन्दर्यबोध' शीर्षक कविता को यथार्थ की भाषिक अभिव्यक्ति से जोड़कर 'सर्वेश्वर दयाल सक्सेना' कहते हैं कि–

भूखी बिल्ली की तरह
अपनी गर्दन में सँकरी हाँड़ी फँसाकर
हाथ पैर पटको
दीवारों से टकराओ
शायद दया मिल जाये।

'दया की पात्रता' के लिए सचेष्टतः प्रासंगिक उपहास बनकर दया अर्जित करना एक नयी सामाजिक विडम्बना है–जो परम्परा की 'दया' की संवेदना से भिन्न है और इसी तरह सौन्दर्यबोध का प्रियता गरे सन्दर्भ का प्रकरण देखें–

अपनी हर मृत्यु को
हरी-भरी क्यारियों में
मरी हुई तितलियों-सा
पंख रँगकर छोड़ दो
शायद संवेदना मिल जाय।[1]

अब सौन्दर्य की संवेदना की तलाश उस भाषिक सन्दर्भों से नहीं होगी जो नैसर्गिक रूप में मानव चेतना से जुड़कर उसे हर्ष एवं आनन्द से अभिभूत करते रहे हैं–मरी हुई तितलियों की तरह अपने भौतिक परिवेश को कृत्रिम, नकली एवं असंवेद्य किन्तु आज के लिए संवेद्य बनाकर दिखावटी सौन्दर्य का बोध करते हैं जैसा एक कृत्रिम एवं झूठा माहौल बनाना परिवेश के बदलाव के सन्दर्भ हैं और प्रतिमानों के सन्दर्भ दिखावटी तथा कृत्रिम बन बैठे हैं। नयी कविता के मध्यकाल अर्थात् सन् 1940 से 80 तक ये विसंगति एवं विडम्बना भरे बदलाव दिखायी पड़ते हैं किन्तु उसके बाद किसी-न-किसी रूप में ये सब पुनः उस पुरानी संवेदनात्मक अन्वितियों से जुड़ने लगे।

इस सन्दर्भ का स्पष्टीकरण देते हुए लक्ष्मीकान्त वर्मा स्वयं कहते हैं कि–"जिस लिरिकल मूड को पिछले पन्द्रह वर्षों से नया कवि तोड़ना चाहता था, आज वह पूरी तरह से उस पर सवार है। अज्ञेय की असाध्य वीणा में जिस रहस्य की भावना के हमें

1. नयी कविता–काव्यपक्ष, खण्ड तीन–पृ. 144.

दर्शन होते हैं, उससे यह स्पष्ट हो जाता है कि नयी कविता की अन्तिम परिणति पुनः एक स्थिर और अस्पष्ट गूढ़ भावुकता की ओर बहक गयी है। सर्वेश्वर दयाल सक्सेना की कविताओं का नवीनतम संग्रह 'बाँस का पुल' इसी भावुकता का प्रमाण है। गजानन माधव मुक्तिबोध का काव्य-संग्रह 'चाँद का मुँह टेढ़ा है, भी उसी उस भावुकता को एक फैण्टेसी तक ले जाकर समाप्त कर देता है।[1] इसी क्रम में श्री लक्ष्मीकान्त वर्मा ने अज्ञेय के सन्दर्भ में नया रहस्यवाद, सर्वेश्वर का लिरिकल पैथास, धर्मवीर भारती का रोमाण्टिक लिरिकल व्यंग्य, कुँवर नारायण का अकर्मण्य विषाद, मुक्तिबोध की अतृप्त फैण्टेसी, विजय देव नारायण साही' का विस्तृत अनुभूतियों का शोकगीत, डॉ. जगदीश गुप्त का स्पष्ट रीतिबद्ध भावबोध—जैसी परम्पराओं तथा सृजन से उत्पन्न एवं अनुभूत भारतीयता की परम्पराबोध के विकास का सोपान मानते हैं फिर नयी कविता के आन्दोलन से उत्पन्न वैश्विक विशेषरूप से नयी यूरोपीय संवेदनाओं का सन्दर्भ कहाँ बनता है? लगता है, नयी कविता का प्रारम्भिक आन्दोलन जितने जोर-शोर से सन् 1939-40 में वैश्विकता से जोड़कर शुरू हुआ उसके रचनात्मक परिवेश पन्द्रह-बीस वर्षों अर्थात् सन् 1955-60 में पर्याप्त रूप से भारतीयता की संवेदनात्मक परम्पराओं से जुड़ गये। कई कवियों ने तो अपनी शुरुआत नयी कविता से की किन्तु उनकी अन्तिम परिणति भारतीयता के सन्दर्भों से जुड़कर अतीत एवं वर्तमान जीवन-मूल्यों से एकीकृत हो उठे। अज्ञेय की असाध्य वीणा, नरेश मेहता की कविताएँ इस दिशा में पाठकों का ध्यान अपनी ओर खींचती हैं, फिर भी, नयी कविता का सम्बन्ध नव मानव-मूल्यों, सामयिक यथार्थ भोग के क्षणवाद बौद्धकता, विज्ञानवादी जीवन दृष्टि, समसामयिक परिवेश के प्रति नयी समझ, आदर्श के महत्तम मूल्यों के स्थान पर यथार्थ के भोगे गये लघुतम क्षणों की स्वीकृति, व्यक्तिवाद तथा आत्ममयता से जुड़े अहमूवाद के प्रति मोह, जीवन जीने के साथ समझ के प्रति विश्वास, लगाव एवं समर्पण, आधुनिकता का भोगा जाता हुआ समसामयिक क्षण जहाँ भोक्ता के अस्तित्व की निजता सर्वोपरि है आदि तत्त्व नयी कविता चेतना की सामाजिक निष्पत्तियों के मूल सन्दर्भ हैं। दुष्यन्त कुमार नयी कविता के इन सन्दर्भों के विषय में ठीक ही कहते हैं—

गाओ
कोई किनारे से लग जाये
अपने अस्तित्व की शुद्ध चेतना जग जाये।
जल में ऐसा उबाल लाओ।

नयी कविता : संवेदना तथा सम्प्रेषण का सन्दर्भ

यह सत्य है कि कला एवं कविता का परिवेश विचारात्मक एवं चिन्तनपरक न होकर भावात्मक है। लक्ष्मीकान्त वर्मा ने इस भावात्मक सत्ता के सन्दर्भ में मानवीय

1. नये प्रतिमान : पुराने निकष—लक्ष्मीकान्त वर्मा, पृ. 176

चित्रवृत्ति की बोधमयी समझ को 'प्रज्ञा' का नाम दिया है। भारतीय चिन्तन में भावात्मक सत्ता के सोपानों में 'प्रज्ञा' का सन्दर्भ मिलता है। सर्वप्रथम भावात्मक चित्तवृत्ति को मति का नाम दिया गया है। मति भावना में वैचारिक उन्मेष का सन्दर्भ है, पुनः उसके बाद 'धृति' का सन्दर्भ काल है—भावनात्मक उन्मेष होते ही सम्पूर्ण चित्तवृत्ति या धृति को भावात्मक चेतना जकड़ लेती है और उसके बाद 'आत्मबोध' का सन्दर्भ आता है—यदि चित्त करुणा से सम्बन्धित है—तो करुणा के उस क्षेत्र में दूसरी अन्य भावनाओं का प्रवेश सम्भव नहीं है—और यही आत्मबोध रसबोध की मूलभूमि प्रज्ञा बन जाती है। प्रज्ञा की चित्तदशा के बाद प्रज्ञा ही साधारणीकरण में डूबकर आनन्दमयी हो उठती है—यही बोध की प्रज्ञामयता आध्यात्मिक ब्रह्मानन्द एवं कला तथा कविता के सौन्दर्यबोध के सन्दर्भ में यही रसास्वादन या आनन्दमयता का आस्वादनबोध उत्पन्न करती है। रसास्वादन के सन्दर्भ में आस्वादन को ब्रह्मानन्द सहोदर कहा गया है और भारतीय कविता अपने प्रारम्भिक काल से इस सिद्धान्त का समर्थन करती है किन्तु नयी कविता इस काव्यास्वादन सन्दर्भ को अस्वीकार करती है। उसके निम्नलिखित कारण हैं। तन्मयीभूतता के प्रज्ञाबोध क्षणों में भारतीय कविता या अन्य कलाओं के साथ मानवीय चित्त की जो तन्मयीबोध होता है—उसके न होने पर भारतीय सन्दर्भ में काव्य का रसदोष कहा जाता है किन्तु नयी कविता में इस रसदोष के सन्दर्भ को रसदोष न कहकर नयी कविता का संवेदनात्मक आस्वादन वैशिष्ट्य बताया जाता है—जिसे सहभोग, बौद्धिक साहचर्य, अनुभूति का भोग आदि नाम दिये जाते हैं। डॉ. जगदीश गुप्त नयी कविता के प्रथम खण्ड में सह-अनुभूति का प्रश्न उठाते हुए कहते हैं कि—

(क) कवि द्वारा सृजित वस्तु तथा उसकी संवेदना एवं पाठक की प्रज्ञा के पारस्परिक साक्षात्कार के बाद दोनों के बीच अद्वैतता न आकर निरन्तर द्वैतता बनी रहती है।

(ख) पाठक का चित्त स्वात्मक के बिगलन बिना तथा विवेक एवं ज्ञानात्मक सन्दर्भ के परिहार के बिना अर्थ का बोध कर लेता है जैसे गद्य का पाठक।

(ग) डॉ. जगदीश गुप्त अन्त में यह स्वीकार करते हैं कि पाठक अपनी संवेदनात्मक बोध से जुड़ी संकल्पशक्ति बौद्धिकता के कारण सँभाले रहता है और उस काव्याभिव्यक्ति की संवेदना में उसका विलयन नहीं होता। प्रज्ञा और अभिव्यक्ति संवेदना के विलयन का अस्तित्व—सह-अनुभूति के नाम से पुकारा जाना चाहिए, रसानुभूति के नाम से नहीं।

इस प्रकार, डॉ. जगदीश गुप्त रसानुभूति से सम्बद्ध प्रेषणीयता को साधारणीकृत जैसी दशा नहीं मानते। उनके अनुसार पाठक की चित्त दशा एवं काव्य की विषयवस्तु सें सम्बद्ध संवेदना दोनों में भावात्मक अद्वैतता नहीं आती।

श्री लक्ष्मीकान्त वर्मा इस सन्दर्भ में सर्वप्रथम नयी कविता के विषयवस्तु पर टिप्पणी देते हैं। वे कहते हैं कि "नयी कविता का भावबोध इनसे (पुरानी परम्परा से) भिन्न किन्तु युग सत्य के यथार्थ कटु, शिव और अशिव, प्रकृति और विकृति से पलायन

करके उनका साक्षात्कार करता है।"[1] उनके अनुसार नयी कविता का यह युग सत्य है और नयी कविता इसी युग सत्य की अभिव्यक्ति है। यही वर्तमान सन्दर्भ की कविता का युग बोध है। नये भावबोध की यही नैतिकता है और यही आज का काव्य सत्य है। पाठक इस कविता के अध्ययन काव्य में **अनुभूति का भोग** कर सकता है—रसास्वादन या रसानुभूति नहीं। वे इसे स्पष्ट करते हुए अपने शब्दों में कहते हैं कि—"सौन्दर्यानुभूति के विषय में जो बात विशेष रूप से जानने की है वह यह कि यह एक सक्रिय भोग की स्थिति है। अलौकिक रूप से या किसी चमत्कारिक् रूप से न तो हम सौन्दर्य का अनुभव कर सकते हैं, न उससे किसी प्रकार की उपलब्धि प्राप्त कर सकते हैं, सौन्दर्य का अनुभव वही कर सकता है, जो उससे तादात्म्य कर सके। उसकी रचना-प्रक्रिया में, उसके सम्भोग की स्थिति में सक्रिय रूप से अपनी चेतना की समग्रता के साथ भोग सके। भोग की बात से प्रायः लोग यह समझते हैं कि यह निम्न स्तर की केवल दैहिक भोग की स्थिति है। वस्तुतः **भोग की प्रक्रिया ही उपलब्धि** की प्रक्रिया है—इसलिए सुन्दर और असुन्दर, उदात्त और कृत्रिम दोनों अर्थबोध से सम्बद्ध हैं। सौन्दर्यबोध की उपलब्धि इसीलिए पूर्णभोग की उपलब्धि है।"[2]

डॉ. जगदीश गुप्त या लक्ष्मीकान्त वर्मा के विचारों के विश्लेषण के पूर्व श्री सच्चिदानन्द हीरानन्द वात्स्यायन अज्ञेय की रस सम्बन्धी मान्यताओं को जान लेना आवश्यक होता है—नयी कविता के सापेक्ष्य में वे बताते हैं कि—"यानी (रस के सन्दर्भ में) यह सवाल नहीं होता, कविता में जो कुछ है, उसे कवि की अनुभूति कहाँ तक प्रभावित करती है और वह कहाँ तक कवि की अनुभूति से प्रभावित करता है। सवाल यह बनता है कि वह कवि कहाँ तक सामाजिक (पाठक) की अनुभूति से प्रभावित होता है जो कि साधारणीकरण की साधारण समस्या का एक पहलू है।"[3]

यहाँ तीनों मिलकर तीन बातें उठाते हैं—

(1) डॉ. जगदीश गुप्त कहते हैं कि नयी कविता में पाठक और कवि सृजित काव्य के बीच निरन्तर अद्वैतता न बनकर द्वैतता बनी रहती है—जो कटु सत्य के यथार्थ मिथकीय एवं बौद्धिक सृजनात्मक सन्दर्भ के कारण है।

(2) श्री लक्ष्मीकान्त वर्मा बताते हैं कि—योग की प्रक्रिया ही उपलब्धि की प्रक्रिया है, इसलिए सुन्दर और असुन्दर, उदात्त और कृत्रिम दोनों अर्थबोध से सम्बद्ध हैं। सौन्दर्यबोध की उपलब्धि इसीलिए पूर्ण भोग की उपलब्धि है।

(3) श्री हीरानन्द सच्चिदानन्द वात्स्यायन अज्ञेय बताते हैं कि 'जो सामाजिक या पाठक की चित्तवृत्ति से तादात्म्यीकृत होकर कविता आती है—वही सम्प्रेषित 'साधारणीकृत है अर्थात् रसास्वादन सिद्ध कविता है? क्योंकि सवाल यह बनता है कि वह कवि

1. नयी कविता के प्रतिमान—पृ. 58
1. नये प्रतिमान : पुराने निकष, पृ. 226
2. अज्ञेय के साथ बातचीत, पृ. 301

कहाँ तक सामाजिक (पाठक) की अनुभूति से प्रभावित होता है जो साधारणीकरण की साधारण समस्या का एक पहलू है।"[1]

फिर भी, एकाध स्थल पर अज्ञेय विचलित होकर कहते हैं कि नयी कविता में रस की सम्भावना इसलिए अल्प रूप में है क्योंकि वह द्वन्द्व एवं असामंजस्य भावनाओं से सम्पृक्त है—फिर भी, उनके कविता में सम्प्रेषण अनिवार्य है।

इन तीनों सन्दर्भों में रसात्मक संवेदना एवं सम्प्रेषण के सन्दर्भ में पुनर्विचार अपेक्षित है।[2] डॉ. रामस्वरूप चतुर्वेदी ने अत्यन्त संक्षेप में नयी कविता के समर्थन में 'रस सन्दर्भ' में विवेचन किया है।[3]

रसास्वादन का सम्बन्ध सामाजिक से है। सौन्दर्य के विविध कलात्मक सन्दर्भों से जोड़ने से आस्वादनकर्त्ता को सामाजिक कहा जाता है। संगीत, वाद्य, नृत्य, चित्रकला एवं कविता श्रोता, दर्शक, पाठक को सामाजिक के नाम से पुकारा गया है। कविता के पाठ के सम्पर्क में अपनी चित्तदशा को सम्पर्कित करके तन्मयीभूत होनेवाला पाठक सामाजिक है और सामाजिक की चित्तदशा की कविता की संवेदना से तन्मयीभूतता की दशा में पाठक को मिलनेवाले आस्वादन को साहित्यशास्त्र में रस दशा के नाम से पुकारा गया है—शर्त यह है कि पाठक वीतविघ्न हो—अर्थात् चित्त की तन्मयीभूतता के सन्दर्भ से सम्बद्ध हो अर्थात् उसका मन निजी शोक, पीड़ा, मानसिक द्वन्द्व आदि से मुक्त हो और जो भी काव्य उसके पाठ का विषय हो पूर्णतः उसकी प्रज्ञा का बोध विषय हो—

'एवं वीतविघ्न' प्रतीतिग्राह्यो भाव एव रसः'

किन्तु कविता का जो भी पाठ्यविषय हो—वह कविता से सन्दर्भित हो चाहे उसमें बौद्धिकता का द्वन्द्व हो, चाहे वस्तुविषय का द्वन्द्वात्मक रूप वैचारिकता तथा बौद्धिकता से समन्वित हो, पाठक की चित्तदशा एवं कविता के बीच अद्वैतता न बन सकने की स्थिति में रची गयी हो, आस्वादन से सम्बद्ध होगी। कविता के आस्वादन की आठ कोटियाँ हैं—

रस, भाव, रसाभास, भावाभास, भावोदय, भावसन्धि, भावशबलता, भावशान्ति।

रसास्वादन की इन आठ दशाओं का उल्लेख भारतीय काव्यशास्त्र के ध्वनि सिद्धान्त के अन्तर्गत है। कविता का आस्वादन केवल रस रूप में ही नहीं होता, भाव के रूप में भी होता है। कविता कहीं-कहीं जब रस का आभास मात्र कराकर चुप हो जाती है और पाठक का चित्त पूर्णतया आनन्दानुभूति से नहीं जुड़ पाता तब भी उसके चित्त में भावबोध की दशा का उन्मेष होता है। प्रो. रामस्वरूप चतुर्वेदी पाठक के चित्त में भाव की घुमड़न एवं रेचन जैसी दशा का उल्लेख करके जिस रस सन्दर्भ का निषेध करते हैं, वह निश्चित रूप से अमान्य है। भाव, भावसन्धि, रसाभास, भावाभास, भावोदय, भाव

1. भाषा संवेदना और सर्जन—डॉ. रामस्वरूप चतुर्वेदी, पृ. 107
2. अज्ञेय के साथ बातचीत, पृ. 301
3. विशेष के लिए—देखिये—लेखक कृत सर्जन और रसास्वादन।

सन्धि जैसी आस्वादन की दशाएँ रस सिद्धान्त के पास हैं फिर हम क्यों भावात्मक उन्मेष की प्राकृत अवस्थाओं को वैचारिक चिन्तन के क्षेत्र में ले जायें। इस सन्दर्भ में उनका यह कथन पूर्णतः अमान्य है कि–

"इस भाव से मेरा सुझाव है कि रस सिद्धान्त के पक्ष-विपक्ष के विवेचनों और वक्ताओं से अब बात आगे नहीं बढ़ सकती।"

कविता के लिए पाठक अनिवार्य है और पाठक की चित्तदशा को कविता के सम्पर्क में आये बिना कविता के अस्तित्व का कोई प्रश्न नहीं है। कविता में भले ही बौद्धिकता का उन्मेष हो, किन्तु भाषिक सृजन, कल्पनाशक्ति, सर्जक का भावोन्मेष और रचना के कलात्मक उन्मेष का वैचारिक ही सही कोई-न-कोई उन्मेष अवश्य होगा और इन स्थितियों में कविता के पाठक की चित्तदशा आभासिक ही सही उन्मेष मण्डित होगा और पाठक की चित्तदशा की घुमड़नमयता, उन्मेष एवं रेचन सभी कुछ रसानुभूति की सीमा में है। नयी कविता के आलोचक यह भूल जायें कि रस का नाम केवल आस्वादन की आनन्दमयी पाठक की चित्तदशा है। उसका बोध आस्वादन की आनन्दमयी भूमि से आगे चलकर भाव, भावाभास, भावसन्धि, भावशान्ति आदि सन्दर्भों से है।

●

लोकतान्त्रिक समाजवादी नव परिवेश और वर्तमान हिन्दी कविता का स्वर

भारत की स्वतन्त्रता के सात दशक होने जा रहे हैं और 15 अगस्त, 1947 की देश मुक्ति की घोषणा के गीत अनेक कवियो ने बड़े ऊँचे स्वर में गाये थे। आजादी के दिन से सम्बन्धित रामधारीसिंह दिनकर, नरेन्द्र शर्मा तथा नयी कविता से जुड़े गिरिजा कुमार इन माथुर, तीन कवियों के दृष्टान्त इस प्रकार हैं–

सब की निर्बाधि समुन्नति का संवाद लिये हम आते हैं।
सब हों स्वतन्त्र हरि का यह आशीर्वाद लिये हम आते हैं।
आजादी नहीं चुनौती है है कोई वीर जवान यहाँ।
जो बचा हुआ जिसमें अब तक मर मिटने का अरमान यहाँ।
आजादी नहीं चुनौती है, यह बीड़ा कौन उठायेगा।
खुल गया द्वार पर कौन देश को मन्दिर तक पहुँचायेगा

(दिनकर)

(अरुणोदय : शीर्षक यह कविता 15 अगस्त, 1947 को स्वतन्त्रता के स्वागत के लिए रचित।"[1])

15 अगस्त, 1947 शीर्षक से इसी सन्दर्भ में लिखी गयी दूसरी कविता आधुनिक कवि नरेन्द्र शर्मा की है–

अन्नवस्त्रहीन दीन थी निरक्षरा
भस्मसात् थी हिरण्यमयि वसुन्धरा।
अप्रकेत शक्ति सिन्धु सुप्त चेतना
विकृति से विषाक्त थी विशद परम्परा।

* * *

अब न जन रहें विपन्न, ग्रास त्रास के[2]
नृत्य करे ओस पुष्प शत्रु हास के
आज देश माँगता पवित्र एक वर
दास फिर बनें न कभी पुत्रदास के?

15 अगस्त, सन् 1947 की आजादी के प्रति तीसरी कविता गिरिज़ाकुमार माथुर सामयिक आधुनिक कवि की है। वे भारतीय मूल्य एवं मानवाले भारतीयों को सावधान करते हुए कहते हैं कि–

1. स्वतन्त्रता पुकारती–रामधारी सिंह दिनकर : पृ. 288-सम्पादक
2. वही–पृ. 288 डॉ. नन्दकिशोर नबल

ऊँची हुई मसाल हमारी
आगे कठिन डगर है
शत्रु हट गया लेकिन उसकी
छायाओं का डर है।
शोषण से मृत है समाज
कमजोर हमारा घर है
किन्तु आ रही नयी जिन्दगी
यह विश्वास अमर है
जन गंगा में ज्वार
लहर तुम प्रवहमान रहना
पहरुये सावधान रहना।[1]

आजादी के पूर्व पीड़ाभोगी राष्ट्रीय चेतना कवि दिनकर, आजादी के गीति गायक नरेन्द्र शर्मा एवं नयी कविता के चिन्तक कवि दुष्यन्त कुमार–तीनों की दृष्टि ने देश के समाजसेवियों एवं स्वतन्त्र भारत के जनसमाज के सामने अपना संकल्प बार-बार दुहराते हैं कि भारत स्वतन्त्र होकर सम्मान की श्रेणी में अग्रगण्य हो गया किन्तु भारतवासियों के समक्ष संकट है, इतनी लम्बी गुलामी झेलकर जीवन व्यतीत करने के कठिन मार्ग की। दिनकर सम्पूर्ण देश के जनसमाज की सर्वोच्च समुन्नति का स्वप्न देखते हैं तो नरेन्द्र शर्मा–अन्नहीन, वस्त्रहीन, निरक्षर भारतीयों के लिए समस्या मुक्ति चाहते हैं और इन्हीं स्वरों के समानान्तर दुष्यन्त कुमार बताते हैं कि सम्पूर्ण भारतीय शोषण से मृत दशा में पहुँच चुका है किन्तु जनगंगा (लोकतन्त्र) की आवाज आ रही है कि सभी-के-सभी सम्पूर्ण भारतीय इनसे मुक्त होंगे। अंग्रेज़ों से मुक्ति अर्थात् दासता के बाद 12वीं शती से निरन्तर गुलामी झेलता भारत के पुनरुद्धार की समस्या–निर्धनता, शोषण, विपन्नता, निरक्षरता की समस्याएँ, समानाधिकार एवं जनतन्त्र की ईमानदारी एवं निष्ठा के साथ सम्पूर्ण भारतीय समाज का परिवर्तन–समता, समान न्यायाधिकार, अभिव्यक्ति की स्वतन्त्रता, सम्पूर्ण आर्थिक, न्यायिक, राजनीतिक, व्यावसायिक, प्रशासनिक आदि विकसनशील तन्त्रों का जनविकास की प्राथमिकता एवं जनता के द्वारा, जनता के लिए और जनजनता का चुना हुआ तन्त्र सम्पूर्ण लोकतान्त्रिक व्यवस्था के विकास में ईमानदारी, कर्त्तव्यनिष्ठा एवं व्यक्तिवादी आत्मतुष्टिमूलक तन्त्रवादों से मुक्त होकर त्याग एवं निष्ठा के साथ राष्ट्र रचना में कर्मरत हो। देश की सम्पूर्ण सम्पत्ति, सम्पूर्ण जन-समाज तथा विविध तन्त्रात्मक व्यवस्थाएँ राष्ट्र-जन के प्रति समर्पित हों। लोकतान्त्रिक व्यवस्था का यह जनतन्त्रवाद भारत में संविधान लेकर आया किन्तु इस आजादी के छह दशकों के बाद भी हिन्दी की विविध काव्यधाराओं के कवि उससे असन्तुष्ट हैं।

1. स्वतन्त्रता पुकारती : सम्पादक–नन्द किशोर नवल, दुष्यन्त कुमार माथुर पृ. 333

आजादी के ठीक बाद हिन्दी की छायावादी कविता आयी और पं. सूर्यकान्त त्रिपाठी 'निराला' एवं पं. सुमित्रानन्दन पन्त—भारतीय आजादी के बाद जन निर्माण का स्वप्न देखकर निषेधात्मक पक्षों को लेकर अत्यधिक प्रतिक्रियाएँ व्यक्त कीं। द्विवेदी-युग तथा उसके बाद के राष्ट्रीय कवियों ने सम्पूर्ण समाज के सामने जागृति का स्वर देकर उन्हें जागृत किया था। उदाहरण के लिए, बालकृष्ण शर्मा 'नवीन' की आजादी के बाद की एक कविता का उदाहरण देखें—शीर्षक है, **ओ मजदूर किसान उठो**—

उठो उठो ये नंगे भूखो
ओ मजदूर किसान उठो
सुलगा दो निज अन्तर्ज्वाला
विकट लपट लम्बी धधके
होम भस्म दासता शोषण
ऐसी यह होली धधके।
दुर्निवार तुम सदा मुक्त तुम
करो विजय के गान उठो।
उठो उठो ओ नंगे भूखो
ओ मजदूर किसान उठो

राष्ट्रीय आजादी की पृष्ठभूमि के कविगण—मैथिलीशरण गुप्त, सियारामशरण गुप्त, बालकृष्ण शर्मा 'नवीन', माखनलाल चतुर्वेदी, रामधारी सिंह दिनकर आदि के स्वरों में निम्नवर्गीय शोषितों एवं दलितों की उत्थानभरी चेतना की धधकभरी आग उबलती दिखायी पड़ती है किन्तु आजादी के बाद यह स्वर निषेधात्मक प्रतिक्रिया से भरा असन्तोष एवं अशान्ति का स्वर बन गया। राष्ट्र जागरण के उन्नायक स्वयं दिनकर की कविता **परशुराम की प्रतीक्षा** आजादी के बाद नयी क्रान्ति के आवाहन की कविता बनती दिखायी पड़ती है। वे अपनी **एनार्की** कविता में कहते हैं—

लोग हैं आजाद विललाने को
नेता हैं आजाद जहाँ चाहें, वहाँ जाने को,
अफसर परम स्वतन्त्र हैं।
मन्त्री जी हजार बारे पढ़ें लगते न मन्त्र हैं।
साहब तो खुद परेशान हैं।
चपरासी देते उन्हें पानी न तो पान हैं
अजब हमारा यह तन्त्र है,
नकली दवाइयों का व्यापारी स्वतन्त्र है
पुलिस करे जो कुछ पाप है,
चोर का जो चाचा है, पुलिस का भी बाप है।
अखबार मुक्त है, चुपाने को
विज्ञापन दाताओं का मरम छुपाने को।[1]

---

1. परशुराम की प्रतीक्षा—रामधारीसिंह दिनकर, एनार्की, पृ. 64.

आजादी के पन्द्रह वर्षों बाद अर्थात् सन् 1962 में लिखी इस कविता में जनतान्त्रिक व्यवस्था के प्रति कितना गहन असन्तोष और यह आक्रोश है। लोकतान्त्रिक संवैधानिक व्यवस्था का पूरी तरह से संस्थापन न हो पाने का असन्तोष धीरे-धीरे बढ़ता गया। व्यवस्था के प्रति घोर असन्तोष तथा समाज में अनीति, अन्याय, दुराचरण, घूसखोरी आदि का व्याप्ति से उत्पन्न संकट और उससे मुक्ति की छटपटाहट हमारे कवियों में गम्भीर रूप से दिखायी पड़ती है। यूरोपीय मानकों से जुड़े हीरानन्द सच्चिदानन्द वात्स्यायन जैसे कवि लोकतान्त्रिक असन्तोष को व्यक्त करते हुए कहते हैं–

हरे भरे हैं खेत मगर खलिहान नहीं है।
बहुत महतो का नाम मगर दो मुट्ठी धान नहीं है।

इसी परिवेश के और भी कई कवि हैं, जिन्होंने लोकतान्त्रिक व्यवस्था के सारे पक्षों की स्थापनाओं के प्रति सन्देह व्यक्त करते हुए उसकी गरिमामयी मान्यताओं पर बल देते हैं। इस लोकतान्त्रिक दुर्व्यवस्था के प्रति असन्तोष के प्रथम कवि नागार्जुन हैं–

सन् 1953 में उनका **युगधारा** नाम से एक काव्य-संकलन प्रकाशित हुआ। सतरंगे पंखोंवाली (1957), प्यासी पथरायी आँखें (1962), तुमने कहा था (1980), हजार-हजार बाँहोंवाली (1980), पुरानी जूतियों का कोरस (1983), भूल जाओ पुराने सपने (1994) आदि। राजकमल प्रकाशन, नयी दिल्ली से प्रकाशित नागार्जुन रचनावली भाग 1 तथा 2 में लोकतान्त्रिक व्यवस्था पर उनकी तल्ख टिप्पणियाँ देखी जा सकती हैं। इनकी प्रसिद्ध कविता 26 जनवरी और 15 अगस्त देखें–

सेठ है, शोषक है, नामी गला-काटू है
गालियाँ भी सुनता है, भारी थूक-चाटू है
चोर है, डाकू है, झूठा-मक्कार है
कातिल है, छलिया है, लुच्चा-लावार है
जैसे भी टिकट मिला
जहाँ भी टिकट मिला
शासन के घोड़े पर वो ही सवार है
उसी की जनवरी छब्बीस
उसी का पन्द्रह अगस्त है
बाकी सब दुखी हैं, बाकी सब पस्त हैं[1]...

भारत की प्रधान मन्त्री इन्दिरा गाँधी पर 'इन्दु जी, क्या हुआ आपको?' उनकी कविता देखें–

क्या हुआ आपको?
क्या हुआ आपको?
सत्ता की मस्ती में
भूल गयीं बाप को?
इंदु जी, इंदुजी क्या हुआ आपको?
बेटे को तार दिया, बोर दिया बाप को!

1. नागार्जुन रचनावली भाग-2, पृ. 189.

क्या हुआ आपको?
क्या हुआ आपको?[1]

लोकतान्त्रिक व्यवस्था की सम्पूर्णतः असफलता, समाज निर्माण के स्थान पर घूसखोरी तथा भ्रष्टाचार, धन की चोरी, राष्ट्रीय सम्पत्ति का दुरुपयोग, विकास कार्यों में पूरी तरह से विघ्न एवं बाधाओं को ले आने का सचेष्ट प्रयास आदि लोकतान्त्रिक व्यवस्था के विघटन के निषेधात्मक पक्षों का पूर्णतः ब्यौरा नागार्जुन के काव्य लेखन का अनिवार्य अंग के रूप में दिखायी देता है। लोकतान्त्रिक व्यवस्था के संस्थापक तथा लोकतन्त्र के पहरुये नेताओं के प्रति उनके व्यंग्यों की धमक बड़ी गहरी है। **हम भी साझीदार थे।** शीर्षक कविता के माध्यम से कही गयी उनकी टिप्पणी कितनी गम्भीर है—

लगता है/प्रजातन्त्र का रथ
उतर गया है पटरी से
लगता है/सारी-की-सारी पार्टियों के नेता
रुचिपूर्वक खेल रहे हैं
दलीय स्वार्थों के शतरंज
अन्धे धृतराष्ट्र की मोह-माया
भाँति-भाँति प्रवेश कर गयी है[2]
दलपतियों के अन्तःकरण में

सम्पूर्ण लोकतान्त्रिक व्यवस्था का स्वरूप नागार्जुन की दृष्टि में टूट चुका है। सन् 1980 के पहले से ही कविता के क्षेत्र में लोकतान्त्रिक व्यवस्थाओं के विविध पक्षों पर टिप्पणियाँ आना शुरू हो गयी थीं और अब धीरे-धीरे हिन्दी कविता का नया स्वर एकदम लोकतान्त्रिक मान्यताओं के निषेधवादी मूल्यों से जुड़ गया है। इस देश के किसान को देखें, उसकी जीवनचर्या क्या हो गयी है—

कण्डे पर सिकी रोटी चूल्हा न जला
भूख है बड़ी बात इससे भी बड़ी क्या
कभी नमक से, कभी पानी से कभी आलू से ही चला।

तुम्हारे खसरे पर बरकरार नाम ठाकुर का
तुम्हारे खेत में हिस्सा अभी भी ठाकुर का
सुधर रही न भूमि लाख सुधारी भाई
घर तुम्हारा बरामदा अभी भी ठाकुर का

*　　　　*　　　　*

तुम कर्ज में उगे पले हो कर्ज में जरूर
पर मिला कर्ज कहाँ वह प्रधान ले गया।

---

1. नागार्जुन रचनावली भाग-2, पृ. 81
2. नागार्जुन रचनावली भाग-2, पृ. 223

कृषि व्यवस्था का संकट एवं खेती पर ही वर्षभर आश्रित कृषक की क्या स्थिति है—इसे अब भी किसान भोग रहा है। असमग्र वर्षा तथा ओलों की मार से भूमि में धरी उसकी खेती और जीवननिर्वाह का क्रम कैसा होगा। आज गाँव एवं किसान दोनों शहर भाग जा रहे हैं कि गाँव में भूमि वंचितों का सहारा टूट गया है। कवि कहता है—

बदलते हुए देश के मानपट पर
सघन योजनाएँ वृहत्कार्यक्रम हैं
मुझे कुछ बताओ विकसते क्षितिज पर
हमारा कहाँ गाँव शतियों पुराना।

वह हमारा गाँव इस लोकतन्त्र में खो गया है, न गाँव बचा न धमक। शहरीकरण, केवल शहरीकरण की ओर बढ़ता गाँव—अँधेरे में डूबता गाँव और आघात में डूबा किसान कहाँ जायें—उसके लिए कोई विकल्प नहीं है—

और तुम ऊदल!
तुम चलो मत
तुम्हारा ठौर है, न ठिकाना है, न गाँव है
टूटी खटिया है, थकी सुरसतिया है,
तेरे बाप के, बाप के बाप का, गाँव है
*　　　*　　　*
तेरा बाप चला चला हल
मुआ, दिख रहा बदशकल
बोया साहूकार ने
माड़े तेरा बाप
दाना गया चम्बल।

इस लोकतान्त्रिक व्यवस्था के रचनात्मक पक्षों (Creative Aspects) को देखें तो जैसे नये सामाजिक परिवर्तनों की लहर उठ रही है किन्तु उसके अभावात्मक पक्षों को देखें तो जैसे सारी व्यवस्था टूट रही है—

फूल की क्यारी कँटीली झाड़ उग आयी।
झाड़ को वे मानते हैं प्रगति परछायी।
देश जंगल बन रहा कितने दिनों से सोचिये।
और हम जनतन्त्र की कुर्सी बचाते जा रहे हैं।

कुल मिलाकर, आज की समसामयिक कविता निषेधात्मक लोकतान्त्रिक पक्षों से मुक्ति चाहकर रचनात्मक मूल्यों की माँग कर रही है किन्तु ऐसा नहीं है कि वह समय नहीं आयेगा, आयेगा और भारत में निश्चित रूप से आयेगा।

●